谨以此书

献给中华人民共和国成立七十五周年

# 《福建海防前线三十年（1949—1979）》

## 编委会

# 福建海防前线三十年

## （1949—1979）

厦门市山东南下干部历史研究会
厦门市鹭海英烈慈善基金会　组编
林书春　编著

2024年·厦门

**图书在版编目（CIP）数据**

福建海防前线三十年:1949—1979/厦门市山东南下干部历史研究会、厦门市鹭海英烈慈善基金会组编；林书春编著 .--厦门:鹭江出版社 ,2024.10.--ISBN 978-7-5459-2362-9

Ⅰ .E297.5

中国国家版本馆 CIP 数据核字第20245345R0号

**出 版 人** 雷 戎

**责任编辑** 黄孟林

**美术编辑** 朱 懿

FUJIAN HAIFANG QIANXIAN SANSHI NIAN

**福建海防前线三十年（1949—1979）**

厦门市山东南下干部历史研究会
厦门市鹭海英烈慈善基金会 组编
林书春 编著

---

**出版发行：** 鹭江出版社
**地　　址：** 厦门市湖明路 22 号　　**邮政编码：** 361004
**印　　刷：** 厦门集大印刷有限公司　　**电话号码：** 0592-6183035
**地　　址：** 厦门市集美区环珠路 256-260 号 3 号厂房一至二楼
**开　　本：** 700mm×1000mm 1/16
**插　　页：** 2
**印　　张：** 28.5
**字　　数：** 382 千字
**版　　次：** 2024 年 10 月第 1 版 2024 年 10 月第 1 次印刷
**书　　号：** ISBN 978-7-5459-2362-9
**定　　价：** 75.00 元

---

# 前言

新中国成立后，国民党当局残余势力败退台湾、澎湖、金门、马祖等东南沿海诸岛，依仗美国扶持，不断对大陆东南沿海地区窜扰破坏，并准备“反攻大陆”，福建因此成为新中国成立后推动祖国统一的海防斗争前线。

人民解放军驻闽陆海空部队，在中共中央、中央军委和毛泽东主席的领导和指挥下，在福建省各级党委、政府和全省人民的大力支援下，与美国支持的国民党军残部及武装窜扰展开英勇的斗争，取得解放福州、解放漳州、渡海解放厦门和东山岛保卫战、炮击金门等战役战斗的胜利，解放了除金门、马祖之外的福建全境，巩固了东南海防，保证了新中国社会主义建设顺利进行和人民生活的安宁，充分展现了福建前线军民团结一心，不怕牺牲，敢于斗争，善于斗争，推动祖国统一的英雄气概和海防斗争精神；涌现出神山插红旗功臣连、东山岛保卫战一等功臣连、海上猛虎艇、杜凤瑞中队、青屿钢四连、鼓浪屿好八连、红色尖刀连、王兴芳、安业民、杜凤瑞，以及英雄小八路、英雄三岛、英雄围头村等一大批可歌可泣的解放福建战斗和海防斗争英雄模范人物和集体，成为人们学习敬仰的时代楷模，激发了人们的爱国热情，凝聚了全体中华儿女推动实现祖国完全统一的坚强决心和坚定意志。

进入新时代以来，全党全军全国人民认真贯彻落实党解决台湾问题，实现祖国完全统一的总体方略，从政治、经济、军事、外交、文化等各方面积极开展有理有利有节的斗争和准备，牢牢把握两岸关系的主导权和主动权，坚定不移推动祖国统一大业。在这个时代背景下，厦门市山东南下干部历史研究会、厦门市鹭海英烈慈善基金会着眼于历史研究的时代性和现实性，在收集掌握大量扎实权威的历史资料的基础上，决定组织编纂《福建海防前线三十年（1949—1979）》，旨在集中展示 1949 年 10 月 1 日新中国成立至 1979 年元旦全国人大常委会发表《告台湾同胞书》、停止炮击金门、中美建交这三十年重要历史时期，福建作为统一祖国的海防前线的斗争历程、斗争经验和斗争精神，激励鞭策我们为解决台湾问题、完成祖国统一大业、实现中华民族伟大复兴不懈团结奋斗。

依据新中国福建海防前线形成与实际斗争的历史进程，《福建海防前线三十年（1949—1979）》一书共分为《进军福建》《镇守海疆》《跨越海峡》和《同心共建》四篇十七章，分别叙述人民解放军奉命解放福建、守卫福建、准备跨海统一祖国和军政军民团结战斗守海防促统一的历程。单纯就三十年的海防斗争来说，进军福建、解放福建可作为背景材料简要介绍，但是从推动解放战争进程、实现祖国完全统一的战略高度来看，福建海防前线三十年的斗争，实质上是进军福建、解放福建的必然历史延续。所以，有必要把“进军福建”单列成一个篇章，对其战略意图及战役战斗情况进行比较完整详尽的叙述，为福建海防前线三十年的斗争做扎实的铺垫，使福建海防前线三十年的斗争与进军福建乃至推动实现祖国统一的进程，形成一个完整的历史链条。新中国成立后的剿匪斗争，从全国范围军事斗争的性质看不属于海防斗争。而福建与台湾隔海相望，潜藏在福建的残匪，含陆匪、海匪的各种袭扰破坏活动，都直接受控于败退台湾的国民党当局及在台湾的美国军事政治情报机关，与美蒋勾结企图颠覆新中国人民政权及美国企图分裂中国的阴谋相互策应。

所以，福建的剿匪斗争，无论是剿灭陆匪还是进剿海匪，都与推动祖国统一的海防斗争密切相关。为此，本书把“剿匪”作为海防斗争的一项重要内容和任务，单列一章细述。为了充分展示福建前线军民为了完成祖国统一大业的英勇斗争精神和叙事的连贯性、完整性，书中个别章节条目的时限，适当延续至20世纪80年代初。比如《红色尖刀连》一节，为了把这个连队的红色基因如何传承发扬光大叙述完整，本节一直记叙到1985年9月25日原第三十一集团军举行“红色尖刀连”命名二十周年纪念大会为止。大型交响乐《安岐随想》，虽然是近年创作的音乐作品，但这是一部以漳厦金战役为题材、展示人民解放军为完成祖国统一大业不惜流血牺牲勇往直前，为国献身的伟大精神的优秀音乐作品，入选中华人民共和国文化和旅游部建党“百年百项”舞台艺术精品创作作品，并应邀进国家大剧院参加以庆祝中国共产党成立100周年主题的“第七届中国交响乐之春”演出。所以，我们把这部优秀音乐作品写入《文艺作品讴歌前线》一节。本书大部分篇、章、节、条、目按史志的体例行文，也有少部分章节按新闻通讯体例行文，两者似乎在行文风格上不相协调。这主要是考虑到后者的一些叙事大都是几十年来社会普遍关注的重要历史事件和重要历史人物，不应受史志体例的束缚轻描淡写，而需要以新闻通讯的写法予以详尽的描述，回应社会的关切，增强本书的可读性。

《福建海防前线三十年（1949—1979）》，是一本公开出版发行的重要军事历史题材专著，选择引用的资料主要来自国家权威机构、军委总部和福建省组织编纂出版的相关史志典籍，相关重要历史人物公开出版发行的回忆录和传记，相关知名专家、学者和研究人员个人编纂出版的专著，福建省、厦门市及全省各地党史和地方志研究机构及双拥支前机构编纂出版的相关资料专辑，各级各类媒体主要是党报党刊的相关新闻报道，部分驻闽部队的军史资料和相关部队提供的定向约稿等，其中最具综合性和权威性的是“当代中国”丛书国防军事卷的《当代中国军队的军事工作》（上）和《福建省志·军事志》。为了确保史实的准确性和权威性，重大历史事件的章节，原则上保持权威典籍和专著的基本口径与叙事。比如炮击金门，由中央军委和毛泽东主席直接指挥，涉及军事、政治、外交等各个方面，持续时间长，在国际国内影响重大，所以基本上原文引用《当代中国军队的军事工作》（上）一书中《炮击金门》一章的整体内容。除了《炮击金门》外，其他一些重要章节，如《福州战役》《剿匪》《李大维的心声》《拥军爱民》等，也都严格尊重原著提供的史实，大致原文引用或仅做少量删节。还有一些章节，如《金门之战》《东山岛保卫战》《对台广播》《黄植诚的选择》等，择取原著及原始资料的主要史实，按照本书结构与体例的行文要求，进行重新构思、编排与叙述。还有一些章节，比如《海疆卫士》一章，在向各相关部队收集资料和约稿的基础上，进行适当技巧性的文字修改。总的目的是尽可能保持原著或原始资料史实的真实性和叙述的准确性、权威性，使本书成为一部真实可信的重要军事历史题材的著述。

在实现中华民族伟大复兴的历史进程中，祖国必须统一，祖国必然统一！

编　者

2024 年 8 月

# 目录

# ·概　述·

## 一

福建位于我国东南沿海，北邻浙江，西接江西，西南毗邻广东，东邻东海，东南与台湾隔海相望。全省陆地面积 12.4 万平方公里，海域面积 13.6 万平方公里。现行辖福州、厦门、泉州、漳州、三明、莆田、宁德、南平、龙岩 9 个设区市。全省人口 1949 年 1188 万人，1979 年 2487 万人，2022 年 4188 万人。

福建省多山少地临海，山地和丘陵约占全省面积 90%，平原约占 10%。地势由西北向东南呈马鞍形倾斜。全省有西北部的武夷山、仙霞岭，中部的鹫峰山、戴云山、博平岭，东北部的太姥山等重要山脉；全省境内有闽江、九龙江、晋江、汀江、木兰溪、交溪和霍童溪等主要江流；沿海地区由东北向东南形成福州、兴化（莆田）、泉州、漳州四块平原；全省有曲折蜿蜒的 3752 公里海岸线，大小 1500 多个岛屿，规模不等的 125 个港湾，其中有较大的平潭、东山、金门、厦门、马祖、大嵛山、南日、湄洲、大嶝、浯屿等岛屿，以及较大的沙埕、福宁、三沙、三都、罗源、马尾、福清、兴化、湄洲、秀屿、泉州、厦门、东山和诏安等港湾。

早在五千年前，先民们就在福建这块美丽富饶的土地上繁衍生息。商周时期，福建及周边地区散居着以蛇为图腾的七支部落，称为“七闽”，这是“闽”的由来。后来，闽与相邻的部分于越融合，形成闽越国。秦置闽郡。汉高祖五年（前 202），越王勾践的后裔无诸，因佐汉灭秦攻楚有功，受封为“闽越王”，建都东冶（今福州），东冶成为福建历史上第一座城池。汉武帝元封元年（前 110），汉王朝废闽越国，改东冶为冶县，归会稽管辖。三国时，孙吴在闽置建安郡。晋太康三年（282），析建安郡设晋安郡。南北朝梁天监年间（502—519），再析晋安郡设南安郡。陈永定年间（557—559），于建安、晋安、南安三郡之上设“闽州”，这是福建自成一州的开始。隋朝建立以后，隋炀帝废州并郡，至隋大业三年（607），只设建安一郡，辖 4 县。入唐以后，增设许多州县，福建行政建制日臻完善。唐开元十三年（725），置福州督府，下领福州、建州、泉州、漳州、汀州五个州，“福州”之称始见于史。唐开元二十二年（734），从福州、建州各取一字置福建经略军使，“福建”由此得名，并开始作为一个独立的地方行政体系存在。从宋到清 900 年间，福建大部分时间保持福州、建州、泉州、漳州、汀州、南平、邵武和兴化八个州（府），所以又有“八闽”之称。

福建早期的历史上，由于大山阻隔，偏隅东南，经济、文化较中原和长江中下游地区明显落后。两晋南北朝期间，北方连年烽烟，不堪战乱之苦的中原汉人纷纷穿越武夷山脉，进入社会相对稳定的福建，形成“衣冠南渡，八姓入闽”的中原汉人迁徙福建的高潮。唐安史之乱后，中原部分陷入长期动乱，民众为了躲避战乱，陆续南下福建，掀起一波又一波的移民浪潮。两个历史时期大批中原汉人南迁福建，促进福建经济文化的发展。唐、宋及宋代之后，福建依托依山临海的自然条件，特别是利用临海的地理条件，推动经济文化进入一个较快发展的历史时期。南宋和元代，泉州取代杭州、明州（宁波）、广州成为全国最繁荣的海上对外贸易中心。庞大的贸易船队北至日本、朝鲜，南到印度尼西亚、菲律宾、中南半岛，远至印度、波斯、东非海岸，福建与一百多个国家和地区有通商关系，形成著名的“海上丝绸之路”。意大利旅行家马可·波罗曾赞誉泉州是世界上最大的商港之一。海外贸易的扩大，促进了福州、泉州的繁荣，推动了福建茶叶、丝纺、瓷、铁、造船、水果、糖、纸等生产的发展。明代初年，郑和奉使七下西洋，多次在福建驻泊，招募水手，修造船舶，并从福建扬帆出海，历访30多个国家，航程10万余里，促进了中国与世界各国的经济文化交流，同时带动了福建的造船业和对外经济文化交流。元末至清初，漳州月港（今龙海区海澄镇）取代泉州港，成为福建最繁荣的海外贸易港口。清代中叶，厦门港取代漳州月港，成为福建最繁荣的海外贸易港口。鸦片战争后，福州、厦门被辟为五口通商口岸之一。

从宋代到清代，福建一直是我国对外交往和对外贸易重要省份。经济的发展带动了文化的繁荣。从宋代开始，福建就是我国屈指可数的文化大省，每一届科举考试，都有许多人进士及第，在各省中位列前茅。在思想、文化和军事等领域，先后涌现出宋代的李纲、朱熹、郑樵、苏颂、宋慈、柳永、刘克庄、袁枢、蔡襄，明朝的李贽、黄道周，近代的严复、林则徐、林纾、辜鸿铭、林语堂等杰出人物。孕育出继孔子之后最重要的儒学成果朱子理学。沿海地区的先民，漂洋过海下南洋，艰苦创业谋生，为居住国的经济发展作出重要贡献，同时倾力支援祖国和家乡建设，涌现出洪思源、陈齐贤、林文庆、黄乃裳、黎刹、陈楚楠、陈嘉庚等一代又一代爱国爱乡的华侨杰出人物，福建成了我国著名的侨乡。

从明代开始，我国的安全问题，由早期主要来自北方的内陆区域，转移到主要来自东部、东南部和南部沿海地区。福建地处东南沿海，从明代至近现代和当代，一直是我国的海防前哨。明朝年间，明廷先后在福建的建宁、汀州、邵武、福州、兴化、泉州、漳州等州（府），以及福宁（霞浦）、镇东（福清海口）、平海、永宁、镇海和大金、定海、梅花、万安、莆禧、崇武、福全、高浦、嘉禾（厦门）、浯州（金门）、六鳌、玄钟等沿海要地，设置卫所或守御千户所并构筑城堡：在烽火、南日、浯屿、小埕、铜山（东山）等岛屿设置水寨，形成总体防御体系。沿海各卫所兵丁和俞大猷、戚继光、谭纶等人率领的抗倭之师，先后在福宁、福州、连江、长乐、福清、兴化、惠安、浯州、漳州等地域，进行了连扫横屿、牛田、林墩三地倭巢之战、平海大捷，以及仙游之战、王仓坪之战、蔡丕岭之战等多场规模较大的抗倭战役战斗，围歼入侵倭寇，节节取胜。至明嘉靖四十五年（1566），基本肃清福建倭患。明万历三十年（1602）开始，荷兰殖民者以雅加达为入侵东方的大本营，连年不断进犯福建的澎湖、浯州、中左所（今厦门）、浯屿、铜山，及至闽东北福宁卫城周边岛屿。各地兵众奋起抗击，荷兰殖民者屡遭失败，退踞台湾，直至清康熙元年（1662）郑成功收复台湾，把荷兰殖民者彻底从中国领土驱赶出去。清代的福建海防，沿袭明代防御的体系，在沿海许多要地和岛屿设置要塞和炮台，增加兵力部署和火炮等一些近代武器装备，成立福建水师，爆发了厦门抗击英军登陆作战和中法马尾海战，在中国近代海防史上写下悲壮的一页。

福建与台湾隔海相望。台湾处于我国大陆架东部边缘断层地带，远古时期与福建相连，距今五千年前后，由于海平面上升到现在的位置，台湾才成为与福建隔海相望的海岛。台湾出土的大量文物证明，远在七八千年前的新石器时代，台湾与福建就属于同一文化系统。从三国至明初中叶的1300余年间，台湾高山族人一直过着以渔猎和原始农耕为主的原始社会生活。明末漳州人颜思齐和泉州南安人郑芝龙等组成的海上武装集团来到台湾，招募组织漳州、泉州沿海灾民渡海去台垦荒开发台湾。17世纪初，荷兰殖民者占领台湾，并以台湾为基地，不断侵扰澎湖、厦门、金门、漳州、东山，及至北礌岛等福建沿海各地和岛屿。清顺治十八年（1661）农历三月二十三日，郑成功率兵2.5万人，从金门料罗湾出发东征，最终于1662年初（农历十二月十三日）迫使荷兰殖民者投降，收复台湾；而后建立明郑政权，招募20多万泉州、漳州移民去台开发台湾。清康熙二十二年（1683），福建水师提督施琅奉清廷之命，率兵统一台湾。清廷统一台湾后，设台湾府，并专设台湾厦门兵备道，隶属福建管辖，直至清末光绪十年（1884）的201年间，台湾一直隶属福建。在这期间，又有大批泉州和漳州人渡海迁徙台湾，开发台湾。从颜思齐、郑芝龙早期开发台湾，到郑成功收复台湾，再到施琅统一台湾，先后出现三次闽南人移居台湾开发台湾的高潮。据台湾1926年的统计，全台湾有汉族居民375.1万人，其中闽南人约310余万，约占83%。闽南人成为台湾岛上居民的主体，闽南话成为台湾的主要方言，闽南的传统习俗成为台湾社会的主要习俗。闽台之间在经济、文化、社会和海防等方面有着十分密切的联系。

红旗越过汀江，直下龙岩上杭。收拾金瓯一片，分田分地真忙。土地革命时期，毛泽东、朱德、陈毅等率工农红军从赣南入闽，开展土地革命，建立闽西革命根据地，使闽西红色区域与赣南苏区连成一片，成为中央革命根据地的重要组成部分。1929年12月，红四军第九次党代会在上杭古田召开。会议总结了南昌起义以来建党建军的经验，通过了毛泽东起草的《关于纠正党内的错误思想》，确定了正确的建党建军路线。毛泽东还在这里指挥了一系列成功的反"围剿"战斗，创作了《星星之火，可以燎原》等光辉著作，深入思考并实践探索中国革命道路。1930年2月，中共福建省第二次代表大会在厦门曾家园召开，中共中央派恽代英莅临指导，推动白区工作获得发展。5月，罗明、陶铸等领导了著名的厦门破狱斗争，营救了被捕的48位战友，在政治上产生重要影响。1934年10月，中央红军主力被迫长征后，留在福建的主力红军3000多人，坚持艰苦卓绝的三年游击战争。1937年，抗日战争全面爆发后，福建和浙南、闽赣边等地红军游击队改编成新四军第二、第三支队共四个团，开赴苏皖抗日前线英勇作战。解放战争开始后，中共闽粤赣边区委和闽浙赣省委，分别组建中国人民解放军闽粤赣边区纵队和闽浙赣人民游击纵队，在闽粤赣浙边区和全省各地主动出击，摧毁国民党基层政权，解放闽西南十多个县城，迎接人民解放军大部队南下解放福建。福建是中国革命武装力量的一个重要创建地和根据地。

## 二

巍巍武夷，见证闽越与中原融合一体的悠悠岁月；漫漫闽江，哺育出一代又一代优秀八闽儿女，浇灌出灿烂的八闽文明之花；红色闽西，开启中华民族伟大复兴一段重要历程；滔滔海峡，架起千年古国通往世界的前沿桥梁，联结着两岸同胞、海外侨胞的血脉深情，并形成一道重要的东南海防线。福建独特的社会历史与地理位置，对于继续推动解放战争的历史进程，实现祖国的完全统一；对于进行新中国经济、文化建设和海防建设，都至关重要。

1949 年 4 月，渡江战役胜利结束，人民解放军占领南京，宣告国民党统治政权覆灭。同年 5 月 27 日上海解放后，国民党蒋介石统治集团陆续撤往台湾，国民党军残部向中南、西南和东南沿海逃窜。蒋介石力图以中南、西南特别是东南沿海地区为屏障，扼守台湾，伺机“反攻”，企图东山再起。国民党军福州绥署主任兼福建省主席朱绍良、京沪杭警备司令汤恩伯，辖第六兵团李延年、第八兵团刘汝明和第二十二兵团李良荣残部 15 万人，部署在福州、泉州、漳州沿海一线及平潭、金门、厦门、东山等岛屿，直接屏卫台湾。蒋介石先后一次到福州、两次到厦门，督令朱绍良、汤恩伯等国民党军将领死守福建，阻止人民解放军渡海进攻台湾。

根据解放战争胜利发展的形势，中央军委和毛泽东主席命令人民解放军各野战军，迅速发起战略追击，追歼逃窜中南、西南和东南沿海地区国民党军残部，解放全中国。5 月 23 日，毛泽东主席、中央军委电示第三野战军：迅速准备提前入闽，争取在六七月内占领福州、泉州、漳州，并相机夺取厦门。遵照中央军委和毛泽东主席的部署命令，第三野战军命令第十兵团司令员叶飞、政治委员韦国清，率兵团所辖第二十八军、第二十九军和第三十一军共 15 万指战员，进军福建，解放福建。

7月2日，第十兵团从苏州、常熟、嘉兴出发，向福建挺进。7月底前，第十兵团于尤溪、南平（第二十九军）、古田（第三十一军）、建瓯（第二十八军、兵团部）集结。根据国民党军残部在福建的部署，第十兵团决定首先以大迂回作战方案，发起福州战役，全歼福州地区朱绍良、李延年国民党军残部，尔后乘胜南进，解放漳州、厦门等地。8月11日，发起福州战役，8月17日福州解放。至8月23日，福州战役胜利结束，全歼国民党军近4万人（朱绍良、李延年乘飞机逃往台湾），解放了福州及连江、长乐、福清、永泰、闽清、闽侯等周边地区。福州战役的胜利，为迅速解放福建全省创造了有利条件。福州战役胜利结束后，8月24日成立福建省人民政府，张鼎丞兼任省人民政府主席。同日成立由第十兵团兼的福建军区，叶飞兼任福建军区司令员，中共福建省委书记张鼎丞兼任福建军区政治委员，韦国清兼任福建军区副政治委员；成立中国人民解放军福州市军事管制委员会，韦国清担任军管会主任。

福州战役胜利结束后，第十兵团乘胜南进，于9月11日攻占湄洲岛，9月16日攻占南日岛，9月17日解放平潭县诸岛，同时扫清莆田、泉州一线国民党军残部，而后部署漳（州）厦（门）金（门）战役。根据漳州、厦门、金门地区国民党军的兵力部署，第十兵团决定漳厦金战役分为两个阶段进行：第一阶段解放并控制以漳州为中心的闽南大陆地区，第二阶段渡海登陆攻占厦门、金门。9月19日，第十兵团发起漳厦金战役第一阶段战斗。9月19日当日攻占了漳州。至9月25日，胜利完成了漳厦金战役第一阶段战斗任务，歼灭国民党军1.5万人，解放了漳州以及同安、长泰、南靖、龙溪、海澄等闽南大陆地区，占领了淘江、莲河、澳头、集美、嵩屿、海沧、石码、港尾、屿仔尾等沿海一线阵地，对厦门、金门国民党军形成三面包围态势。第十兵团根据厦门、金门国民党军的防御部署和渡海登陆作战的准备情况，并报告第三野战军，决定战役第二阶段采取“先厦后金”的方案组织实施，即先打厦门，再打金门。10月15日，渡海登陆厦门的战斗打响。第十兵团以第三十一军的一个师加强一个团首先对鼓浪屿发起攻击，吸引国民党军的注意力；以第二十九军两个师和第三十一军一个师从厦门岛北部十公里的正面向国民党军发起全线突击。10 月 16 日凌晨，第二十九军的一个突击连把新中国的五星红旗插上厦门神山。至 10 月 17 日，解放厦门战斗胜利结束，歼灭国民党军 2.7 万人（汤恩伯等乘船逃往金门），厦门这座中国近代著名的对外通商口岸城市回到人民怀抱。10 月 24 日，第十兵团以第二十八军发起渡海登陆金门作战。第一梯队三个团登陆突破后苦战三昼夜，终因后援不继，寡不敌众，战斗失利。漳厦金战役结束。1950 年，为了探索再战金门的经验，彻底完成解放全福建的战略任务，第十兵团先后组织解放东山岛和登陆大担、二担的战斗。5 月 12 日，第三十一军解放了东山岛。7 月 26 日，第二十九军的一个加强营攻击大担岛，战斗失利。至此，解放军第十兵团解放了除金门、马祖之外的福建全部大陆和沿海主要岛屿。

福建的解放，打破蒋介石东南防御布局，人民解放军把发展解放战争的伟大胜利、实施战略追击、实现祖国完全统一的作战前线，推进到了台湾海峡西岸。解放军第十兵团浴血奋战夺取的福建沿海地区和岛屿，成为抗击美军侵扰台湾海峡和打击国民党军对大陆东南沿海窜扰的第一道防线。随第十兵团入闽的 9000 名南下干部，与福建地方干部共同建立起各级人民政权，全身心投入新福建的经济、文化建设，并统筹规划推动经济建设和海防建设。福建整体上成为统一祖国的前进基地。

人民解放军指战员在进军福建、解放福建的战斗中，表现出来的为了国家、为了人民、不怕牺牲、勇于献身的崇高精神，成为激励前线军民积极投身新福建建设，开展海防斗争，推进祖国统一大业的重要精神力量。尤其可歌可泣的是渡海登陆厦门、金门这两场解放福建的硬仗恶仗，都是新中国成立后进行的。当大江南北万众欢庆新中国诞生、迎接新生活到来的时候，遂行解放厦门、金门作战任务的解放军指战员，义无反顾再出征，向着解放全中国的目标奋勇前进，继续战斗。厦门神山上插红旗的第二十九军八十五师二五五团一连三班，冒着国民党军密集的火力，前仆后继，先后牺牲了三名战士，最终把五星红旗插上厦门岛。《人民日报》在头版显著位置刊发了新华社采写的《把新中国国旗插上厦门岛》。担负攻击鼓浪屿战斗任务的第三十一军九十一师二七一团（济南第二团）团长王兴芳在进攻鼓浪屿的战斗中，靠前指挥，壮烈牺牲。依照王兴芳的遗愿，他的遗骨安放在鼓浪屿旗尾山上，人们也把旗尾山改名英雄山。第二十九军二五四团三营教导员阮也平，战前已提拔为团政治处主任，并与未婚妻约定了婚期。接到战斗任务后，阮也平主动请求组织推迟上任，并推迟婚期，带领突击营上阵，光荣牺牲。第三十一军九十二师二七四团二连七班副班长陈勤，在连队进攻受阻的紧急情况下，毅然抱起炸药包冲向国民党军地堡，把炸药包塞进地堡后用身体堵住地堡口，吓退了国民党军，保证全连胜利登陆突破。龙溪石美村年过五十的张锦娘一家五口人，为运送解放鼓浪屿的“济南第二团”部队，全部壮烈牺牲。渡海登陆金门的9000多名解放军指战员，明知征途艰险，越是艰险越向前，为了海峡两岸的统一，血洒金门。陈毅元帅为解放厦门牺牲的革命烈士纪念碑题写碑文：先烈雄风永镇海疆。

新中国成立后，败退台湾、澎湖、金门、马祖诸岛的国民党当局，依仗美国扶持，不断对大陆东南沿海地区窜扰破坏，并准备“反攻大陆”。美国政府一方面支持台湾国民党当局对大陆窜扰破坏，一方面胁迫蒋介石搞“台湾独立”，企图分裂中国，造成海峡两岸长期处于紧张对峙状态。

1950年6月，朝鲜战争爆发后的第三天，美国海军第七舰队进驻台湾海峡，武力干预人民解放军解放台湾。随后，美国驻远东军总司令道格拉斯·麦克阿瑟同蒋介石密谈，确定美军与国民党军组成联合部队，由麦克阿瑟统一指挥，阻止人民解放军进攻台湾。1951年5月，美国军事顾问团进驻台湾，帮助整编和训练国民党军。1954年12月2日，美国政府与台湾国民党当局签订“共同防御条约”，公然干涉中国内政。从1950年起，美国政府不断给予台湾国民党军大批作战飞机、海军水面舰艇和各种陆军武器，以及巨额经济援助。在美国的支持和援助下，台湾国民党军不断对大陆福建等东南沿海地区进行登陆袭扰、海上袭扰和空中扫射轰炸的立体式武装窜扰，并多次准备大规模进犯大陆。潜藏在福建境内的国民党残匪，配合台湾国民党军的袭扰，明里暗里进行各种骚扰破坏活动。

面对台湾国民党军的严重挑衅袭扰、大陆残匪的猖狂破坏活动和美国干涉中国内政、企图分裂中国的侵略行径，人民解放军福建前线部队遵照中央军委和毛泽东主席的部署、命令，在福建各级党委、政府和广大人民群众大力支持下，全力展开剿匪、打击和惩罚国民党军的袭扰破坏、粉碎台湾国民党当局“反攻大陆”的图谋，以及反对美国政府干涉中国内政、企图分裂中国的一系列军事、政治、外交斗争，忠实履行巩固海防、守护新中国建设和人民生活安宁、捍卫国家主权和领土完整、推动祖国统一的神圣使命。

1949年10月开始，解放军第十兵团兼福建军区会同中共福建省委、省人民政府，采取逐步展开清剿、重点清剿、限期消灭股匪、彻底肃清散匪几个步骤，对陆匪进行清剿。与此同时，对逃窜至闽东沿海小岛上的海匪展开进剿。至1956年底全省共剿灭土匪7万余人，彻底清除了福建匪患，确保人民生活安宁和新生的人民政权的稳固。1950年至1966年，解放军福建前线陆海空部队展开联合打击国民党军立体式的窜扰，狠狠打击了登陆内窜、以大吃小、小股袭扰的登陆窜犯，取得东山保卫战等大小近百次战斗的胜利，确保沿海地区和岛屿的安全；狠狠打击了国民党海军的海上袭扰，取得了东山岛东南海域“八六”海战和崇武以东海战的重大胜利，以及一系列护渔护航战斗的胜利，确保了东南海域和沿海渔场的安全；狠狠打击了国民党空军的空中袭扰，击落、击伤三百多架国民党军飞机[1]和美制 U-2 型高空侦察机，取得了福建沿海地区的制空权，确保东南沿海地区不再遭受国民党军飞机的狂轰滥炸。

为了惩罚台湾国民党军对大陆的严重挑衅和骚扰破坏活动，反对美国政府干涉中国内政和美军入侵台湾海峡地区，支持黎巴嫩、伊拉克等国人民的反美斗争，解放军福建前线部队奉命于 1958 年 8 月 23 日对盘踞金门的国民党军发起大规模炮击作战。炮击金门作战由中央军委和毛泽东主席亲自指挥，以地面炮兵为主、海空军联合参加，经历全面封锁和打打停停两个阶段，于 1961 年 12 月中旬停止实弹射击。随后只在每月单日打炮并逐步改为只打宣传弹，1979 年 1 月 1 日中美建交后，炮击金门作战停止。美国政府肆意插足这场炮击金门作战行动，派出大型军舰为国民党军运输舰护航；国务卿杜勒斯窜到台湾胁迫蒋介石从金门、马祖撤军，企图搞“台湾独立”；总统艾森豪威尔窜访台湾，公然干涉中国内政；等等。在毛泽东主席直接指挥下，解放军福建前线部队坚守“只打蒋舰，不打美舰”的作战原则，迫使护航美舰不敢贸然闯入解放军炮火覆盖海区，退到 12 海里以外，丢下国民党军舰不管，从而试探了美国介入台湾海峡的底线，离间了美蒋关系；采取“打打停停”的巧妙战术，拖住金门国民党军，为蒋介石不愿从金门、马祖撤军提供理由，粉碎美国制造“两个中国”的图谋；进行示威炮击，警告美国艾森豪威尔政府，不得干涉中国内政。炮击金门既是军事斗争，又是政治斗争和外交斗争。由于中国政府灵活运用斗争策略，因而始终牢牢掌握斗争的主动权。炮击金门作战，既严惩了国民党军，又挫败了美国政府当局干涉中国内政、制造“两个中国”的阴谋，同时也支援了中东人民的民族解放运动，鼓舞了中国人民和世界人民反对美帝国主义、殖民主义的斗争，

---

① 据福州军区司令部作战处 1959 年 1 月 10 日在内部通报的《解放福建以来的战绩》称：“自福州战役到一九五八年底，我区共……击落敌机七十八架，击伤二百二十八架。”

在国内外产生重大影响。

根据海防斗争形势任务的需要，解放军福建前线部队长期做好粉碎国民党军大规模进犯的抗登陆作战准备和完成祖国统一大业的登陆作战准备。1951 年，解放军福建前线部队积极做好应对台湾国民党军配合美军朝鲜战场行动、企图对厦门至汕头地区进行大规模进犯的作战准备，迫使国民党军放弃了窜犯的计划。1962 年，在中共中央、中央军委的统一组织指挥下，福建前线军民进行紧急战备动员，粉碎了蒋介石企图趁大陆处于暂时经济困难之机大举进犯东南沿海的企图。1950 年至 1960 年，福建前线部队先后组织实施 120 多次对金门、马祖的越海侦察行动，为解放金门、马祖作准备。根据不同时期台湾海峡军事斗争的形势与任务，组织各种规模渡海登陆作战训练和演习，锻炼提高部队渡海登陆作战的组织指挥能力和战术技术水平。1976 年 7 月，经中央军委批准，在闽粤交界的大埕湾地区组织陆海空诸军兵种联合的加强步兵团渡海登陆作战研究性演习，探索现代技术战术条件下多军兵种联合渡海登陆作战经验。运用有线、无线广播和“海漂”“空飘”宣传品，对台湾、金门、马祖诸岛国民党军进行祖国统一的宣传产生了积极影响。徐廷泽、林正谊、黄植诚、李大维等一批有民族正义感的国民党军青年军官起义归来。

在几十年的海防斗争中，解放军福建前线部队指战员不辱使命，不畏艰险、不怕牺牲、甘于吃苦、乐于奉献、英勇善战，展示出人民军队忠于党、忠于祖国、忠于人民的崇高精神风貌。在剿匪作战中，解放军指战员不惧艰险，进入地形、匪情、社情复杂的深山密林，紧紧依靠当地人民群众，斗智斗勇，把一股股为害多年的顽匪恶匪清除，还人民群众一个安宁的生活环境。在打击国民党军登陆窜扰的战斗中，特别是在抗击国民党军“以大吃小”的守岛作战中，前线部队指战员忠于职守，不怕牺牲，浴血奋战，击退数倍甚至数十倍于己的国民党军的进攻，牢牢守住阵地。1952 年 10 月 11 日，金门国民党军以 9000 的兵力，对解放军第二十八军八十三师二四九团一连驻守的南日岛发起突袭，全连干部战士奋勇抗击，大部壮烈牺牲。增援的二四七团五连副排长荆玉珍在战友全部牺牲、自己两处负伤的情况下，只身奋战 2 个小时，打退国民党军 5 次进攻，最后壮烈牺牲。战后，福建军区追授他“军战斗英雄”称号。1953 年 7 月 16 日，金门国民党军 1 万多人，在海空军的配合下，进犯解放军公安八〇团驻守的东山岛。全团指战员在团长游梅耀的指挥下，与数十倍于己的国民党军展开血战。驻守核心阵地公云山（200 高地）的八〇团二连指战员，在连长郑德修指挥下，凭借 7 个土木堡、200 多米的堑壕和不足百米的坑道，在尔后登岛的增援部队一部的配合下，与十倍于己的国民党军血战 27 个小时，击退国民党军 31 次冲击，牢牢守住阵地，为取得东山岛保卫战的胜利发挥了关键性作用，战后被福建军区授予“东山战斗守备一等功臣连”称号。

在打击国民党军海上窜扰和配合炮击金门的海战中，人民海军前线部队指战员发扬人民军队英勇顽强的战斗作风，敢于善于以劣势的小型舰艇打击具有压倒性优势的国民党海军大型舰艇。前线海军以“陆地行舟”的办法，把小型鱼雷艇通过火车从上海运载到厦门，然后进入预定海区设伏，近距离内击沉击伤国民党海军大型运输舰“台生”号和“中海”号。175 鱼雷艇胜利完成战斗任务后，在掩护艇队撤离中左主机中弹沉没，12 名艇员落水后相互鼓励、相互帮助游向大陆，经过 30 多个小时的海上拼搏，有 5 人在渔船的救援下回到部队，海军领导机关给他们每人记一等功。前线海军 588 护卫艇，在崇武以东海战中，奋勇靠前突击，连续多次给国民党军“永昌”舰以致命打击，最终在编队协同打击下击沉“永昌”舰，战后被国防部授予“海上猛虎艇”称号。

在打击国民党军空中窜扰和配合炮击金门的空战中，人民空军前线部队指战员，以敢打必胜的英雄气概，英勇地与飞机数量和性能都占绝对优势的国民党空军展开拼杀。前线空军歼击航空兵飞行员周春富，在紧急情况下以单架米格机，迎战国民党空军 11 架高战斗性能 F-86 型飞机，经过短时间空中拼杀，击落国民党空军飞机 2 架，击伤 1 架，在自己的战机中弹后跳伞，落入海中，毛泽东通过秘书打电话指示福州军区全力搜救。前线海军出动多艘炮艇、平潭县出动1800多艘渔船搜寻数日无果，解放军空军领导机关为周春富追记一等功，并根据他生前的申请，追认他为中国共产党正式党员。前线空军歼击航空兵僚机飞行员杜凤瑞，在福清龙田空域的一次空战中，不顾自身危险，切入重围与4倍于己的国民党军飞机展开空中搏斗，击落国民党空军飞机2架后，自己的飞机中弹失控跳伞，在随伞降落中被国民党空军飞机射杀，光荣牺牲。解放军空军领导机关为杜凤瑞追记一等功，并授予杜凤瑞生前飞行中队“杜凤瑞中队”称号。

在持续20年的炮击金门作战中，前线炮兵部队指战员以一往无前的战斗精神，为赢得这场震惊中外的炮击作战的胜利建立了不朽功勋。解放军围头海岸炮兵一五〇连，在炮击金门作战发起的头一天遭到金门国民党军5个重炮连集中火力打击一发炮弹击中炮工事，方向瞄准手安业民冒着大火，在炮位上迅速转动炮身，只几秒钟，就把炮身旋为零位，确保了火炮的安全，而自己却被烧成一个火人昏迷过去，随后被金门国民党军打过来的一群炮弹震醒。当他听到“继续战斗”的命令时，不顾战友们的阻拦，抢先奔上炮位，坚持战斗40分钟，直至胜利完成战斗任务。安业民全身70%严重烧伤，经抢救无效，光荣牺牲。解放军海军领导机关追认他为中国共产党正式党员。朱德为他题词：“共产主义战士安业民永垂不朽”。解放军炮兵三师十七团四连在一次战斗中，遭金门国民党军六七个炮阵地集中火力打击，整个阵地一片火海。装填手胡德安忍着火燎的剧痛把一发刚送入炮膛的炮弹打出去，确保这门火炮的安全，全身被严重烧伤，经抢救脱险，福州军区炮兵领导机关为他记一等功。

前线部队侦察兵，在当地民兵和渔民配合下，渡过海峡，深入金门、马祖、大担、二担等国民党军盘踞的岛屿，了解地形地物、阵地构筑、兵力部署和武器装备等情况，为随时准备渡海登陆作战提供最前沿的一手情报。第三十一军九十一师侦察排长纪瑞瑄，多次带领侦察小组登上金门岛，出色完成了抓“舌头”、搬爆炸物、攫取作战地图和文书等侦察任务，搜集了大量重要情报，被华东军区授予“二级侦察英雄”称号。

驻守在台山、北礌、西洋、浮鹰、南日、湄洲、大嶝、小嶝、角屿、青屿、浯屿、鼓浪屿和东山等前沿海岛的基层连队官兵，舍小家为大家，以苦为荣，以岛为家，守岛建岛，在东南海疆筑起一道坚固的海上堡垒。驻守厦金海峡青屿岛上的守岛部队四连，1956 年进岛至今 60 多年。一代又一代守岛官兵，扎根这座远离大陆、面积仅 0.06 平方公里、生活环境条件十分艰苦的弹丸小岛上，与金门、大担、二担的国民党军展开近距离的斗争，为守卫东南海防，推进祖国统一作出了突出贡献。首任连长梁文科，在连长岗位上勤勤恳恳工作 5 年，带领全连出色完成自 1958 年的炮击金门作战至 1962 年的东南沿海紧急战备的一系列重要作战与战备任务。后任连长张良泰，从入伍进岛到因身体不适调离小岛，先后在小岛艰苦工作 15 年。经过一代又一代守岛官兵接续奋斗，硬是把小岛建设成东南海防前线的“海上钢钉”，先被福州军区授予“海岛红旗”锦旗一面，后又被南京军区授予“海岛钢四连”荣誉称号。

前线部队前沿一线对金门广播站播音员，在长年不断的炮火硝烟中顽强开展工作，把祖国大陆对台政策、同胞的亲情友情和相关通告，及时准确播向对岸。吴世泽、陈菲菲等普通话与闽南话双语播音员，以亲切熟悉的乡音进行交谈式的播报，赢得对岸国民党军官兵的敬重和信任。金门前沿一线许多国民党军官兵都亲切称陈菲菲为“菲菲小姐”，一些从金门退役的国民党军官兵后来到祖国大陆探亲旅游，都要特地来到厦门对金门广播站，与陈菲菲见面交谈。陈菲菲 1953 年入伍进入人民解放军厦门对金门广播站做闽南话广播员，一直工作到退休，把宝贵的青春年华献给对金门广播、推进祖国统一大业，获得“全国三八红旗手”荣誉称号，受到党、国家和军队领导多次接见。林正谊、黄植诚和李大维等起义归来的国民党军官兵一致表示，大陆的对台广播和传单宣传，对他们决心起义归来起了重要的促进作用。

## 四

福建各级党委、政府和广大人民群众，以高度的政治责任感和自觉性，支持和参与海防斗争。从迎接人民解放军进军福建开始，省、地（市）、县就逐步建立健全拥军支前工作机构，并建立高效工作体制机制，为部队作战、训练和日常生活提供必需的物资和人员保障。全省形成浓厚的拥军支前社会氛围。党政领导和支前部门长年不断深入部队，帮助解决各种实际问题。在千里海防线上，活跃着一支长年为海岛部队运送生活物资的支前船工队伍，许多船工几十年如一日，不辞辛苦，不计报酬，冒着国民党军的炮火，源源不断地把各种生活物资送到守岛部队。各机关和企事业单位、各社会团体，主动与驻地部队挂钩共建，助力改善部队生活环境和生活条件。全省涌现出许多“拥军大妈”“拥军世家”“爱国拥军模范”。各级党委、政府统筹经济建设与海防建设，践行军民融合发展，不断完善平战结合的公路、铁路、机场、码头、港口等基础设施建设。

海防民兵队伍组织落实、政治落实、军事落实，军民联防体制机制健全完善，海上、岸上、陆上和隐蔽战线四道军民联防线不断巩固加强。民兵和群众自觉支前参战，有力支援和配合了剿匪、打击国民党军窜扰和炮击金门等重大军事行动，涌现出英雄三岛、英雄小八路、英雄的围头，以及著名的对敌斗争模范洪秀枞和洪顺利等一批拥军支前英雄集体和英雄民兵。

前线部队在完成作战、训练和战备执勤等本职工作任务的同时，积极支援和参加地方各级人民政权建设、经济建设、精神文明建设和抢险救灾行动。援建了三明钢铁厂、飞播造林找矿工程、九龙江北溪引水工程、福马公路鼓山隧道工程，以及打捞“阿波丸”号沉船等重大工业、农业、林业和交通建设工程，全力以赴参加历次抗击重特大台风暴雨等自然灾害的抢险救灾行动，为福建经济社会发展作出重要贡献。全省现有9个设区市和15个县（区、市）被评为“全国双拥模范城”“全国双拥模范县”，展现出前线军民团结一心，同守共建海防的可喜局面。

全国人民关心支援福建海防前线的斗争。炮击金门作战期间，全国20多个省、市、自治区和多个人民团体的慰问团，100多个各类文艺团体，先后来到福建前线，慰问前线部队官兵和前线各地人民群众。田汉、梅兰芳、李焕之、郭小川、刘白羽、秦怡、田华、郭兰英等文艺界著名人士，刘胡兰母亲胡文秀、全国拥军模范戎冠秀、全国青年劳动模范邢燕子等全国英雄模范人物，先后来到福建慰问前线军民，表达全国人民对前线军民深情问候。各省、市、自治区，各人民团体，各地党政机关、企事业单位、工厂、农村、学村和海外华侨华人团体，纷纷向前线军民发来慰问信、慰问函、慰问电。厦门何厝小学英雄小八路纪念馆里，至今保存着当年来自全国各地的958封慰问信、慰问函。各地派来的慰问团和发来的慰问信，深情表达对前线军民的问候，强烈声讨国民党军的暴行，谴责美国侵入台湾海峡、干涉中国内政、企图分裂中国的罪恶行径，期盼尽快把美国军队赶出台湾海峡，早日解放台湾，实现祖国统一。全国文艺界和新闻记者纷纷来到福建前线采风创作，讴歌前线军民守卫东南海疆、推动祖国统一的英勇斗争精神。长篇通讯《海岸青松》、电影《英雄小八路》《海鹰》《海岛女民兵》《英雄岛》《移山填海》，以及歌曲《鼓浪屿之波》等一批反映海防前线斗争和推进祖国统一题材的文艺精品力作，在全国产生广泛且深远的影响。电影《英雄小八路》主题歌《我们是共产主义接班人》，被共青团中央确定为全国少年先锋队队歌。

福建海防前线30年的斗争，狠狠打击了台湾国民党军对大陆的袭扰破坏，粉碎了台湾国民党当局“反攻大陆”的企图，挫败了美国企图制造“台湾独立”，分裂中国的图谋，捍卫了国家主权、安全和领土完整，为解决台湾问题，实现祖国完全统一，提供了重要历史经验。福建海防前线 30 年的斗争，充分展示了人民军队听党指挥、忠诚担当、爱国奉献、尽责守疆的崇高精神，谱写出人民军队在新中国成立后继续履职尽责，为推进祖国统一大业不懈奋斗的辉煌篇章。福建海防前线 30 年的斗争，充分展示了福建人民高度的爱国拥军自觉和积极投身支前工作的无私奉献精神，生动体现了党和人民军队与人民群众的血肉联系和鱼水深情。福建海防前线 30 年的斗争，充分展示了全体中华儿女推动解决台湾问题、实现祖国完全统一的共同心愿，昭示了祖国必须统一，也必然统一的历史趋势，激励我们为贯彻新时代党解决台湾问题的总体方略，坚定不移地为推进祖国统一大业而不懈团结奋斗。

· 第一篇 ·

# 进军福建

# 第一章
# 进军福建的决策部署与前出闽北、闽西、闽东北

按照中共中央、中央军委向全国进军的战略部署，人民解放军第三野战军第十兵团在胜利完成渡江战役和上海战役作战任务后，于1949年7月挥师南下，进军福建。8月发起福州战役，解放了福州及连江、长乐、福清、永泰、闽清、闽侯等周边地区，随后渡海解放南日、湄洲、平潭等岛屿。1949年9—10月间，发起漳（州）厦（门）金（门）战役，解放了以漳州为中心的闽南大陆地区和厦门、大嶝、小嶝等岛屿，渡海登陆金门战斗失利。1950年5月渡海解放东山岛。1950年7月渡海攻击大担战斗失利。至此，人民解放军第三野战军第十兵团在闽浙赣人民游击纵队和闽粤赣边游击纵队配合下，解放了除金门、大担、二担、马祖之外的福建大陆和沿海岛屿。福建的解放，为巩固东南海防，发展东南沿海经济，推动解决台湾问题、实现祖国完全统一，创造了重要条件，奠定了重要基础。

## 第一节　进军福建的决策部署

福建的特殊战略位置，成为败逃台湾的国民党统治集团企图借以阻挡人民解放军战略追击的屏障。至1949年5月，人民解放军经过三年浴血奋战，由北向南横扫国民党军队，最终取得辽沈、淮海、平津和渡江、上海等解放战争重大战役的胜利，摧毁了国民党反动统治政权。国民党军残部向中南、西南和东南沿海地区逃窜。国民党反动统治集团陆

续逃往台湾，拼凑了华中、华南、西南和包括台湾、福建、浙江东部沿海岛屿在内的东南等四个军政长官公署，企图借此组织抵抗解放军的追击，屏卫台湾，苟延残喘，伺机“反攻”，东山再起。国民党军福州绥署主任兼福建省主席朱绍良和京沪杭警备司令汤恩伯，辖李延年第六兵团、刘汝明第八兵团、李良荣第二十二兵团残部约 15 万人，败逃福建，分别部署在福州、泉州、漳州等沿海大陆地区和厦门、金门、平潭、东山等沿海岛屿，连同退据浙东沿海岛屿的残部，形成直接拱卫台湾的东南防御部署。蒋介石于 7 月初到福州、7 月 22 日到厦门、10 月 7 日再到厦门，先后三次到福建，督令朱绍良、汤恩伯等死守福建，屏卫台湾。

中共中央和毛泽东主席十分关注攸关解放战争全局的福建这块战略要地，对进军福建、解放福建运筹帷幄，慎重决策，周密部署。1949 年 1 月 18 日，辽沈、淮海、平津三大战役胜利已成定局。毛泽东为中共中央起草的党内指示《目前形势和党在一九四九年的任务》指出：“一九四九年和一九五〇年将是中国革命在全国范围内胜利的两年。”确定“一九四九年夏秋冬三季，我们应争取占领湘、鄂、赣、苏、皖、浙、闽、陕、甘等省的大部，其中有些省则是全部。”考虑到当时的各种因素，中共中央原定是 1950 年内解放福建及全中国。但随着渡江战役、上海战役和解放杭州的迅速胜利推进，中共中央决定提前一年解放福建及全中国。5 月 23 日，毛泽东和中央军委电示第三野战军：“你们应当迅速准备提前入闽，争取 6、7 两月内占领福州、泉州、漳州及其他地方，并准备相机夺取厦门。入闽部队只待上海解决，即可出动。”同时电示第二野战军进军川、黔、康等西南地区，电示第四野战军进军湖南、广东、广西等中南地区。5 月 27 日，上海战役胜利结束。第三野战军电令第十兵团司令员叶飞、政治委员韦国清，率兵团所辖第二十八军、第二十九军和第三十一军挥师南下，进军福建，解放福建。第十兵团集结于苏州、常熟、嘉兴一带休整，进行入闽的各项准备工作。

为配合第十兵团进军福建，中共中央决定：由闽西革命根据地锻炼成长起来的中共中央华东局组织部部长张鼎丞担任中共福建省委书记，主持地方工作，协助第十兵团完成进军福建、解放福建的战略任务。同时，组织太行、太岳、山东老解放区抽调5200名干部，并从上海征召3500名青年学生，组成南下干部队伍，随第十兵团入闽，充实加强福建地方干部队伍，接管并建立各级人民政权。

## 第二节　前出闽北、闽西、闽东北①

1949年5月，第二野战军第十五军及第十七军、第四野战军第四十八军和第三野战军第二十一军各一部，在挺进西南、中南和浙东沿海地区的征程中前出福建，在当地游击队的配合下，分别解放了闽北、闽西和闽东北大部或部分地区，为第三野战军第十兵团进军福建、解放福建创造了有利条件。

### 一、解放闽北

1949年5月8日，人民解放军第二野战军第四兵团第十五军军长秦基伟率第四十四、第四十五师由浙江金华、东乡挺进闽北。闽北游击队派出三个分队，引导第四十四师从上饶分三路入闽，于5月9日至14日，相继占领崇安、建阳、建瓯、南平等4座县城，歼灭国民党军第五十五军、第九十六军、第九十八军及交警支队各一部共3200余人。第四十五师随后跟进，于5月13日解放水吉（今建阳水吉镇）县城，并在回龙镇追歼国民党军京沪军官教导团、交警等2000余人。南平游击大队在此前摧毁了夏道、西芹等十多个国民党乡公所，攻占樟湖坂，并于吉溪歼灭南平专署保安队等100余人。与此同时，第二野战军第五兵团第十七

① 本节内容参考自福建省地方志编纂委员会编《福建省志·军事志》，新华出版社，1995年，第234—235页。

军第五十一师翻越仙霞岭，于5月13日占领浦城、15日占领松溪、19日占领邵武、23日占领政和。5月24日，第十五军奉命撤出闽北转向大西南进军，第十七军第五十一师接替闽北防务。

## 二、解放闽西

1949年5月，人民解放军第二野战军一部前出闽北，闽粤赣边纵队主力连克粤东8县，震慑国民党福建政权。5月23日，国民党新任龙岩专员练惕生和国民党地方实力派人士傅柏翠率领保安第四团等部，以及上杭、武平、永定、龙岩四县县长共4000余人起义，接受闽粤赣边纵指挥。起义部队根据边纵命令，先后攻占连城和长汀县城。6月3日，为统一指挥闽西南人民武装队伍，闽粤赣边纵第七、第八支队在永定湖雷成立闽西南临时联合司令部，闽西各县相继成立独立团。7月上旬，溃逃到赣南一带的国民党军胡琏兵团、刘汝明兵团窜扰闽西、粤东地区。闽西南临时联合司令部一面发动群众反抢粮、保家乡，一面开展游击战，袭击伏击进犯闽西的国民党军。

8月中旬，中共中央华南分局书记方方、闽粤赣边纵队司令员刘永生，率边纵一部，前往江西会昌与解放军第四野战军一部会师。国民党军胡琏、刘汝明部开始向广东潮汕地区撤退。8月23日，胡琏部500余人由永定南撤，边纵第七支队永定独立团随即接管永定县城。8月27日，第七支队上杭独立团和平接管上杭县城。8月30日，龙岩至永定一带国民党军向云霄、诏安撤退。闽西南临时联合司令部率第十三、十五、十七、十九、二十一团和龙岩独立团攻打龙岩，9月1日龙岩县城解放。9月6日，大田均溪游击大队解放大田县城。9月11日，边纵第八支队第四团五营进攻漳平，经两昼夜战斗，13日解放漳平。

10月中旬，第四野战军第四十八军一四四师从会昌向闽西开进。10月17日，一四四师四三一团一个营，在边纵第七支队武平独立团配合下，攻占武平县城。10月19日，一四四师四三二团、边纵第七支队独立第七团、起义的闽西国民党军一个独立团，合力攻占长汀城。10 月 21 日，连城、宁化和平解放。至此，闽西全境解放。

### 三、解放闽东北

1949 年 5 月中旬，第三野战军第二十一军与中共浙南地委研究决定，由第六十三师一八九团和浙南游击纵队第一支队进军闽东北。6 月 11 日，一八九团和第一支队在福鼎游击队的配合下，攻占福鼎县城。随后兵分两路：一路向西进击，6 月 15 日攻占柘荣；一路向南追击，全歼国民党福鼎保安大队。6 月 17 日，一八九团在霞浦人民游击队的配合下，解放霞浦县城。6 月 28 日，经闽浙赣游击纵队第五支队积极努力争取，周宁县和平解放。

7 月初，第三野战军第十兵团第三十一军第九十三师二七八团翻越洞宫山入闽。在游击队配合下，7 月 14 日占领寿宁县城，7 月 19 日解放福安县城。

# 第二章
# 福州战役[①]

## 第一节　战役部署

福州是一座千年古城，福建省省会。全城遍植榕树，四季常青，形成这座古城特有的绿色风景线。所以，福州又称榕城。福州地处福建东部沿海中央、闽江的出海口，南临闽江，东连马尾港，东北的鼓山、莲花山、笔架山等群山环抱，郊外是四季稻菽瓜果飘香的沃野平原，历来为福建的经济、政治、文化中心和我国东南沿海的军事要地。

1949 年 6 月，国民党福建省主席兼福州绥靖公署主任朱绍良、第六兵团司令李延年辖国民党军残部 5 个军 13 个师约 6 万人扼守福州地区。整个残部建制不全，兵员不足，士气低落，一直处于败逃的恐慌状态之中，高级将领对福州弃守不定。7 月初，蒋介石亲临福州，督令朱绍良、李延年组织增修工事，调整防务，加强防御，企图利用福州外围有利地形，阻滞人民解放军的进攻。其部署是：以第九十六军（辖 2 个师）和独立第五十师担任正面防御，扼守雪峰、双溪、大湖和大、小北岭诸要点；以第七十四军（辖 3 个师）为右翼，防守罗源、连江、琯头沿海一线，并从台湾调来第二〇一师 1 个团，增防马尾，保障闽江水道安全；以第二十五军（辖 2 个师）和独立第三十七师为左翼，于闽清至徐家村

① 本章内容参考自叶飞《叶飞回忆录》，解放军出版社，2014 年，第 392—398 页。《福建省志 · 军事志》，第 238—243 页。

闽江两岸布防，控制福（州）古（田）公路；以第七十三军（辖 2 个师）驻防福清和平潭岛，扼控福（州）厦（门）公路要点，保障侧后安全；以第一〇六军（辖 2 个师）驻防市区。

1949 年 5 月底，解放军第三野战军第十兵团胜利完成上海战役作战任务后，根据进军福建的命令，集结于苏州、常熟、嘉兴一带休整，进行入闽的各项准备工作。6 月上旬，第十兵团派出第二十九军参谋长梁灵光，率一个工兵营为先遣队，先期入闽了解情况、抢修道路和筹措粮草。6 月 20 日，先遣队抵达建瓯，与中共闽浙赣省委书记、闽浙赣游击纵队司令员兼政治委员曾镜冰会师。6 月底，在建瓯县城召开庆祝会师与支前动员大会。组织动员闽北、闽西人民支前交通和支前筹粮。先遣队工兵营与支前群众一道，在山高林密路猛的闽北山区劈山开路。中共福建省委书记张鼎丞提出“保证部队吃饱饭、打胜仗”的口号，得到闽北人民群众积极响应，筹粮工作取得显著成果。在张鼎丞、曾镜冰、魏金水（闽粤赣边游击纵队政委）、刘永生（闽粤赣边游击纵队司令员）的组织发动下，闽浙赣边游击纵队、闽粤赣边游击纵队和全省各地人民群众积极行动起来，为解放军第十兵团进军福建搜集情报、架桥修路、筹集粮草。

7 月 2 日，叶飞司令员、韦国清政委率解放军第十兵团 3 个军 15 万人和由 5000 多名党政干部、2000 多名青年学生组成的华东军区随军南下服务团，冒着酷暑向福建进军。整个部队从浙江嘉兴车站上火车，沿浙赣线西行，分别于浙江江山县和江西上饶下车。兵团部率第二十八军、第三十一军在江山下车后，翻越仙霞岭经浦城长途行军 250 公里，向建阳、建瓯进发；第二十九军在上饶下车后，翻越武夷山经崇安长途行军 100 公里，向南平进发。由于先遣队先期的打前站工作和沿途闽北人民群众在交通、食宿、卫生防病等方面的大力支持，解放军第十兵团率 15 万大军和 7000 多名南下服务团，克服关山险阻、炎夏酷暑、水土不适、国民党兵匪破坏等重重困难，于 7 月底前全部抵达尤溪、南平（第二十九军）、古田（第三十军）、建瓯（兵团部、第二十八军）集结，并进行山地作战训练。第三十一军九十三师二七八团于浙江金华下车，7月14日解放了寿宁，19日解放了福安。7月15日，兵团在建瓯召开军以上干部会议，进行解放福建的作战部署，决定首歼福州地区国民党军，控制福建省会，而后乘胜挥师南进，解放莆田、泉州、漳州等闽中闽南地区及渡海夺取厦门、金门等岛屿。进攻福州，有两个作战方案作比较选择。第一个方案是大迂回，即以两路兵力分别切断国民党军陆上、海上退路，以一路兵力从中间突破直取福州。切断敌陆上退路的部署是使用部分兵力向南迂回占领福州以南的福清、宏路，截断福厦公路，分割福州朱绍良集团与厦门方向汤伯恩集团的联系，务求全歼福州朱绍良集团。执行这个方案困难比较大，向南迂回的部队要从尤溪出发，翻越百余公里的崇山峻岭，然后从永泰钻出来，攻占福清东张，才能夺取福清、宏路。这一路全程200公里，山多，山高，没有公路，没有大路，只有山地小道，不能携带大炮、山炮，只能轻装。第二个方案是只向东迂回，攻占马尾，切断福州国民党军海上退路。两个方案比较，第一个方案不但艰苦，而且是一着险棋：担任迂回攻占马尾任务的部队，只有2天路程；而担任迂回攻占福清、宏路的部队，却要携带武器弹药和粮食，在酷暑中翻山越岭，长途跋涉5天，到达福清、宏路后成了疲惫之军，可能遭到来自福州、泉州的国民党军南北夹击。如果采取第二个方案，虽然比较稳妥，但由于没有大迂回占领福清、宏路，不能切断国民党军从陆上南逃的退路，解放军即使追得再快，也无法迅速顺利过闽江、乌龙江，可能打成击溃战，赶鸭子过江，福州国民党军可能沿福厦公路南逃，不能全歼。叶飞、韦国清和张鼎丞权衡再三，决心采取第一个方案，实行大迂回，在福州外围撒下一张大网，务求全歼福州地区国民党军。

解放军第十兵团按照大迂回的作战方案，对福州战役作出部署：以第三十一军为左路军，由古田出发，担任攻占马尾、切断国民党军海上逃跑的任务，得手后即由马尾向福州攻击前进；以第二十九军为右路军，由南平出发，翻越沙县、永泰大山，担任攻占福清、宏路，切断福州朱绍良与厦门方向汤恩伯集团的联系，阻截国民党军可能从陆上南逃的任务；以第二十八军为中路军，担任由古田向福州正面攻击的任务。

解放军第十兵团原定8月8日向战区开进，15日发起福州战役。8月4日，发现福州国民党军有收缩逃跑迹象，且战役准备就绪。经第三野战军批准，第十兵团决定提前于8月11日开始攻击。

## 第二节　解放福州

右翼第二十九军于8月6日起，从尤溪、南平分两路向东南挺进。以先头的第八十五、第八十六师攻占福清，担任军预备队的第八十七师占领琯口以南福厦公路要点和福清西北的天吊山、纱帽山，待攻下福清后再向长乐、尚干进攻。8月11日，左路八十六师一部奔袭占领了永泰县城。8月14日，全军进抵一都街、大渡口、永泰地区。8月15日获悉福州国民党军有南逃迹象，十兵团电令速占福清、长乐、尚干，断敌退路，并立即改变部署，命令八十五师单独攻占福清，八十六师转向长乐、营前攻击，八十七师沿福厦公路北进，占领尚干。八十五师当晚攻克宏路后，连夜向福清进攻。以二五五团由石竹山、浦头攻击城北的玉屏山，得手后从北、东北方向攻城，并派部分兵力插到十排山、火档尾山、里美一线，阻止国民党军从福（清）海（口）公路东逃；以二五四团向城西进攻，夺占城南的五马山等高地后，从西、南方向攻城，同时派部分兵力直插钟山、凤凰山，封锁水上逃路；以二五三团主力南下占领渔溪，在方山、山边一线向南构筑阻援阵地，防止南面国民党军北援。至8月16日晨，二五四团进展顺利，攻占了城南主要高地并逼近城区，一部由水南过河占领了利桥，威胁福海公路；二五五团被阻于玉屏山、石井、火档尾山一线，未能切断国民党军逃路。福清国民党军因退路受到威胁，于玉屏山南侧集结主力向东逃窜。10时许，八十五师2个团先后突入城内，歼其400余人，余部向东逃窜。师即集中兵力追击，下午追至海口东北、车头以东一线高地，以一部兵力向星桥迂回，阻其继续东窜。由于正面攻击部队和穿插迂回部队进展缓慢，逃窜的国民党军乘隙突围，仅歼其少数掩护兵力。又因追击部队连续作战过度疲劳，当夜追至海口以东的城头就停止了，致使国民党军2000余人从松下渡海逃往吉兆岛和平潭岛。八十六师由一都街翻越纱帽山向长乐、营前进击，8月15日抵福清以北的作坊附近；8月16日沿公路东侧向北发展，21时在洋中歼灭长乐保安团50余人，得知国民党军第三一八师1个团已从长乐、营前撤往闽江北岸，即迅速前进，于次日凌晨占领长乐、营前。八十七师从永泰向尚干推进，8月16日抵达一都街、琯口一带。至此，二十九军截住福州国民党军南逃的主要通道。

左翼第三十一军于8月8日从古田向战区开进，8月12日抵达丹阳西南的朱公、捷坂和汤岭、桃园一带。决定首先围歼丹阳国民党军，尔后分路攻占闽江北岸各要点，切断国民党军海上逃路。8月13日晨，九十三师及九十一师二七三团从朱公附近向丹阳南、北两侧迂回，7时许，从四面向丹阳发起攻击，9时许先后攻下丹阳东南的屏封山和西部的坑口，接着又夺占了南部的虎山。由于从东北攻击的部队未及时攻克鼓头山，国民党军大部从南侧的东园和上、下周突围，沿鼎乾山东逃。12时，九十三师占领丹阳镇，歼灭国民党军一小部。师即派1个加强团追击，次日4时将其包围在丹阳镇东北的新厝后山区，经过5小时攻击，将其全歼，俘虏国民党军第二一六师师长谷元怀以下1300余人。丹阳战斗结束后，三十一军兵分三路，以九十三师向连江进攻，以九十一师和九十二师二七六团直插闽江北岸要镇闽安，以九十二师主力进逼福州北郊的大北岭。九十一师采取分路楔入、同时攻击的战法，8月14日夜在游击队引导下，乘月色沿山脊穿插接敌，于8月15日晨一举夺占了闽安、亭头、龙炳等要点，控制了10公里江面。随后以二七三团向下游发展，配合九十三师行动；以二七一、二七二、二七六团从闽安至彭田一线向马尾攻击。8 月 15 日 11 时，以正面佯攻、侧翼突破的战术夺取了马尾北面的 286 高地，连续 5 次击退国民党军的反扑；8 月 16 日 12 时许从西北和东部突破马尾国民党军防御，大部国民党军乘船南逃到南台岛；13 时占领马尾及罗星塔。同时，控制闽江下游的炮兵击沉了从台湾来援的运兵船“建国”号，击伤了另外 3 艘。8 月 15 日，九十三师以 1 个团沿公路向连江攻击，主力从东侧的浦口过鳌江，迂回侧后截断连江国民党军退路。由于国民党军大部已撤往南部山区和长门、琯头一带，遂于 16 日晨占领连江县城。随后分路向南追击，17 时扫清了城南山区国民党军，20 时攻占长门、琯头。这次战斗共俘国民党军 2300 余人，国民党军第七十四军军部率 2000 余人逃往平潭岛。8 月 16 日夜，大北岭、宦溪一带国民党军南撤，九十二师主力随即逼近福州北郊；九十一师一部由马尾向福州推进。归三十一军指挥的二十一军六十三师，于 8 月 11 日攻占三都岛，13 日晚从飞鸾登陆，逼近罗源城，8 月 15 日晨被围的国民党军副团长以下 1000 余人缴械投降。

担任正面攻击的第二十八军于 8 月 7 日由建瓯向东南运动，8 月 14 日抵达攻击位置。决定以第八十二、第八十三师首歼雪峰、双溪、大湖国民党军，再分别向小北岭和白沙、徐家村进攻，从北郊和西郊进逼市区；以第八十四师歼灭闽清国民党军，继而沿闽江南岸，直取南屿，再视情或渡乌龙江攻仓前山，或追歼撤逃国民党军，配合二十九军行动。八十四师于 8 月 14 日攻占祥溪口，歼灭国民党军 120 余人；8 月 15 日攻克大、小箬和闽清县城，国民党军东窜；8 月 16 日沿江追击，抵达南岸的溪口。八十二师于 8 月 14 日 10 时开始向下局进攻。8 月 15 日占领大湖、箬洋，国民党军南逃，即向江洋店方向追歼，当晚进至小北岭以北地区，8 月 16 日向小北岭发起攻击。进攻猪蹄岭（524.4 高地）的连队正面攻击受阻，伤亡较大，后改以正面压制、侧后突破的战法，一举占领该高地。12 时，八十二师全部攻占笔架山至前洋一线阵地，18 时占领小北岭，歼灭国民党军 1 个营，当晚攻占北郊的新店、猫头山一带。

八十三师于8月14日18时占领大坪、洋下、双溪各点，于大坪截歼大湖逃敌300余人。8月15日，雪峰国民党军已撤逃，遂向白沙、江洋店追击，在白沙与国民党军1个团接触，国民党军东窜，追至横屿时歼其尾部1个连，当晚与国民党军对峙于徐家村附近。8月16日从关源里向徐家村进攻，由于迂回部队轻敌，一度受挫被阻，18时占领徐家村，毙俘国民党军100余人，继而进逼中房，与国民党军形成对峙。

至此，人民解放军完成了对福州国民党军的包围，并从西、北、东三面逼近市区。8月16日晚，朱绍良、李延年等乘飞机逃跑，被围的国民党军也连夜从南台的北峡兜、湾边、洪塘等处抢渡乌龙江南逃。8月17日5时至6时，八十二师和九十二师从北、八十三师从西、九十一师从东先后突入市区，并向南追歼。八十二师追至台江万寿桥（解放大桥）遭到国民党军阻击，二四五团三营副营长魏景利带头奋勇冲击，壮烈牺牲。指战员们喊着“为副营长报仇”的口号，奋不顾身地冲了上去，夺取了大桥，占领了仓前山。7时许解放军第十兵团各部攻占整个福州市区。各部随即分头向江边追击，下午攻下高盖山及以东高地，全歼国民党军掩护部队2000余人。同日，国民党军三一八师副师长赖惕安率1个团于东郊的横屿向解放军投诚。至此，解放军第十兵团攻占了福州全城，福州城区宣告解放。

## 第三节　外围追击

在攻占福州市区的同时，位于乌龙江南岸的第二十九军和第二十八军八十四师开始追击、堵截、围歼越江南逃的国民党军。八十四师8月17日9时追击从洪塘过江到浦口的国民党第九十六军残部，8月17日22时抵达南屿附近，俘其500余人。8月18日继续向永泰追击。8月20日，八十四师二五〇团翻越台口西北的双峰山，截歼国民党军1200余人。8月21日，八十四师二五一团经过36小时连续行军，迂回包围了窜至永泰西北的大洋地区的国民党军，随后二五〇团和二五二团一部赶到。经过围攻，迫使国民党第九十六军副军长黄振涛以下1000余人放下武器。至此，向永泰方向逃窜的国民党军，除第九十六军军长于兆龙率一部逃往漳州、厦门外，其余4000余人全部被歼。二十九军获悉从峡兜过江的国民党军8月17日晨抵尚干后，以八十五师于东张、宏路、作坊一线堵截，防其南窜；以八十七师由琯口向北进击；以八十六师主力由长乐向西机动，越青圃岭配合八十七师围歼逃敌。8月17日上午，八十七师以二五九团沿公路向尚干突击，以二六〇团主力从东侧穿插青圃，截断国民党军东窜之路，8月17日16时进至宏屿与国民党军遭遇。两个团协同战斗2小时，歼其1000余人，24时占领尚干，国民党军已窜往大义东南、茶园、十三亩和西南的初婆洋山区。8月18日，担任作坊一带堵截任务的八十五师二五四团，将由十三亩东窜的国民党军围堵于金翅山、黄晶岭、桃阳山区，经过政治瓦解，国民党军福州绥署、第六兵团部、第二十五军、独立第五十师等4700余人于18时被迫投降。同日，八十六师也于青圃岭以南搜歼逃军500余人。8月20日，八十七师于琯口以东五子岩附近迫使国民党军1个营投降；八十六师在玉田、赤屿两侧先后搜歼残余国民党军1000余人；国民党军二一六师副师长率100余人于长乐鹤上投降。8月22日，八十五师与八十七师各一部，将从初婆洋南窜的国民党军包围在一都街西北的挡田、厝洋坑附近，当晚被围国民党军一部西窜，余部1000余人就歼。8月23日，西窜的国民党军400余人被歼，第二十五军军长陈士章化装潜逃。至此，福州战役胜利结束。

福州战役自8月11日开始，至23日结束，历时13天。解放军第三野战军第十兵团在中共福建地方组织和游击队的配合下，歼灭了国民党军近4万人，俘其第六兵团正副参谋长何同棠、陈腾骧、陈盘庚和第二十五军副军长李以劻、第九十六军副军长黄振涛等将级军官17名，解放了福建省省会福州市和著名军港马尾，以及宁德、罗源、连江、长乐、福清、永泰、闽清、莆田等9座县城，为解放福建全省创造了有利条件。

福州战役胜利结束后，于8月24日成立福建省人民政府，张鼎丞兼任省人民政府主席；同日成立由第十兵团兼的福建军区，叶飞兼任福建军区司令员，张鼎丞兼任福建军区政治委员，韦国清兼任福建军区副政治委员；成立中国人民解放军福州市军管会，韦国清担任军管会主任。

## 附节　解放平潭岛

平潭岛位于闽江口南侧近海，扼闽中海上交通要道。面积276.61平方公里，是福建省第一大岛，周围有大小练岛、草屿、塘屿、东庠岛等岛屿为屏障。福州战役后，国民党军第七十三军二三八师及第七十四军残部经海路逃到该岛，与原守岛的第七十三军第十五师会合，加上海军舰艇十余艘，总兵力近万人。其部署是：第七十三军驻守平潭岛北半部，派出第七一四团守大练岛，第七一二团一个连守小练岛，军工兵营一个排守草屿；第七十四军残部防守平潭岛南半部；舰艇游弋于闽江口和平潭岛周围。国民党军溃退平潭岛后，边整编边抢修工事，还在县城南修建小型野战飞机场，妄图负隅顽抗。

解放军第十兵团决定以第二十八军主力渡海攻占平潭岛。第二十八军军部率第八十二师、第八十四师主力和第八十三师二四七团、军炮兵团，以及加强的炮兵第十四团四个连，于福州战役结束后抵达福清、长乐地区集结，进行临战准备：勘察地形，研究潮汐规律和海上气象；征集民船和船工；组织水手训练和海上救护训练等。经过半个月准备，决心首先攻歼平潭外围岛屿国民党军；继而攻打平潭岛，以四个团为第一梯队，三个团为第二梯队，在炮兵火力支援下，分三路从岛的西北和西部、南部登陆突破，聚歼岛上国民党军于平潭县城和君山地区。

9月11日，第二十八军各部分别进入福清大丘、东沙、八尺岛和长乐松下等处待机。9月12日晚，第二四七、第二五〇、第二四五、第二五二团各一部分别向国民党军占领的大小练岛、结屿、草屿、塘屿发起进攻。

9 月 13 日 4 时，第二四七团在小练岛强行登陆，全歼国民党军第七十三军 1 个连，俘 80 余人。二四七团四连六班长、共产党员叶栋良带病参战，当船在岸边触礁受阻时，他第一个跳下水，带领全班向岸上冲击，因水深浪大，不幸牺牲。战后，第二十八军根据他一贯战斗英勇顽强、爱兵爱民等事迹，追认叶栋良为华东三级人民英雄，并授予他生前所在班以“叶栋良班”的荣誉称号。

第二四七团攻克小练岛后，于 9 月 13 日夜乘胜进攻大练岛。担任主攻的第八连，在华东二级人民英雄、连长刘玉瑞率领下，乘木帆船冒着六级大风冲在全团船队的前头。驶至距岛 200 米处时，国民党军以密集火力封锁海面，船只无法靠岸。一班长迅即转舵驶向侧翼，组织火力压制岸上国民党军。刘玉瑞带领突击船冒着国民党军密集火力抢滩，他以腿掌舵手端机枪向国民党军扫射，最后领着 6 名战士冲上岸。三排紧跟其后，夺占了滩头阵地，掩护后续部队登陆。当时受台风影响，海上风大浪高雨骤，第二四七团船队被打散，仅 5 个连队登岛，与国民党军兵力相差悬殊。第二四七团登岛部队上陆后遂向国民党军发起猛攻，9 月 14 日拂晓前攻占西部高地，歼其 1 个营。天亮后继续追击将余部压缩于东南之围营山。16 时 30 分，国民党军第二三八师七一四团团长率 800 余名官兵投降，大练岛解放。战后，第三野战军前委授予第二四七团八连以“大练岛连”荣誉称号。这是中国人民解放军第一个荣获海岛作战荣誉称号的连队。

在北面攻打大练岛的同时，第二四五、二五二、二五〇团于 9 月 13 日夜先后攻占南部、西部的草屿、塘屿、结屿等岛屿，为总攻平潭岛创造了有利条件。9 月 15 日 20 时 30 分，第二十八军以二四四、二四五、二五〇团和二四七团（加强二五一团 1 个营）为第一梯队，以二四六、二五二、二五一团（欠 1 个营）为第二梯队，对平潭岛发起总攻。在炮火掩护下，各船队分别驶向平潭岛的南部和西部、西北部。

第八十二师指挥二四四、二四五团于南部钱便澳两侧的南澳、斗垣登陆突破。国民党军第七十四军残部全线溃乱，分别向钱便澳和流水、王爷山逃窜。二四四团以一部围歼钱便澳国民党军，主力向北追击，于16日2时攻入平潭县城，二四五团随后入城。之后，二四四团一部向西卷击娘宫半岛，一部继续向流水方向进攻；二四五团一部奔袭观音澳，5时许全歼观音澳国民党军后向流水进击。

八十三师二四七团和八十四师二五〇团，于9月16日凌晨分别从岛西的结屿和西北的苏澳、罗澳一带登陆。二五〇团登陆后直取韩厝，与攻城的二四四团会合，向流水、君山方向进攻。二四七团首歼桃花寨、青峰一线国民党军，继而沿海岸南进排塘兜，从西部进逼君山。此时，岛上国民党军一部被歼，大部被包围于君山、流水地区，依托预设阵地进行抵抗，等待军舰接应。9时许，由台湾驶来一艘军舰，鉴于流水、白犬山、东尾等港口已被解放军占领，不敢靠岸，仅在海上打了30余发炮弹即调头回窜。17时，被围国民党军大部就歼，少数乘木船逃走。20时战斗结束。9月17日，二五〇团越海攻占东庠岛，俘虏国民党军第二三八师270余人。平潭诸岛全部解放。

渡海解放平潭岛战斗，共歼国民党军8132人，其中毙伤125人，俘虏7734人，投诚273人。缴获各种武器2781件、汽船3艘及大批军用物资，击毁小炮艇1艘。解放军伤亡161人，失踪13人。

# 第三章
# 漳厦金战役[①]

## 第一节　战役部署

福州失守后，蒋介石立即对福建防务作出调整：东南军政长官公署副长官汤恩伯接替朱绍良任福建省主席，兼任东南军政长官公署厦门分署主任，进驻厦门，统一指挥改编后的刘汝明第八兵团第五十五、第六十八、第九十六军8个师，李良荣第二十二兵团第五、第二十五军4个师，以及从台湾调来的二〇一师，共13个步兵师及炮兵、工兵、坦克兵、海军舰艇部队近9万人，在以漳州、厦门、金门为中心的闽南大陆及沿海岛屿组织防御。其中以第八兵团第六十八军的3个师和第九十六军残部等合编的2个师共5个师约3万人，部署在以漳州为中心的同安、集美、龙溪、海澄、长泰、南靖等闽南大陆地区；以第八兵团兵团部率所属第五十五军3个师和第二十二兵团第五军1个师共4个步兵师，以及炮兵、工兵、装甲兵、海军舰艇部队共约3万人，防守厦门岛；以第二十二兵团部率第五军1个师、第二十五军2个师和从台湾来的二〇一

---

① 本章内容参考自《当代中国》丛书编辑部编辑《当代中国军队的军事工作》（上），中国社会科学出版社，1989年，第221—233页。《福建省志·军事志》，第244—250页。中共厦门市委党史研究室编《漳厦战役》，中央文献出版社，1994年，第1—322页。王洪光：《绝战——追思金门战役》，江苏教育出版社，2011年，第53—167页。

师，共 4 个步兵师及炮兵、工兵、装甲兵、海军舰艇部队共 2.5 万人，部署在大金门、小金门、大嶝、小嶝诸岛。他们企图守住东南大陆最后一个立足点和厦门、金门诸岛，屏卫台湾，伺机“反攻大陆”。

解放军第三野战军第十兵团遵照中央军委的命令和第三野战军的作战部署，决心在胜利完成福州战役作战任务之后，继续挥师南下，乘胜发起漳（州）厦（门）金（门）战役，扫清国民党军在福建的残部，解放福建全境，为最终解放台湾作准备。

报经第三野战军同意，漳厦金战役分两个阶段进行：第一阶段，夺取以漳州为中心，包括同安、集美、角美、长泰、南靖、龙溪、海澄等闽南沿海大陆地区，对厦门、金门形成包围态势；第二阶段，集中兵力渡海攻占厦门岛、金门岛。

8 月底，第十兵团从福州挥师南下，沿途解放了闽中南大片地区。二十九军八十五师二五三团于 9 月 11 日攻占湄洲岛，八十六师二五八团于 9 月 16 日攻占南日岛；二十八军于 9 月 17 日解放平潭岛；二十九军八十七师和人民游击队于 8 月下旬解放了莆田、仙游、惠安、泉州、青阳（今晋江）、安海、莲河、南安水头、安溪等地，为发起漳厦金战役创造了条件。

## 第二节　解放以漳州为中心的闽南大陆

### 一、速克漳州、石码

9 月 16 日，解放军第十兵团下达漳厦金战役第一阶段作战命令：第三十一军九十一师、九十二师、九十三师为右翼，由安溪、南安分两路向漳州攻击前进；第二十九军八十五师为左翼，由泉州以南向沃头、集美攻击前进。两个部队协同作战，解放漳州及同安、集美等周边地区。

9 月 18 日，右翼第三十一军九十二师二七四团、二七五团、二七六团，分三路由安溪官桥向长泰、南靖、漳州攻击前进。其中左路二七六团在闽粤赣边游击纵队第八支队第四团的配合下，于9月19日晨6时，解放了长泰县城，尔后向南挺进，涉过九龙江，直扑漳州东郊；中路二七四团，由长泰岩溪经潭口涉过九龙江，直插漳州芝山；右路二七五团，从长泰岩溪出发，进至南靖靖城以北月岭地区，南靖县城国民党保安团闻风弃城向漳州方向逃窜。

二七五团沿天宝追击从南靖弃城逃往漳州的国民党军保安团，俘虏城防副司令以下官兵500余人。由于电台一时联系不上师指挥机关，无法确定全团接下来的作战行动。团参谋吴辑禹发现公路旁边架设的国民党军电话线，灵机一动，用电话单机接通国民党军漳州警备司令部，以南靖保安司令部参谋的身份"报告情况"，对方电话传过来急促声音："长泰方面也发现共军，你们要赶快把队伍带进漳州，今晚可能有行动……"二七五团根据这个电话判断：国民党军可能要从漳州弃城逃窜。于是决定不等上级命令，不待师主力到达，立即组织全团向漳州发起攻击。二营迅速涉渡九龙江，沿圆山东侧迂回至漳州以南5公里处的木棉庵一线构筑阵地，控制漳州通往漳浦的公路，阻击可能南逃的国民党军；一营在营长刘金文率领下，从漳州城西北马鞍山一线发起进攻，主攻连二连突破国民党军一个连依托地堡、交通壕、单兵掩体和铁丝肉组成集团工事的防守，打开漳州西大门，一连、三连随后突入市区，俘虏国民党军800余人。19日18时许，二七五团一营、三营全部突入市区，追击国民党军残部。与此同时，二七四团、二七六团也分别从东门、北门突进市区，国民党军弃城逃窜，漳州即告解放。

弃城的国民党军从新桥向石码方向逃窜，二七五团一营、三营乘胜追击。国民党军引燃汽油桶火烧大桥，并在南岸构筑火力点，阻止解放军的追击。二七五团追击炮连用炮火摧毁南岸火力点，团部和三营迅速过桥，继续追击。至20日1时，二七五团三营抵近石码镇，团指挥机关命令部队停止前进，原地休息，派出4名侦察兵进入石码，查明从漳州逃窜的国民党军残部大部涌集在石码，其中有六十八军军部和军特务营、八十三师两个团，共约 5000 人，挤在江边等船逃往厦门。这时二七五团抵近石码镇的部队仅有三营八连、一营三连和团炮兵连两个排，共约 300 人。面对十几倍于己的国民党军，二七五团指挥机关冷静分析：如果立即发起攻击，敌我兵力悬殊，后续部队又不能及时赶到，不仅吃不掉敌人，反而自己会被敌人吃掉；如果不马上发起攻击，就会坐失战机，让数千国民党军轻易逃往厦门，增加下一步打厦门的压力。经过反复分析研究，最后决定：①天亮之前，发起突然攻击，趁国民党军残部混乱之际打个措手不及，尽可能歼灭其有生力量；②突进石码镇之后，首先控制码头，切断他们逃往厦门的退路；③大胆穿插分割，使其不能组织有效的抵抗；④在几个重要街道口设置障碍，占领坚固的楼房和独立房屋，既抗击反击，又固守待援。

20 日天亮之前，二七五团对石码发起突袭，消灭了一大批国民党军，控制了主要街口和要点，切断了敌人的海上退路。天亮之后，国民党军连续组织几次反扑，都被二七五团打退，我军俘虏了一批国民党军官兵。据一名中校军官俘虏供述：国民党军第六十八军军长刘汝珍、参谋长张星伯率军部和八十一师于 19 日黄昏前撤离漳州，企图从石码、浮宫乘船逃往厦门，19 日上半夜逃走了一批，其余正在等船逃窜，军部和特务营在码头红楼大院，八十一师师部、漳州保安团残部、伪政府一批官员和一批伪警察在镇公所，有一个团在镇东南角，内部一片混乱。经过简短的形势与政策教育，这名中校俘虏带着二七五团以“中国人民解放军漳州前线指挥部”名义写给刘汝珍和张星伯的敦促投降信，回据守红楼大院军部劝降，限其上午 10 时前率部投降。与此同时，二七五团对红楼和镇公所外围实施重点打击和封锁，防止被困国民党军突围逃窜。上午 10 时，限定投降时刻一到，迫击炮、火箭筒、轻重机枪、冲锋枪、步枪一齐开火。不久，硝烟弥漫的红楼窗口，伸出一件用竹竿挑的白衬衣，国民党军六十八军少将参谋长张星伯率部投降，军长刘汝珍于 19 日黄昏撤退到石码后消失不见。至此，闽南古镇石码解放。

## 二、连克同安、角美、海澄、嵩屿

9月19日凌晨，第三十一军九十三师二七七团、二七八团、二七九团由南安向同安攻击前进。2时许，二七七团、二七八团在九十一师二七一团策应下，向同安国民党军发起攻击。至上午9时，全歼同安城内国民党军，并击溃由马巷赶来增援的保安第三团，共歼国民党军2000余人。与此同时，九十三师二七九团沿同安至漳州公路攻击前进，夺占了角美镇，并渡过九龙江北溪，夺占了江东桥，追歼溃逃的国民党军1000余人，控制了厦门至漳州的水陆交通。

9月20日，九十三师二七九团渡过九龙江后，向石码、海澄方向追击，21日上午解放了海澄县城。九十三师二七八团渡过九龙江后，向浮宫港尾方向追击。至22日19时，九十三师占领了镇海、港尾、屿仔尾等沿海一线要地。23日上午，国民党军以一个团的兵力，从厦鼓分乘多艘舰艇，在飞机掩护下，向九十三师二七八团占领的屿仔尾炮台反扑。24日晚，屿仔尾炮台一度失守。当晚，三十一军集中炮兵、步兵优势兵力、火力，向屿仔尾炮台发起反攻，最终把屿仔尾炮台阵地又夺了回来。

9月20日凌晨，三十一军九十一师二七二团由角美出发，向嵩屿进击。这里是国民党军厦门防御体系中一个重要外围桥头堡，依托京口岩一线高地的有利地形，构筑起坚固的堡垒防御阵地，并能得到海军水面舰艇的火力支援。上午11时，二七二团向嵩屿发起攻击，经过10多个小时的激战，进攻未能奏效，部队伤亡较大，团副参谋长张欣芝在指挥战斗中牺牲。当日午夜，九十一师二七二团暂停攻击。经过3天的总结和准备，9月24日下午6时，九十一师组织二七二团、二七三团再次发起攻打嵩屿战斗。两个团的指战员巧用战术，勇敢拼杀，协同作战，至9月25日晚，胜利攻占了嵩屿，拿下这座桥头堡。

## 三、解放集美

在右翼三十一军向同安、角美、漳州等地发起进攻的同时，左翼二十九军向厦门以北的沃头、刘五店、集美攻击前进。9月19日攻占刘五店，9月20日攻占沃头。9月21日凌晨2时，二十九军八十五师二五三团从同安沿公路向集美进击，至22日拂晓，先后占领了美人山、天马山、英埭头、孙厝等地，把国民党军压缩在集美学村内。22日上午，八十五师接到上级命令：根据周恩来的指示，集美学校系爱国华侨领袖陈嘉庚所创办，我军在解放集美时，要尽力妥善保护，严防破坏，宁可多流血，也要避免使用火炮。遵照中央军委的指示，八十五师命令预设在集美学村外围的战防炮、迫击炮群一律不准发射。22日下午，八十五师二五三团向集美学村发起总攻。担任主攻的一营、二营用步枪、冲锋枪、轻机枪等轻武器与据守的国民党军作战，因为火力悬殊，伤亡惨重。一营营长沙杰身负重伤，三连连长凌锡甫和指导员、副连长、副指导员4位连干部全部壮烈牺牲。二五三团指战员不惜流血牺牲，继续用轻武器与国民党军拼杀。至23日拂晓前扫清了集美外围的国民党军。15时对集美学村发起攻击，国民党军已逃到厦门。该团进占学村，学村建筑群完好无损。战后，八十五师立即贴出布告，要求部队保护好集美学村建筑群，爱护学村一草一木。

在嵩屿战斗结束之前，闽粤赣边游击纵队相继解放了闽南的平和、漳浦、云霄、诏安等县城，歼灭了当地的国民党军残部和保安部队。

至9月25日，解放军第十兵团胜利完成漳厦金战役第一阶段作战任务，歼灭国民党军1.5万人，解放了漳州、同安、长泰、南靖、龙溪、海澄等全部闽南沿海大陆，占领了莲河、沃头、刘五店、集美、嵩屿、港尾、屿仔尾等沿海一线阵地，对厦门岛、金门岛国民党军形成三面包围的态势。

## 第三节　解放厦门

### 一、渡海作战准备

9月26日，解放军第十兵团司令员叶飞在泉州兵团部召开有军、师主要指挥员参加的作战会议，研究漳厦金战役第二阶段作战方案。当时，摆在第十兵团面前有三种方案：一，厦金同取；二，先金后厦；三，先厦后金。为了切断海上退路，全歼厦门、金门国民党军，十兵团决定“厦金同取”，即同时发起渡海解放厦门、金门战斗，并作出兵力部署：以第三十一军3个师、第二十九军2个师，共5个师进攻厦门；以第二十八军一个加强师并指挥第二十九军2个团，共2个师进攻金门。10月11日，第三野战军复电十兵团：“为防止敌人逃跑，最好同时攻打厦门、金门，但要从敌我双方实际情况考虑，以5个师攻打厦门有把握，同时以2个师攻打金门是否完全有把握；如条件成熟，可同时发起攻击。否则，是否以一部兵力钳制金门，首先攻打厦门。此案比较稳当。究竟怎么打，由你们依实际情况自行决定；总之，要充分准备，在有把握的情况下发起战斗。”第十兵团根据第三野战军复电指示，全面检查了渡海作战的准备工作，发现第二十八军进攻金门的船只不足，不能马上发起攻击，决定改变作战方案，先取厦门，后取金门，并定于10月15日发起解放厦门岛的战斗。

厦门岛是我国东南沿海的重要门户之一，是退踞台湾的国民党统治集团的重要战略屏障。10月7日，蒋介石率党政要员从台湾飞抵厦门，调整加固防御部署，责令汤恩伯率所部4个步兵师及炮兵、工兵、海军舰艇部队约3万人严防死守。根据厦门岛的地形地貌，汤恩伯以北半部为防御重点，配置第八兵团五十五军七十四师于东渡、石湖山、高崎、钟宅一线，一八一师于坂美、五通一线，二十九师2个团于鼓浪屿，该师另一个团及要塞总队驻守厦门市区；第二十二兵团五军一六六师于岛东南部石胃头一线。针对厦门岛国民党军的兵力配置及地形特点，解放军十兵团对解放厦门作出具体部署：以第三十一军九十一师并加强九十三师 1 个团，首先对鼓浪屿发起攻击，得手后向厦门市区攻击；以第三十一军九十二师，第二十九军八十五师和八十六师，共 3 个师，在寨上、石湖山、神山、高崎、钟宅、五通一线登陆突破；而后 2 个军的 5 个师南北对进攻击，夺取厦门全岛；10 月 15 日发起战斗。以八十七师和九十三师各 1 个团分别为二十九军、三十一军的预备队，以第二十八军八十二师、八十四师 1 个团配置于莲河、涧江一带，监视并以少量炮兵牵制金门国民党。

新中国的诞生，激发了解放军十兵团指战员的斗志，各部队抓紧征集船只，组织渡海登陆作战训练，侦察搜集厦门国民党军情报，开展战前思想动员，坚决把新中国的五星红旗插上厦门岛。

10 月 12 日，第三十一军九十二师派出潘参谋、杨副队长和副班长胡维志、侦察员张文升 4 人，趁夜色驾船来到湖里、寨上一线侦察。由于超过了约定会合时间，胡维志和张文升泅渡 3000 米返回对岸部队，带回了进攻正面一线国民党军的兵力部署、阵地构筑和火力配置等重要情报。10 月 15 日，第三十一军颁发漳厦金战役第一号嘉奖令，授予胡维志、张文升“越海侦察英雄”称号。

为了迎接厦门解放，中共厦门地下党组织顽强地坚持开展对国民党反动派斗争。他们利用解放军进军福建节节胜利的强大声势，对国民党党政军要员进行策反，搜集厦门岛上国民党军防御体系和兵力部署情报，送解放军第十兵团指挥机关。刘惜芬等一批优秀共产党员被捕，于 10 月 16 日被国民党绞杀在鸿山脚下，壮烈牺牲。

晋江、南安、同安、角美、石码、海澄、港尾等沿海各地广大人民群众，积极参加支前船工，多方为解放军渡海作战征集船只。角美镇石美村年过 50 的船工张锦娘、丈夫黄进川和儿子黄驴、黄富足、黄长义，一家 5 口人带上自家的 2 条虎网渔船，全部参加支前船队。经过紧张工作，厦门战斗发起前，解放军第十兵团征集各种船只 630 余只，支前船工 1600 余名，为渡海解放厦门提供了重要保障。10 月 9 日至 15 日，第二十八军八十四师二五一团和第二十九军八十七师二五九团、第二十八军八十二师二四五团先后攻占了大嶝、小嶝、角屿三岛，进一步逼近厦门、金门国民党军。

## 二、激战鼓浪屿

10 月 15 日黄昏，渡海解放厦门的战斗首先在鼓浪屿打响。为了保护鼓浪屿建筑群，解放军第十兵团命令，打击鼓浪屿的炮火只限在破坏、压制滩头和近岸的工事及火力点，不许向纵深延伸，攻击部队主要以步兵轻武器进行作战。

担任主攻的第三十一军九十一师二七一团（济南第二团）和九十三师二七七团共 4 个一梯队营的船队，分别从海沧湾、沙坛湾起航，冲向鼓浪屿。船队起航不久，海面刮起强劲的东北风，船队迎着风浪，艰难地向前航驶。出了九龙江口，风更大，浪更高，船只一会儿冲上波峰，一会儿跌入浪谷，机轮拖船的缆绳折断，队形被拆散，一条条小渔船散乱地飘落在海浪中。船工们顶着风浪，奋力把舵划桨，尽力保持队形和方向，顽强地向鼓浪屿驶去。带着自家 2 条船，与丈夫和 3 个儿子一起出征的船工张锦娘一家 5 口的船队，载着“济南第二团”的战士们，迎风搏浪，勇敢地冲在前面。在离岸百米处，丈夫黄进川和小儿子黄长义中弹倒下，张锦娘顾不上照看亲人，继续划桨操船，向着鼓浪屿冲去，还鼓励战士们英勇作战。最终，张锦娘一家 5 口全部壮烈牺牲，为解放厦门作出了重大贡献。

由于风大浪急，有的船只偏离了预定的登陆点，有的船只被飘回了原岸。保持在预定地点靠岸的突击部队，按照战前动员的“哪里靠岸、哪里登陆、船船突击、人人突击”的要求，冒着国民党军密集火力，英勇地冲向滩岸。

在济南战役中荣获“青年战斗模范班”称号的“济南第二团”一连八班最先抢滩登陆，遭到国民党军猛烈的火力拦截。战士吴永涛腿部中弹，鲜血迸流，他咬紧牙关，忍着剧痛，奋勇向前冲击，国民党军一梭子弹过来，他最终扑倒在沙滩再也爬不起来。两名战士穿过硝烟，刚冲到铁丝网前，就被地堡里射出的子弹击中。班长丛华滋掏出两枚手榴弹，一边使劲朝前投掷出去，一边指挥战士张国荣赶快把铁丝网砍掉。两枚手榴弹一响，张国荣几个箭步跨到铁丝网边，两手紧握大刀，“咔嚓、咔嚓”几下，就把铁丝网砍断，两人趁势迅速冲了进去。张国荣利用地形，一会儿跃进，一会儿匍匐，一步一步地向一座地堡接近。在离地堡五六米处，张国荣一个箭步跃起朝地堡扑去，“哒、哒、哒”一个点射，张国荣倒下。这时，全班只剩班长丛华滋一个人，他咬住干裂的嘴唇，两手握着四枚手榴弹，先朝地堡外扔出两枚，刚爆炸又扔出一枚，然后一个猛子扎到地堡上，把最后一枚手榴弹塞进射孔里。瞬间，火光一闪，一阵爆响，地堡哑了。他刚爬起来准备向前冲，远处一阵机枪扫射，他倒下了。他咬着牙忍着痛，一步一步吃力地朝另一个火力点挪动，鲜血从头部涌流出来，他再也爬不动了。八班全班壮烈牺牲。

“济南第二团”副团长田军率一梯队营一营前进，航渡中船只被国民党军炮弹击中，整个一梯队船只被风浪冲散。最终，他率二连一排在鼓浪屿旗尾山脚下抵滩。田军把全排 21 人分成两个组，一组由他带领，另一组由排长刘重武带领，分两路突击上陆。战士们用炸药炸开铁丝网，以强火力与爆破手相互掩护，攻占滩头地堡，而后在两侧火力夹击中，奋不顾身跃到围墙根，架上梯子。三班班长宸士兴第一个登上墙头，被机枪击中，栽倒下来，他用手捂住伤口，站起来继续往上攀登。副排长李荣和立即率领其他战士继续登梯上墙，被国民党军的子弹射中了颈部。经过滩头岸边反复厮杀，一排的排长、副排长和战士大多壮烈牺牲。这时警卫员小张和战士小李拽起田军副团长往海边走，连带一块木板，硬是把田军推到海里，让他随风飘向海中，并大声喊："副团长，俺一定坚持到底，放心吧。"

九十一师炮二连配属"济南第二团"渡海攻打鼓浪屿。船只抵达鼓浪屿水际时，被岸上国民党军炮火击中，战士伤亡惨重。连队指导员赵世堂率领全连十多名战士强行登陆，突入前沿阵地，直插日光岩西侧制高点，最后只剩下他一人。这时，成群的国民党兵蜂拥而上，嚎叫着"抓活的"。猛然间，赵世堂摔掉枪，掏出手榴弹，拉开导火索，"咣"的一声巨响，与国民党兵同归于尽。

"济南第二团"团长王兴芳，搭乘二梯队营的船只被拖轮拖错了方向，果断地率20多名团指挥机关人员和警卫人员改乘汽轮赶往登陆地点指挥战斗。汽轮驶至距鼓浪屿海岸约100米处，被国民党军炮火击中，王兴芳身负重伤，抢救无效，壮烈牺牲，年仅38岁。战前他交代战友："如果这次战斗回不来，请身怀六甲的妻子回老家生活，把孩子养育成人，做一个对新社会有用的人。"他还交代战友："鼓浪屿一战，如果我牺牲了，请把我埋在鼓浪屿山上，面向台湾，让我看着台湾解放！"按照王兴芳的遗愿，九十一师把王兴芳连同攻打嵩屿牺牲的二七二团副参谋长张欣芝，一起安葬在鼓浪屿的旗尾山，并把旗尾山改名为英雄山。

配合"济南第二团"攻击鼓浪屿的九十三师二七七团船队同样遇到强劲的逆向风浪，船队散乱，只有少数船只靠岸，在滩头遭到国民党军火力严重杀伤。鉴于鼓浪屿战斗严重受挫，10月16日12时，第三十一军命令参战部队暂停攻击鼓浪屿。

第三十一军两个团发起攻击鼓浪屿后，汤恩伯判断解放军的主攻方向在厦门岛南部，意图出九龙江、攻鼓浪屿、夺厦门港、断其退路。于是他们抽调兵力增援鼓浪屿，并把配置在厦门岛峰腰部的机动兵力向南调动，这就给解放军第十兵团的三个师从北部登陆厦门岛创造了有利条件。10月16日晚，第十兵团突击部队突破厦门岛北部国民党军防线，迅速向南进击。三十一军命令九十一师再次发起攻击鼓浪屿。10月17

日凌晨3点，九十一师二七三团胜利登上鼓浪屿，至上午8时，完全攻占了鼓浪屿。

## 三、突破石湖山、寨上

在“济南第二团”发起攻打鼓浪屿后不久，第三十一军九十二师二七四团一营、三营和二七五团一营3个主攻营趁着夜色，分别从霞阳、郭厝、鳌冠一线起航，对着湖里、石湖山、寨上一线发起攻击。

这里是一片泥泞的滩涂。正面数公里的海岸线上，尽是淤泥、海沟、海坎、海坝。营长任进贵率领的二七四团三营乘坐海船冲在突击船队的前锋，率先抵达石湖山滩头。这时，正值退潮，船只搁浅，指战员迅速下船，趁着未被国民党军发现，踩着淤泥向岸上冲击。八连三排在石湖山西南侧抵滩。随排指挥的副连长范学海命令全排迅速下船抢滩。全排战士跳入泥滩，扑倒在一道道海坎上。重机枪手把枪架在海坝上，掩护全排冲击。挡在全排面前的第一道障碍，是一条有一个人深、五六米宽的海沟。高个子的战士抢先跳进沟里，接应小个子的战士通过海沟。这时，岸上的国民党军亮起了探照灯，发出照明弹，把整片滩头照得通亮，轻重机枪和迫击炮一起压了过来。副连长范学海大声命令：“重机枪掩护，全排往前冲。”然后带头跳下海沟。紧接着排长吕德盛及全排战士一起跳下海沟，向前冲击。越过海沟，全排伤亡已近一半。过了海沟，就是一片深达膝盖的泥滩。班长管武斌和战士陶伏等主动躺在泥滩上，让机枪手用他们的身体架起机枪射击，掩护全排登陆。国民党军的火力一阵紧接一阵压过来，副连长范学海和排长吕德盛的腿部先后负了重伤，他们俩拖着重伤的腿顽强地向前爬行，继续指挥战斗。八班长崔金安带领全班战士率先冲出泥滩，组织爆破铁丝网。由于爆破筒浸了海水失效，他带领2名战士扑向铁丝网，“咔、咔”几下，用大刀把铁丝网砍断，突入国民党军阵地，全排战士紧跟着冲了上去，占领了一段40米的战壕。三排立足未稳，国民党军的各种火力铺天盖地压过来，用一个多连的兵力从三面向三排反扑。全排战士奋起抗击，勇敢拼杀。机枪手吴子清发现左后侧水泥堡有大批国民党军向他们冲过来，他“蹭”地站起来，端起机枪，居高临下向国民党军扫射，把企图冲过来的国民党军阻挡在全排阵地前，自己壮烈牺牲。三排利用已占领的战壕，连续打退了国民党军的3次反扑，伤亡惨重，八班长崔金安组织全排仅有的13人，继续顽强抗击国民党军一次又一次的反扑。最后趁国民党军向后收缩之机，在重机枪掩护下，集中兵力向地堡方向突击，夺占了石湖山西南侧的水泥堡，歼灭国民党军1个排，接着又在4小时内打退国民党军的5次反冲击，巩固了登陆场，掩护后继部队登陆，最后在兄弟连队的策应下夺取了山头，把新中国的五星红旗插到厦门岛上。战后，这个排被第三十一军授予“登陆先锋排”荣誉称号，八班长崔金安荣立“特等功”。

二七四团三营八连三排率先在石湖山突击部抵滩的时候，该营七连、九连的一些班排也先后零散在石湖山、寨上陆续抵滩登陆，冒着国民党军密集的火力，蹚着海水，冲过海沟，踩着淤泥，砍断铁丝网，勇猛向岸上冲击，攻占了一个个地堡、据点。16日凌晨2时许，营长任进贵率该营七连二排抵达寨上西北侧。这时，根据团指挥部的命令，由任进贵统一组织指挥在这里抵滩的本营和兄弟营的部队涉水向岸上偷袭。七连二排拽着国民党军抛在水里的一条准备用来引爆炸药桶的铁线向岸上前进，为突击部队探路并作掩护。他们上岸后，即被国民党军发现。排长于党秋当机立断下令全排发起强攻。经过短时间的激战，占领了两幢房子，歼灭国民党军一部分，俘其30人，攻占了这个登陆点。这时，国民党军用两个排的兵力进行反扑，七连调整组织兵力，连续打退了国民党军的两次反扑，牢牢占住这个登陆点。

继营长任进贵率二七四团三营在石湖山一线抵滩突击之后，营长王保田率二七四团一营在寨上突出部抵滩。全营指战员踩着淤泥，冒死向岸上冲击。经数小时激战，仍然打不开突破口。这时又开始涨潮，一些战士陷在淤泥中被活活淹死。指战员们发扬一往无前的精神，继续顽强向岸上冲击。一些战士跪在泥滩里，用双手托起轻重机枪的脚架，让机枪射击掩护部队前进。当部队前进到离岸上 50 米左右，岸上国民党军用照明弹、探照灯把滩头和海面照得通亮，各种火力一起压了过来，突击部队遭到重大伤亡。战斗进行到下半夜，只有少数部队突击上岸。这时，营长王保田把已登陆上岸的 60 名干部战士集中起来，向国民党军阵地突击。两门 60 迫击炮 6 发炮弹准确地落在寨上山头上国民党军阵地。二连七班副班长陈勤趁着炮弹爆炸的烟幕，抱起炸药包和一束手榴弹，跃到一个水泥堡旁准备爆破，但因炸药和手榴弹浸水拉不响，眼睁睁看着地堡里的机枪向登陆部队吐出疯狂的火舌。在这紧要关头，他奋不顾身，抱起炸药包堵在地堡的射孔，准备与国民党军同归于尽，掩护部队突破。地堡里的国民党军被陈勤的这一突如其来的举动吓慌了，急忙往后逃跑。陈勤迅速从射孔钻了进去，抓起一挺机枪，追着逃窜的国民党军扫射。黎明时分，二七四团一营攻克寨上，把五星红旗插上了寨上山。

营长刘金文率二七五团一营于 16 日 4 时许在石湖山南侧抵滩登陆。一连一排长牺牲，副排长杜树和带领全排顽强战斗，炸药包被海水浸湿不能爆破，他指挥机枪组掩护大家爬过铁丝网。前进中三班班长、副班长都牺牲了，战斗小组长刘万贤代理班长指挥。一连一排打退国民党军 3 次反扑后，全排只剩 6 个人，副排长杜树和再次组织冲锋，一鼓作气冲到水泥堡下，向机枪射孔塞进手榴弹，拿下了这座地堡。二连二排排长王德民率领该排和三排七班趁势夺取两个地堡，打垮国民党军多次反扑，顽强守住阵地。

至 16 日 5 时许，第三十一军九十二师 3 个突击营胜利突破并占领了石湖山、寨上一线国民军防御阵地，为后继部队开辟了登陆场。

### 四、红旗插上神山

在第三十一军九十二师向石湖山、寨上一线发起进攻的同时，第二十九军八十五师二五四团一营、二营、三营，二五五团一营、二营、三营共6个突击营，从同安、集美海湾出发，向神山、高崎、湖莲、后莲尾、陈厝一线发起进攻。

15日晚9时许，二五五团政治处主任朱江率一营、三营两个一梯队营的船队抵达神山以北滩头，冒着国民党军的火力，踩着淤泥奋力向岸上冲击。一营率先登岸，一口气拿下了四五个地堡，营教导员蒋永昌在战斗中壮烈牺牲。营长黄启昌迅速组织全营向神山发起攻击。全营的火炮和轻重机枪集中形成强势的火力，压制摧毁神山上的火力点，掩护主攻连一连进攻。一连代理指导员丁奖兴率二班从右侧，副连长刘顺礼率一班、三班从左侧，向神山顶发起攻击。三班班长许纪和带领全班战士勇敢地冲在前面，一步一步地接近山顶，战士张林国手擎一面五星红旗，跟随全班一起向上冲击。在离山顶约20米处，一串子弹射了过来，张林国中弹倒下。同班战士朱洪生冲上去，接过张林国手中的五星红旗，勇猛地向山顶冲击。一连集中火力压制、摧毁山顶上的火力点，朱洪生奋不顾身往前冲，把五星红旗插上了神山。攻打神山的主攻连一连，为了把新中国的五星红旗成功插上神山，全连先后共有12名战士为此献出宝贵生命，其中一排有9名战士献出宝贵生命。10月24日，人民日报在头版显著位置，刊发了新华社记者采写的题为“把新中国国旗插上厦门岛”的神山插红旗战斗消息，这是人民日报和新华社第一条以“插新中国国旗”作主题报道解放战争取得一场战斗胜利的消息。

二五四团参谋长杨清、副参谋长王锦荣率二营、三营两个一梯营于15日晚9时许在高崎以东的湖莲和后莲尾抵滩。这里是一片沙石海滩，过了几十米的沙石滩，迎面就是两三丈高的悬崖峭壁。海边滩头，国民党军布有铁丝网、汽油桶和炸药坑，峭壁上下筑有钢筋水泥堡，并有战壕和交通壕相互连接。在滩头和悬崖上，国民党军配置了轻重机枪、高平射两用机枪和各种直瞄火炮。二五四团二营、三营在这里抵滩后，强行抢滩登陆。第一波冲击的干部战士，避开海滩上的水雷和汽油桶，连续炸开两三道铁丝网，迅速冲过沙石滩，跃到悬崖峭壁下。为了争取时间，战士们不用预先准备好的云梯，直接攀登悬崖，冲上峭壁顶端，用冲锋枪、小炸药包和手榴弹与国民党军展开了近战。三营教导员阮也平，在指挥战斗中头部和胸部中弹，当场壮烈牺牲。战前，阮也平已被提拔为二五四团政治处主任，上级组织要求他立即上任，他一再向组织请求等打下了厦门再到位，以营教导员身份，会同营长率部出征。他的中学同窗、已经恋爱 8 年的心爱的未婚妻林枫，经组织安排，1949 年从家乡调来师文工团工作，并批准他俩结婚。漳厦金战役即将打响，这对革命情侣相约，等打完这一仗再结婚，但没想到竟成诀别。

二五四团在这里登陆后，一营和三营向东直扑高崎机场，二营向西攻击高崎。高崎是日军占领厦门时修筑的海防要塞，碉堡林立，由地上交通壕和地下通道相连接，内设炮台，构成严密的防御阵地，号称“海上堡垒”。国民党军以日军既设阵地为基础，加强了兵力、火力配置，企图据此封锁集美与厦门岛之间的海峡。二五四团二营避开国民党军防御正面，从侧后攻击。五连插到高崎以南，切断国民党军退路。六连扫清高崎以东外围阵地。四连在重机枪连配合下向高崎纵深突击。各连勇猛穿插包围，把国民党军分割在一段段孤立的战壕内和一座座孤立的碉堡里，同时大声喊话：“缴枪不杀，解放军宽待俘虏！”国民党军发现已经被解放军四面包围，大势已去，纷纷举手投降，四处逃窜。拂晓时分，高崎要塞即被二五四团二营攻占。

二五四团一营营长袁国铭、教导员向真率全营从高崎以东登陆场向机场发起进攻。部队利用夜色，隐蔽、迅速接近机场，然后突然开火，一举拿下了几个碉堡和机窝，控制了大半个机场。守机场的国民党军用两个步兵营，在坦克的掩护下进行反扑，一营以两个连队正面阻击、两个连队侧翼攻击，在三营的配合下，打退了两次反击，牢牢占住已夺的阵地。三营七连连长卢福祥率全连突入机场后，遭到数倍于己的国民党军多次反扑，都被奋力击退。国民党军不甘失败，用两辆坦克引导步兵，凶猛地向七连扑过来。副连长王洪芳挺身而出，抱起一个大炸药包冲上前辆坦克，拉响导火索，迅速跳下来，结果送上的炸药包从坦克后面滑落下来。王洪芳毫不犹豫冲上前去，抱起正在冒烟的炸药包再一次冲上坦克，“轰”的一声巨响，前辆坦克被炸毁，后辆坦克也停了下来，跟在后面的步兵四处逃散，被七连全部歼灭和俘虏。副连长王洪芳在爆炸声中与国民党军同归于尽，壮烈牺牲。天亮时分，高崎机场即被二五四团全部攻占。

在第三十一军九十二师3个突击营、第二十九军八十五师6个突击营向石湖山、寨上、神山、高崎一线发起攻击的同时，第二十九军八十六师二五六团一营、二营、三营和二五七团二营共4个突击营从刘五店、澳头启航，向下马、钟宅一线发起攻击。夜色把海面笼罩得扑朔迷离，船队在风浪中颠簸起伏。由于天黑浪高，二五六团二营和二五七团二营在航渡中迷失了方向，偏离了预定登陆地点。临近午夜，只有二五六团团指挥所和一营三营的船队抵达预定的下马、钟宅一线滩头。这里是国民党军第七十四师与第一八一师的接合部。两个突击营抵滩后，迅速抢占滩头阵地。一营俘虏了误把解放军当作“自己人”的国民党军1个先头排，夺占了钟宅。天亮后，国民党军以2个步兵营在坦克的引导下进行反扑，一营撤出钟宅。中午时分，八十六师二五七团一营、三营赶到增援，会同二五六团一营、三营重新夺回钟宅。二五六团二营迷失方向错在五通、坂美抵滩。该营五连连长张胜标率连队驶入五通道国民党军的腹部阵地登陆，遭到严重杀伤，全连仅存5个班，依托在200米宽的海滩上构筑的简易工事，击退国民党军的多次反扑。16日上午，八十六师后续部队陆续到达，突击上陆。

## 五、乘胜追击夺取全岛

至16日中午，解放军第十兵团突击部队在十多公里的正面战场上，全线突破厦门岛北部国民党军的一线防御，建立了稳固的登陆场。突击部队乘胜追击，后续部队源源不断地从各突破口上陆，并迅速推进到岛腰部仙岳（洞）山、松柏山、园山和薛岭山一带高地，控制了整个厦门岛北部。这时，国民党军清醒地意识到，解放军的主攻方向在北面，于是调集机动部队疯狂向北反扑。解放军第十兵团司令员叶飞命令登岛部队，牢牢控制岛腰部一线高地，抗击国民党军的反扑，乘胜向南追击，务求全歼厦门岛上国民党军。率先登上厦门岛的师职指挥员八十五师参谋长吴森亚，遵照叶飞司令员的命令，统一协调指挥已经登岛的第二十九军和第三十一军的突击部队。已登岛的解放军各突击部队发扬一往无前、连续作战的战斗精神，不等不靠，主动出击，抗击反扑，追歼逃窜的国民党军。

第三十一军九十二师二七四团突破石湖山、寨上之后，一路横扫马垅、塘边、后埔，迅速抢占位于仙岳（洞）山与园山之间的松柏山，扼住厦门岛南北交通咽喉。16 日午后，国民党军不惜血本，连续 3 次向松柏山发起疯狂进攻。坚守在这里的二七四团一营、二营指战员，与国民党军展开殊死厮杀。为了节省弹药，战士们从山头上滚石头往下砸，硬是把国民党军的反扑打退。一营重机枪手张锡臣，发现乌石浦村边有几个国民党军指挥官模样的人在活动，一个点射，把这几个指挥官全消灭了，其中一个是国民党军第七十四师二二二团团长。国民党军不甘失败，用几辆卡车架着轻重机枪，后面紧跟着一大群步兵，气势汹汹地由江头经乌石浦向松柏山口冲过来。等到国民党军接近山口，位于东侧的二营轻重机枪、冲锋枪、步枪对准卡车和步兵突然同时开火，位于西侧的一营战士们投出集束手榴弹，几分钟的工夫，就把国民党军全部击垮。第二十九军八十五师二五四团、二五五团以园山为依托，击退了国民党军一次又一次反扑。松柏山、园山、乌石浦一线的阻击战，一直持续到 16 日下午，解放军第十兵团各登岛部队，牢牢守住已占领阵地。

厦门岛北部全线失守，松柏山、园山、乌石浦一线反扑失利，动摇了国民党军固守厦门岛的决心。汤恩伯呼叫海军舰艇准备接应，被击溃的国民党军成团成营往南逃窜。16 日下午 3 时后，解放军第十兵团各部队开始全线出击，迅速向南穿插，追歼逃窜的国民党军。

第二十九军八十五师二五五团于16日下午4时30分许，穿插到洪山柄。二营三营继续沿梧桐自来水池向曾厝垵方向攻击前进。一营奉命向云顶岩进击，沿途消灭了抵抗的小股国民党军，迅速推进到云顶岩脚下。该营二连的一个排一口气冲上山顶，发现国民党军已经逃跑。营长黄启昌当即召集各连干部开会决定：既然国民党军弃云顶岩而逃，部队就不必翻山越岭上、下云顶岩，改为从右侧沿公路向市区追击。二连追至文灶，抓获了一批俘虏。一连、三连沿厦禾路追击，只见沿街躺着几十辆大卡车、装甲车、坦克和榴弹炮，逃窜在街道两旁的国民党军游兵散勇纷纷举手投降。17日清晨，一连追击到南普陀寺，发现这里龟缩着一大堆国民党军。连长高龙宝、代理指导员丁奖兴率领全连战士迅速包围了南普陀寺，并大声喊话："解放军宽待俘虏！缴枪不杀！"不久，一名国民党军官手举一块白布，向一连求降。连长高龙宝把这名国民党军官带去见营长黄启昌。国民党军官称："我是一八一师五四二团副团长，请贵军不要打枪，兄弟保证投降。"一营接受了这个团国民党军的投降。至17日上午，一营共抓获俘虏2000余人。

第三十一军九十二师二七四团二营17日上午由江头沿浦南、洪山柄直插石胄头。该营五连在追击中截获国民党军七十四师运输连6部卡车，并俘虏运输连连长。七班班长孙继伯带领全班战士押着这个国民党军连长，开着卡车，向白石炮台、塔头方向追击。抵达塔头时，发现整个塔头村外很乱。孙继伯追问国民党军连长："这里是什么部队？村里有什么官？"国民党军连长回答说："师部在村里，有什么官不知道。"七班押着国民党军连长进了村，走到一座小四合院，国民党军连长指着说："就这里。"孙继伯对全班作了部署，自己和一名战士端着冲锋枪迅速堵住四合院的大门口，高声喊话："叫你们师长出来，赶快投降！"不一会儿，有4个国民党军官走了出来。孙继伯大声质问："谁是师长？快说！"一个戴墨镜的点点头说："我是七十四师师长李益智，你是共军什么人？"

孙继伯高声回答："我是中国人民解放军排长，我们部队已经把你们包围了，解放军宽待俘虏，快下令停止抵抗！"李益智无可奈何地低下头，回到屋里。一个自称是副师长的军官，立即向他的残部打电话通知停止抵抗。这时，二营部队全部赶到，迅速包围了塔头村。国民党军七十四师成团成营缴械投降，二营共俘虏了中将师长李益智以下 4000 余人。

第三十一军九十二师二七四团一营 17 日早从松柏山下撤，经乌石浦、江头向南追击。一连、三连向左直插东坪山社，遭国民党军二二二团副团长以下 1000 余人假投降后的反抗，最终被一连、三连制服俘虏。二连向右越过万石山直插厦门大学，打退国民党军的猛烈抵抗，继续向前追击，在胡里山炮台至曾厝垵一线海滩俘国民党军 3000 余人。与此同时，该团三营由东山、塘边经江头向市区追击，在碧山岩路口俘国民党军 3000 余人后，越过虎溪岩，绕过厦门大学，直插胡里山炮台。七连七班长马进才率全班突入炮台内，逼迫国民党军副师长率 800 余人投降。经过短暂激战，胡里山炮台即被二七四团一营、三营攻占，尔后他们迅速追歼逃窜的国民党军，共俘虏 5000 余人。这时，九十二师二七五团一营也追击到这里，会同二七四一营、三营一起打扫战场。

至 17 日中午 12 时，解放军第十兵团第二十九军、第三十一军各登陆突击部队相继追击到厦大白城、胡里山炮台、曾厝垵一线海边，把企图从海上逃窜的国民党军残部压缩在这片海滩上。除汤恩伯、刘汝明等少数上层军官和小部分部队乘舰艇逃跑外，其余大部分被歼被俘。整个厦门岛登陆作战共歼灭国民党军 27000 余人，其中生俘国民党军官兵 25000 余人。解放厦门战斗胜利结束。

厦门解放，使这座饱经沧桑的中国近代著名港口城市回到人民怀抱。解放厦门的战斗胜利结束后，立即成立厦门市军管会，叶飞任军管会主任。紧接着成立厦门市人民政府，梁灵光任市长。厦门市开始政权接管和战后经济社会恢复工作。

# 第四节　金门之战

## 一、作战部署

金门与厦门同为我国东南沿海重要门户，也是台湾的重要战略屏障。从解放军进军福建开始，蒋介石一直倾力调整加强金门防御，不断增兵金门。福州战役后，国民党军李良荣第二十二兵团部率第五军 1 个师、第二十五军 3 个师从厦门移防金门（金门原有要塞等特种部队）。10 月 21 日，胡琏第十二兵团第十八军军部率一一八师由广东潮汕抵达金门。第十二兵团第十九军的增援部队于 10 月 22 日夜抵金门料罗湾，10 月 23 日夜开始陆续登陆金门。至 10 月 24 日解放军发起金门之战前后，金门国民党军总兵力已增至 4 万余人。

解放军漳厦金战役第二阶段作战部署要求：在第二十九军、第三十一军胜利完成解放厦门战斗之后，第二十八军指挥所辖 1 个师又 1 个团并指挥第二十九军 2 个团，共 2 个师 6 个团，发起渡海解放金门战斗。10 月 17 日，厦门解放。第十兵团在转入城市接管的同时，关注督促第二十八军尽快发起解放金门战斗，10 月 18 日，第十兵团要求二十八军于 10 月 20 日发起战斗。至 10 月 20 日，第二十八军船只准备不足，第十兵团同意第二十八军攻金时间推迟至 10 月 24 日。

在这期间，解放军第十兵团和第二十八军通过各种侦察手段和渠道，获悉金门国民党军在增兵，但具体情况不明，认为这些国民党军已是惊弓之鸟，缺乏战斗力，所以攻击金门计划不变，参战部队兵力也没有增加，6 个团分两个梯队渡海，用运载第一梯队返回的船只运载第二梯队部队。具体作战方案是：第二十八军八十二师二四四团、二四五团、二四六团和八十四师二五一团，第二十九军八十五师二五三团和八十七师二五九团，共 6 个团 20000 人，由第二十八军负责组织指挥，分两个梯队从莲河、大嶝、澳头一线起航，向大金门的后沙、垄口至古宁头一线发起攻击。第一梯队八十二师二四四团加强二四六团一营、八十四师二五一团、八十五师二五三团共 3 个团约 9000 人，分左、中、右三路在后沙、垄口至古宁头一线登陆，尔后船队返回运载第二梯队 3 个团约 10000 人渡海登陆支援一梯队战斗。

## 二、登陆突破

10 月 24 日午夜，解放军三个一梯队团船队由莲河、大嶝、澳头一线起航，驶向预定登陆地点。由于海面风大浪急，船队艰难行进，队形出现混乱，团、营、连、排战斗建制不断被冲散。解放军各级指挥员沉着指挥，尽力保持各战斗建制按照预定登陆方向整体前进。

25 日凌晨 1 时许，金门国民党军发现海面上解放军登陆部队的船队，立即实施炮火打击。部署在莲河、浏江一线的解放军炮兵予以火力还击压制，掩护一梯队船只继续前进。25 日凌晨 2 时许，解放军三个一梯队团先后陆续抵达大金门北部一线滩岸，奋勇抢滩登陆。

左路二四四团三营 25 日凌晨 1 时 40 分许在后沙、垄口、观音亭山一线强行登陆，遭国民党军步兵火力和滩头的坦克火力拦阻，伤亡惨重。团指挥船与直属队随后抵滩，也遭猛烈炮火打击。团长邢永生迅速下船，指挥后继部队登陆，对岸上国民党军前沿阵地发起攻击。天亮前，二四四团先后攻占了垄口、西山、观音亭山和湖南高地，团长邢永生率团部进入国民党军留下的一个土地堡，建立临时团指挥所。

中路二五一团 25 日凌晨 2 时许在西堡至古宁头之间登陆。团长、政委、政治处主任带领二营，副团长带领一营，参谋长带领三营，从不同方向向安岐村攻进。一营、三营会合后，由三营营长率领向西推进，包围了安岐村。国民党军第十八军一一八师三五三团团部也刚由顶堡转移到安岐村。天亮前，三营营长带领一营三营攻占了安岐村大部，但无法完全占领，团长带领二营加入战斗，合力向防守安岐村的国民党军展开勇猛进攻，双方展开激烈的拉锯战。

右路二五三团 25 日凌晨 3 时许在古宁头北岸海滩登陆，炸塌 3 米高的断崖，突破国民党军一线防御，迅速占领了北山村和南山村。尔后留三营坚守古宁头滩岸阵地，一营二营向金门县城方向攻击前进，先后夺取了林厝、埔头和 132 高地，并利用缴获的两门化学迫击炮向金门县城开火，歼灭国民党军第二〇一师六〇一团一部，俘虏 700 余人。

## 三、抗击反扑

25 日天亮后，国民党军调集 10 月 19 日至 10 月 24 日增兵金门的第十二兵团第十八军、第十九军下辖的 8 个步兵团共约 2.5 万人，以及飞机、军舰、坦克和地面火炮等多军兵种，分三路向已登陆的解放军一梯队 3 个团共 9000 余人实施全线反击。国民党军坦克冲进海滩，以猛烈的装甲火力和履带，攻击碾压解放军已登陆的一梯队滩头阵地。增援的国民党军以绝对优势兵力，逐村逐点围攻解放军各登陆部队。解放军运送一梯队部队所有船只，因退潮全部搁浅，被国民党军地面火炮、海上舰炮和空投炸弹全部炸毁在滩头。解放军第二十八军一时又无法征集到足够数量的运送船只，短时间内无法对登陆金门的部队实施增援，各登陆部队依托既得的一线阵地，与国民党军展开殊死拼杀。

左路二四四团一营依托已占领的观音亭山和湖尾乡的阵地，打退国民党军 1 个团的兵力的连续多次的进攻。25 日天亮后，国民党军调来 8 辆坦克，配合步兵向一营阵地展开轮番攻击。经过反复拼杀争夺，一营最终没能挡住国民党军的凌厉攻势，丢失了阵地。占领西山和垄口的二四四团三营，与国民党军 2 个步兵团的 6 个营和 1 个警卫营共 7 个营的兵力对峙，连续击退了 3 次进攻。团长邢永生身负重伤，仍带领战士顽强抗击。后来，国民党军调来坦克支援，向三营发起第 4 次进攻，终因寡不敌众而失守。战至 25 日 14 时，二四四团丢失所有已得阵地，全团人员大部伤亡。

中路二五一团突破国民党军一线防御后直逼安岐村，打到天亮仍无法完全占领安岐村。25 日 7 时许，国民党军一个战车连赶来增援，配合 1 个步兵团死守安岐，8 时许，国民党军又一个步兵团赶来增援。面对国民党军 2 个团和 3 辆坦克，二五一团力不能支，14 时许撤出已占领的安岐村部分地域，退守村北的土岭，继续组织防御。15 时许，二五一团团长刘天祥率该团仅剩的 10 余人冲出重围，向古宁头方向转移，17 时许与坚守古宁头的二五三团会合。

右路二五三团二营，25 日凌晨占领金门县城以北 132 高地，天亮后遭国民党军 3 个团的反扑，战斗持续 2 个小时，高地被国民党军夺回。团长徐博组织二营再战 132 高地，终因力量悬殊未能奏效。12 时 30 分，二五三团停止攻击，并主动放弃埔头，退守林厝。不久，国民党军以 1 个团的兵力向林厝发起攻击，二五三团二营依托林厝有利地形和国民党军原有的工事，与国民党军展开殊死决战。后来，国民党军又调集了 3 个团，共 4 个团的兵力，对坚守林厝的二五三团二营展开凌厉攻势。二营坚持依托固有阵地和工事，重创国民党军。架在村口碉堡里的一挺重机枪，总共射击约 1.2 万发子弹，大量杀伤国民党军，击毙国民党军第十九军十四师四十二团团长李光前，有效挡住国民党军的进攻，守住了林厝。

至 25 日夜，解放军登上金门的二四四团、二五一团占领的阵地和支撑点全部丢失，人员大量伤亡，只有二五三团稳住了已占领的古宁头的南山、北山和林厝，以及几个高地。尚存的二四四团、二五一团的各位指挥员和部分战士不断往古宁头靠拢会合。

## 四、血战到底

10 月 25 日夜，解放军第二十八军八十二师二四六团团长孙云秀奉命率 2 个营，增援已登陆的一梯队。26 日凌晨，孙云秀率部队在古宁头以东海滩成功登陆，与二五三团会合。与此同时，第二十九军八十七师二五九团三营代理营长梅巷年率 2 个连也在这里抵滩登陆，与二五三团会合。孙云秀组织部队向国民党军发起进攻，抢占了 3 个高地，俘虏国民党军 500 余人。

26 日 7 时许，国民党军开始向南山、北山和林厝发起攻击。国民党军以 2 个营加 1 个连的兵力，同时调动金门要塞的火炮支援，攻击坚守南山的二五三团一营，战至 10 时，南山失守。

在攻击南山的同时，国民党军以 3 个团的兵力，在飞机、坦克的掩护下，向坚守林厝的二五三团二营发起攻击，双方展开激烈的拉锯战。战至 11 时半许，林厝失守。

南山和林厝相继失守，解放军登上金门的第一梯队 3 个团只剩北山最后一个据点，也是解放军登岛部队会合古宁头后的指挥部。26 日 14 时许，国民党军发起进攻北山。占领北山的二五三团三营与国民党军展开逐屋争夺的村落巷战，一直持续到当日黄昏。二五三团机枪连二排四班班长冯志才，用缴获的 14 箱机枪子弹长时间密集射击，死死挡住国民党军进攻道路。最后，国民党军调集了 3 挺重机枪，对冯志才实施多方位多角度围攻，冯志才最终中弹牺牲。

在进攻北山的同时，另一路国民党军从海滩向古宁头侧后攻进。负责滩岸防守任务的二五三团三营九连和增援的二五九团三营 2 个连奋力抗击，顽强地守住阵地。16 时许，国民党军在 6 辆坦克的掩护下再次发起攻击，解放军的阵地终于被攻陷。

26 日 17 时半许，天色渐暗，国民党军暂停对北山的进攻。19 时许，二四六团团长孙云秀同二五一团、二五三团领导人集体商量决定：利用夜色作掩护，组织尚存人员分散撤出北山。

27 日，解放军登岛部队尚存人员，分别散落在以古宁头为中心的周围各个村落、山沟、壕沟里，后又向东南转移。国民党军展开“清剿行动”。除孙云秀团长负伤后自尽外，其余全部被俘。

进攻金门岛的战斗，虽然使国民党军付出伤亡约 9000 人的代价，但解放军登岛部队3个团，共9086人（内有船工、民夫等350余人），大部壮烈牺牲，一部被俘。这是解放战争中人民解放军的一次重大损失。

## 附节　解放东山岛与进攻大担岛

1950年，为侦察金门国民党军布防等情况，探索积累渡海作战经验，再战金门，彻底完成解放福建的作战任务，解放军第十兵团根据第三野战军指示，先后发起解放东山岛和攻击大担岛战斗。

### 一、解放东山岛

东山岛位于福建南部诏安湾东侧，面积192.5平方公里，为福建省第二大岛。该岛原驻有国民党福建省盐警总队第1大队，1949年6月开始，国民党陆续增派杂牌部队上岛，至年底兵力达4000人，并将岛上各部整编为陆军独立第五十八师。12月12日，经东山县人民政府工作队政治争取，盐警大队长王勤政率所部起义。随后，工作队继续对第五十八师进行争取工作，谈判未成。1950年3月，国民党军唯恐东山有失，从金门抽调第十七军军部率第五十一师2700余人进岛增防，使驻岛兵力增至7000余人。其部署是：第五十八师主力驻守北半岛，第五十一师主力驻守南半岛，军部率二二四、七十七团驻东山城，控制东山港口。

1950年3月，第十兵团决定由第三十一军并指挥第三十二军第九十四师和炮兵第十四团三营，解放东山岛。第三十一军根据东山岛的地形和国民党军的兵力部署，决心以九十一师和九十四师主力，分别从岛的西北和北部登陆突破，夹击北半岛之敌；以九十一师一部，从西南海岸突击上陆，首歼南半岛之敌，尔后向北发展，配合围歼国民党军主力；以1个炮兵团火力掩护、支援部队登陆作战。4月下旬，各参战部队进抵云霄下曾和诏安林头、大梧、田厝沿海一线待机，进行临战准备。在地方政府的全力配合下，筹集船只，训练船工，进行海情、气象调查和地形、敌情侦察，制订渡海作战具体方案。

5 月初，国民党军发现解放军将进攻东山岛，决定从东山撤军，以保存实力，固守金门。为掩盖撤军意图，继续向东山增派部分兵力，并扬言“要扩充部队，固守东山”，到处抓壮丁，仅东山城外铜钵村就被抓走青壮年 147 名，使该村成了远近闻名的“寡妇村”。中共东山县委从地下工作人员处获悉国民党军准备撤离东山的情报，立即通报解放军，并请求提前发起解放东山岛。

经过第十兵团批准，第三十一军于 5 月 7 日下达进攻东山岛的预先号令，随即调整起渡场，组织协同，并以一部兵力在八尺门对岸佯动，以隐蔽主攻方向。各部于 11 日下午完成战斗准备，黄昏分五路开始航渡。第九十一师二七三团第一梯队 2 个营于 18 时 30 分从峰岐一带起渡，21 时 31 分在岛的蜂腰部南侧山只、黄山母之间登陆，未遇到抵抗。该团随即以一部兵力向南卷击，主力向北直指国民党军五十一师师部白埕。第九十一师二七一团、二七二团各 2 个营，20 时许分别从港口和林头、大铲岛起航，在炮兵团火力掩护下，21 时 15 分在北半岛西岸的长山尾、新厝和礁头、径口地段上陆，迅速歼灭在滩头抵抗的小部国民党军，夺占了登陆场。在北部的九十四师二八〇团、二八一团于 20 时 30 分分别从下曾澳、三礁一带起航，22 时 30 分在岛的北岸古港两侧至港西之间登陆成功。至此，登陆部队对北半岛构成了三面合击态势。

解放军发起攻击之前，东山国民党军已作好撤退准备，事先运走了大批物资和抓来的壮丁，除第五十八师一部在近陆沿岸担任掩护外，大部队已集中于北半岛中部待撤，第十七军军部率先登舰待运。攻击发起后，其前沿掩护部队在解放军猛烈炮火威慑下，纷纷弃阵而逃，已集结部队则拥向东部海湾，抢先登舰。前来接运的舰艇在解放军炮火封锁下，有的尚未满载就起锚逃走。

解放军第九十一师二七三团主力向北挺进，11 日 22 时许抵达白埕、探石，国民党军已东逃海边，遂转向亲营、会东追击，以夺取澳口，断敌退路。与此同时，二七一团、二七二团除留部分兵力巩固登陆场外，主力向东推进，直扑西埔、梧龙。从北岸港西登陆的二八〇团，攻占马鞍、樟塘后逼近西埔。至23时30分，登陆部队占领了西部、北部全部丘陵，国民党军大部乘舰逃走，残部被压在东部濒海几个孤点上。

二七三团二营（欠五连）逼近亲营，立即抢占村西北的高地，发现上千国民党兵涌集村边、滩头。该营2个连与刚赶到的三营八连，在炮兵火力支援下，从三路向村庄和滩头冲击，国民党军全部缴械投降。12日1时，二营以一部兵力向会东追击，歼灭国民党军200余人。

二八一团从北岸古港登陆后插向东南，切断西埔与东山城之间的联系，在东沈与国民党军展开激战，逼使国民党军向东山城溃逃。该团于11日23时追至东山城下，国民党军五十八师师长逃到接应他的船上仍指挥其残部继续顽抗。二八一团即以一部兵力夺占南港口，断其退路，尔后在中共地下组织和人民群众的配合下，转入巷战，迅速将残敌分割包围，各个歼灭。城内五十八师警卫团残部也被迫缴械投降。至12日4时，全岛解放。

解放东山岛战斗，共毙、伤、俘国民党军团长以下2000余人，缴获汽艇1艘、迫击炮2门和大量枪支弹药。解放军伤亡13人。

## 二、进攻大担岛

1950年7月26日，为准备再战金门探索经验，解放军第二十九军八十六师二五八团二营，另配属一营二连及1个混合机枪连，共700余人，由二五八团副参谋长李桂生和二营营长鲍成率领，对大担发起进攻。

大担岛原驻有国民党军第七十五师1个步兵连及1个机枪排，装备山炮1门、机关炮2门；二担岛驻有1个排。在解放军发起攻击的前3天，大担、二担岛兵力增加到1个营。营部率2个连及火器连驻守大担岛，1个连驻守二担岛。国民党军依托高地，构筑层层地堡群，并在沙滩上设置地雷、铁丝网等障碍物。

26日傍晚，厦门白石炮台、溪头、塔头一带解放军炮兵对大担岛进行一个小时的火力急袭，国民党军随后进行炮火还击。19时至19时30分，突击部队分乘27艘机帆船，冒着国民党军的炮火向大担前进。21时许，风力渐大，至22时风力增至7级。登陆时，各船先后不一，部分船只被敌炮火击毁，少数船只中途因风漂回。突击部队一部在大担岛南山与北山之间的沙滩登陆，立即向南山发起攻击；一部在大担岛蜂腰部东面海滩登陆，采用“两面撕开”战术，向北山发起攻击；另一部向南山、东北山腹地攻击。守岛国民党军利用岛上坚固工事和熟悉的地形，展开强力反击。经过一夜激战，因解放军登岛人员较少，无法粉碎国民党军的反击。至27日8时许，进攻大担岛枪声逐渐沉寂，战斗失利。解放军参战人员700人，损失300余人。

在进攻大担岛的同时，解放军曾以一个侦察班加强轻、重机枪，六〇迫击炮各1挺（门）在二担岛北部海滩登陆进行佯攻，遭埋伏在海滩的国民党军和岸上火力猛烈阻击。经一小时激战，解放军登岛部队大部英勇牺牲，少部被俘，战斗失利。

至此，人民解放军第十兵团完成了除金门、马祖、大担、二担、东碇、东引、乌丘等零星岛屿之外的解放福建总体战略任务。

# 第四章
# 南下干部[①]

## 第一节　组建南下干部队伍的决策

1948年，解放战争进入战略决战阶段。1948年9月8日至13日，中共中央在河北平山县西柏坡召开政治局扩大会议，在这次会议上，中共中央毛泽东主席提出："夺取全国政权的任务，要求我党迅速地有计划地训练大批的能够管理军事、政治、经济、党务、文化教育等项工作的干部。战争的第三年内，必须准备好三万至四万下级、中级和高级干部，以便第四年内军队前进的时候，这些干部能够随军前进，能够有秩序地管理大约五千万至一万万人口的新开辟的解放区。"

1948年10月28日，中共中央根据九月会议确定的方针和政策，作出了《中共中央关于准备五万三千个干部的决议》（以下简称《决议》）。《决议》指出：战争的迅速发展，业已将此项任务紧急地提到了我党面前。如果我党缺乏此项准备，势必不能适应战争发展的需要，而使我党处于被动的地位。明确提出干部配备的急迫性。《决议》还指出：估计在战争的第三第四年内（1948年7月到1950年6月），人民解放军可能夺取的国民党统治区域，大约将包含1.6亿左右的人口，500个左右的县及

① 本章内容参考自厦门市山东南下干部历史研究会、厦门市鹭海英烈慈善基金会、厦门大学历史系组编，焦帅帅：《新中国成立初期入闽南下干部研究（1949—1966）》，鹭江出版社，2022年，第2—100页。

许多中等的和大的城市，并在这些新的区域建立政权……我们应该从这个发展的可能来准备我们的干部，我们必须准备夺取全国政权所需要的全部干部……根据过去发展新区所需干部的经验……所需中央局、区党委、地委、县委、区委等五级及大城市的各项干部，共约五万三千人。同时，《决议》还对这 5.3 万人进行了详细的划分：此五万三千人，分配华北一万七千人，华东一万五千人，东北一万五千人，西北三千人，中原三千人。以工作性质区分，则应包括军事工作（为建立军区、军分区及地方部队所必需的军事及政治工作干部），党务工作，机要工作，政府工作，工、农、青、妇、民众团体工作，经济工作（管理工业），财政工作，银行工作，贸易工作（管理贸易局），通讯社及报纸工作以及为办大学和党校用的学校教育工作等项干部，不可缺少。每项工作干部的比例，亦须适当配备。此外，《决议》还要求：五万三千个干部分配各区的数目，要分为两期准备完成。1949 年 6 月为第一期，各区应完成 2/3 左右，1949 年 12 月为第二期，各区应完成 1/3 左右。

## 第二节　南下干部队伍的组成

### 一、中国人民解放军长江支队

1948 年 12 月，中共华北局根据党中央的战略部署，专门召开会议，决定从太行、太岳两个区党委选调四千余名干部，组成一个成建制的南下区党委，包括党、政、军、群、省、地、县、区的全套班子，随军南下。

为了又快又好地完成这次干部南下调动任务，华北局要求各级党委迅速向全体干部传达选调干部南下，接管新区的任务。同时，公布南下动员的方式必须是由下而上报名，由上而下批准，以县为单位召开动员大会，讲明全国形势，讲明响应党中央和毛主席“打过长江去，解放全中国”号召的战略意义。调干条件是：政治立场坚定、身体好。不调条件：在整风审干中保留有政治问题未做结论者不调；整编中曾受严重的党纪处分问题未做处理者不调；身体太弱者不调；妇女干部必须是区级以上之妇女，身体健康，不得带小孩。调出与留老区工作者必须两者兼顾，均须保留一定的骨干，调出干部必须称职。

太行、太岳两区是晋冀鲁豫边区所辖的两个具有重要战略地位的根据地。太行区东起平汉线，南达黄河边，西迄同浦路，北到正太路。全区下辖八个专署，六十一个县政府。抗日战争时期，八路军第一二九师、第一一五师三四四旅、山西牺盟会、山西青年抗敌决死队、冀西民训处等部共同创建了太行革命根据地。中共中央北方局和八路军总部长期驻扎在这里，领导华北敌后抗战。太岳区包括同浦铁路以东，白圭到晋城公路以西，祁县白圭至汾河东岸以南，黄河以北的地区。全区多山地和丘陵，东面太行山，西望吕梁山，太岳山纵贯南北。因此，取名为太岳革命根据地。抗日战争时期，由八路军第一二九师第三八六旅、山西青年抗敌决死队第一总队和中共太岳地方组织及太岳人民共同创建。抗日战争时期，太行太岳两区政府经受了日军的反复“扫荡”和自然灾害的多次侵袭。两区军民浴血奋战，殊死拼搏，战胜了许多难以想象的困难。可以说，两区军民为抗日战争的胜利做出了巨大的贡献，广大干部群众经受了残酷战争的考验，政治觉悟高，立场坚定。

所以，这次南下工作一经动员，太行太岳两区干部争先恐后地报名，十分踊跃，甚至有些领导干部带头报名。如阳城县在动员中，李敏唐政委亲自带头报名。这些主动报名要求南下的干部大约占据一半，有的县至少占三分之一。报名结果大大超过了选调要求。经过审查，都是经历过减租减息、反霸斗争、“三查”（查阶级、查立场、查工作）、“三整”（整顿思想、整顿组织、整顿作风）、“整党整风”教育和土地改革等运动，作风纪律硬，对党忠诚，踏实肯干，有着丰富的群众工作经验的干部，符合党性强、觉悟高、立场坚定、身体健康的条件。

为了解除南下干部的后顾之忧，区党委还对南下干部个人和家属的照顾政策做了详细规定：南下干部家属按军属待遇；家庭经济困难的给予补助；家中缺乏劳动力的，由区村给予代耕；南下干部家属在农村的，可以批准回家探亲、安家、告别，限期回单位；女干部不能跟队行军的暂不南下，等新区环境安定后，派专人来接。

除此之外，区党委对南下干部的供给标准、装备、交通工具、枪支、警卫、通信、炊事等做了详细规定。行军期间，所有人的伙食，均按中灶标准待遇；规定行军期间每人应领之津贴费、卫生费、保健费、抚恤费、老年优待费标准等；每人发给单衣 1 套、鞋 1 双，如行军需要两月者，每人发鞋 2 双；补助费每人发给小米 20 斤，按市价折款；医药费每人每月小米 5 斤，公杂费每人每月小米 8 斤，预备费每人每日小米 3 两，均由带队者统一掌握使用；行军期间，所带牲口之草料票，按华北政府规定发足。对南下干部的交通工具要求：地委委员以上干部，每人带牲口 1 头，马夫 1 人；专区一般干部及县区干部，每 40 人由公家雇大车 1 辆，只拉行李。有自行车者自带（公家不发修理费），勤杂人员行李自带；军队干部所带牲口，按华北军区原规定执行；病号由公家雇车转送。对南下枪支、警卫、通信等配备要求：地委委员以上干部，原枪支带走。其他干部原有枪者带走，无枪者不另发；地委委员以上干部，各带警卫员 1 人；每一行署级单位，带公用通信员 3 人；每一分区级单位，带公用通信员 2 人；每一县级单位，带公用通信员 3 人；每一区级单位，带公用通信员 1 人；军队干部枪支、警卫、通信人员之配备，均按华北军区原规定执行；每 15 人至 10 人，带炊事员 1 人；每区党委应带医生 4 人，卫生员若干人及必要的药品。

经过各区、各县不断的宣传与动员后，太行、太岳两区顺利完成了抽调干部南下的工作。这次选拔的干部共 4100 多人，其中包括区党委、行署、军区机关的干部；太行区一、六专区，二、三专区，四、五专区的地直机关干部；太岳区一、二、三专区调的 3 个地直机关干部。两区干部共同组成 1 个区党委、6 个地委、33 个县和 199 个区的成套班子。

这套班子成立后，华北区再次发布批示，要求于二三月份在河北省武安县集合。

1949 年 2 月至 3 月，太行、太岳两解放区抽调的干部开始向太行解放区的武安县集中，进行为期一个月的学习。按照党中央和华北局规定，将太行、太岳两区南下干部会合后，共同组建南下区党委、行署、军区等一级区党委机构。“区党委由冷楚、刘尚之、周璧、刘裕民、叶松、陶国清、侯振亚七人组成；区党委书记冷楚，组织部部长刘尚之、组织部副部长侯振亚，宣传部部长周璧，社会部部长叶松，人民武装部副部长王禹，副秘书长毕际昌；南下行署主任刘裕民，秘书长王利宾，民政处处长赵源，教育处处长张雄飞，财政处处长杨文蔚，工商处副处长陈学文，税务局局长马子明，银行副经理冯天顺；南下军区司令员陶国清，政委冷楚（兼），副政委张慧如，副司令员兼参谋长王远芬，政治部主任雷绍典，组织部部长李力，宣传部部长张立，保卫部副部长金树鼎。”

紧接着，于 3 月 29 日和 3 月 30 日，南下区党委分别召开了县委委员以上的领导干部会议和第一次全体干部大会。区党委书记冷楚同志作大会报告，传达党的七届二中全会精神。会议上分析了当前的政治形势，提出今后作战的三种方式：“一是天津式，就是用强大的火力消灭敌人；二是北平式，通过和平谈判的方式，让敌人放下武器，投降；三是绥远式，围而不打，逼迫敌人投降。”另外，会议还提到这次南下的主要任务，除了接管小城市外，还要接管大城市。所以，必须全心全意依靠工农阶级，吸引知识分子和民族资产阶级靠近，主动团结民主党派和进步人士，以此来孤立敌人。宣传部部长周璧部署了学习任务，要求开展政治、军事化学习和训练，白天讨论，学政治或上军事课，晚上组织文娱活动或看戏剧节目；要求认真学习冷楚同志的报告；要求认真学好党的七届二中全会精神；要求学习郭沫若的《甲申三百年祭》。同时，为了丰富同志们的文化生活，还专门调来各种剧团演出《血泪仇》《闯王进京》等剧目，教育大家牢记使命，不忘阶级之苦。

随后，组织部部长刘尚之宣布南下区委所辖地委、专署、军分区领导干部名单：第一大队（太行），地委书记常化之，组织部部长智世昌，宣传部部长王炎，公安处长刘肃；大队长郭良（专员），副大队长张作人（军分区副司令），参谋长王振海，政治部主任史电光。第二大队（太岳），地委书记王竟成，组织部部长萧文玉，宣传部部长崔予庭，秘书长李蒙；大队长郭述尧（专员）、公安处处长何海瑞。第三大队（太行），地委书记贾久民，组织部部长陈玉山，宣传部部长刘健夫，秘书长武士诚，公安处处长赵仲田；大队长侯国英，副大队长王亚朴（军分区副司令员），政治部主任陈琅，参谋长胡定嶷。第四大队（太岳），地委书记郝可铭，组织部部长李敏唐，组织部副部长李俞平，宣传部部长郑思远，秘书长尚志，专员温附山，公安处长师建昌，公安处副处长裴玉文。第五大队（太行），地委书记李伟、组织部部长马兴元、宣传部部长罗晶、秘书长未立功、专员丁乃光、公安处处长许振平；军分区司令李承尧，政治部主任皇甫琳。第六大队（太岳），地委书记王毅之，组织部部长李步云，宣传部部长董奥林，秘书长刘哲，专员康润民，副专员梁东初，公安处处长苏奋。出于保密和行军方便的需要，南下区党委在南下途中统称为“中国人民解放军长江支队”，地委称大队，县委称中队，区委称小队。

## 二、山东南下干部

根据中共中央的指示和部署，为了配合解放战争的进程，从1947年6月粉碎国民党军实施重点进攻开始，山东解放区就着手抽调干部南下广大新区。解放战争期间，先后至少有8批1000多名山东籍干部随军南下。

1949年山东南下福建的干部，共1108人，由三部分组成：第一部分是渤海地区的齐东、高青、益寿三个县340人，按照地、县、区、党、政、军、群，整套班子配备，番号为“中国人民解放军华东南下干部纵队渤海三支队第三支队一、三、九中队”；第二部分是山东省立商业专科学校140人，华东工商干校60人，华东交通专科学校280人，山东粮政干校140人，山东卫生干校10人，以及华东财办从山东各地经贸部门抽调的在职干部80人，番号为“中国人民解放军华东财办南进总队第三、四、七大队”；第三部分是方毅同志1949年6月从山东省调回福建时，带领山东金融、财政南下干部50余人，分配到省直机关财政、金融部门。

## 三、华东南下服务团

在长江支队和山东南下干部准备南下福建的时候，福建省委认识到仅仅依靠长江支队的干部南下远远不够。因此，决定在上海招募一批以青年学生为主体的服务团随军南下福建，充实和壮大干部队伍。实际上，早在1949年6月11日，中央组织部就曾作出指示：“为了弥补南下接管干部人数之不足，可以吸收大中学生青年参加革命，加以训练后即充实到接管干部队伍。”所以，6月17日，福建省委经过讨论，以华东局的名义向中央发送《关于福建工作的准备问题的讨论》的电报，向中央阐述了福建省委和福建军区的组建情况，建议以冷楚所带领的三千干部到福建为宜，同时在沪积极招三千名知识青年和职工到闽工作。两天后，中共中央给华东局复电：“同意你们关于福建工作诸项建议及人事配备。请令福建省委同志及十兵团诸同志按照你们的决定，积极准备入闽工作，以便七月初出发。”随即，南下服务团的动员和招募工作开始展开，并得到了青年团上海市委、上海市青联、学联以及上海市几所高校的大力支持和帮助。

经过紧张和广泛的组织动员，一支由3500人组成的华东南下服务团组成。其中40岁以下年轻成员2334人，占66.69%。这还是一支知识水平高的队伍，在2334名年轻成员中，大学与大专文化程度1101人，占47%；高中与中专文化程度845人，占36%；初中文化程度366人，占16%；小学文化程度22人，占1%，突显年轻化与知识化的优势。

## 第三节　南下干部随军入闽

各支南下干部队伍组成后，分别进行形势、任务、政策和接管新区经济社会情况的学习教育和培训，尔后开始随军南下入闽。长江支队原定到苏南工作，山东南下干部原定到上海工作，由于解放战争的快速推进，这两支南下队伍都到福建工作。华东南下服务团按既定计划南下福建。

### 一、长江支队入闽

长江支队经过整编和短暂学习培训后，决定 1949 年 4 月 24 日南下，向苏南开进。4 月 15 日，毛泽东和朱德在北平香山双清别墅接见长江支队领导人冷楚、周璧和太行区党委书记陶鲁笳三位同志。毛泽东要求他们要适应从解放中国到建设中国的伟大转变，经受住历史的考验，警惕资产阶级糖衣炮弹的袭击，做好新区工作。

1949 年 4 月 24 日，由 4000 余人组成的长江支队从武安出发，冒雨徒步沿平汉线南下，一路受到各地群众的热烈欢迎。5 月 3 日下午，支队全体人员到达老田庵火车站，乘坐火车继续南下。5 月 5 日，支队到达安徽蚌埠，淮河桥被国民党军炸毁，支队在蚌埠暂停三天后继续乘坐火车南下。5 月 12 日，支队到达南京。5 月 24 日，支队到达苏州。

5 月 27 日，上海解放。中央军委发出《关于向全国进军部署致各野战军首长的电报》，提出：粟裕、张震应当迅速准备提早入闽，争取于 6、7 月占领福州、泉州、漳州及其他要点，并准备伺机夺取厦门、金门，入闽部队只待上海解决，即可出动。根据中央军委的电报指示，中共中央华东局和华东军区、第三野战军在上海召开进军福建的军事会议，决定长江支队随十兵团南下福建，并调来一批从山东和江苏来的干部共 213 人加入长江支队，一起随军入闽。

7月13日，长江支队从苏州出发，随十兵团冒着酷暑向福建进军。7月15日，长江支队到达浙江省江山县。在这里，支队遭到国民党反动派的两次袭击。一次是在嘉兴车站乘车南行，一架国民党军飞机向列车扫射，子弹打中五中队乘坐的车厢，张振业同志牺牲，还有2人重伤。全中队都很悲痛，有的同志还流下了眼泪。另一次是在到达江山贺村附近，国民党军飞机第二次空袭，江山车站被炸成一个大坑，幸好提前停车，人员疏散，免遭损失。由于长时间的行军疲劳，加上不适应南方的气候和环境，个别干部在南下途中因病牺牲。张鼎丞、梁国斌等率领的一批干部与长江支队会合后召开会议，传达了中共中央同意华东局的指示，要求建立以张鼎丞同志为首的中共福建省委，宣布省委各组成人员；还宣布了部委领导人，决定曾镜冰任省委秘书长，韦国清任组织部部长，陈辛仁任宣传部部长，梁国斌任社会部部长，方毅任财委书记，刘尚之任省委组织部副部长，黄国璋任组织部副部长，周璧任省委副秘书长。同时规定长江支队统归中共福建省委领导。

福建省委领导班子确定后，立即开始准备南下干部进军福建的事宜。张鼎丞、方毅先行出发，进入闽北，做大军入闽的安排。7月24日，长江支队从江山新塘边出发，翻过仙霞岭，路过浙江的二十八都，一路跋山涉水，冒着炎热继续前进。一些同志中暑呕吐，一些同志还染上疟疾，但他们仍然振作精神，继续前进。8月11日，长江支队全部到达福建地区。

## 二、山东南下干部入闽

1949年3月底，山东南下干部经一段集训后开始南下。一路坐牛车、乘火车兼徒步，于5月到达了上海，开始参加接管上海的工作。齐东、高青、益寿三个中队，每队抽出10人参加接管上海工作，其他大部分同志原地待命。6月，根据中共中央华东局和第三野战军决定，接管上海的山东南下干部撤离原接管单位，连同原地待命的同志，全部随十兵团继续南下，进军福建。与此同时，组织决定，胡为新继续留在上海，负责组建带领华东南下服务团南下福建，任曰淼回到苏州组建长江支队第七大队继续南下福建，负责接管第七专署。这样，山东南下干部就分两路南下福建，作为长江支队第七大队干部的主要来源：一部分是山东渤海的齐东、高青、益寿三个县的南下干部，齐东 120 人，高青 120 人，益寿 100 人，共 340 人，这是主体；一部分是山东省立商业专科学校的干部、学员 64 人，华东财办从山东调干 20 人、华东工商干校 20 人；还有一部分是从华东局调来的一个医务所 8 人，总共 452 人。此外，从第四大队抽调四个中队 560 人，由李华村带领到苏州，随军南下入闽。另有 40 人由陈先带队从上海直接调入福建，分配到银行系统。山东随军南下福建干部共 1040 人。这批干部分三路进军福建：一路由任曰淼率领中队 300 多人，从苏州步行到嘉兴，然后乘车至江山车站，又步行至淤头镇，开始长途跋涉，翻越仙霞岭进入福建境内；一路由胡为新率领 100 多名南下干部，带领华东南下服务团第四大队，从上海乘火车经过杭州至江西上饶，然后徒步翻过武夷山进入福建；第三路由李好荣带领 40 多名留守队员从苏州到嘉兴，乘火车到上饶，翻越武夷山，到达福建。至 10 月 23 日，长江支队第七大队三路南下的山东干部全部到达福州。

## 三、华东南下服务团入闽

1949 年 7 月 15 日，华东南下服务团在团长张鼎丞率领下，离开上海，徒步行军南下福建。这是一场体力和毅力的双重艰苦磨炼。南下途中，时常遭到国民党军飞机的突袭，几位学生途中遭国民党军飞机袭击牺牲，同时还要与各种不良天气和疾病斗争。为了照顾这些刚从学校出来的青年学生，总团部根据实际情况，在伙食和衣物标准上给予一定的照顾，如配给一些细米细棉等。为了保证队伍的纪律性，南下服务团还学习了《三大纪律八项注意》，进一步提高了干部的纪律性。为了能够顺利进军福建，还对他们进行了艰苦奋斗、互帮互助，团结友爱的教育。一路上大家互相关心、互相帮助，勇敢前进。经过近 100 天南下行军，1949 年

9月15日，南下服务团终于抵达福州。

至10月23日，长江支队、山东南下干部和华东南下服务团这三支南下干部队伍全部胜利地完成了进军福建的光荣任务。

## 第四节　建立各级人民政权

长江支队、山东南下干部和华东南下服务团入闽后，与福建本地干部共同组成省、地、县、基层各级人民政权和领导工作机构。

### 一、建立省级领导机构

1949年6月，经华东局同意并报中共中央批准，中共福建省委成立，任命张鼎丞为福建省委书记。由张鼎丞、曾镜冰、叶飞、韦国清、方毅、梁国斌、伍洪祥、刘培善、范式人、冷楚、陈辛仁、黄国璋等12人组成中共福建省委领导班子。8月，经中共中央同意，增补左丰美为省委委员；11月，增补魏金水、刘永生为省委委员。与此同时，还宣布曾镜冰同志任省委秘书长，韦国清同志任省委组织部部长，陈辛仁同志任宣传部部长，梁国斌同志任社会部部长，方毅同志任财委书记，伍洪祥同志任青委书记。此外，还对南下区党委主要领导干部作了重新安排，区党委书记冷楚同志在南京养病回来后任省委组织部部长，区党委组织部部长刘尚之任省委组织部副部长，黄国璋（地下党）任组织部副部长，区党委宣传部部长周璧任省委副秘书长，南下行署主任刘裕民任福建省实业厅厅长，张慧如任晋江地委书记，王禹任晋江地委民运部长。

福建省委领导机构中，张鼎丞、曾镜冰、方毅、梁国斌、陈辛仁、魏金水、刘永生等7人为福建本地干部。伍洪祥、冷楚等2人为南下干部。叶飞、韦国清、刘培善为南下第十兵团军队干部。

## 二、建立地市和县级领导机构

福建全省解放时，共辖2个直辖市、8个行政专区、67个县，498个县以下区公所。2个直辖市是：福州、厦门；8个行政专区是：建瓯、南平、福安、闽侯、晋江、龙溪、永安、龙岩等。省委领导机构确定后，立即组建以南下干部为主体的地市和县领导机构。

建瓯为第一行政专区（后改称“地区”，下同），主要由太岳地区的南下干部负责接管。本地干部陈贵芳为地委书记，南下干部郭述尧为副书记，崔予庭为宣传部部长，本地干部张翼为专署副专员，南下干部任开宪为专署副专员。孟健为建瓯县委书记，雷宏为县长；赵毅为建阳县委书记，李一农为县长；南纪舜为邵武县委书记，郭亮如为县长；李生堂为崇安县委书记，李树荣为县长；刘健为浦城县委书记，秦尚武为县长；本地干部叶风顺为松溪县委书记，侯林舟为县长；本地干部池云宝为水吉县委书记，郭国柱为县长；本地干部陈正初为政和县委书记，程胜福为县长；赵植民为光泽县委书记，李旭为县长。

南平为第二行政专区，主要由太行地区的南下干部负责接管。贾久民为地委书记，本地干部黄扆禹为地委副书记，陈玉山为地委组织部部长，刘健夫为地委宣传部部长，侯国英为专署专员，本地干部江作宇为专署副专员。秦定九为南平县委书记，武彦荣为县长；李森为顺昌县委书记，杜继周为县长；郑钦礼为沙县县委书记，王德甫为县长；吴炳武为尤溪县委书记，李生旺为县长；蔡竟为古田县委书记，卢士辉为县长；本地干部暨文海为屏南县委书记，地下党员黄陆团为县长；刘玉更为将乐县委书记，鲍志学为县长；申步超为泰宁县委书记，马象图为县长；本地干部江作宇兼建宁县委书记，董德兴为县长。

福安为第三行政专区，主要由太岳地区南下干部接管。王毅之为福安地委书记，李步云为地委组织部部长，董奥林为地委宣传部部长，康润民为专署专员。郭林为福安县委书记，杨杰为县长；杨浩林为宁德县委书记，地下党员黄垂明为县长；贾镛为福鼎县委书记，邓超为县长；王安珍为霞浦县委书记，赵守训为县长；郭人建为寿宁县委书记，许威为县长；刘清源为周宁县委书记并兼任县长；李俭为柘荣县委书记并兼任县长。

闽侯为第四行政专区，主要由太岳革命根据地部分南下干部接管。郝可铭为闽侯地委书记，李敏唐为地委组织部部长，郑思远为地委宣传部部长，本地干部陈亨源为专署专员，温附山为专署副专员。程少康为闽侯县委书记，张建国为县长；袁翟为闽清县委书记，司守行为县长；本地干部饶云山为永泰县委书记并兼任县长；郭真为长乐县委书记，王世清为县长；高一清为福清县委书记，李毅为县长；李俞平为平潭县委书记，宋秋成为县长；王连生为连江县委书记，郑德山为县长；王培祥为罗源县委书记，李季为县长。

晋江为第五行政专区，主要由太行革命根据地部分南下干部接管。张慧如为地委书记、常化之为地委副书记，智世昌为地委组织部部长，王炎为地委宣传部部长，本地干部陈华为宣传部副部长，王禹为地委民运部部长，张作人为民运部副部长，郭良为地委专员，本地干部林汝楠为专署副专员。华东南下服务团干部张格心为晋江县委书记，本地干部许集美为县长；高华杰为南安县委书记，邵永仕为县长；刘岗为永春县委书记，本地干部张连为县长，时进路为副县长；华东服务团干部徐中杰为安溪县委书记，本地干部王新整为县长；尚书翰为惠安县委书记，地下党员朱汉膺为县长；魏荫楠为莆田县委书记，尚炯为县长，本地干部康金树为副县长；张德祯为仙游县委书记，高霆为县长，本地干部林汝梁为副县长；曹玉昆为同安县委书记，吕雨人为县长。

龙溪为第六行政专区，主要由太行革命根据部分南下干部接管。本地干部卢叨为地委书记，李伟为地委副书记，马兴元为地委组织部部长，罗晶为地委宣传部部长，丁乃光为专署专员，本地干部陈文平为专署副专员。陈砚田为龙溪县委书记，白佩珩为县长；蔡良承为海澄县委书记，郭景周为县长；郑国栋为云霄县委书记，石瑞为县长；吴越飞为漳浦县委书记，本地干部柯永麟为县长，侯东明为副县长；武克为诏安县委书记，本地干部张振福为县长；董清晨为长泰县委书记，籍文彦为县长；郭丹为东山县委书记、张书田为县长；王杰为南靖县委书记、本地干部陈清定为县长；本地干部陈天才为平和县委书记并兼任县长，秦秀峰为县委副书记；平浪为华安县委书记并兼任县长。

永安为第七行政专区，由任曰森、胡为新领导的山东南下干部组成的中国人民解放军长江支队第七大队负责接管。任命王敬群为地委书记，左丰美为副书记，胡为新为组织部部长，周超南为宣传部部长，林志群为专署专员，任曰森为副专员，曹俊梧为公安处处长。郭克勇为永安县委书记，邢芳亭为县长；张保生为大田县委书记，孙兴国为副书记，蒋荣德为县长；路湘云为德化县委书记，毛票为县长；张其俭为宁洋县委书记，林云祥为县长；孙民夫为宁化县委书记，张恒东为县长；朱卜璜为清流县委书记，卢素贫为县长；肖亭为明溪县委书记，王战为县长；王建为三元县委书记，吉乐山为县长。

与此同时，福建省人民政府决定：以苏州地委副书记许亚带领的300多名干部接管福州，以苏州专区副专员张维兹为领导的200多名干部接管厦门。

在福建省委和省人民政府的组织领导下，各地市委和县委着手建立区和村一级基层政权。至1953年12月，全省498个县以下的区全部建立了区委及其办事机构；农村全部废除旧的保甲制度，建立起以雇农和积极分子为主体的农民协会、贫农协会等自治组织，初步形成了省、地市、县、区、村五级人民政权组织体系，并逐步展开城市接管、恢复国民经济、镇压反革命、土地改革等各项工作，揭开福建社会主义革命和建设的序幕。

# ·第二篇·

# 镇守海疆

# 第一章
# 新中国成立后的福建海防前线

## 第一节　新中国成立后的台湾海峡地区

新中国成立后，人民解放军福建前线部队遵照中共中央和中央军委的部署命令，在台湾海峡地区与美国扶持的台湾国民党当局及其军队和美国政府当局展开针锋相对的反颠覆、反窜扰、反分裂的坚决斗争，先后进行了剿匪、打击国民党军陆海空立体式窜扰破坏活动、炮击金门和粉碎国民党军企图大规模窜犯厦门、汕头和东南沿海地区等一系列重要作战和战备行动，取得了重大胜利，挫败了国民党当局“反攻大陆”的图谋和美国政府当局分裂中国的阴谋，为巩固新中国的人民政权、守卫东南海防安全、维护国家主权和领土完整、推进祖国统一进程，作出了重大贡献。

新中国成立后，台湾海峡地区形成共产党领导的新中国人民政权与美国扶持的败退到台湾、澎湖、金门、马祖诸岛上的国民党蒋介石反动统治集团残余势力的对峙状态。

## 第二节　美国对台湾海峡地区的侵略活动

美国对台湾海峡地区的侵略活动由来已久。从 1947 年下半年起，美国先后在台北松山、台中、台南和新竹机场建立了空军基地及联络电台等设施。美国海军舰艇也停泊在包括基隆在内的台湾各海港。美国陆军的“联合军事顾问团”派出大批现役军官常驻台湾，负责组织、装备、训练“国民党新军”。

1950年6月，朝鲜战争爆发后的第三天，美国总统杜鲁门在一个旨在破坏远东和平的声明中，公然宣布他已命令远东美军参加对朝鲜人民军的作战；同时已命令美国海军第七舰队进驻台湾海峡，以武力阻止中国人民解放台湾。7月底，美国驻远东军总司令道格拉斯·麦克阿瑟同蒋介石举行秘密军事会谈，确定美军与国民党军组成联合部队，在麦克阿瑟统一指挥下，阻挡人民解放军进攻台湾。8月28日，麦克阿瑟在演说中公然声称，台湾是美国太平洋前线中的“总枢纽”，是“不沉的航空母舰”，美国必须控制台湾，“用空军控制自海参崴到新加坡的每一亚洲的海港”[①]。这清楚地暴露出美国企图控制中国控制台湾和称霸西太平洋的野心。

为了把台湾变成美国“不沉的航空母舰”，美国政府于1951年5月，派遣庞大的军事顾问团进驻台湾，帮助整编和训练台湾国民党军队。美国军事顾问抵台前后，美国给予国民党军装备20个步兵师的武器，以及大批飞机、坦克和其他作战物资。1954年12月2日，美国政府同台湾国民党当局签订“共同防御条约”，企图使美国在台湾和澎湖建立的军事基地合法化。“共同防御条约”签订后，美国采取措施加强驻台美军的指挥机构，增加驻台的海、空军兵力，扩建军事基地；派出军舰、飞机在中国东南沿海一带侦察和巡逻，直接掩护和策应国民党军对大陆的骚扰破坏活动；同时，继续给台湾国民党当局大量的军事和经济援助。据统计，从1952年至1958年，美国给予国民党空军各种飞机1117架，1958年一年内就给予国民党海军各型舰艇60余艘。[②] 1958年5月24日

① 伍修权在联合国安全理事会的发言。转引自《当代中国军队的军事工作》（上），第382页。

② 转引自《当代中国军队的军事工作》（上），第382页。

《人民日报》披露：从 1951 年至现在，美国给予蒋介石集团约 8 亿美元的经济援助，以及比经济援助多一倍多的军事援助。

## 第三节　国民党军对大陆的窜扰破坏活动

在美国的支持和援助下，台湾国民党当局一方面准备大规模“反攻大陆”，另一方面指使国民党军以台澎金马和所盘踞的浙江沿海诸岛为基地，对包括福建在内的大陆东南沿海地区进行登陆袭扰、海上袭击和空中轰炸的立体式窜扰。从 1949 年秋到 1966 年，台湾国民党军先后出动 5.4 万多人，对北起山东、南到广东的沿海六省、市，进行登陆窜扰活动 400 多次。其中 1950 年到 1953 年和 1962 年到 1964 年，是两次窜扰的高潮。第一次高潮以数百人到上万人的中、小规模武装登陆窜犯为主。1950 年至 1953 年间，福建、浙江两省遭到国民党军上千人和上万人规模的登陆窜犯达 5 次之多。第二次高潮，则是以十余人到数十人的小股武装特务进行渗透和袭扰为特征。1966 年以后，国民党军以派遣零星特务为主要方式，对大陆东南沿海进行破坏活动。①

台湾国民党军当局经常派出飞机，对大陆沿海城市和东南地区进行轰炸和扫射。1950 年 2 月 6 日至 3 月 16 日，国民党军飞机连续 13 次轰炸上海市，炸死炸伤众多居民，炸毁许多民房和工厂。3 月 3 日，正是元宵佳节，国民党军飞机接连轰炸广州、福州、南昌；5 月 9 日，再次轰炸福州。在这段时间内，国民党军飞机还轰炸了南京、蚌埠和厦门市。1954 年 9 月，国民党军飞机集中轰炸厦门市及其两侧地区。1955 年 1 月，国民党军飞机对福州、汕头等地狂轰滥炸，成千上万民众无法欢度春节。据福建省的统计，从 1949 年 10 月至 1957 年，国民党空军在福建沿海各地投下炸弹 1680 余枚，扫射 180 多次，炸死炸伤 1400 余人，炸沉炸

① 《当代中国军队的军事工作》（上），第 321 页。

伤各种船艇 91 艘，炸毁许多房屋。[①] 与此同时，台湾国民党空军还频繁地对大陆内地进行侦察骚扰活动。

台湾国民党海军经常在海上袭击，抓捕大陆的渔船和运输船，对大陆沿海的渔业和航运安全造成严重威胁。1952 年 8 月 28 日，福建省连江县定海镇黄振海等 19 人，在海上捕鱼时被国民党军抓送到台湾火烧岛集中营，与另外几百名从大陆沿海抓去的渔民一道服劳役，不少渔民因劳疾折磨而身亡。11 月 5 日，国民党军抢走在福建霞浦西洋岛与高登岛之间海域捕鱼的 1 艘大陆渔船，将船上的 8 名渔民抛到海里溺死。连江县定海镇本是福建一个盛产竹蛏和鳀鱼、黄鱼的富庶渔乡。由于国民党军的骚扰和破坏，短短数年内有几十户渔民人船两空。据不完全统计，自 1951 年至 1958 年上半年，福建全省沿海就被国民党军抢去渔船、运输船 1460 余艘，抓走渔民 6890 多人，放回的仅 340 艘船和 3000 多人。台湾国民党海军舰船还经常袭击和劫夺大陆商轮及与中国通商的外国海轮，破坏大陆的航运和通商贸易事业。据不完全统计，从 1949 年至 1957 年，受害的大陆商轮达 96 艘次，其中 8 艘被击沉；受害的外国商船 149 艘次，涉及 10 个国家。自 1953 年至 1958 年 8 月中旬，国民党军炮兵和舰艇炮击大陆船艇 2150 多次，发射炮弹 7.6 万余发，打死打伤大陆军民 500 余人，击毁民船 84 艘。[②]

1949 年福建解放后，全省有成股土匪 5 万余人。[③] 这些土匪配合国民党军的登陆窜扰，明里暗里进行各种颠覆破坏活动，给海防安全、社会安宁和基层人民政权造成严重威胁。

---

① 《当代中国军队的军事工作》(上)，第 383 页。

② 《当代中国军队的军事工作》(上)，第 384 页。

③ 《福建省志 · 军事志》，第 253 页。

## 第四节　福建前线的海防部署

针对新中国成立后台湾海峡地区对峙状态，中共中央、中央军委对福建的海防斗争和海防建设作出精心周密部署。1950 年 3 月，第 32 军奉命进军福建（4 月归第十兵团建制），接替第二十八军担任闽北地区剿匪任务。第十兵团兼福建军区组织第二十八军等部队投入渡海登陆作战训练，准备再战金门。第二十五军和炮兵第三师奉中央军委命令入闽，加强渡海登陆作战准备。1950 年 6 月，朝鲜战争爆发。中共中央和毛泽东主席审时度势，作出“抗美援朝，保家卫国”的战略决策。9 月 15 日，中央军委决定推迟再战金门。第二十四军、二十五军和炮兵第三师陆续离闽。1951 年 1 月，美国政府与台湾国民党当局策划大规模进犯厦门、汕头，配合美国在朝鲜战场的行动。第二十五军和炮兵第三师奉命再次入闽，加强第十兵团抗登陆作战准备。之后，根据台湾海峡军事斗争任务的需要，中央军委不断调动人民解放军部分陆海空部队入闽，加强福建海防前线的兵力部署。

1956 年 7 月 1 日，依据国务院命令，组建成立福州军区，辖福建、江西两省军区和驻闽赣两省的野战军及其他部队单位，以及军区炮兵、军区工程兵、军区公安军领导机关。1958 年 8 月组建福州军区空军领率机关，同年 10 月组建成立海军福建基地。福建前线部队逐步形成多军兵种结构与协同作战的组织指挥体系，同时进行一线、二线、三线的梯次配置，并建立起相应的战勤、军需、医疗卫生和物资储备等后勤保障体系。前线陆海空部队积极展开基础训练、登陆和抗登陆作战训练、诸军兵种联合渡海登陆作战演习等，不断提高部队适应海防军事斗争需要的整体作战能力。

根据福建海防斗争需要，国务院、中央军委于 1954 年先后决定修建鹰厦铁路和福州等 7 处飞机场，1959 年决定修建三都澳海军基地，修建连接省内外交通要地的公路、桥梁、隧道、海堤等交通基础设施，完善全省海防战备交通网。

福建全省广泛组织动员，迅速建立健全各级各类人民武装和民兵组织。至1965年，全省民兵计4338740人，其中基干民兵2004340人（武装基干民兵463120人），共编31个师724个团5958个营20762个连，并形成海上、岸上、陆上和隐蔽战线四道军民联防战线。[①]至1969年，全省共构筑防空坑道5510条，137189米；地道15607条，245143米；防空壕42827条，708706米；防空洞3214075个；地下室599间；坚固建筑物646座，建立起一定规模的人民防空体系。[②]

三十年来，福建前线军民坚决执行中共中央、中央军委和毛泽东主席的部署命令，团结一心，众志成城，与台湾国民党当局的残匪、台湾国民党军的窜扰破坏和美国企图分裂中国的罪恶行径，展开英勇顽强的斗争。

---

① 《福建省志·军事志》，第487页。

② 《福建省志·军事志》，第538页。

# 第二章
# 剿　匪[①]

## 第一节　福建匪患

福建自清朝末年起，民不聊生，盗匪蜂起。各地豪绅以自卫为名，竞办团练。民国初，团练发展为“民军”，形成封建割据，互相侵夺。国民革命军北伐后，国民政府将其编为“正规军”“省防军”或“海军陆战队”，但割据局面并无改变。土地革命战争时期，这些武装经工农红军的打击和十九路军的吞并，闽北、闽西、闽东各一部及闽南大部溃散为匪。1934 年陈仪入闽后，将各地土匪、“民军”收编为省保安团，实际上是“明团暗匪”。1937 年保安团因势力大衰，又群起为匪。张逸舟等下海为盗，勾结日本侵略军，变为“和平救国军”。各地潜伏力量则分别投靠国民党的军统、中统特务组织。1945 年日本投降后，又为国民党所收编。

1949 年福建解放后，全省成股土匪 5 万余人。[②]其中大部分是国民党逃往台湾前有计划布置和组织的，由“应变部署”留在大陆的党政军骨干分子，收集国民党军散兵游勇和地方自卫团队等组成，如“人民反共救国军”“突击军”“海上保安纵队”等。一部为地方豪绅恶霸掌握的土匪武装，如刘子宽、严正、林青龙等部，他们长期鱼肉人民，残害百姓；少数是由无业游民、流氓组成的，以抢劫为生的惯匪。以上股匪大

---

① 本章内容参考自《福建省志·军事志》，第 253—266 页。

② 《福建省志·军事志》，第 253 页。

多直接受台湾“敌后工作委员会”的控制。1950 年上半年，台湾当局统一整编闽、浙境内的土匪，在福建称“福建游击军区”，由金门国民党军司令官胡琏兼任司令，在金门设有“敌后工作指导室”。“福建游击军区”之下又分为若干小区，主要有“闽南军区”、闽北“福建前线突击司令部”和“海上突击军”等。1949 年底，蒋介石派原国民党“国防部第三厅”参谋主任李森少将（化名唐宗）潜入大陆，在闽粤赣交界地区扩编土匪武装，1950 年夏组成“中国人民自由军闽粤赣边区总司令部”，唐宗任总司令（升为中将），下辖 37 个纵队，其中在福建的有 14 个纵队。他们妄图建立“敌后第二战场”，进行“长期的游击战争”，等待时机配合台湾国民党军“反攻大陆”。

福建大陆与台澎金马仅一水之隔，海岸线弯曲漫长，内陆山高林密，便于土匪潜伏和潜入、潜出活动。新中国成立初期，由台湾国民党控制的土匪遍布福建大陆和沿海岛屿，他们有封建势力的社会基础，又有大量的美式武器装备，反共反人民的活动极其猖獗。其主要破坏活动如下。一是破坏交通，袭击解放军的小分队和政府工作人员。1949 年 7 月至 10 月，仅南平、沙县、顺昌等 5 县土匪和“大刀会”，就多次破坏南平至顺昌的公路、桥梁，并杀害解放军筹粮人员十余人。据 1949 年 12 月至 1950 年 8 月的不完全统计，土匪袭击解放军小分队、零星人员和地方干部 57 次，造成伤亡 725 人，损失枪支 549 支。二是颠覆新生的人民政权，策反地方武装。仅建阳专区，县、区、乡政府遭到土匪袭击达 73 次，被害干部、战士和人民群众 161 人，抢走枪支 300 多支。龙溪专区在 1950 年一年内，被土匪杀害的干部和人民群众达 638 人。1950 年，全省发生县、区武装、民兵、干部被策反叛变事件 109 起。三是残害人民群众，到处奸淫烧杀，抢劫掳掠，勒派粮款，抓人绑票，无恶不作。众多土匪的疯狂破坏活动，严重威胁了人民政权的巩固、社会安宁和海防安全，给人民群众带来了深重的灾难，广大人民强烈要求解放军坚决消灭土匪，根除匪患。

## 第二节　清剿陆匪

### 一、逐步展开清剿（1949 年 8 月至 1950 年 7 月）

1949 年 8 月，解放军第十兵团入闽后，在集中主力消灭国民党正规军，解放沿海重要城镇的同时，即以第二十八军八十四师二五二团、八十七师二六一团（各欠 1 个营）在闽北地区担任护路和剿匪。10 月，漳厦金战役结束后，又以第三十一军侦察营和八十三、九十一、九十二、九十三师各一部及沿海军分区的 3 个警备团，共 6 个多团兵力投入剿匪，重点打击主要交通线两侧和重要产粮区内的土匪。二五二、二六一团主力及第一（建阳）、第二（南平）军分区的地方武装，采取远距离奔袭等战术手段，歼灭了闽北“福建前线突击司令部暂编第四师”等匪部，瓦解了大批土匪及“大刀会”会徒。至 12 月底，全省共歼灭土匪 15438 名，其中有“反共救国军”司令叶金泰、“闽赣边区指挥部”总指挥李鉴、“华南反共救国军第二纵队”副司令张振闽等大队长以上匪首 33 名，缴获各种武器 6372 件。1949 年底，全省尚有土匪 240 余股 4 万余人（含海匪 3 股 9700 余人），拥有长枪 2.77 万支，机枪 300 余挺，分布于已解放各县边界山区，并控制着光泽、建宁、泰宁、将乐、永安、三元（今三明）等县城和部分沿海岛屿。①

1949 年 12 月，中共福建省委、中共福建军区委员会召开首届扩大会议。省委书记兼军区政治委员张鼎丞提出 1950 年总的方针任务是继续歼灭残敌，彻底解放福建，建设福建。军区司令员叶飞要求 1950 年上半年基本消灭大股土匪，为全面肃清土匪打下良好基础。会议制订了集中力量，有重点地打击危害最大的主要股匪的作战方针。会后，军区

① 《福建省志 · 军事志》，第 254 页。

决定抽调第二十八军八十三师（欠二四八团）和八十四师、第二十九军八十七师、第三十一军九十一师二七二团，以及第二十八军、第二十九军侦察营等近10个主力团，协同各军分区警备团及县区武装开展剿匪。首先肃清上饶至南平公路两侧及闽江中游沿岸的股匪，确保交通安全，保障军运；同时解放尚为股匪占据的县城，控制城镇和产粮区；尔后，消灭边缘地区的股匪，普遍建立基层政权，为转入全面清剿作准备；并决定从部队抽调3000人，组织工作队分赴各地，发动群众进行反霸减租斗争，普遍建立区乡政权、农会和民兵组织，组织联防，配合部队剿匪作战和维持地方治安。

1950年1月，剿匪工作全面展开，第二十八军所属1个师又2个团及军直3个营进驻闽北、闽东地区；第二十九军1个师及第三十一军1个团又1个营分赴闽西、闽南各地。一二月间，八十四师一部与江西剿匪部队先后解放了土匪占据的将乐、建宁、泰宁、光泽等县城，八十七师一部先后解放了永安、三元等县城，各歼匪一部。二五二团一部以崇安为中心，分布于分水关至建阳公路沿线，担负清剿匪“中华民族自救军闽北总指挥”刘午波部及护路任务。经过一段时间清剿，这股匪帮所属一部被歼，一部投降，刘午波等少数匪首逃匿深山。二五二团八连从3月1日起，多次进袭匪巢均扑空。3月6日，根据可靠情报，该连组织13人的轻便武装，前往海拔1016米的芦峰搜剿。刘午波住的茅棚在离山顶20米的悬崖下，八连一班长杨宗岱下崖时失脚滑下去，被匪哨兵发觉，匪徒七八人夺路而逃。解放军小分队分三路进行搜索。8日，得知刘午波躲藏在尤山后（原崇安县城东南20公里），八连即分组封锁路口，另以7人化装跟随为刘午波送饭的村民上山。刘午波接饭时发觉，企图逃跑，当场被杨宗岱击毙。消息传出后，崇安人民欢呼雀跃，高兴地说：“今后可以过安稳日子了。”战后，师批准给杨宗岱记一等功，该连一排和一班分别被福建军区授予“剿匪模范排”和“剿匪模范班”的荣誉称号。至3月底，全省共歼匪10884人，毙、俘刘午波、“闽赣边区”

司令周尚志、“人民自卫军闽北前线突击第二师”师长廖英明、“平（和）诏（安）云（霄）三县联防”司令胡玉光等重要匪首 32 名，迫使盘踞城镇的土匪化股流窜于偏僻山区。

三四月间，中共福建军区委员会召开第二届会议，总结剿匪经验，确定下一步对策。会后，第二十八军奉命集结，准备再战金门，第三十二军入闽接替闽北的剿匪、护路任务。同时，福建军区从主力部队中抽调 800 名干部和 27 个建制连，编入各军分区地方武装，并要求各地在建立基层政权的同时，组织民兵队伍，配合部队剿匪作战。4 至 7 月，全省共歼匪 9943 人，其中大队长以上匪首 72 名，击毙匪“闽浙赣突击支队”副司令胥澄治，俘虏匪“闽粤反共自卫突击队”副司令李永清、“十二兵团漳泉游击指挥部”副指挥黄士亮等重要匪首。

由于闽北剿匪部队调动，新来部队情况不熟悉，一时未能全面展开清剿，本已被击溃分散流窜的匪徒又乘隙大肆活动。同时，台湾国民党当局不断派遣武装特务潜入大陆，支持陆匪和破坏解放军攻金攻台准备。仅 4 至 6 月，从本省沿海登陆的匪特就有 14 次 1300 余人。而剿匪部队在执行镇压与宽大相结合的政策上有偏差，有的部队把俘匪当一般战俘看待，随抓随放，该处置的没处置。部分被俘土匪放走后重新为匪，并对人民群众进行威胁报复。解放军在寿宁剿匪时击毙匪首魏光英，其妻跑到县政府大闹说：“政府讲宽大，为什么草菅人命？！”不少群众反映：“天不怕，地不怕，就怕人民政府讲宽大。”执行政策的偏差，影响了人民群众的发动。因此，一年来虽累计歼匪 36265 名，缴获各式武器 17288 件[①]，但未能给主要股匪以歼灭性打击，以致匪势仍很嚣张。

## 二、实行重点清剿（1950 年 8 月至 11 月）

1950 年 7 月，中共福建军区委员会召开第三届扩大会议，总结一年

① 《福建省志·军事志》，第 256 页。

来剿匪作战和执行政策的经验教训。会议确定：继续贯彻“军事清剿，政治瓦解，发动群众三者相结合”的剿匪方针。在军事部署上，采取“重点清剿，面的坚持”的方针；在战术上，采取猛打穷追、驻剿挖根、坚决进攻、顽强坚持的指导原则；在方法上，指定地区，指定对象，集中一定兵力，统一指挥，包打包剿包做群众工作，限期完成歼匪任务。据此，军区在全省划了10个重点清剿区，以第三十二军大部和第二十四军、第二十九军、第三十一军各一部，共约12个主力团及各军分区警备团，担任重点清剿；在重点清剿区之外，由各军分区组织剿匪委员会，坚持面的清剿。

8月，各部队进驻重点清剿区进行思想动员，随即全面展开清剿工作。广大指战员进一步认识到剿匪与巩固海防和人民政权、建设新中国的关系，这是一项具有战略意义的任务，发扬革命英雄主义精神，忍受极度的疲劳、饥渴和各种疠疫的侵袭，披荆斩棘，夜以继日地转战在崇山峻岭之间，为福建人民除害。第三十二军九十五师二八五团侦悉匪“闽浙赣前线突击司令部第三师”刘道明部隐蔽活动于仙山、乌老山区（松溪西南），即组织5个连兵力，于9月1日开始进剿，经15天的合围和搜剿，歼灭刘道明匪帮三一五、三一六、三一七团各一部，共6个多连。第二十四军七十二师二一六团在尤溪，首先以优势兵力合围并摧毁匪巢，然后开展政治攻势和军事搜剿，自9月1日至10月15日，歼匪906名，迫使该地匪县长兼总队长洪钟元等出来投降。第三十二军九十五师二八三团于10月5日得悉匪“突击暂编第四师”郑长吉部活动于建瓯犁山地区，即组织8个连奔袭70公里，经7昼夜包围封锁和反复搜剿，全歼该匪部。随后在建瓯莲花山围歼该师郑长舆部，先后歼灭其师部及所属之一部，活捉少将师长郑长吉、上校副师长郑长舆。第五军分区司令员叶克守指挥第二十九军八十七师二六〇团和五分区警备团以及德化、仙游、永春等县地方武装与民兵，围剿匪“东南人民反共救国军闽南军区”副指挥兼“闽中纵队”司令刘子宽部。二六〇团在荒山野岭忍饥熬寒，连续搜剿刘子宽残部达 27 天之久。10 月 19 日 14 时，该团三营勤杂人员十几人到永春湖洋庵坑山砍柴，发现草丛里藏着人，迅即向营部报告，三营立即组织搜捕。营部供给员陈荣在搜索中发现一土匪企图逃走，当即向其开枪，该匪吓得举起双手，陈荣纵身向前将其擒获。该匪就是作恶多端的匪首刘子宽。至此，匪“闽中纵队”全部被歼。解放军为民除了一大害，永春、德化、仙游等地人民为此欢呼。第八军分区司令员王胜指挥第八十七师二五九团和上杭、武平、永定县大队、区中队及民兵，于 10 月间在上杭皇庆山和闽赣边界的王杭山、南山，连续进行 4 次围剿，毙俘匪“中国人民自由军闽粤赣边区总司令部”第十三纵队司令林汉祥、第十四纵队政治委员蒋德平以下 300 余人。

重点清剿区大多是远离城镇的山区，当地群众长期受国民党反动派的欺骗宣传，又受土匪的蹂躏和威胁，加上语言不通和执行政策的偏差，剿匪部队初到，群众往往避开。进剿部队用自己的遵纪爱民、助民生产、关心群众疾苦等模范行动，揭露了匪特的欺骗宣传，并向群众表明不剿灭土匪不下山的决心，从而打消了群众的顾虑，得到群众的支持和帮助。在军事清剿的同时，加强了对土匪的政治攻势，取得很大成绩。第三十二军九十六师二八八团采取合击猛扑，结合驻剿挖根，开展政治攻势，在 9 月的 20 天中就歼匪 226 名。南平地区的土匪陈差贤在解放军的军事压力与政治攻势下，打死大队长林保才，率领 25 名匪众投降。10 月，全省歼匪 4137 名，其中投降、自新的 2211 名，占一半多。各剿匪部队接受过去的教训，纠正对被俘土匪“宽大无边”的偏向，较好地执行了“首恶必办，胁从不问，立功受奖”的政策和军区关于“办、管、放”的具体规定。第六军分区处理了 2250 名匪特，其中 31 名罪大恶极的首要分子，在群众的要求下依法判处死刑；58 名罪恶分子判处徒刑或劳役；对有立功表现的给予宽大处理；其他胁从分子经教育或管训后分批释放。正确执行政策，有效分化瓦解土匪。

10 月至 12 月，第二十四军、第三十二军（除九十六师外）陆续北调离闽。军区又抽调八十二师和九十二师2个团、八十六师1个团和八十五师1个团参加剿匪。为了打开闽西南剿匪局面，福建军区副政治委员刘培善前往第八军分区，召开领导干部会议，详细布置任务，交代对策。

重点清剿区的土匪遭到打击之后，化整为零，向包围圈外流窜，时集时散，与地方武装展开拉锯战。剿匪部队采取猛打穷追与驻剿挖根、重点清剿与联防会剿相结合的办法，继续给匪以有力打击。

8月至11月，全省共歼匪14281名，其中大队长以上匪首248名，缴获各种武器5041件。[①] 10个重点清剿区股匪大部被歼，重要匪首刘子宽、郑长吉、佟振洲（“漳厦游击纵队”少将司令）、陈昂（国民党军闽北师管区少将司令）等被活捉或击毙。特别是土匪控制区内的群众已广泛发动起来，使残余股匪日益孤立。

### 三、限期消灭股匪（1950年12月至1951年3月）

1950年11月，毛泽东主席电令福建军区：攻金任务推迟，全力以赴，限于6个月内消灭福建全省股匪，普遍实行土地改革。为贯彻这一指示和中共中央“双十指示”[②]，中共福建军区委员会于月底召开第四届扩大会议。会议确定：在军事清剿、政治瓦解、发动群众三者相结合和剿匪与土改、镇反相结合的总方针下，采取“重点清剿、面的坚持、联防会剿”的做法和“以分散对分散，以集中对集中”的原则，发挥主力部队、地方武装、民兵三者的结合力量，于1951年5月底前肃清全省股匪。会后，福建军区与浙江、江西、广东军区组织了6个省与省、军分区与军分区的联防会剿区；集中第八十二、第八十七、第九十一、第九十六师和第八十三师二四八团、第八十五师二五三团及第十兵团工兵团等5个师共

① 《福建省志·军事志》，第257页。

② 1950年10月10日中共中央关于镇压反革命的指示。

20000多的兵力进剿股匪，另以3个师担负海防和进剿海匪任务，切断海陆土匪之间的联系；从部队中抽调9280名干部和老战士，组成一支强大的工作队，在地方党委统一领导下，进行土改、剿匪和镇压反革命工作。

参加剿匪的部队接到命令后迅速展开，在各自的区域内寻歼股匪。11月中旬至12月上旬，二五三团在第八军分区警备团一部配合下，在连城清风山区，歼灭匪“中国人民自由军闽粤赣边区总司令部”中将总司令唐宗所部近400人，缴获步枪100余支、土炮20余门。12月3日凌晨，唐宗饥饿难忍，只身下山至章坑岭下，企图越过封锁线时被二五三团一连战士刘万金、查仲家活捉。这次战斗受到福建军区的通令嘉奖。二五三团在副团长王健行、副政治委员张茂勋率领下，于3个多月内，不仅歼灭土匪2037人，摧毁了连城30多年的土匪老巢，在参加土改、镇反、建立地方武装、改造基层政权方面，也取得突出成绩，多次获得福建军区通令嘉奖，并荣立集体三等功一次。12月2日至20日，二六一团在清流县地方武装配合下，于江坊、长校、四堡围剿唐宗匪部主力第三十六纵队，歼其纵队参谋长江正清以下236人，一部溃散。唐宗被擒后，国民党军统局驻闽南特派员康明深于1951年1月11日在漳平县新桥召开八县匪首会议，成立“福建省反共救国军统一行动委员会”，统一指挥5个纵队、1个总队共1200余名土匪，继续负隅顽抗。第八（龙岩）军分区奉命指挥第二五九团（欠三营）、二五三团三营和永春、大田县大队各2个连，以及当地区中队、民兵，围剿匪康明深部。1月中、下旬间奔袭新桥、德厚等地，毙俘统一行动委员会副主任张景清（俘）以下300余人。战斗中，土匪曾依托几个村的土楼碉堡进行顽抗。二六一团驰援部队到达后，以迫击炮轰击，将土楼、碉堡摧毁。与此同时，在面上驻剿的二六〇团四连得悉德化匪首陈伟彬残部20余人隐蔽于尤溪二十三都华光村，即令二班长黄思忠率本班进剿。匪依托有利地形进行顽抗。黄思忠带领全班向匪发起冲击，毙匪4名、伤2名，缴获长短枪6支。黄思忠身上5处负伤仍坚持指挥，至战斗结束时昏倒。战后，黄思忠荣立一等功。

1951年1月，福建军区会同浙江、江西有关地区，组织了三省边界地区联防会剿，消灭了流窜在边界地区的股匪。第九十六师二八七团于12日侦悉匪“中国人民自由军闽赣边总指挥部”中将司令严正逃窜到泰宁西南举凤山区，立即组织6个连兵力进剿。泰宁弋口乡民兵积极主动配合，于15日活捉了在闽北为非作歹数十年的土匪头子严正。二八七团和弋口乡民兵获得军区的通令嘉奖。这个月，全省歼匪4741名，其中有大队长以上匪首194人，创剿匪以来月计最高纪录。第三、第四军分区的辖区内，土匪较少，股匪已基本肃清。毛泽东主席于2月26日致电福建军区叶飞等领导人：“你们一月份剿匪简报收到，阅悉。剿匪成绩甚大，极慰！望继续不懈，坚持到底，务于三月底以前，肃清福建一切股匪；如那时尚有残匪未清，仍须以地方武装及民兵继续坚持清捕，直至完全消灭匪众为止。在清匪斗争中，对于一切为民众痛恨的匪首、惯匪及恶霸，必须在人民同意下，坚决迅速地处以死刑。切切勿误为要！”[①]华东军区也于2月28日通电表扬，并要求各地研究参考福建的剿匪经验。

在解放军强大的军事压力和不断打击下，以及全省土改、镇反的展开，使土匪无法再成股活动。许多股匪化整为零，化匪为民，就地分散隐蔽，匪首则潜藏深山，等待时机。剿匪部队采取以分散对分散的手段，驻剿、搜剿土匪。同时充分发挥地方武装和民兵的作用，加强内部控制，村村联防，查户口，设路卡，断匪粮，挖耳目，断绝土匪与外界的联系，继续掀起清剿高潮。2月15日，二八七团五连连长杜玉泰率领三排到将乐、泰宁交界的盖竹洋大山，搜捕“江西豫章山区绥靖司令部”兼“福建人民反共救国军第八纵队”中将司令廖其祥等匪首。杜玉泰组织19名

① 第十兵团、福建军区政治部：《解放前线》报1951年3月8日第1版，转引自《福建省志·军事志》，第259页。

战士化装便衣人员，翻山越岭，找到匪窟。班长金道模冲上去堵住洞口，当场击毙外逃的土匪大队长、中队长 4 名，击伤多人。廖其祥被打伤后滚下山崖，与另几名土匪一起逃跑。金道模与战士们随着纵身跳下山崖追击，游过冰冷彻骨的溪流，脱下湿棉衣，赤膊在风雨中又追了两三公里，终于将逃匪全部俘虏（廖其祥途中死亡）。1951 年 2 月，全省又歼匪 5665 人，其中大队长以上匪首 236 名。全省已有 47 个县基本肃清股匪，18 个县接近肃清股匪。毛泽东主席于 4 月 1 日再次致电福建军区领导人，对 1、2 月消灭股匪万余人表示嘉勉。

3 月，福建军民接到毛泽东和华东军区嘉勉电后，剿匪热情空前高涨。剿匪部队发扬连续作战的战斗作风，先后全歼了匪“闽浙赣前线突击司令部暂编第三师”“闽南军区漳州军分区”等部，击毙匪“福建游击军区闽西南边区指挥部”指挥官黄雨定、“闽南军区泉州纵队”指挥官王樵，活捉匪“中国人民反共救国突击军第六纵队”中将司令朱树棠、“特击第三师”少将师长吴金荣、“中国人民自由军闽粤赣边区总司令部”第一纵队司令罗伯盛等重要匪首。在捕捉“闽西南边区第 5 支队”司令吴如椿小股时，福建军区警备六团的飞行小组，追击 250 公里，经过 15 昼夜，在地方公安部门和人民群众的配合下完成了任务。二八七团一营充分发动群众，歼灭盘踞建宁 20 多年的匪首朱树棠残部，更是一场大规模的军民联合清匪运动。首先公审处决了几批反革命罪犯，逮捕了 300 余名通匪分子，断匪耳目；又动员群众归屯归庙（朱匪披着吃斋信佛的外衣），零星人家暂时归到大庄，小庙归到大庙，把粮食带走，空舍清野，断匪食品；最后，解放军、民兵、自卫队、群众联合进行清剿，直接参加的民兵达 4000 余人。朱树棠残部没吃没住没情报，饿急了，下山觅食，被民兵擒获，其手下国民党建宁县党部书记长廖华等人畏罪自杀，朱树棠残部全部覆灭。

这一阶段，在进行军事清剿的同时，广泛宣传、发动群众，大力开展政治瓦解，彻底纠正了“宽大无边”的倾向，镇压了一批罪大恶极的土匪和反革命分子，发挥了政策的威力，因而取得了剿匪斗争的决定性胜利。在4个月里，全省歼匪18277名，其中大队长以上匪首762名，投降和自新者8179人（占45%），缴获各种武器8456件。[①] 为此，华东军政委员会致电嘉勉福建军民。福建军区司令部向全省军民发表公告：全省股匪已告基本肃清，胜利地实现了毛泽东主席限期肃清全省一切股匪的要求。剿匪作战的胜利，巩固了海防和基层人民政权，保证了土地改革的顺利进行。

## 四、彻底肃清散匪（1951年4月至1956年12月）

大股土匪基本肃清后，少数残余小股土匪流窜于行政区域接合部的偏远山区，转入潜伏状态，有的利用社会关系进行掩护，有的化装行医、经商，有的打入地方政权和群众组织，伺机进行各种破坏活动。台湾国民党当局，以金门、马祖等沿海岛屿为基地，不断派遣武装匪特，潜入福建进行各种破坏活动。

1951年3月中旬，福建军区高级干部会议提出肃清残匪与土改、镇反相结合的方针，决定在残余股匪活动区以主力部队为主，与地方武装和民兵，组织联防会剿；在残余散匪活动区，以地方武装、民兵为骨干，开展群众性的清匪活动。会后，野战部队大部集结备战，留下八十七师，九十六师二八六、二八七团和八十二师二四五团等，共5个团又1个营的兵力，继续在德化、大田、永春、漳平、尤溪、永泰、永安、仙游等8县联防会剿，组织龙岩、永安、瑞金（江西）3个军分区接合部以长汀为中心的5县联防会剿，并组织了部分地区的县与县小型联防会剿。剿匪部队贯彻“以清匪支持土改，以土改根绝匪患”的指导方针，既是战斗队又是工作队，直接参加土改、镇反和群众工作。地方武装和民兵在清剿散匪中发挥了重要的作用。南安县已完成土改的第六、七两个区，

① 《福建省志·军事志》，第260页。

于4月中旬发动18个乡的民兵和人民群众6000余人，在3天内消灭了潜伏5个多月的“东南人民反共救国军第二纵队”司令陈寒铁等6名土匪。9月之后，肃清残匪的任务转为以地方武装、公安部门和民兵为主，在地方党委统一领导下遂行。自县至村成立党政军民一体的清匪委员会（沿海地区称海防清匪委员会）。4月至12月，全省歼灭残匪3739名，其中大队长以上匪首350名。

1951年7月，福建军区召开英模大会，表彰剿匪英雄模范人物89名。11月，经华东军区批准，福建军区授予二八六团排长徐春福烈士“福建军区剿匪战斗模范”称号，授予二六〇团班长黄思忠、二八七团连长杜玉泰、二八七团副排长金道模、永安军分区独立三营排长陈森林、龙溪军分区独立八营班长林壬成以“福建军区剿匪模范”称号，授予尤溪县溪滨乡农会主任林旺高以“福建军区民兵英雄”称号，授予惠安县民兵中队长肖阿蓝、清流县民兵张进彬、平潭县民兵陈阿超以“福建军区民兵模范称号”。

1952年5月以后，逐步转入开展以公安武装为骨干、以民兵为主体的群众清匪肃特运动。1952年，全省歼灭散匪444名。1953年又歼灭散匪222名，全省散匪基本肃清。尚余200余名潜伏散匪，于1954年至1956年底也被彻底肃清。

福建党政军民从1949年8月至1956年底，经过四个阶段的英勇斗争，歼灭陆上土匪73450人，其中中将以下、大队长以上匪首1670人，缴获各种武器33145件[①]，完成了彻底解放福建大陆的历史使命，并在斗争中发展地方武装、壮大民兵队伍、完成基层政权建设、土地改革和镇压反革命的任务，为巩固海防、建设新福建创造了有利条件。

---

① 《福建省志·军事志》，第261页。

## 第三节　进剿海匪

### 一、进剿海匪概况

1950至1955年，解放军第十兵团暨福建军区在组织部队剿灭陆匪的同时，展开对海匪的进剿。1950年8月，第二十五军一部由海上入闽途中，扫灭霞浦浮鹰、西洋两岛海匪；11月9日，第三十一军九十一师二七三团一营三连进剿由大陆流窜漳浦菜屿的股匪，全歼“福建省游击司令部九龙支队”司令徐植卿以下61人。

1951年，担任海防的第二十八军八十三、八十四师在霞浦至莆田沿海，多次进剿占据连江东洛岛和西洛岛、平潭东庠岛、莆田鸬鹚屿等小岛屿的海匪，并给在海面上流窜的海匪以频繁的打击。4月30日，三十一军船管团十二中队在海澄（今漳州龙海）浯屿东南海面上歼匪20人。同年7月，军区决心进剿重新盘踞西洋、浮鹰等岛的海匪，当部队进入临战准备时，海匪闻讯撤逃。1952年6月，福建军区召开海防会议，确定“南守北攻”的海防方针。7月，第二十八军组织进剿复占西洋、浮鹰两岛的海匪，获得全胜。占据霞浦四礵列岛和福鼎台山列岛的海匪，慑于被歼而撤逃。解放军进剿以上4个岛屿海匪后，尚未设防，4个岛屿被海匪再次占据。

1952年11月25日，叶飞在中共福建省委海防工作会议上，提出“全面巩固、全面进攻”的海防对敌斗争方针。要求加强海上行动，进剿海匪，巩固和扩大海上阵地，缩小国民党军和海匪在海上的活动范围。1953年，解放军海防部队多次进剿反复占据西洋、浮鹰、马刺、奎山、北礵等岛屿上的残匪。海匪“闽北地区司令部”王调勋部未敢重占这些岛屿，连台山列岛也放弃了。1954年，福建海匪进行整编，先后撤销闽北、闽南两地区司令部和“福建反共救国军总部”。至当年9月，福建海匪仅剩下 3 个大队和 2 个船艇支队，分别逃窜至金门岛、长乐白犬岛和莆田乌丘屿。1955 年 1 月，浙江一江山岛解放。2 月，福建军区派部队进占西洋、浮鹰、福瑶（大嵛山）等岛，之后又进占北礵岛。同月，浙江步兵第三〇九团一、二营配属 3 个炮兵连，进占台山列岛，福建军区胜利完成进剿海匪的行动。

## 二、三次较大规模进剿海匪行动

### （一）首次进剿浮鹰、西洋两岛海匪

1950 年，第二十五军七十四师二二二团奉命由海上乘机帆船入闽，在由浙江温州前往福建三都澳途中，于 8 月 1 日，以 1 个营的兵力向占据浮鹰岛的“福建海上保安纵队”海匪发起攻击，击毙 5 名，俘虏 71 名，缴获各种枪 187 支。以翁秉乾为首的盘踞西洋岛海匪“福建省海上保安纵队第五支队”，闻讯后于 8 月 7 日逃往白犬岛。8 月 10 日，翁匪以汽船 1 艘载该部第一、第七中队，由支队参谋长率领重占西洋岛。8 月 12 日 2 时，二二二团进击西洋岛。经短时间战斗，毙伤匪 6 名，俘 36 名，缴获各种枪 34 支（挺）。匪第七中队在解放军登岛前已撤逃。当日 7 时，二二二团夺取该岛，并暂留 1 个连驻守，后该连奉命撤出。

### （二）进剿重占西洋、浮鹰两岛的海匪

1952 年 7 月，西洋岛驻有匪“闽东北地区司令部独立第六支队”李辉部及特务、壮丁等 140 余人，浮鹰岛驻有李辉第二、第三大队及伪区公所等共 60 余人。李辉部多系惯匪、地痞、流氓，经常出海抢劫渔船渔民，作恶多端。二十八军根据福建军区命令，决定进剿该两岛海匪。

7 月 27 日 19 时半，八十四师二五〇团指挥所率一营、二营六连、团属步兵炮连、化学迫击炮连，配属二五二团 1 个加强排和师属山炮 2 门（占领小西洋执行火力支援任务），乘水兵师水兵二团船只，从霞浦东冲和连江东洛岛分别起渡，23 时前后分别在西洋岛大澳、北澳、贵澳登陆。同日 21 时，二五〇团四连和五连 1 个排，乘水兵二团六连机帆

船，由霞浦闾峡起渡，22时在浮鹰岛里沃登陆。水兵二团两个护航炮兵连同时进至连江东西洛岛之间，阻击可能由马祖岛前来增援的国民党军，保障攻岛部队安全。解放军登岛后，两岛海匪均未顽抗即分散隐蔽。28日4时，解放军完全占领两岛，尔后一面搜捕海匪，一面构筑工事，准备打击国民党援军，并于28日8时增派二五〇团五连另2个排至浮鹰岛。经3天搜索，解放军在两岛共毙匪11人，俘匪212人，缴获各种枪148支（挺）、机帆船10只。30日午后，马祖岛国民党军派出军舰、炮艇各1艘，抵近西洋岛进行侦察和炮击活动，遭解放军岛上炮兵和护航炮连还击后撤回，战斗遂告结束，解放军无一伤亡。攻击西洋岛部队于30日傍晚撤返大陆，攻击浮鹰岛部队暂留该岛，不久亦撤回大陆。由于二五〇团一连搜索不严密，西洋岛有30余名海匪潜伏下来，31日从贵澳脱逃。

这次进剿海匪战斗，霞浦县人武部部长率领民兵一部配合部队作战，不仅完成了向导任务，还在搜索中捕获匪中队长等24名，缴获枪弹及部分物资。

### （三）进剿西洋、浮鹰、马刺、魁山、北礵等岛残匪

为彻底消灭闽东沿海岛屿残匪，保证海上航行和渔业生产安全，福建军区以水兵二团、警备五团二营，在水兵师炮船大队和二十八军八十四师1个山炮连的配合下，于1953年7月13日，对西洋、浮鹰、马刺、魁山、北礵等岛上残匪同时发起进剿。

警备五团二营于12日20时由霞浦沙江起渡，14日1时在西洋大澳、北澳、贵澳登陆，然后分片搜索海匪。15日3时，以1个加强连赴马刺，接替水兵二团九连防务，其余部队于15日4时撤回东冲。

水兵二团三营（欠9连）于13日20时由宁德后湾起渡，14日3时在浮鹰文澳、武澳登陆，以少数兵力搜索海匪，大部兵力在文澳、武澳、白犬澳、田头澳一线组织防御。九连同时在马刺岛登陆，肃清该岛残匪后，于15日3时撤回浮鹰归建。21日5时，驻防该两岛部队撤回东冲。

水兵二团一营 2 个步兵连、1 个炮兵连及 1 个突击排，于 13 日 19 时由东冲起渡，14 日 0 时 15 分在魁山大王澳等处登陆。海匪已逃，该部于 15 日 4 时 30 分撤回阁峡。

水兵二团二营五连、炮连于 13 日 19 时由霞浦大京起渡，23 时 20 分在北礵南澳、北澳登陆。海匪稍有抵抗即溃散隐蔽。14 日，该部经全面搜索，将海匪大部肃清。当晚 22 时撤返大京集结。

此次进剿五岛，共歼海匪残部 112 名，其中俘 109 名，毙 3 名，缴获各种武器 39 件。①

## 第四节　平息暴乱

### 一、平息平潭岛、三都岛"大刀会"暴乱

1950 年 2 月 17 日（正月初一）拂晓，平潭岛"大刀会"3000 余人，在"省刀会司令"陈友昌和平潭岛会首吴文波的共同策划与指挥下，手持大刀长矛，以给解放军拜年为名，在平潭县城关、官井、后田、新澳等地进行武装暴乱。暴徒分三路袭击第八十二师二四五团团部和各营。二四五团参谋长曹文章立即组织团部机关人员和通信连反击，各营也同暴徒展开激战。经 1 小时战斗，打死打伤暴徒 100 余人，其余溃逃，暴乱平息。解放军伤 50 余人，民兵和人民群众伤 122 人。

1950 年 2 月 25 日凌晨，宁德县三都岛原国民党县党部主任组织"大刀会"300 余人暴动。暴徒首先袭击三都公安派出所，杀害公安人员，抢走枪支弹药，继而又围攻解放军第八十三师二四九团三连和区政府驻地。三连当即予以还击，打退暴徒连续 3 次冲击，毙伤其 40 余人，其余四散溃逃，暴乱遂告平息。

① 《福建省志·军事志》，第 263 页。

## 二、平息闽西、闽北两起反革命暴乱

1958年5月2日，以凌启升为首的反革命组织“中国和平军”100余人，在长汀、宁化、清流、连城4县接合部地区，进行反革命武装暴乱。经解放军、地方部队、人民警察和4县基干民兵围剿，于12日全部平息。共捕获暴徒55名，另有10名暴徒自首，缴获反革命旗帜、印信等物。

1958年11月20日，以张代河、苏隆椿为首的反革命组织“顺天会”“保民军”共115人，在建瓯、屏南、政和3县交界地区进行武装暴乱。先后杀死乡长和群众各1名，击伤公社干部1人，绑走银行下放干部2人，抢走民兵步枪5支。经南平军分区的解放军地方部队、公安武装及民兵侦剿与开展政治攻势，至12月14日，在参加反革命组织而未上山的62名成员中，逮捕骨干分子25名，其余瓦解；已窜入山区的53名暴徒，被击毙2名、俘获9名，自首18名，跑回17名，尚有7名在流窜中。至1959年1月13日，在逃反革命暴徒全部就歼，被抢枪支弹药全部缴回。

# 第三章
# 打击窜扰

自1949年冬，败逃台湾的国民党军不断对福建沿海地区实施陆上、海上和空中的窜扰活动。人民解放军福建前线部队坚决执行中央军委的部署命令，忠实履行人民军队的职责，同人民群众一道，常备不懈，英勇战斗，给国民党军的窜扰活动以坚决有力的打击，为保护人民群众的生命、财产安全和生产、生活秩序，巩固新生的人民政权和社会主义制度，作出了重要贡献。

## 第一节　打击登陆窜扰

新中国成立后，台湾国民党当局利用大陆军民致力于清剿土匪，进行土地改革和抗美援朝等项中心工作，海防力量相对薄弱的时机，不断派出正规军、海匪和武装特务对大陆东南沿海地区进行中、小规模的窜犯活动。1951年1月，中国人民志愿军在入朝作战三个月内连续取得三次战役重大胜利，把美军击退到汉城以南。为配合美军准备在朝鲜战场向中朝人民军队发动全线反攻，美国政府与台湾国民党当局密谋对厦门、汕头等地进行大规模进犯。1月13日，毛泽东电示华东、中南军区陈毅、邓子恢等领导人，要迅速研究对策。华东和中南军区根据中央军委的指示，按照“确保重点，诱敌深入，聚而歼之”的作战原则，立即调整野战军的部署，两个军区的海防部队在重点岛屿和地段，修建了必要的防御工事。鉴于解放军加强战备，防范严密，台湾当局只好无奈放弃大规模窜犯东南沿海地区的企图，此后，国民党当局策划组织大批土匪特务武装潜入大陆，与陆上残匪相配合，企图建立“敌后根据地”，等待时机，配合国民党军“反攻大陆”。台湾国民党当局先后在金门岛成立了“福建反共救国军总指挥部”，在台湾成立了“敌后工作委员会”和“大陆游击总指挥部”，举办“游击首领训练班”。美国军事顾问团于 5 月抵达台湾后，帮助国民党当局装备和训练 1 万名土匪特务武装。从 6 月起，台湾当局有计划地组织海匪特务集股内窜。在前线军民联防打击下，内窜的海匪特务武装屡遭失败。

从 1951 年底起，台湾国民党当局变换手法，采取所谓“以大吃小，速进速退”的战术，以几倍、几十倍的兵力，在海军、空军的配合下，突然袭击大陆防御力量薄弱的海岸突出部或沿海岛屿，企图歼灭解放军的守备小分队。这种“以大吃小”的突然袭击，直到 1953 年 7 月进犯东山岛惨败后才被迫收场。1962 年，台湾国民党军当局企图利用大陆暂时的经济困难，大规模“反攻大陆”。在中共中央、中央军委统一果断的部署指挥下，大陆特别以福建为重点的东南沿海地区军民严阵以待，加上新华社的公开揭露，迫使台湾国民党当局放弃其大举进犯的图谋。从 1962 年底起，台湾国民党当局又改为派遣大量小股武装特务对北起山东南至广西的大陆东南沿海地区渗透，企图建立“游击根据地”，伺机配合“反攻大陆”。1949 年冬至 1966 年，台湾国民党当局先后派出各种武装力量对福建沿海进行中小规模登陆窜犯窜扰 22 次，共投入兵力 28656 人，被歼 5419 人；派出小股武装特务登陆窜扰和海上突击等活动共计 116 次，共投入兵力 2838 人，被歼 177 人。[①]

---

① 《福建省志·军事志》，第 267 页。

## 一、打击内窜破坏活动

### （一）歼灭内窜的“两龙游击队”

1949年底，金门国民党军尉以上军官230余名，组成“两龙（龙溪、龙岩）游击队”，企图窜入福建内地组织武装，壮大陆上土匪势力，伺机配合“反攻大陆”。“两龙游击队”先后分两批三股登陆。1949年12月27日，首批第一、第二支队在漳浦将军澳登陆，1950年1月1日窜抵南靖湖后，解放军第九十一师二七二团1个连连续跟踪追击三昼夜，至平和南胜附近将其全歼。1950年1月2日第二批第三、第四支队仍在将军澳登陆，登陆后分为前后两股窜向南靖。前一股于11月4日在南靖境内被第二七二团2个连及当地区中队歼灭。后一股于1月7日抵南靖小山城一带，受解放军南靖县大队打击后，向平和逃窜。1月8日，第六军分区警备团1营，会同平和县警备营1个连，连夜追击，俘虏8人，其余继续内窜。解放军跟踪追击，1月9日将其围困在平和、永定、南靖交界的平寮山区。1月10日上午，发起攻击，将其歼灭。至此，“两龙游击队”被全歼，其少将司令贺可泉亦被俘。[①]

### （二）围歼“泉州纵队”和“永安纵队”

1951年9月4日夜，盘踞莆田乌丘屿国民党“福建省反共救国军”370多人，组成两个纵队，在逃亡的原国民党仙游县警察局督察长、“泉州纵队司令”陈令德和原国民党德化县县长、“永安纵队司令”陈伟彬的率领下，分两路分别从惠安县的郭厝和下洋登陆，于次日越过福厦公路西进，企图窜到戴云山一带，建立“游击根据地”，“遂行反攻大陆之先遣任务”。福建军区派出步兵七十四、八十七师和地方武装的23个连队、9个区中队，以及几个县的近万名民兵，在预定地区布成一个多层的“大

① 《福建省志·军事志》，第268页。

口袋”。6 日和 7 日这两支“纵队”分别在刁义路、东山寨和七丘山、白洋山等地，被解放军和民兵分割包围，打得东奔西逃。陈伟彬上岸不到 3 天就在七丘山第一次战斗中被击毙。溃散人员流窜于当时晋江县洪岩、河市一带的山林中负隅顽抗。福建军区司令员叶飞亲临战区部署指挥战斗，根据敌情变化，由集中追剿转为分散驻剿，在战区村村设岗，路路放哨，布下天罗地网。小股零散入窜武装人员在山林中和村野间被歼或就擒。有些狡猾的特务假扮民兵押解俘虏，妄想蒙混逃脱，最终都被识破，束手就擒。9 月 15 日，陈令德化装成化缘和尚，企图逃窜，被站岗民兵识破就擒。经过晋江地区军民半个多月围剿，这两支经过美国军事顾问精心训练，号称由“全美式装备万能情报员”组成的武装“纵队”除 8 人乘隙从海上逃跑外，其余全部被歼灭。[①]

（三）歼灭空降大田的武装特务

1951年11月16日1时许，由台湾桃园机场起飞的一架国民党军C-46型飞机，飞临大田县万湖乡上空，投下一组 5 名武装特务，全部于东埔村附近着陆。这股特务系台湾国民党安全局所派遣，企图与大陆潜伏匪特取得联系，以戴云山为依托，建立“游击根据地”。东埔村部分群众被轰鸣的机声惊醒，出门观望，见空中有 5 个黑团子飘坠，即赶往降落地点探寻。结果有个农民被特务捉住，被强迫为其带路。该农民中途趁特务不备逃脱，飞奔回村报告民兵。区武装部及土改工作队员即迅速集合民兵 100 余人，于 3 时左右将特务包围，展开搜捕。天微明时发现匪特足迹，在跟踪搜索中活捉特务组长邱中洪，击毙组员 3 名，另 1 名特务因降落距离较远，当时未擒获。大田县独立营接到报告后，以 1 个排于 2 小时内急行军 15 公里前往围堵。邻近县、区即指派干部赶往边沿交界地区，发动民兵、群众严密封锁，盘查行人。24 日，最后一名特务被抓获。至此，5 名空降武装特务被全部歼灭，缴获收、发报机各 2 部和密码文

① 《当代中国军队的军事工作》（上），第 325—326 页。

件等。大田县民兵牺牲1名。[①]

## 二、抗击“以大吃小”的窜犯

台湾国民党军的武装内窜活动屡遭失败后，从1951年底起，变换手法，采取“以大吃小”的战术，以几倍、十几倍的优势兵力，在海军、空军的配合下，突然袭击大陆沿海防御力量薄弱的海岸突出部或沿海岛屿。解放军福建前线前沿及海岛守备部队，在机动部队的增援下，顽强作战，坚守阵地，狠狠打击突袭的国民党军。台湾国民党军这种“以大吃小”的突然袭击，一直到1953年7月进犯东山岛遭惨败后才停止。

### （一）南日岛反窜犯战斗

南日岛位于莆田东南平海湾与兴化湾交界的海面上，距大陆最近的石城村6海里。全岛由众多大小岛屿礁组成，总面积近60平方公里，其中面积最大的南日主岛约46平方公里，还有面积0.1平方公里以上岛屿18个，所以又有“十八列岛”之称，构成福建东南沿海一道重要的海防屏障。1951年和1952年，岛上先后驻有解放军第二十八军八十三师二四九团的一个侦察排和一个加强连，防御力量薄弱。1951年至1952年，先后两次遭国民党军重兵突袭。解放军守备部队指战员和驻地人民群众遭受重大伤亡，南日岛曾一度失守。后在福建军区和第二十八军组成强大的夺岛包围下，迫使国民党军撤逃南日岛。

1951年12月7日凌晨，海匪“福建省反共救国军南海纵队”参谋长黄炳炎率4个中队500余人，在莆田县南日岛岩下登陆，分5路向解放军八十三师二四九团侦察排扼守的尖山及167.2高地发起攻击。侦察排临危不惧，坚守阵地，予海匪以杀伤。6时30分，二四九团二营和一营二连渡海增援，与侦察排共同向海匪实施反击，歼其150余人，其余登舰船逃窜。

① 《福建省志·军事志》，第269页。

1952年10月11日，驻金门国民党军十四师和七十五师各2个团及海匪突击大队，共9000多人，分乘10艘舰艇、数十艘机帆船及帆船，在8架飞机掩护下，再次窜犯南日岛。11日7时，国民党军七十五师2个团在该岛岩下附近登陆，海匪突击大队在九龙山一线登陆，分三路向解放军进攻，11日下午，国民党军十四师两个团也于岩下附近登陆。解放军守岛部队第二十八军八十三师二四九团一连，陷入绝对优势的国民党军重围。全连顽强抗击，激战11个小时，终因寡不敌众，大部分壮烈牺牲。第二十八军和福建军区先后派出步兵二四九团一营三连、水兵第三团陆战营2个连和八十三师侦察队两个班，渡海增援反击。12日拂晓，登岛的陆战营1个排，在岛东南角的一片开阔地上，同已占领该岛的国民党军展开激烈战斗。国民党军以1个营的兵力，在猛烈的炮火掩护下，一次又一次向该排反击，都被该排击退。经过几次血战，该排人员大部伤亡。国民党军再次冲击时，机枪班长李中志端起机枪猛扫，一批批国民党军士兵又倒了下去。最后，阵地上只剩下李中志一个人，子弹也打光了，8个国民党兵向他冲来，李中志拉响最后一枚手榴弹，与8个国民党兵同归于尽，壮烈牺牲。解放军登岛部队兵力不足，虽顽强奋战，却未奏解危之效，反遭严重伤亡。至12日上午，南日岛基本被国民党军占领。12日下午，第二十八军派二四七团副参谋长石洪贞率二营前往南日岛侦察情况并接回陆战营，以便查明情况后再次组织攻岛。12日18时，石洪贞率部于南日岛西北部坑口滩头强行登陆，并投入纵深战斗，以致又陷入国民党军优势兵力的重围之中。13日晨，国民党军开始向该营攻击。负责扼守坑口山的五连九班在副排长荆玉珍率领下，从6时至14时，连续打退国民党军1个营规模的4次进攻。最后，阵地上只剩下身上两处负伤的荆玉珍一人。他忍着剧痛，从牺牲的战友身上和国民党军尸首堆中寻觅弹药，又击退了国民党军5次冲击，最后英勇献身。战后，福建军区政治部追授他军战斗英雄称号。二四七团二营鏖战至13日18时，全营受损。石洪贞光荣牺牲。

13 日上午，集结在福清、莆田的解放军增援部队开始用远程火炮封锁南日岛周围边海域。13 日 24 时，国民党军全部撤退。其中七十五师二二四团 1 个排 21 人在撤退时逃至平海湾鸬鹚屿，10 月 15 日向驻平海的解放军缴械投诚。

此次战斗，解放军共毙伤国民党军 800 余人，自身损失 1 个营、3 个连又 8 个排，计 1300 余人①，南日岛党政机关人员和一些人民群众也惨遭杀害，还有几十名男青年被强行抓走。“南日岛战斗失利的主要原因，是轻敌麻痹。本来事前已获悉国民党军的窜犯企图，但未及时处置。情况发生后又判断错误，指挥不当，增兵数量不足，以致被各个击破。另外，船只不足，通信联络不良和大陆沿海地区缺乏机动道路，也是重要原因。”②

（二）湄洲岛反窜犯战斗

1952 年 1 月 28 日（农历正月初二），驻金门国民党军一部及海匪共 1700 余人，分乘军舰 1 艘、登陆艇 3 艘、炮艇 3 艘、帆船数只，在飞机的掩护下，于 5 时 30 分在莆田湄洲岛登陆。负责机动控制湄洲岛的解放军二十八军八十三师侦察连，一面报告师部，一面登岛反击。9 时 30 分抵岛上陆，战至 13 时 30 分，因伤亡较大，被迫分散隐蔽。翌日 10 时，国民党军全部撤离，抓走岛上人民群众近 300 人。

1953 年 2 月 13 日（农历一九五二年腊月三十日）拂晓，驻金门国民党军七十五师二二三团及海匪突击大队共 3000 余人再次窜犯湄洲岛。解放军第二十八军以八十二师二四五团和二四四团 2 个营，在军区榴弹炮十二团和师山炮营的火力掩护下，登岛作战；以二四六团进至莆田笏石地区集结待命增援。八十二师指挥所率二四四、二四五团于 13 日分别由驻地出发，经长途行军，于 14 日 11 时前到达莆田港里、莆禧、文

① 《福建省志·军事志》，第 270 页。

② 《当代中国军队的军事工作》（上），第 327 页。

甲一线。16 时 50 分在湄洲岛登陆。国民党军惧被歼，已于 14 日 7 时开始撤退，至 10 时全部撤退完毕。撤退时打伤岛上群众 6 人。

（三）南镇反窜扰战斗

1952 年 10 月 5 日 23 时 30 分，驻浙江南麂岛海匪“江浙反共救国军自卫总队第二大队”600 余人，由一名美国顾问及大队长指挥，乘汽船、木船，在 3 艘军舰掩护下，到达福鼎南镇海面。其中 2 艘军舰掩护汽船 5 艘和小舢板 19 只，向南镇、大小白路前进。24 时，该路海匪 300 余人，分两路从南镇右侧石鼓山和南镇正面登陆，企图围歼解放军驻南镇的 1 个排，然后抓几百名壮丁回南麂补充部队。解放军驻南镇的公安七十三团三连一排，在排长陈宽本的果断指挥和当地民兵的配合下，与海匪激战 6 小时，歼其 29 人。6 日 6 时许，登陆海匪仓皇逃窜下海。三连一排乘势尾击船上逃敌，击中小舢板 1 只，翻船溺死匪一部（战斗后数日发现海上浮尸 9 具），解放军伤亡 7 人，民兵亡 2 人、被俘 10 人，群众被俘 1 人。公安七十三团二线部队按作战预案驰援，赶到南镇一线时，海匪已撤退。

（四）六鳌反窜扰战斗

1952 年 12 月 14 日 5 时，驻金门海匪“南海集训总队”一大队一中队和突击大队两个中队共 500 余人，乘军舰 1 艘、炮艇 2 艘、汽船 3 艘和木船数只，驶抵漳浦六鳌半岛东侧海面。6 时，向林头、东苏、东埔炮击。6 时 30 分，海匪在舰炮和 1 架飞机的掩护下，开始在大澳东侧、山门角以北登陆。匪第一大队向 100 高地攻击。突击大队向六鳌山攻击，企图“以大吃小”，歼灭解放军边防小分队。解放军公安第八十团三营九连一排顽强抗击海匪的进攻。一班和三班坚守 100 高地，连续打退海匪 3 次冲击，坚守阵地 6 小时，发现海匪溃退时勇猛追击，给海匪以重大杀伤。二班在六鳌山与四面围攻的海匪激战 2 小时，伤亡过半，最后 5 人与匪搏战斗，全部壮烈牺牲。第三十一军九十一师二七二团三营八连于 10 时 30 分进至林头。海匪发现解放军增援部队到达，即开始溃退，

12 时许，大部下海逃窜。此次战斗，解放军歼匪 100 余人，缴获各种武器 44 件，自身伤亡 20 人，被俘、失踪各 2 人。

## 三、反击小股武装袭扰

1962 年春，台湾国民党当局错误估计形势，认为大陆正处于经济困难时期，准备对大陆东南沿海地区进行大规模军事进犯，实施所谓的“反攻大陆”计划。在中共中央、中央军委的组织指挥下，大陆军民严阵以待，新华社又作公开揭露，迫使台湾国民党当局不得不放弃大规模军事冒险计划，改为实施小股武装特务渗透和袭扰。

福建前线军民在实战中不断总结经验、加强防线，坚持“以大制小”“以快制快”，给国民党军小股武装袭扰狠狠的打击。

### （一）前埔反小股战斗及其教训

1963 年 4 月 25 日 1 时许，国民党军“金门两栖侦察队”7 人偷渡至厦门岛前沿登陆，潜入前埔村，巡逻民兵与其遭遇，战斗两分钟，击伤其 2 人，缴获卡宾枪 1 支，其余脱逃。解放军前沿守备分队警惕性不高，致使国民党军从自己哨所附近潜入潜出，均未发现。民兵与潜入武装特务交火后，解放军守备分队又动作迟缓，以致国民党军逃脱下海。

1963 年 5 月，人民解放军总参谋部根据斗争形势的发展，召开海防、边防作战会议，总结广东沿海地区军民全歼 9 股武装特务的经验和福建厦门前埔反小股战斗的教训，研究改进反小股武装袭扰的方针和战术。6 月中下旬，解放军总参谋长罗瑞卿大将根据周恩来总理的指示，到福州、厦门召开座谈会后，要求福建军民正确接受前埔反小股战斗的教训，提高斗志，严格纪律，增强信心，并对反小股武装袭扰提出具体要求。

根据总参谋部海边防作战会议部署和罗瑞卿总参谋长检查指导福建海防工作的指示要求，确定建立和健全反小股武装袭扰的四道防线：第一道是海上防线，以海军舰艇为骨干，海上武工队、民兵武装船和护航炮兵密切配合，在海上打击小股武装特务输送船；第二道是海岸防线，以守备、公安部队为骨干，民兵积极配合，加强对海岸的警戒、巡逻和对港口船只的检查、管理；第三道是陆地防线，以民兵为主，解放军机动分队及时驰援，迅速歼灭潜入纵深地区的武装特务；第四道是隐蔽斗争防线，以公安部门为主，依靠民兵和人民群众，布设耳目，严密掌握社情动态，加强治安保卫工作。四道防线分工明确，协同密切，从海上到陆地、从前沿到纵深、从公开到隐蔽，布下天罗地网，围歼来犯小股武装特务。

福州军区按照“提高斗志、严格纪律、增强信心”和建立四道防线的总体要求，认真总结吸取前埔反小股战斗教训，采取更加切合本区地形、敌情实际的反小股武装袭扰的战术措施，切实加强反小股袭扰防线。主管作战的皮定均副司令员，带着军区作战部门的负责人，从北起闽江口，南至东山岛，乘船从海上看、坐车从陆上看、步行转遍边边角角看，进行缜密的地形勘察。在厦门前沿，召开一系列座谈会，找一线守备部队干部进行深入的个别谈话，交流吸取前埔反小股战斗教训的看法和意见，研究改进反小股武装袭扰的战术措施。在充分调查研究的基础上，皮定均提出：总结吸取前埔教训，要坚持实事求是，不要扣大帽子，不要轻易处分基层干部；不要惊慌失措，草木皆兵，避免在千里海防线上盲目排上重兵日夜守株待兔，伸出拳头打跳蚤、打人海战疲劳战无谓消耗战。要根据福建沿海地形与国民党军小股武装活动情况，在总体上建立四道防线的基础上，针对各个地段和各个区域的不同情况，力争做到早发现早处置，以小制小，以快制快，尽可能“击敌于海上、歼敌于滩头”。韩先楚司令员对皮定均副司令员的意见和建议表示赞同。之后，皮定均又深入前线海军部队，研究加强海军雷达对海面目标特别是小型目标的搜索，力争做到对小股武装船只早发现早出击，打主动仗；与此同时，皮定均亲自提审被俘的国民党军“海狼队”的人员，有针对性地组建了一支“以小制小”“以快制快”的一线守备部队“海狼艇队”，增强海上出击的时效性。福建前线筑起更加严密坚固的海防线，展开更有成效的反小股武装袭扰斗争。

（二）歼灭登陆漳浦的“反共挺进军第 71 支队”

1963 年 6 月 21 日 0 时许，台湾当局特种军事情报室派遣的“反共挺进军第 71 支队”支队长王嘉森等武装特务 7 人，从东椗岛乘挂机舟偷渡，在漳浦将军澳登陆，企图潜入南靖山区，“集合地下武力，接应反攻”。解放军第三十一军获悉特务船靠岸后，立即组织部队、民警和民兵布下三道防线。武装特务上陆后，准备从南境附近过港窜往灶山，因暴雨水涨未能过河，又害怕被解放军发现，将武器装备抛入河中，携带一部电台沿河北上。21 日 4 时 15 分窜至东埔村，与第二道防线上的前湖公安哨所二班遭遇，特务迅即交出电台、密码等物件投诚，并从河里捞出长短枪 8 支。

（三）歼灭登陆诏安的“反共挺进军第 61 支队”

1963 年 6 月 21 日 23 时许，台湾当局特种军事情报室派遣的“反共挺进军第 61 支队”支队长邱陵等 10 名武装特务，在诏安寮雅偷渡登陆，企图窜入平和山区“建立敌后游击根据地”，配合日后国民党军“反攻”大陆。武装特务登陆后即西窜，22 日 9 时许越过漳（州）汕（头）公路，先后在凤山水库和大深田水库附近被单车（闽南一带载客或运货的自行车）工人和民兵发现。诏安县对敌斗争指挥部立即组织民兵和公安队追踪围堵。12 时 10 分，武装特务被跟踪追击的民兵围困在风吹岭上。同时，13 个武装基干民兵连和 24 个普通民兵连对武装特务形成了一道 10 公里的小包围圈和一道 30 公里的大包围圈。诏安县交通运输站的 175 名单车工人，用自行车迅速将城关民兵载运到战地。解放军守备部队一营一部在营长高立福率领下，奉命分别从东山岛、诏安宫口、牙头等驻地，乘汽车或跑步赶到风吹岭。解放军、民兵和公安协同作战，16 时 10 分全歼这股武装特务。击毙支队长以下 6 名，俘副支队长以下 4 名，缴获长短枪 10 支、电台 2 部。公安战士伤亡 3 人，民兵伤亡 2 人。这次战斗，从发现到全歼武装特务仅用了 5 个多小时。尤其是守备八十九团一连，行动迅速，作战勇敢，出色地完成了战斗任务，战后被福州军区授予“风吹岭战斗二等功臣连”称号。[①]

（四）歼灭登陆福清的“反共挺进军第141支队”

1963年10月20日24时许，台湾当局特种军事情报室派遣的“反共挺进军第141支队”支队长卢浩等武装特务9人，在福清后屿村附近旗山东侧偷渡登陆，企图潜入德化县石牛山地区建立“根据地”，配合“反攻大陆”。登陆时，负责沉船灭迹的2名特务，趁机将船开到莆田黄瓜屿向民兵投诚。其余7人于21日0时45分向岭边、魁山方向内窜。7时50分，解放军第二十八军接到福清县公安局报告，立即派二四四团一部协同莆田、福清县民兵，沿官庄、回头山一线包围武装特务。特务见势不妙，分头逃窜。8时30分，二四四团一营营长率领二连2个排，在大岭附近俘获该支队参谋长兼电台台长，另2名特务钻入墓穴中自杀。正副支队长及电台副台长3人于9时30分窜至凤迹桥头村被民兵俘获。另1名特务大队长窜至莆田黄石家中，23日被公安局捕获。共缴获长短枪9支、电台2部、舢板1只及其他物资一部。

（五）歼灭登陆莆田的“反共救国军独立第9纵队”

1963年10月24日1时30分，台湾国民党情报局派遣的“福建省反共救国军独立第9纵队”司令吴国英等武装特务5人，在莆田平海湾胡厝、东张之间偷渡登陆。登陆后，躲在205.2高地东侧的石洞内。19时趁天黑内窜，潜伏于鹭峰山主峰的一个洞内。其中1名特务于25日6时借故逃出山洞，由鹭峰寺一名僧人引领，向铁炉公社社长投诚。解放军第二十八军于10时12分接到报告，当即派军侦察连1个排封锁东湖、埭头地区，4个排配合民兵封锁店头、笏石、南田一线，将特务包围。10时40分，铁炉、石塘两个公社民兵开始包围鹭峰山，向龟缩在山洞内的特务开展政治攻势。11时10分，4名武装特务出洞投降。民兵缴获

①《福建省志·军事志》，第274—275页。

长短枪 8 支、电台 1 部。

台湾国民党当局向福建沿海地区派遣小股武装特务袭扰活动，到 1965 年基本停止。

## 第二节　东山岛保卫战[①]

1953 年 7 月，解放军福建前线部队在中央军委的正确指挥和全省人民尤其是东山人民的支援下，取得打击台湾国民党军重兵窜犯东山岛的胜利。这次战斗，是福建前线军民打击国民党军“以大吃小”窜犯大陆最大的一次胜利，狠狠打击了美国政府支持台湾国民党当局窜扰大陆乃至“反攻大陆”的嚣张气焰，展现了前线军民守卫海防，保卫红色江山的坚强决心、坚定意志和强大能力。战斗一结束，毛泽东就指出：东山战斗不光是东山的胜利，也不光是福建的胜利，而且是全国的胜利。[②]

### 一、国民党军重兵窜犯

1951 年至 1952 年，台湾国民党军几次“以大吃小”登陆窜犯南日岛、湄洲岛得逞后，一度得意忘形。1952 年 12 月，台湾国民党当局在召开有美军第七舰队司令参加的“战略会议”上，宣称 1953 年将是他们的“反攻年”，并开始策划更大规模的窜犯行动。专门为支持台湾对大陆军事行动而设立的美国“西方公司”总经理汉米尔登，把目标选在惠安崇武镇，金门防卫部司令官胡琏则把目标选在东山岛，蒋介石敲定胡琏选的

① 福建军区政治部:《解放前线》报 1953 年 7 月 21 日第 2 版，转引自《福建省志·军事志》，第 274 页。

② 本节内容参考自《当代中国军队的军事工作》(上)，第 329—334 页。《福建省志·军事志》，第 271—274 页。吴海盐编著《雄镇海疆》，中国文史出版社，2011 年，第 10—115 页。

东山岛。

东山岛地处闽粤交界，扼台湾海峡交通要道，是闽南粤东的海上屏障，历来为军事要地。1953 年，全岛面积为 165 平方公里，人口约 8.3 万人。岛中部一条公路纵贯南北，到岛的西北部弯折后渡海通往云霄县。公路东北侧有一座牛犊山，军用地形图上标为 410 高地；公路西南侧有一座王爹山，军用地形图上标为 425 高地。这两座山为全岛最高峰，在这两山连线的东南方有座公云山，军用地形图上标为 200 高地。这 3 座山大体上位于一个等边三角形的 3 个顶点上，构成东山岛防御的核心阵地。岛西北部离大陆最近处（约 500 米）的八尺门渡口，是当年进出岛的唯一通道。当时全岛海岸线长 132 公里，可登陆海滩 5 段，长约 27 公里，可以同时容纳 2 个师的兵力登陆。新中国成立后，解放军把该岛作为重要的海防前哨阵地，国民党军则把该岛作为窜扰大陆，“反攻大陆”的跳板。

按照“以大吃小”的打法，国民党军出动陆军四十五师（欠一三三团 2 个营）、十八师五十三团和海匪第一、第二突击大队，海军陆战队 1 个中队，水陆坦克 21 辆，空军伞兵 2 个中队，共 1 万多人，由金门防卫部上将司令官胡琏率领，分乘舰艇 13 艘，于 7 月 15 日 21 时由金门启航，向东山岛进犯。

7 月 16 日拂晓，金门国民党军 1 万余人，在海军、空军的配合下，进犯东山岛。4 时 45 分，在 21 辆水陆坦克的掩护下，国民党军开始从亲营、白埕、湖尾等处登陆。登陆后，主力分南北两路向纵深实施重点进攻：北路由第四十五师一三三团（欠 2 个营）和一三四团在 15 辆坦克的配合下，沿樟塘向牛犊山方向攻击；南路由海匪突击第一、第二大队，沿西埔、石坛向公云山和王爹山方向攻击。同时以一三五团的 1 个营向东山城关方向进攻，南海纵队第八中队向陈城方向进攻，十八师五十三团担任预备队，海军陆战队控制滩头。伞兵支队 2 个中队乘 17 架运输机，由台湾新竹机场起飞，7 月 16 日 4 时 47 分在八尺门渡口侧后的后林地区上空分 2 批空降，企图阻止解放军增援部队进岛。

## 二、守岛部队奋勇抗击

解放军守岛部队为福建军区公安第十三师八〇团。团部设在云霄县陈岱，守备区域以东山为主，还包括漳浦县六鳌、旧镇、赤湖，海澄县镇海，诏安县宫口。东山岛驻一营、二营（欠四连）、团直属侦通连和机炮连，并指挥水兵第一团一连，总兵力共 1000 余人。根据东山岛的地形及解放军守备部队的实际情况，福建军区原定的守备方案是“机动守备”：如进犯之敌兵力少，守备部队坚守并独立作战将其歼灭；如进犯之敌有 1 个师以上的兵力，守备部队撤出东山岛，待增援部队到达后，集中优势兵力将其歼灭。

接到福建军区敌情通报后，公安八〇团团长游梅耀冷静地分析了各方面情况，权衡利弊，果断定下部队不撤出岛，坚守待援的作战决心。第三十一军和福建军区同意游梅耀的作战决心。根据国民党军的进攻态势和东山岛的地形情况，游梅耀作出坚守牛犊山（410 高地）、王爹山（425 高地）、公云山（200 高地）3 个核心阵地和八尺门渡口待援的战斗部署：一营坚守峰山（350 高地）、王爹山、公云山等核心阵地，其中一连坚守亲营山和峰山、二连坚守公云山、三连坚守王爹山；二营坚守牛犊山，其中五连坚守牛犊山、白虎山、柯塘山，六连坚守面前山、庙山、149.6 高地等阵地；团直 107 迫击炮连在公云山左侧构筑发射阵地，以火力支持各步兵连坚守阵地；水兵一连驻守八尺门渡口，负责运送进岛增援部队和转移部分出岛群众。

### （一）北路阻击战

北路国民党军第四十五师一三三团（欠 2 个营），一三四团和海军陆战队第一支队，在 21 辆水陆坦克和火炮的掩护下，于湖尾、东沈海滩登陆后，沿樟塘向牛犊山方向进攻。解放军公安八〇团按照预先的作战方案，由部署在这一线的二营五连、六连进行阻击。16 日 5 时许，六连一排在副排长肖锦彭带领下，阻击先头登陆湖尾滩头的国民党军。埋伏在最前沿的一班利用一片灌木丛和一个小土墩，集中火力打击暴露在滩头的国民党军步兵。这时10多辆坦克从东沈海滩冲过来，一班战士跳出工事，隐蔽在南埔村角，以集束手榴弹打坦克，有2辆坦克被炸不能动弹，其余坦克停止前进。六连一排在这里阻击一个多小时，击毙击伤了国民党军40多人，尔后主动转移至樟塘阵地继续阻击。国民党军以猛烈的炮火向樟塘、石埔解放军阵地急袭，并动用3架强击机低空扫射。在营参谋长王邦明和连长沈重生的指挥下，六连一排指战员同仇敌忾，英勇杀敌，连续打退了国民党军5次正面进攻，将其死死挡在阵地之前。国民党军向两侧迂回，先后占领了樟塘后侧的羊角山和南山，企图包围一排。这时，六连一排已在这里阻击5个小时，完成了预先任务，排长姜杰根组织全排主动撤退，转移阵地。重机枪班负责掩护全排撤退，遭到国民党军的重围，全班战士大都伤亡，至全排安全撤退转移到小庙山阵地，全班仅存负伤的副班长黄飞龙、战士许国昆和曾乙卯3人。黄飞龙命令许国昆、曾乙卯撤离，由他一人负责掩护。黄飞龙带伤与国民党军拼杀，最后子弹打光了，几十个国民党军冲到面前，大喊："抓活的！"黄飞龙猛地站起来，右手举起拉开导火索的手榴弹扑向敌群，与敌人同归于尽，战后，华东军区政治部追授他为"福建军区战斗英雄"。坚守4号阵地的六连二排，依托有利地形，连续打退国民党军整连整营的多次冲锋，全排伤亡过半，仅存的10多名战士转入坑道，忍受极度饥渴，与占领地面阵地的国民党军展开20个小时的勇敢机智的战斗，直至增援部队的到来，战后荣获东山战斗"二等功臣排"称号。坚守6号阵地的六连三排和连部勤杂人员在指导员李子青、排长李礼明、司务长杨堆林的率领下，利用有利地形打退国民党军多次冲锋。在主阵地前沿的小庙山，班长杨成发带领一个小分队，与一个连的国民党军展开5个小时的拼杀，最后只剩下他和一名炊事员，在一个防炮洞里面奋力抗击，当国民党军成群冲过来的时候，杨成发拉响手榴弹冲了过去，与国民党军同归于尽，壮烈牺牲。六连在湖尾滩头、樟塘、港西山、小庙山直至牛犊山阵地前沿10多公里的战线上，与约2个团的国民党军展开10个小时殊死拼杀，迟滞了国民党军的进攻，为兄弟连队坚守阵地和增援部队展开反攻争取了时间。

至16日傍晚，北路国民党军逐渐推进至牛犊山主阵地前沿。公安八〇团六连依托主阵地前沿3个小高地继续奋力阻击国民党军的进攻。激战至黄昏，为了保存实力，全连各排先后主动撤退，上牛犊山与五连会合，坚守牛犊山主阵地。守在主阵地前沿突击部无名高地的五连三排七班，依托坑道和一挺重机枪，击退国民党军多次的进攻。重机枪枪管打红了，战士们用水壶里的饮用水冷却；枪脚架打掉了，战士用肩膀扛起来继续射击。在六连的配合下，五连始终牢牢守住牛犊山主阵地。

（二）南路阻击战

南路国民党军由2支海上突击大队组成，从白埕、亲营滩头登陆后，沿庙山、石坛、西埔、双髻山，向公云山、王爹山攻击。埋伏在滩头预设阵地的公安八〇团一营一连，集中火力阻击上陆的国民党军，短时间内打死打伤几十名敌军，把第一波登陆的国民党军压制在滩头。一连长丛树芝随即命令全连迅速撤离滩头，占领紧靠滩头的庙山阵地，继续以猛烈的火力吸引迟滞上陆的国民党军，全连被数倍于己的国民党军围困在孤立的庙山上。连长丛树芝带领机枪班守在面向西埔一侧，指导员柯庆年带领几十名战士守在庙山的正面。在连长、指导员的带领下，全连干部战士誓与阵地共存亡，敢打敢拼，打退国民党军一次又一次的进攻。连队通讯员面对逼近的国民党军，抱起炸药包，拉开导火线，与其同归于尽。指导员柯庆年组织迫击炮班，在炮筒损坏的情况下，用简易的办法继续发射，最后被一发落在连队炮阵地的敌炮弹击中，壮烈牺牲。连长丛树芝带领战士们与国民党军展开肉搏，最后也壮烈牺牲。庙山战斗持续了2个多小时，拖延了国民党军的推进速度，一连指战员在战斗中大部壮烈牺牲。

国民党军占领庙山之后，穿过西埔，直奔公云山。预先部署在西埔通往公云山公路中段东侧石坛村的公安八〇团一营三连，在连长蔡祖敦和指导员赵思庭的带领下，出其不意地给向北推进的国民党军迎头痛击。占领村前有利地形的一排和连炮班，在国民党军接近百米时突然开火，打得国民党军抱头鼠窜。三排紧接着拉上村前阵地，会同一排集中火力封锁村前公路。国民党军集中迫击炮、无坐力炮、六〇火箭筒，以及冲锋枪、步枪等各种轻武器的火力，向三连发起一轮又一轮的冲击。一排副排长段宝贵、一班长江为中、战士马水旭相继牺牲。为了保存实力，争取最后的胜利，三连在这里阻击 1 个多小时后迅速撤出石坛村，占领公望山和王爹山。

由石埕、亲营海滩登陆的国民党军第一突击大队 1000 多人，上陆后一路狂突直抵公云山前沿，16 日 7 时 30 分，国民党军在猛烈炮火的掩护下，向公云山发起轮番攻击。预先部署在这里的公安八〇团一营二连在连长郑德修和指导员郑振的指挥下，依托 7 个土木堡、200 多米长的堑壕和不到百米的土坑道，与十倍于己的国民党军展开殊死的拼杀。守在阵地前沿一个突击部的二排五班，在班长刘来德、副班长吴春荣带领下，拼死与国民党军反复争夺阵地。刘来德头部受重伤，仍然端着冲锋枪坚持战斗。吴春荣不顾生命危险，端起机枪跳上掩体，居高临下压制国民党军进攻。后来，团里向这里增援一个炮排，把国民党军死死压在山坡下。守在阵地前沿另一个突击部的二排六班，遭到国民党军炮火轮番轰击，土木堡炸塌了，机枪手袁明禄牺牲了，国民党军趁势往上冲，战士王旺炎跳入掩体，接过机枪继续射击，国民党军又一阵炮火盖过来，王旺炎头部负伤，机枪也被打坏了，于是拿起手榴弹，用牙齿把一个个后盖咬开，等国民党军冲上来的时候，连续投了出去，把冲上来的国民党军压下去。四排长吴和尚指挥全排与国民党军殊死搏斗，子弹打完了拼刺刀，手榴弹打完了用六〇炮弹卸去保险当手榴弹投掷，枪杆打断了用铁锹、铁镐、石头搏杀，最后自己身负重伤壮烈牺牲。至 16 日下午 6

时，二连在公云山打退国民党军的18次进攻，牢牢守住阵地，直到增援部队第三十一军九十一师二七二团十二连的到来，合力展开反击。战后，福建军区授予二连“东山战斗守备一等功臣连”称号。

王爹山是解放军守岛部队重点防守的核心阵地之一，也是南路国民党军进攻的重要目标。16日上午7时半许，公安八〇团一营三连从石坛村主动撤离后，迅速占领王爹山及前沿的公望山等阵地。三排副排长张亚里率八班占领公望山阵地，连部率一排和炮排占领王爹山阵地，二排3个班和三排的七班、九班占领王爹山右侧阵地。16日上午9时许，国民党军海上突击一大队推进至公望山，即向坚守在公望山阵地的公安八〇团三连八班发起猛烈进攻。开始，国民党军从一个方向进攻，被八班一次又一次打退。后来，国民党军改为从多方向同时进攻，由于寡不敌众，八班转入坑道作战，国民党军占领了公望山表面阵地，并以此阵地为依托，掩护大部队向王爹山主阵地进攻。公安八〇团三连连长蔡祖敦指挥炮班火力拦截，有效地迟滞了国民党军的进攻。上午10时许，国民党军在地面和空中火力的支援下，对三连几个阵地发起猛烈进攻，全连指战员利用坑道、堑壕和土木堡，与国民党军展开反复争夺拼杀。16日下午4时，公安八〇团一营炮连增援三连战斗。16日晚7时半，国民党军以更强的兵力火力向王爹山、公望山发起冲锋。公安八〇团三连和一营炮连的指战员协力作战，顽强阻击，坚守在前沿突击部的三班阵地被国民党军攻破，班长罗万中跳出堑壕，拉响最后一枚手榴弹，与国民党军同归于尽，至16日晚10时，除前沿个别几个小突出部丢失外，王爹山、公望山的主阵地始终牢牢控制在公安八〇团三连和一营炮连手中。16时晚11时，增援的四十一军一二二师三六五团到达，接替公安八〇团三连和一营炮连的防务。

（三）八尺门渡口打空降

16日晨，国民党军在兵分两路向东山岛纵深推进的同时，伞兵支队480余人在八尺门渡口侧后的后林地区上空分两批空降，企图抢占八尺门渡口，阻止解放军增援部队登岛。预先部署在八尺门渡口的人民解放军水兵师第一团一连，在连长王德才和指导员张驾祥的指挥下，会同后林乡民兵，围歼国民党军伞兵，确保八尺门渡口的安全。

16日5时许，国民党军伞兵出现在后林上空。这时，水兵一连大部分战士都在渡口的8条船上，准备运送部分群众出岛，接运增援部队上岛，只有连长、指导员、副连长和连部的几名勤务兵在渡口岸上。王德才和张驾祥一边组织岸上的战士打击正在降落的国民党军伞兵，一边命令船上的战士迅速上岸，共40多人集中火力打击国民党军伞兵。驻后林乡的东山县三区区委书记张迪民和后林乡党支部书记林良国迅速组织民兵，配合水兵一连展开对国民党军伞兵的围歼。当国民党军伞兵还飘在空中时，水兵一连和民兵集中火力对空射击，使国民党军伞兵成了“空中活靶”。至16日6时，国民党军伞兵分批次散落在磁窑村前的山头上，以及后林乡附近的面前山、蚵壳山、观音山、双旗山、牛仔林山、杳山一带，遭水兵一连和后林民兵迎头痛击。

水兵一连集中火力，打击落在距离八尺门渡口最近的磁窑村前山头上的国民党军伞兵。国民党军伞兵在磁窑村前的山头落地后，迅速靠拢集中，向八尺门渡口攻击。水兵一连兵分三路：一路由连长率领，正面阻击；一路由副连长率领，在山脚下设伏，阻击企图从侧后迂回攻击抢夺八尺门渡口的伞兵；一路由指导员率领，在八尺门渡口滩头构筑阵地，阻击可能攻入渡口码头的国民党军伞兵。约有一个排的国民党军伞兵，每人手持冲锋枪，隐蔽地从甘蔗地里突然向渡口码头方向冲击，王德才命令战士们沉住气，等伞兵走过甘蔗地进入一片开阔的西瓜地时，几挺重机枪同时开火，同时连续投出密集的手榴弹，伞兵一部分被歼，一部分退回甘蔗地里隐蔽。为了集中兵力火力歼灭这股伞兵，张驾祥带领战士们迅速从连队的武器弹药库里拉出几门六〇炮，架在滩头阵地上，对准甘蔗地和西瓜地轰击，很快就把这股伞兵歼灭。另一股伞兵绕过磁窑村左侧企图包抄水兵一连，被副连长带领的一队战士打退。水兵一连根据国民党军伞兵的进攻态势，边打边调整部署，最后三路并成一路，在渡口码头正面构筑防线，与伞兵展开反复拼杀争夺，击退伞兵一次又一次的冲击，牢牢控制住渡口。

水兵一连和后林民兵协同作战，牢牢守住八尺门渡口。16 日上午 9 时半许，增援的第三十一军九十一师二七二团先头部队从八尺门渡口上岛。之后，各增援部队陆续从八尺门渡口登岛，合力展开反击。水兵一连为战斗胜利作出了突出贡献。战后，水兵一连被福建军区授予“二等功臣连”称号。[①]

### 三、增援部队合力反击

人民解放军福建军区对国民党军大规模窜犯福建沿海地区已有预先准备。7 月 14 至 15 日，军区司令员叶飞根据金门国民党军的动向，对沿海各部队作出抗登陆作战的指示，重点对东山岛的抗登陆作战作出部署，提出具体要求。在获悉金门国民党军大批舰艇驶向外海后，福建军区于 16 日 1 时电令闽南、闽中各海防部队准备迎敌。对东山岛防御担指挥责任的第三十一军，即令本军第九十一师二七二团立即赴漳浦旧镇集结待命。

当国民党军登陆东山岛，公安第八〇团团长游梅耀定下坚守待援的决心后，第 31 军军长周志坚即令第八〇团收拢部队，坚守核心阵地，同时令第二七二团向东山岛疾进。16 日 6 时，福建军区命令第二十八军八十二师（当时，其步兵第二四四团驻南安水头、步兵第二四五团驻晋江青阳、步兵第二四六团驻晋江安海）和军榴弹炮兵团（当时驻莆田梧塘），以及军区高炮营等部队，立即南下增援。接着，中央军委命令驻潮汕地区的第四十一军一二一师三六一团，一二二师三六四团和三六五团，一二三师三九二团，以及第四十一军 4 个炮兵连，迅速驰援东山岛。

① 《福建省志·军事志》，第 272、584 页。

16 日晨，各增援部队从驻地陆续向东山岛开进。16 日 10 时半，各增援部队先后从八尺门渡口登岛，至 17 日晨 5 时止，第三十一军九十一师二七二团、第四十一军一二二师三六五团和第二十八军八十二师二四四团共 3 个步兵团登岛参与增援反击作战，第二十八军炮兵团部署在陈岱实施炮火支援。第一二一师三六一团一部随后也赶到参加反击作战。

（一）二七二团率先登岛增援

16 日上午 9 时，解放军第三十一军九十一师二七二团全部到达陈岱。10 时半，在师炮兵团火力支援下，副团长辛公岩带领三营从八尺门渡口率先登上东山岛。

三营九连和十连一排登岛后，接替水兵一连，掩护全营渡海，水兵一连全部投入接运增援部队。11 时 20 分，三营部队大部登岛，11 时 30 分，三营开始围歼国民党军空降兵，先用机枪击落一架国民党军运输机。九连从渡口直插后林西南高地，3 个步兵排从 3 个不同方向向上攻击，全歼踞守在这个高地上的伞兵；十连和十一连合围 78.2 高地伞兵，营迫击炮连在后林北侧占领发射阵地，支援各连战斗；十二连作为营预备队，在九连之后跟进。12 时，九连会同十一连攻下张家东高地伞兵指挥所，78.2 高地的伞兵军心动摇，向前坑洞方向溃逃，三营指战员奋勇追击。12 时 37 分，九连追击至 67.6 高地北侧，与伞兵短兵相接，战士们用刺刀、枪托、铁锹、石头与伞兵血拼，共打死打伤伞兵 64 名，俘虏 32 名，尔后继续向前追击。至 13 时 30 分，三营九连、十连、十二连和一营三连，先后追击至前坑洞，把残余的伞兵全部歼灭。至此，围歼国民党军伞兵的战斗胜利结束，全歼国民党军伞兵 400 余人，确保八尺门渡口的安全。

二七二团三营全歼国民党军伞兵之后，全团 3 个营迅速向公安八〇团坚守的公云山、王爹山和牛犊山 3 个核心阵地推进。16 日 18 时，一营抵达公安八〇团二营五连、六连坚守的牛犊山阵地增援。19 时，三营十二连抵达公安八〇团一营二连坚守的公云山阵地。与此同时，三营九连，十连抵达牛犊山阵地增援。二七二团各增援连队会同公安八〇团各守备连队，奋勇阻击国民党军凶猛的进攻。三营十二连二排在战斗中伤亡重大，全排仅剩 13 人，编成一个班继续战斗，战后被福建军区授予“增援 200 高地守备模范排”称号。[①] 在 200 高地，三营十二连与公安八〇团二连一夜间击退国民党军 13 次的进攻，牢牢守住阵地。至 17 日晨 5 时，在二七二团的增援下，公安八〇团坚守的各核心阵地岿然不动。

（二）三六五团勇猛追击

7 月 17 日 0 时，解放军第四十一军一二二师三六五团、一二一师三六一团三营和一二三师 2 个炮兵连，抢渡登岛，17 日 4 时到达经口、吴坑预定位置，作为右翼展开反击。由于视度不良和通信联络不够及时通畅，三六五团把经过一夜鏖战仍为公安八〇团坚守的礁头山误以为是已被国民党军占领的阵地，遂发起猛烈攻击。经过约 20 分钟对峙，天色渐亮，公安八〇团的战士看到山下的对手头上戴的是红五星军帽，指挥员命令立即停止射击，发出联络信号，避免继续误战。经清点，双方只有少数几个伤亡。两支部队会合后，公安八〇团继续坚守阵地，三六五团兵分三路追歼逃窜的国民党军。

三六五团三营沿王爹山向西山一线攻击，11 时 40 分夺取 280 高地，打退国民党军多次向九连阵地反冲锋，全营进至西埔；三六五团二营沿公云山右侧进至石坛，遇到约 200 人的国民党军，于 11 时 30 分将其击退，占领虎山，尔后全营进至西埔，以 1 个连占领东南的无名高地；三六五团一营沿 287 和 200 高地，进至龙梧东北小高地一带；三六一团三营沿西埔行进至折埕一带。一二三师 2 个炮兵连充分发挥火力优势，支援步兵战斗，该连三班以 7 发炮弹摧毁国民党军 3 个机枪火力点，为步兵前进扫清障碍，把国民党军逼至湖尾沙滩。

三六五团八连指导员周连山带领 1 个排，迅速穿过虎山、西埔，直

---

① 《福建省志 · 军事志》，第 584 页。

插官路尾山，歼灭一小股国民党军，抢占了控制西埔通向海边要道的一座小山头。国民党军为了掩护大部队向海边溃逃，向这个小山头发起多次冲锋，被周连山率领的这个排一次次击退。后来，国民党军动用飞机和海面舰艇的火炮，向这个小山头狂轰滥炸，掩护步兵冲击。全排战士在周连山的指挥下，顽强守住阵地，连续击退国民党军的 4 轮进攻，战士大部牺牲，最后仅存周连山和 2 名受伤的战士。当国民党军发起新一轮冲击时，周连山命令 2 名战士撤离阵地，留自己一人，握着仅有的一颗手榴弹守在山头。国民党军蜂拥冲上阵地，周连山投出最后一颗手榴弹，自己中弹牺牲。这时，三六一团和主力部队赶到，夺回小山头，控制国民党军逃窜的要道。

（三）二四四团穷追猛打

17 日 4 时许，解放军第二十八军八十二师二四四团抢渡登岛。二四四团是参加解放金门战斗失利后重新组建的团队，全团指战员发扬先辈不怕牺牲、勇往直前的大无畏革命精神，会同友邻部队英勇反击围歼国民党军。17 日晨 5 时，二四四团对牛犊山前沿的 5 号阵地发起反击。国民党军凭借有利地形，居高临下，负隅顽抗。担任主攻的二四四团一营一连和二连勇猛地向上冲击。二连连长张太恒抱起机枪，冲在前头，对着国民党军的一个火力点猛射，迅速把国民党军的火力压住，战士们紧随连长向前冲击。二七二团迫击炮连适时给予二四四团二连炮火支援，二连迅速突入国民党军阵地。在左侧的一连，也很快突破国民党军的前沿阵地。坚守坑道里的公安八〇团六连二排，在连长沈重生、排长朱文育的带领下，从坑道口向国民党军侧后攻击。在二四四团、二七二团和公安八〇团的三面夹击下，全歼国民党军 1 个营，夺回 5 号阵地。17 日上午 10 时许，二四四团会同二七二团，一路沿岭下、顶西坑、山前，另一路沿新厝、樟塘、大石，还有一路沿霞湖、南山、顶西坑，向湖尾海滩方向追击。

沿内坑一路追击的二四四团二连二排，在港西附近，遇到占领 214

高地（柯塘山）的国民党军 2 个加强连的阻击。高地山顶上有一个大地堡，地堡侧面有一段堑壕，用来控制地堡火力死角。大地堡后方 10 多米处两侧各有一个小地堡，并有堑壕相通，排长张建孝带领全排隐蔽抵近山下，国民党军察觉后以强火力阻击。这时，对面山上友邻部队的一挺重机枪开火，把国民党军的火力压了下去。张建孝站起来指挥全排："同志们，冲啊！"结果被国民党军射过来的一颗子弹打中膝盖，倒在地上站不起来，他交代副排长李永斌指挥全排继续向前攻击。李永斌命令全排火力掩护，自己带着 3 名战士迂回到左侧一块大石头后面，准备从侧面向山顶上冲击。这时，山顶上的国民党军疯狂地向李永斌和 3 名战士射击、投弹。李永斌和 3 名战士被一束手榴弹炸倒，壮烈牺牲。紧接着，六班长朱凤义中弹负伤，七班长吴林中弹牺牲，全排只剩五班长张学栋和 7 名战士。国民党军以更加猛烈的火力压向张学栋和 7 名战士。在火光和硝烟中，张学栋把轻机枪斜挂在肩上，顽强地站了起来，一阵机枪扫射，把爬出堑壕的国民党军打了回去，然后继续向山顶冲去。他胸部和腿部 7 处负伤，在距离山顶大地堡 10 米处倒下了。他使尽最后一点力气爬到地堡射孔下方。这时，子弹和手榴弹全部打光。面对不断吐出火舌的地堡，张学栋从弹坑中猛地跃起，高呼："同志们，为了祖国，冲啊！"一个箭步向地堡扑了上去，用身体死死地挡住射孔。地堡里和周边堑壕里国民党军枪声瞬间哑了。二排 7 名战士和后续部队一齐冲向山顶，夺占了 214 高地，为反击部队扫除了前进障碍。战后，二十八军追认张学栋为"模范共产党员"，华东军区追授张学栋为"华东军区战斗英雄"，并命名他生前所在班五班为"张学栋班"。

17 日 18 时，解放军各路反击部队逼近湖尾沙滩。国民党军纷纷涌向海边，夺船逃命，舰艇不等装满便匆忙起航，撇下的国民党军全部缴枪投降。17 日 19 时，东山战斗胜利结束，解放军共歼灭国民党军 3379 人（毙伤 2664 名、俘 715 名），炸毁坦克 2 辆，击沉小型登陆艇 3 艘，击落飞机 2 架，缴获大批武器弹药和军用物资。解放军伤亡、失踪 1250 人。[①]

## 第三节　打击海上窜扰

### 一、护渔护航

台湾国民党军以其占据的东南沿海岛屿为基地，频繁地窜入大陆沿海航道和渔场，抢劫和扣留过往商船，抓捕渔民，严重破坏了大陆的航运和渔业生产。据统计，仅闽浙两省，从 1949 年至 1953 年，被国民党军炮击、抢劫的渔船达 2000 余艘，抓走渔民达 1 万余人，使直接从事渔业生产的 50 多万渔民不能正常出海捕鱼。[②]

为了保证海上航运和渔业生产的安全，解放军海军东海舰队福建前线部队勇敢地担负起护渔护航的海上作战任务，创造了许多以小艇打大舰，以劣势装备战胜优势装备的战例。

1959 年 2 月 2 日，台湾国民党“国防部情报局”水上行动队 63 号炮艇窜入平潭岛以东牛山渔场。这艘横行海上的炮艇，经常在闽江口、平潭海区进行袭扰破坏，危害海上运输和渔业生产。2 月 2 日进入渔场后，于 12 时 18 分炮击平潭县流水公社护渔的两艘民兵武装机帆船。机帆船边还击边诱其出渔场，海军海坛水警区护卫艇第二十九大队 565、566、567 号护卫艇奉令由娘宫出击，于 13 时 27 分发现目标，迅即高速接近 63 号炮艇。至距离 3000 米时开始攻击，边打边缩小距离。经 3 次拦头攻击，63 号炮艇中弹起火，弹药库爆炸，13 时 50 分沉没于平潭以东海面。在马祖的国民党海军“阳”字号驱逐舰 1 艘、“江”字号猎潜舰 2 艘，企图出动增援，但已来不及。15 时 48 分，国民党空军起飞 8 架战斗机企图袭击解放军护卫艇。福州军区空军作战飞机立即起飞，掩护护

---

① 《福建省志・军事志》，第 273—274 页。

② 《当代中国军队的军事工作》（上），第 340 页。

卫艇全部安全返航。这次海上战斗，击沉号称海上“霸王”的63号炮艇，俘虏少校副队长以下12人，毙溺中尉艇长以下11人。

1960年3月1日，台湾国民党当局“反共救国军第一总队”海上突击支队第一突击艇队“远征517”号炮艇，于8时许经西引岛以东向东北航行，企图窜入马刺岛海域渔场抓捕大陆渔船。海军福建基地565、566、567号护卫艇奉令由东冲进至西洋岛待机。10时32分，“远征517”号炮艇在西洋岛正东21海里处，转向西南行。时值海上大雾，解放军3艘护卫艇在观通站的引导下，于11时5分由魁山岛出击；12时24分距离2000米开始集火射击，一直打到距离500米；12时47分，“远征517”号炮艇中弹沉没。这次战斗，击毙中尉艇长以下12人，俘虏少尉航海官以下10人。

经此两战，大陆渔民可以在闽东渔场放心捕鱼了。

1963—1965年，国民党军舰艇窜抵大陆渔场35次，抓靠大陆渔船408条，对4813名渔民进行“心战”宣传。大陆方面采取近海的军事打击与远海的群众斗争相结合的方针与之周旋。福州军区先后7次较大规模地组织海军、空军和炮兵的作战行动，取得击沉国民党军护航炮舰“永昌”号、击伤大型猎潜舰“永泰”号和重创猎潜舰“东江”号的重大胜利。1965年后，大陆近海区域航运和渔业生产的安全基本上得到了保证。

## 二、打击海上小股武装袭扰

1962年，台湾国民党当局大规模窜犯大陆的计划破产后，开始对大陆沿海地区进行小股武装特务袭扰，实施“两栖突击”。他们派遣小股武装特务，在大陆海岸突出部、孤立岛屿和防御薄弱的地点偷渡登陆，摸哨、抓人、抢东西、破坏设施，速来速去，抓一把就走。人民海军福建前线部队积极履行海上作战的职能和优势，摸清其活动规律，采取以小对小、以快制快的打法，以隐蔽突然的动作，将来窜的小股武装消灭在海上。

1963年12月29日夜，台湾“国防部情报局”派遣“反共救国军独立二十五纵队五支队六大队”武装特务4人，乘帆船1艘由高嶝岛出航，企图到东冲半岛登陆内潜。海军福建基地令565护卫艇前往拦截。565艇在东西洛岛附近捕获该船，4名特务全部被俘。

1964年3月5日夜，台湾“国防部特情室”派遣武装特务6人，乘“成功4号”特务船和1艘挂机舟从南竿塘启航，企图偷袭大陆沿海地区。海军护卫艇三十一支队559、560、561号护卫艇奉命出击，将其拦截在平潭以北海面，击毙1人，俘虏上尉股长以下5人，缴获输送船及胶舟各1艘。4月9日夜，国民党军金门防卫部两栖侦察队胶舟3艘，企图袭扰厦门岛东南沿海，海军厦门水警区556号护卫艇出海迎击，将其拦截在黄厝海面，击沉胶舟1艘，击毙5人，俘虏1人，其余2艘逃回金门。

1964年5月15日夜，台湾“国防部情报局”派遣“福建省反共救国军第四十三纵队一支队”武装特务17人，从马祖分乘挂机胶舟2艘向连江方向驶出，16日凌晨出现在连江牛头山附近海面，驻闽海军565、566号护卫艇迅速插到其侧后，由外向里攻击，特务胶舟急转朝马祖逃窜，护卫艇当即开炮，击伤并俘虏其胶舟1艘，击毙5人，俘虏4人。

1965年12月22日夜，台湾“国防部特情室”武装特务3人，乘挂机竹筏由莆田乌丘屿驶出，企图在平海沿海登陆内潜，驻闽海军579、580号护卫艇奉命出击，迅速将其抓获。

国民党军的“武装渗透”和“两栖突击”连遭挫败后，又组织“海上突击队”进行“海上袭击”行动。驻闽海军发扬敢打敢拼精神，在福建沿海连续击败国民党军的“海上袭击”。1964年5月1日凌晨，台湾“国防部情报局”派遣海上突击队的“海狼艇”7艘，组成2个分队，由东引岛出航，企图混入渔船群中，分别袭击浮鹰岛至飞龙岛航道上的过往船艇和停泊在北礵岛的解放军护卫艇。海军三都澳水警区命令护卫艇二十九大队2艘护卫艇出航，搜索混入渔船群中的“海狼艇”；另外4艘护卫艇驶往南礵岛附近警戒；随后又命护卫艇第二十九大队大队长马干率3艘护卫艇赶往南礵海区参战。6时45分，担任警戒任务的2艘护卫艇与4艘“海狼艇”展开海战，击伤并捕获其中1艘。毙、俘武装特务4人，其余3艘高速逃窜。7时30分，马干率领的3艘护卫艇在追击另外3艘“海狼艇”时，与国民党军“丹阳”号驱逐舰、“北江”号猎潜舰展开炮战，并在东引岛附近海面击沉“海狼艇”2艘。这次海战，创造了50吨炮艇歼击快速目标的范例，参战部队受到总参谋部、总政治部的通报表扬。

1964年11月18日夜，国民党军3艘“海狼艇”拖带一艘装有200公斤左右炸药的“爆破艇”，由马祖朝黄岐半岛方向行驶，企图在海上袭击解放军舰艇。驻闽海军571、572号2艘护卫艇以隐蔽突然的快速动作，切断“海狼艇”的退路。“海狼艇”上的国民党军在慌忙引爆“爆破艇”后高速外逃。2艘护卫艇实施外侧平行追击，开炮将1艘“海狼艇”击沉。在四姆屿策应的2艘“海狼艇”随即逃回马祖岛。战后，参战部队受到总参谋部、总政治部通报表扬。

1966年9月至10月间，国民党军“两栖行动大队海狼队”，连续4次从马祖到闽江口一带海面布放水雷、施放“飞鱼”，企图诱爆解放军船艇，均未能得逞。10月15日，一股由15人组成的“海上袭击队”第5次从马祖出航，以M-6艇拖M-4“自杀艇”在前，2艘M-5艇在后，成前三角队形，寻机袭击解放军船艇。驻闽海军574、575号护卫艇奉命出击，距离2海里时，M-6艇施放M-4爆破艇。护卫艇追至0.81海里时，以照明弹照射，向特务艇开炮，击伤2艘，继而在龙牙石以东捕获被击伤失去机动能力的M-6艇，后又返至南竿塘以西4.2海处，将另一艘负伤的M-5艇击沉，余下1艘M-5艇逃回马祖。

从1963年至1979年，海军福建基地护卫艇先后36次在海上打击国民党小股武装和派遣特务，共毙、俘131人，缴获各种艇、船、舟27艘，击沉7艘，击伤1艘。①

---

①《福建省志·军事志》，第277页。

## 三、“八六”海战和崇武以东海战[①]

国民党军利用小型船艇进行的小股袭扰活动被挫败以后，为鼓舞士气，扩大影响，台湾国民党当局决定动用海军战斗舰艇，担负输送小股武装特务的任务。他们以为，这一招可以出奇制胜，即使不成功，也易于掩护撤逃。但是，“八六”海战和崇武以东海战的结果表明，国民党军的这一新招，同样只能以失败而告终。

### （一）“八六”海战

1965 年 8 月 5 日 5 时，国民党海军巡防第二舰队旗舰——大型猎潜舰“剑门”号和小型猎潜舰“章江”号，载着执行台湾“国防部情报局”“海啸计划”，准备向福建渗透的一股武装特务，由台湾左营隐蔽出航。“剑门”号原是美制扫雷舰，排水量为 1250 吨，航速 20 节，装有 76.2 毫米以下口径火炮 10 门。“章江”号系美制小型猎潜舰，排水量为 280 吨，航速为 18.5 节，配有 76.2 毫米以下口径火炮 10 门。17 时 45 分，该两舰驶抵东山岛东南海面。

解放军海军南海舰队获悉“剑门”号编队出航后，立即制订了放至近岸、协同突击、一一击破的作战方案，确定以护卫艇四十一大队高速护卫艇 4 艘、鱼雷快艇十一大队鱼雷艇 6 艘，组成海上突击编队，以 161 号炮舰和快艇十一大队 5 艘鱼雷艇为支援兵力，并指定汕头水警区副司令员孔照年乘 598 号护卫艇，负责海上指挥。

南海舰队为争取时间，一边上报作战方案，一边命令汕头水警区参战兵力进入一级战斗准备。当时，在这个水警区的战艇有半数处于修理和保养状态。接到命令后，全体指战员突击抢修保养战艇，各艇迅速调整技术骨干，在 2 个小时内完成了战前准备工作。21 时 24 分和 22 时 43 分，

① 此部分内容参考自《当代中国军队的军事工作》（上），第 349—353 页。

4 艘护卫艇和 6 艘鱼雷艇先后由汕头、海门启航，驶往南澳岛云澳待机。

23 时许，总参谋部批准海军南海舰队的作战方案，并提出放进来打，越近越好，争取在晚上打、拂晓前撤回原地等五点要求。这时“剑门”号编队由兄弟屿东南海面向西南航行。解放军海军的 4 艘护卫艇和 161 号炮舰分别由云澳、汕头出航，于 6 日 0 时 40 分进至距目标 3.8 海里处，由于岸上指挥部引导出现差错，护卫艇、鱼雷艇一时没有对“剑门”号编队形成拦击态势。孔照年果断决定，放弃护、快协同作战计划，命令护卫艇高速出击。不久，“剑门”号编队依仗炮火射程远的优势，先行开炮。解放军护卫艇队冒着密集的炮火，高速接敌。各艇指战员由于求战心切，将“准备射击”的口令错听成“射击”，因而先后向“剑门”号编队的火光方向开炮射击。孔照年及时下令制止了这种无效射击，直至看清目标轮廓和桅杆，并在“剑门”号编队的 20 毫米火炮也开始射击时，才命令各艇一齐开火。解放军海军艇队再次抵近射击，“剑门”号慌忙向东逃跑。4 艘护卫艇紧紧咬住“章江”号不放。2 时 51 分，艇队抵近“章江”号，在保持同向运动距离 500 米处时实施集火突击，一直打到相距 100 米以内，使“章江”号连连中弹。十分钟后，“章江”号高速冲向解放军的艇群，企图寻隙逃跑。598、601 号艇立即加速冲上去英勇堵击。611 号艇一面猛打“章江”号舰，一面穿越其航线，正好处于己方艇队与目标之间。611 号艇先被己方误击，旋即又被“章江”号击中，先后中弹 17 处。该艇在 3 部主机被打坏，前舱进水，人员伤亡近半数的情况下，仍然坚持战斗。轮机兵麦贤得头部被弹片击中，顿时失去知觉。他苏醒后，以惊人的毅力，一直顽强地坚守在主机旁边。在解放军艇队的冲击下，“章江”号舰遍体鳞伤，失去抵抗能力。为加速该舰沉没，孔照年又组织艇队实施两次突击。在 50～30 米的距离上，各艇直接瞄准，以穿甲弹攻击它的水线以下要害部位。“章江”号起火爆炸，最后在东山岛东南 24.7 海里处葬身海底。

“章江”号被击沉后，“剑门”号仍在外围海域徘徊。南海舰队为扩大战果，根据总参谋部的指示，即令在云澳待机的鱼雷快艇第二梯队119、120、121、122、136号5艘艇投入战斗。同时，南海舰队命令已在战场上的3艘高速护卫艇和161号炮舰，立即追歼“剑门”号。4时40分，护卫艇队追至距“剑门”号6海里时，“剑门”号舰上的所有火炮一齐向艇队猛烈急射，曳光炮弹在解放军各艇周围乱窜。艇队指战员无所畏惧，沉着机智地进行反炮火曲折机动。当距离目标7～5链时，各艇一齐开火，激战四分钟，“剑门”号中弹起火。这时，高速赶来的鱼雷艇队，迅速占领有利发射阵位，分两组同时向“剑门”号发射鱼雷10枚，命中3枚。5时22分，“剑门”号舰带着浓烟烈火，在东山岛东南38海里处沉没。

这次海战，是新中国成立后最大的一次海上歼灭战，一举击沉国民党海军2艘军舰，击毙国民党军少将胡嘉恒以下170余人，俘“剑门”号中校舰长以下33人。人民解放军海军在海战中亡4人，伤28人，损伤护卫艇和鱼雷快艇各2艘。战后，国防部通令嘉奖参战部队，赞扬“这一仗打得坚决，打得干脆，打得漂亮”，并授予麦贤得以“战斗英雄”称号。海军分别授予611号护卫艇、119号鱼雷艇以“海上英雄艇”“英雄快艇”称号。

海军福建基地厦门金刚山观通站首先发现国民党海军编队，使南海舰队及时得到情况通报，战斗过程中又为南海舰队海上战斗编队担任全程导航。战后，厦门水警区金刚山观通站雷达分队荣立集体一等功。[①]

8月17日下午，毛泽东、刘少奇、周恩来、邓小平、董必武、彭真、贺龙、李先念、罗瑞卿、杨尚昆等领导人，在北京人民大会堂接见了参加“八六”海战的有功单位和有功人员代表，并合影留念。周恩来夸奖说，这次海战是打近战、夜战、群战，是小艇打大舰，打得很好。

---

① 驻闽海军军事编纂室：《福建海防史》，厦门大学出版社，1990年，第437、442页。

（二）崇武以东海战

“八六”海战以后不久，国民党海军南区巡逻支队旗舰大型猎潜舰“永泰”号，率护航炮舰“永昌”号，于 11 月 13 日 13 时 20 分，由澎湖列岛的马公隐蔽出航，驶向乌丘执行任务。按照“永泰”号舰编队的航速，预计当日 23 时可抵乌丘。

解放军海军东海舰队为了打击国民党海军的袭扰活动，决定由海坛水警区副司令员魏垣武指挥护卫艇二十九、三十一两个大队的 6 艘高速护卫艇和鱼雷快艇三十一大队的 6 艘鱼雷艇，组成海上突击编队，在乌丘正南海面歼灭国民党海军“永泰”号编队，同时派出部分护卫艇分别驶至崇武东南海面和西洋岛以东海面担任警戒和佯动。21 时许，东海舰队海上突击编队各艇，驶抵平潭娘宫会合。魏垣武采取艇靠艇的办法，召开作战会议，交代任务，进行战斗编组。然后，各艇驶抵东月屿待机。此时，总参谋部批准了作战方案，并传达了周恩来总理的五点指示：要抓住战机，集中兵力先打一条；要近战，发扬英勇顽强的战斗作风；组织准备工作要周密一些；不要打到自己，天亮前撤出战斗。

22 时 16 分，编队由东月屿出击，23 时 14 分，编队指挥艇在距离 10.5 海里处发现目标。魏垣武指挥艇队从两舰中间插入，并令第一群 4 艘 100 吨高速护卫艇，攻击前导“永泰”舰；第二群 2 艘 125 吨高速护卫艇，牵制后边的“永昌”舰；鱼雷艇编成 3 个冲击组，伺机攻击。双方在相距 5 链时，展开激烈的炮战。不久，解放军指挥艇和预备指挥艇先后中弹，魏垣武以下 7 人负伤，1 名副大队长和 1 名中队政委牺牲，罗经也被打坏。这时，指挥艇向左转向，准备暂时撤出战斗。其他艇不明情况，也随之转向航行，因而一度失去连续攻击的机会。“永泰”号趁机高速向乌丘逃跑。魏垣武苏醒后，立即命令指挥艇发出两发信号弹，召唤鱼雷艇进行攻击。鱼雷艇突击群指挥员、鱼雷艇第六支队副参谋长张逸民立即命令各艇迅速展开，冲破“永昌”号舰火网，实施鱼雷攻击。第二组 131、152 号艇先后三次展开和进入战斗航向，并于第三次展开时发射鱼雷，由于“永昌”号转向规避而没有命中。张逸民当即改用集群多向的迂回围击战术，指挥4艇同时攻击。14日0时30分，在第一组两艇佯攻的配合下，第三组145号艇进入战斗航向、距离4链时，张逸民抓住战机下令：“单艇攻击！”145号艇冒着密集炮火，沉着地逼近“永昌”号至1.9链处，同时发射两枚鱼雷。“永昌”号尾部被击中一雷，当即失去机动能力，开始缓慢下沉。588、589号护卫艇及时赶到，又朝“永昌”号猛烈射击，加速了“永昌”号的下沉。14日1时06分，“永昌”号沉没于乌丘以南15.5海里处。[①] 突击编队捕携9名战俘后，于14日3时5分遵令返航。战后，588号护卫艇被国防部授予“海上猛虎艇”称号。

11月15日，国务院副总理陈毅受周恩来总理的委派，亲临福建前线，看望凯旋的参战部队，并参加福州的军民祝捷大会。陈毅告诉大家：海战当夜，周总理、贺龙副总理始终守在指挥位置上，关注着整个战斗的进程，直至14日凌晨，周总理亲自签发新闻战报后才离去。11月26日晚上，周恩来和总参谋长罗瑞卿在上海锦江饭店接见参战部队的代表，询问海战的情况，勉励大家认真总结经验，不骄不躁，去争取新的胜利。崇武以东海战以后，国民党军的海上窜扰活动逐步减少，到70年代就终止了。

## 第四节　打击空中窜扰[②]

台湾国民党军在对大陆进行登陆窜扰和海上窜扰的同时，不断派遣空军飞机，对大陆沿海和纵深地区进行侦察轰炸、扫射、空投、空降等窜扰破坏活动。人民解放军空军、海军航空兵和高射炮兵、地空导弹部队，遵照中央军委的命令，对入窜福建地区的台湾国民党军飞机给予坚

① 《福建省志·军事志》，第307页。

② 本节内容参考自《福建省志·军事志》，第293—303页。

决有力的打击，赢得空中反窜扰斗争的重大胜利。

## 一、掩护修建机场作战

1954年冬，根据中央军委指示，福建开始修建一批机场，以供歼击航空兵进驻使用。1955年初，机场建设开始动工。大批工程所需物资需经沙埕港、闽江口、马尾港运载。国民党军不断派飞机轰炸、扫射停泊沙埕港的舰船。解放军海军除调高炮第五团进驻沙埕地区外，命令航空兵第四师转场至浙东路桥机场，并在沙埕设立前进指挥所，担任沙埕一带的防空任务。

1955年5月4日，国民党空军F-47型战斗机4架进袭沙埕。海军航空兵第四师第十团肖广、程开信奉命驾驶米格-15比斯型飞机2架前往拦截。肖广开炮击伤其1架，其余3架慌忙逃逸。6月27日9时前后，国民党空军先后自台湾起飞F-84飞机2批6架，采取佯攻与主攻相结合的战术北犯沙埕，先以1批4架在高空远距离佯动，吸引解放军飞机，再以1批2架低空隐蔽出航，由雷达盲区飞抵台山列岛附近时突然爬高，偷袭停在沙埕港内的运输船队。路桥指挥所发现第1批国民党军飞机起飞后，即令第十团团长张文清率领米格-15比斯型飞机4架前往迎击。机群抵达台山西南空域时，在沙埕前指的引导下及时发现2架偷袭的国民党军飞机，迅即对其展开攻击。3号机王鸿喜在距离1架国民党军飞机533米时开炮，该机中弹燃烧，坠落于台山东南15公里海中。另1架急剧下降至距海面70～100米盘旋飞行，企图逃脱。解放军歼击机张文清抓住有利时机，又将其击落。张文清率机返航后，海军航空兵四师指挥员判断国民党空军可能派机救护落海飞行员，又命令第十团大队长王崑率米格-15比斯型飞机4架到台山至北礵之间巡逻。机群飞临战区后，3号机程玉升首先发现左下方有1架PBY型海上救护机，连续4次对其攻击，均未命中。王崑即率僚机绕到侧后，突然以佯攻射击，迫使该机改出盘旋，降低高度向马祖方向逃窜。王崑边追边打，一直攻至离海面只有70米，终于将其击落。王崑曾在抗美援朝战争中屡立战功，荣获过朝鲜民主主义人民共和国二级战士荣誉勋章，有丰富的作战经验。这一仗打得十分惊险，当王崑击落国民党军飞机拉起爬高时，高度表已指到“0”的位置，喷气尾流把海水冲起了一股浪花，这充分表现了他的机智勇敢和超低空作战的卓越技能。

7月3日夜，路桥指挥所获悉国民党空军将于次日16时30分派4架F-84型战斗轰炸机袭扰沙埕。海军航空兵四师领导决定打一次空中伏击战。第二天，海空云山叠嶂，是空中伏击的好气象。16时许，领航主任陈泰渠率米格-15比斯型飞机4架起飞，为了迷惑对方，先向北飞行，再折回到北礵上空搜索。不久，发现左前方有2架F-84型机正向沙埕扑去。陈泰渠正准备绕到侧后，突然又发现2架F-84型机在后面跟进，已形成被咬尾之势。他果断地改变攻击目标，转过身来攻击尾随之机。结果，尾随的2架F-84飞机1架被他击落，另1架被2号机王兆全击伤，前面2架F-84飞机掉头逃跑。

1955年12月，福建机场等国防工程进入第二期施工，国民党空军又频繁出动飞机来袭。12月13日14时许，雷达发现台北以北60公里处有F-86型飞机2架，随后又发现台北以西有F-84型飞机4架向北驰进。路桥指挥所估计国民党军飞机可能要轰炸三都澳和沙埕港，即令王崑率领4架米格-15比斯型飞机，直飞战区拦截。王崑机群到达沙埕上空时，接到前指通报：东引南30公里有F-86飞机4架，马祖南面也有4架。王崑率队飞至福瑶岛上空时，仅发现F-86型机1架，便绕到其后，将其击落。经过搜索没再发现其他国民党飞机，便奉命返航。不料其余国民党军飞机却偷偷向沙埕南面的东冲进犯，炸伤了港内的“振兴”号商船。

1956年4月14日9时许，国民党空军F-84型战斗轰炸机4架，企图窜至浙东沿海袭扰。海军航空兵四师贾民杰率米格-15比斯型飞机4架向沙埕方向拦截。国民党飞机发现解放军机群后，迅即掉头，利用中、低空云雾，向马祖方向逃跑。贾民杰率队尾追不舍，击伤其中 1 架，余机逃遁。

海军航空兵第四师自1955年5月至1956年4月在闽东北沿海空战中，先后击落国民党空军飞机 5 架、击伤 4 架，把国民党空军飞机活动的区域压制到三都澳以南，保障了海上运输船队的安全，使福建空军基地的建设全部如期竣工。[①]

## 二、争夺制空权作战

1949 年初，国民党空军各型飞机 330 余架由大陆撤往台湾，控制着东南沿海地区的制空权，肆无忌惮地对大陆华东地区进行轰炸等窜扰破坏活动。据不完全统计，自 1949 年 10 月至 1958 年 2 月，国民党空军对福建境内的轰炸，就出动飞机 686 架次，投下 1680 余枚炸弹，扫射 180 次，炸死炸伤 1400 余人，炸沉炸毁各种船艇 91 艘，还炸毁许多房屋。1958 年 7 月以前，福建尚未进驻航空兵部队，仅部署了一些高射炮兵部队担任防空任务。从台湾出动的飞机，只要避开高炮设防要点，即可自由进出大陆。国民党军飞机窜入大陆纵深活动，有 80% 以上是从高炮未设防地区进出。因此，夺取福建地区的制空权是解放军空军的重要任务。

1958 年 7 月，中东事件[②]发生后，中央军委决定对金门国民党军实行封锁和惩罚性炮击，并决定空军航空兵部队立即入闽，夺取福建制空权，掩护地面炮兵炮击金门的作战行动。7 月 18 日晚，空军召开作战会议，决定采取如下措施：（1）由南京军区空军司令员聂凤智中将负责，立即组建福建前线空军指挥部；（2）使用战斗力较强，有作战经验的部

---

① 《福建省志·军事志》，第 293—295 页。

② 1958 年 5 月 9 日，黎巴嫩人民举行反对夏蒙政府的武装起义。7 月 13 日，伊拉克以卡塞姆为首的军官推翻了费萨尔王朝，宣布成立伊拉克共和国。7 月 15 日，美国政府派兵在贝鲁特附近登陆，并继续调动部队前往中东进行武装干涉。

队，力争打好第一仗，确定第一步以空军第一、第十八师各一个团进入连城、汕头机场，尔后视情再进漳州、福州和龙田机场，以求逐步站稳脚跟；（3）加强福建各机场的保障机构，紧急调运作战物资到前线机场，保障按时使用；（4）明确作战指导思想，深入进行政治动员。

7月19日，聂凤智率指挥部人员，日夜兼程赶赴福建，于25日在晋江开设了指挥所。时值台风季节，福建地区连续19天阴雨，全省大小桥梁被冲毁43座，公路、铁路严重塌方，交通受阻。空军入闽部队不畏艰难，不顾疲劳，在地方党政机关和人民群众的大力支援下，及时转运了物资5万多吨，各类人员5869人，保证了前线机场按时进驻部队。7月27日，第一批入闽的空军歼击航空兵第一师第一团米格-17飞机33架；第十八师第五十四团米格-17机33架，分别隐蔽转至连城和汕头机场。29日，第一师第三团米格-17飞机33架也转至连城机场。台湾当局毫无察觉，29日，国民党军空军4架F-84飞机窜至粤东沿海侦察。驻汕头机场空军第五十四团起飞4架米格-17飞机拦截，在广东南澳岛上空奇袭取胜，击落其中2架，击伤1架，首战告捷。

8月4日，第二批入闽的空军歼击航空兵第九师第二十七团“五六”式飞机38架转至漳州机场。由于解放军空军航空兵部队突然出现于福建前线，台湾当局摸不清底细，国民党空军一方面加紧进行轰炸大陆沿海军事目标的准备，另一方面则出动飞机对闽、粤沿海实施空中侦察。每天出动飞机100架次左右，活动于台湾海峡上空，并以F-86飞机掩护RF-84飞机强行侦察，8月5日侦察了漳州机场。8月7日，由其主力第五大队中校副大队长汪梦泉率F-86飞机8架，掩护2架RF-84飞机，企图对晋江、惠安等机场进行侦察。刚进入大陆上空，即遭驻漳州机场解放军航空兵第二十七团8架“五六”式飞机的截击，没有完成侦察任务。汪梦泉驾驶的F-86飞机被解放军飞行员岳崇新击伤，汪梦泉左手负伤逃回台湾。岳崇新参战前总飞行时间只有233小时（其中在“五六”式飞机上飞行7个小时），而他的对手是留学美国飞行1000多小时的老牌飞行员。这次战斗汪梦泉为了摆脱攻击，使用了半滚、侧滑、摇摆、筋斗、俯冲等剧烈动作，岳崇新驾机穷追不舍，两次进入汪梦泉飞机的尾流，8 次开炮，终于将其击伤。8 月 13 日，第三批入闽的空军歼击航空兵第十六师第四十六团、海军航空兵第四师第十团米格 -17 飞机各 31 架，分别进驻龙田、福州机场。至此，解放军空军、海军航空兵部队进驻福建地区的 5 个机场（含汕头机场），计有歼击机 210 余架，连同位于二线和待命位置的兵力，不但数量占优势，而且飞机性能也优于国民党空军。

8 月 13 日中午，国民党空军出动 RF-84 飞机 2 架，在 12 架 F-86 飞机掩护下侦察福州机场。当天上午进驻该机场的解放军海军航空兵第十团起飞 4 架米格 -17 飞机迎击。2 架 RF-84 飞机均在闽江口上空被击伤，侦察未成，灰溜溜地返航。8 月 14 日，驻龙田机场的解放军空军歼击航空兵第四十六团出动的 8 架米格 -17 飞机，在平潭岛上空与国民党空军 11 架 F-86 飞机遭遇，在兵力劣势、飞行高度比对方低的不利条件下，飞行员周春富勇猛反击，一举击落 F-86 飞机 2 架，击伤 1 架。他的座机中弹，被迫跳伞落海。解放军海军炮艇和平潭县的数百艘渔船，连续数日在海上反复寻找未果。事后，解放军空军给周富春烈士追记一等功。

从 7 月 29 日至 8 月 22 日，解放军空军共战斗出动飞机 255 批 1077 架次，空战四次，击落击伤国民党军飞机 9 架（其中击落 4 架），自己被击落米格 -17 飞机 1 架。四战四捷，标志着解放军空军在福建前线站稳了脚跟，国民党空军再也不敢到福建上空横行了。福建军民欢欣地说："福建的天空现在是真正解放了。"

解放军福建前线部队 8 月 23 日炮击金门前后，美国空军向台湾增兵，使驻台美机由 15 架增至 150 架。美军第 13 航空队司令马•穆尔曼公然声称：美国部署在台湾的 F-100 型飞机，如果接到命令，可以用来跟中国共产党的飞机战斗。9 月 17 日起，驻台美军接替了台湾本岛的防空任务，并经常出动飞机在台湾海峡上空巡逻。国民党空军因而有恃无恐，每天出动飞机的数量由原来的100架次增至200多架次，除直接掩护向金门空投空运外，不时集中30至80架飞机到大陆上空活动，以美机为后盾，伺机窜至大陆与解放军空军展开空战，企图夺回福建地区制空权。面对这种形势，为了集中优势兵力迎击美蒋飞机，我军严格执行不进入公海作战的原则，福州军区空军加强了统一指挥。在一定时间内，组织几个基地的部队连续起飞，在对方进入大陆的可能位置的上空侧翼，按不同高度作层次配备，相互支援策应。在双方遭遇时，采取由外往内、由上往下打的方法，以保证不入公海上空作战。8月25日下午，国民党空军集中F-86飞机48架，活动于金门以东上空，并以8架进入漳州附近。福州军区空军部队出动68架米格-17和“五六”式机迎击，其中空军第二十七团的8架“五六”式飞机，在漳州上空与F-86飞机机群遭遇，击落F-86飞机2架。9月8日和18日，双方又进行了两次空战，解放军空军又击落击伤国民党军飞机4架。

台湾当局在空中、地面连续遭受打击情况下，为稳定军心，于9月24日发动了自台湾海峡局势紧张以来规模最大的一次空中攻势。当日国民党空军共出动F-86飞机123架次、RF-84飞机14架次，对北起温州，南至汕头沿海的海、空军基地强行侦察，并伺机进入大陆上空寻战。福州军区空军对国民党空军将要发动大规模空中攻势预先有准备，采取了连续出动、区分梯次、层次配备、占据有利战术位置等方法，共起飞各型歼击机240余架次，及时迎击。国民党空军未敢大批深入，只有2批6架F-86飞机窜到德化、三都岛上空，分别遭到解放军飞机的拦截，解放军飞机击伤F-86飞机1架，自己也被击伤1架。进入温州地区的24架F-86、RF-84飞机，遭到解放军海军航空兵部队截击。海军航空兵飞行员王自重击落F-86飞机2架后，被F-86飞机发射的“响尾蛇”空空导弹击落牺牲。这次空战，尽管国民党空军下了很大的赌注，但并没有得到便宜，相反，连同提供“响尾蛇”导弹的美国，都遭到了世界公正舆论的谴责。

10月6日，中华人民共和国国防部部长彭德怀发表《告台湾同胞书》，郑重指出，台、澎、金、马问题完全是中国的内政，绝不容许外国干涉。“三十六计，和为上计”，建议举行谈判解决。但是，国民党当局不听劝告，又于10月10日发动了一次空中攻势。当日国民党空军共出动飞机约400架次，活动于台湾海峡上空。其中由第五大队少校飞行指挥官路靖率领的6架F-86飞机，于7时左右抵达龙田，同解放军空军第十四师副师长李振川带领的8架米格-17飞机展开空战。解放军飞行员杜凤瑞将国民党空军五大队二十七中队少尉飞行员张迺军驾驶的F-86飞机击落，张迺军跳伞被活捉。杜凤瑞击落第二架F-86飞机时，自己的座机也被击成重伤，失去操纵后跳伞，下降至离地面1000多米时，被国民党空军1架F-86飞机击中而牺牲，掉在福清海口镇杏岚山。杀害杜凤瑞的那架F-86飞机，当即被高炮第521团击中，逃到台湾新竹附近栽进了大海。战后，杜凤瑞被追记一等功，杜生前所在的飞行中队被命名为“杜凤瑞中队”。台湾当局为了欺骗舆论，由“中央通讯社”抢先发表消息声称：“在空战中，我击落中共米格-17型飞机4架，击伤米格-17型飞机2架，另与我机互撞坠毁1架。”“我机……除张迺军少尉所驾驶的军刀机1架撞毁共机1架后，壮烈牺牲外，其余5架军刀机都已安全飞回基地。”这一编造出来的“胜利”消息，还由蒋介石在台北介寿馆举行的庆典上亲自宣布，“引起了文武百官的欢呼”。张迺军被俘后，受到解放军的良好待遇，先后到上海、北京和东北等地观光，1959年6月30日被释放返回台湾。

10月10日空战后，国民党空军再也没有出动大量飞机与解放军空军争夺大陆的制空权。从此，福建前线的空中斗争形成了双方对峙的局面。[①]

---

① 《福建省志·军事志》，第295—298页。

## 三、空中反侦察作战

1959 年后，随着台湾海峡军事斗争形势的变化，解放军空军在福建地区对国民党空军的斗争，主要是反侦察窜扰。1960 年初，国民党空军启用美制超音速侦察机 RF-101 和 RF-104 型飞机，窜入福建境内，对福建沿海机场和其他军事目标进行照相侦察。自 1960 年至 1968 年，共窜入福建境内侦察 131 次，计出动 144 架次。由于这两种飞机入窜侦察多系单批单架活动，且采用低空隐蔽出航，低空或高空、高速的战术，多年来入窜福建境内侦察均未遭严重打击。解放军福州军区空军根据历次作战的经验教训，研究制定了在负速度差条件下，斜对头拦阻射击的战法，这种战法要求飞行员富有牺牲的精神，掌握“起飞快，发现早，靠得上，瞄得准，打得狠”的一套快速勇猛过硬本领。

1967 年 1 月 13 日，国民党空军起飞 RF-104 型侦察机 1 架，高度 200 米，在 4 架 F-104 型战斗机掩护下，窜入厦门、泉州地区侦察。福州军区空军指挥所在获悉国民党军侦察机出动后，命令驻漳州机场航空兵掌握了斜对头拦阻射击法的“尖刀”分队起飞歼 -6 飞机 4 架，在同安空域待战。之后又起飞歼 -6 飞机 4 架，掩护第一批歼 -6 飞机战斗行动。第一批飞机在同安南 10 公里处，高度 11000 米，目视发现侦察机，距离约 15 公里。地面指挥所即引导切半径截击，因态势落后未拦截成，正准备再从内侧切半径截击侦察机时，其掩护机 4 架，从晋江方向来袭。地面指挥所根据当时空中态势，及时改变决心，引导空中两批歼 -6 飞机夹击 F-104 型飞机。飞行员胡寿根在右后方 6 公里处发现 F-104 飞机 1 架，即迅猛果断地转向该机，以近 1400 公里的时速，大于 70 度坡度的急转，斜对头进入，在抵近 600 至 400 米距离时，快、稳、准、狠地实施拦阻射击，三炮齐射，当即将其击落，前后只用了 15 秒钟。F-104 飞机坠毁于乌丘海域，少校飞行员杨敬宗毙命。空战中，国民党军飞机发射导弹 4 枚，但均未击中。战后，中央军委颁发嘉奖令表彰作战部队。飞行员胡寿根荣立一等功。1968 年后，国民军空军侦察机停止了对福建境内的侦察活动。

## 四、空中拦截运载行凶叛逃人员飞机[①]

1966 年 1 月 8 日夜，解放军守备七师一艘 50 吨的登陆艇，从马尾运送物资往霞浦，艇上乘员 10 人，行至黄岐与马祖之间海面，士兵吴文献等 3 人开枪打死其余 7 人，驾艇逃往马祖。台湾国民党当局定于 9 日派 HU-16 海上救护机到马祖接叛逃的吴文献等人去台北，并准备在机场开欢迎会。中央军委领导同意福州军区的应对方案：空中拦截击毙行凶叛逃者。

HU-16 是海上救护机，没有武器装备，但速度慢，高度低，而解放军歼击机是高速高空飞行。坐镇指挥的皮定均要求军区空军以低空出航、突然袭击、高速打低速的办法，并准备两套攻击方案，做到双保险，务求全歼。按照皮定均的要求，福州军区空军决定派出歼击航空兵副大队长李纯光、副中队长胡英法驾驶歼 -5 双机，副中队长沈学礼、飞行员杨才兴驾驶歼 -6 双机协同执行这次空中拦截任务。

正午时分，军区情报部门报告：台湾又派一架 HU-16 飞机到马祖。派两架同样的飞机这显然是在玩“混淆调包”法，造成可能误判误击，让行凶叛逃者得以溜之大吉安抵台北。按照常理，两架都打掉，那就肯定把目标消灭了。但皮定均不想伤及没有运载叛逃者的海上救护机，提出要准确判断叛逃者在哪一架飞机，决不能打空了。叛逃者究竟坐哪一架飞机？作战室里大家都在思索着。台北要召开盛大的欢迎会，记者们的照相机早就准备好了，飞机在机场一降落，那些镜头全得对上去，这

① 此部分内容参考自福建省新四军研究会编，皮效农主编《皮定均一生》，中央文献出版社，2014 年，第 202—208 页。

只能是第一架。皮定均最后作出判断并定下决心：打第一架起飞的飞机。

台湾情报部门故意延后起飞时间，一拖再拖，一改再改。15 时 35 分，一架 HU-16 飞机从马祖机场升空。虽然静默不发电波，还是没有逃脱解放军的监视网。黄岐半岛海岸炮兵观察所报告：马祖东南 7 公里处发现飞机，高度 200 米，时速 220 至 240 公里，方向直飞台湾。低空、低速，是 HU-16 飞机。"出击！"皮定均向福州军区空军下达命令。李纯光、胡英法驾驶歼 -5 双机，沈学礼、杨才兴驾驶歼 -6 双机，腾空而起，扑向 HU-16。这时，云底高只有 400 米，李纯光和胡英法把高度降到 200 至 300 米，以 800 公里时速前进。15 时 51 分，胡英法在马祖东南 60 公里海空发现 HU-16 飞机，随即进入攻击，在 800 米至 500 米的距离上两次开炮，击中 HU-16 飞机尾部。当胡英法把飞机拉起来时，李纯光又在 370 米到 130 米距离上 4 次按下电钮，高度从 200 米一直打到 20 米，海面掀起的浪花都快要溅到机翼了，才把飞机拉起来，眼看着 HU-16 飞机坠入大海。不久，军区情报部报告截获台湾的情报：台北机场通知新闻记者，这次欢迎会取消。两天后，新华社发表击落美制蒋机 1 架的消息。执行这次空中拦截任务的飞行员受到国防部嘉奖。

### 五、地面防空作战

为了保卫福建要地的对空安全，福建军区于 1950 年 7 月成立防空处，并在福州、厦门等地部署少量高射炮兵部队，担任对空作战任务。1954 年，中央军委决定调高射炮兵第六十三、第六十四、第六十五师入闽，执行对空作战任务。1955 年 9 月，又在福州组建防空军第一军军部，并增加防空高射炮部队。防空军第一军军部兼任福建前线防空兵指挥部，统一指挥福建全区国土防空部队、野战高炮部队及队属高射炮兵的对空作战任务。这一时期福建地区共有 5 个高射炮兵师师部、21 个高射炮团、11 个独立高射炮营、2 个雷达团、1 个探照灯团，拥有各种口径高炮 662 门、各型雷达 21 部、探照灯 142 部，建立了福州、厦门、漳州、晋江、龙田、三都6个防空责任区，并有计划有步骤地加强防空体系建设，部队作战能力明显提高。防空部队以保卫福建地区的空军机场、海军基地、炮兵战斗队形和重要城市的对空安全为主，相机掩护陆、海军的作战行动。采取重点设防和机动作战相结合的方式，积极打击入窜的国民党军飞机。

（一）反轰炸

1954年9月，解放军福建前线炮兵部队奉命对金门国民党军实施惩罚性炮击。为保障炮击的顺利进行，福建军区在厦门岛部署8个高射炮兵营（中口径炮营1、小口径炮营7），担任对空掩护任务。参战部队为城防高炮五二一团、野战高炮六一一团和陆军第五十八、五十九、九十一师高炮营，由第三十一军统一指挥。从9月3日开始炮击金门后，国民党军遭到沉重打击，派遣大批飞机对厦门及其两侧地区进行报复轰炸，仅自9月4日起的20天内，就先后出动B-25、PB-4Y、F-47、F-84等型飞机500余架次，窜扰、轰炸以厦门为重点的闽、粤两省沿海地区。驻厦门高射炮兵部队予以回击，共击落国民党军飞机12架，击伤33架。在9月7日反轰炸中，高炮第五二一团第二连的阵地位于前沿突出部，金门岛打来的炮弹落在阵地附近，空中飞机又不时投下炸弹，该连指战员不顾个人安危，坚持对空射击，二炮手王文进忍受背部被弹片炸伤、脸部被瓦斯烧伤的剧痛，用胸膛保护瞄准镜，保障高炮继续战斗到胜利，战后荣获华东军区授予的“防空二级英雄”称号。该连先后击落击伤国民党空军飞机12架，被华东军区授予“二等功臣连”称号。

1955年1月18日，解放军解放了浙江省一江山岛。国民党空军即出动飞机对闽、粤两省重要城市和岛屿进行报复轰炸。19日，国民党空军32架F-84型飞机，由台湾起飞，低空窜入厦门地区，在海澄、鸡屿、浯屿、鼓浪屿一带投弹扫射。解放军高炮部队在反轰炸战斗中击落F-84型飞机1架。20日，F-84型飞机12架窜入福州市区上空，轰炸台江一带。驻防福州的高炮第五〇三团立即予以打击，击伤F-84型飞机2架。

1955年初，福建正在修建福州、龙田、惠安机场和鹰厦铁路，为了保障运输船队停泊沙埕港的对空安全，海军高炮第五团奉命进驻沙埕地区，协同海军航空兵第四师担任该地区的防空作战任务。自6月20日起，国民党空军接连进犯沙埕。高炮第五团于27日和28日连续击落国民党军F-84型战斗轰炸机2架。12月16日中午，国民党军F-84型机8架分两批入侵。第1批4架飞至距沙埕50公里时突然爬高至8000米，快速通过沙埕上空，向西北飞去。第2批4架低空快速飞临沙埕后折向东南，又绕到东北镇下关投弹、扫射。高炮五团指挥员判断，第1批敌机可能回头与第2批敌机互相配合，连续对沙埕港内的舰船发动攻击，于是命令部队严密监视。随后，在镇下关投弹的4架敌机改为双机编队，2架在高空佯动，吸引高炮火力；2架低空进入高炮、雷达阵地俯冲扫射。高炮五团集中火力，击落了首先进入的那架敌机，余机即逃走。团指挥所为防敌机从其他方向偷袭。令各分队自行掌握射击，以免贻误战机。不出所料，以8000米高度向西北飞行的4架敌机，突然降低高度，以一路纵队沿两山之间的狭谷向沙埕港冲来。高炮团指挥员没料到敌机竟然采取如此冒险行动。当时已来不及重新组织火力，眼看敌机已从五连上空冲过，开始对舰船投弹、扫射之际，七连机动灵活地转移火力，击落其带队飞机，余机才急速爬高逃遁。这次对空作战历时28分钟，取得击落国民党军飞机2架、击伤1架的胜利。

海军高炮第五团是刚组建的部队，他们在1955年至1956年保卫沙埕港对空作战中，以落后的装备抗击国民党空军飞机33批83架次，击落5架、击伤3架，自己无一伤亡。

1958年7月以后，解放军航空兵进驻福建，在高射炮兵的紧密配合下，沉重打击了国民党空军的袭扰活动。国民党空军被迫停止对福建沿海地区的轰炸、扫射。

（二）反侦察

1955年以后，国民党空军察觉福建防空力量有所加强，经常派遣飞机进入大陆进行空中侦察，伺机袭扰。驻防福建的高射炮兵部队在保障要地防空的前提下，采取了“伸缩部署，相机伏击”的办法，寻机打击入窜的侦察机，收到了出奇制胜的作用。

1955 年 6 月 18 日至 23 日，高射炮兵第五一三团在三都澳地区进行反空中侦察袭扰，五战四捷，先后击落击伤国民党军飞机 6 架。

1957 年 12 月，高射炮兵第五一六团二连（装备中口径高射炮 8 门）奉命至漳浦赤湖、晋江围头等地机动作战。开始在赤湖设伏，两次变换阵地，诱敌入陆侦察，先后对空作战 4 次，击落 F-84 型飞机 1 架，击伤同型机 3 架。随后转移到围头设伏。国民党空军不断变换战术，如伪装训练，转用其他任务飞机突然从雷达盲区窜入侦察等。二连采取“敌变我变，敌未变我先变”的手段，不断转移阵地，变换队形，加强伪装隐蔽，创造了许多有利战机，先后 5 次对空作战，击落 F-84 型飞机 1 架，击伤 F-84、C-46 型飞机各 1 架。该连在 5 个月机动作战中，6 次转移阵地，行军 2000 多公里，9 次战斗，7 次获得战果，有力打击了入陆侦察窜扰的国民党军飞机，荣立集体二等功。

1958 年 2 月至 1961 年 6 月，驻防龙田机场的高射炮兵第五二一团，在 5 次反侦察战斗中，取得击落击伤国民党军飞机 6 架的战果。其中，1958 年 2 月 3 日，国民党空军 RF-84 型侦察机 2 架与 F-86 型战斗机 2 架混合编队，低空窜入龙田机场侦察。该团三连三班（中口径高射炮）迅速、准确地对目标实施单炮射击，仅以 2 发炮弹就击落 RF-84 型飞机 1 架，被传为奇迹。10 月 10 日，该团四连（小口径高射炮），在空炮协同作战中，副连长杨章铭准确识别敌我飞机，抓住战机，迅速、果断地下达集火射击命令，一举击落 F-86 型飞机 1 架，首创空炮协同作战胜利的范例，受到总参谋部的表彰。1960 年 3 月 30 日和 1961 年 6 月 27 日，高射炮兵第五二一、六一三团协同作战，两次击伤入窜的国民党空军 RF-101 型侦察机。此后，国民党空军侦察机再不敢低空窜入龙田机场侦察。

1960年初，国民党空军RF-101型侦察机采取隐蔽出航、低空、高速等战术手段，多次窜入福州机场侦察，均未遭到严重打击。驻福州地区高射炮兵部队总结多次作战经验，采取一系列相应措施，提高时效，以快对快，待机歼敌。1961年8月2日上午，RF-101型侦察机1架，以高度450米左右，时速900至950公里隐蔽出航，企图再次窜入福州机场侦察。该机入陆前即被发现，入陆时，位于前沿的高炮第五〇三团二连首先开炮，首发命中，击毁该机左发动机，接着十余个高炮连以密集火力将其击落，飞机坠毁在闽侯南屿附近，飞行员跳伞被活捉，战斗仅用1分5秒。参战部队受到国防部通令嘉奖，解放军空军授予高炮第五〇三团第二连以“八二战斗神炮连”荣誉称号。此后，RF-101型侦察机低空侦察活动锐减。

（三）伏击P-2V型飞机和U-2型高空侦察机

1958年4月，国民党空军开始使用P-2V型飞机，利用暗夜，超低空、慢速度窜入大陆纵深进行空投特务、散发传单等破坏活动。1959年，该型机曾4次从闽东北沿海、闽北地区进出，未遭到打击。为了堵住这个缺口，福州军区空军抽调1个中口径、2个小口径高炮营及部分探照灯分队，开赴霞浦、福鼎地区进行机动设伏。机动部队以连为单位在霞浦至福鼎分水关地带展开部署。1959年11月27日，国民党军P-2V型飞机1架窜扰浙、皖、豫、鄂、湘、赣等省。28日3时回窜经福鼎时，遭设伏的高炮部队拦阻射击，但未被击中。1960年，福州军区决定增派野战高炮部队参加机动设伏作战，重新调整部署，组成闽北机动高射炮群，由军区空军统一指挥。1960年12月14日，闽北机动高射炮兵群1个团另5个营，探照灯2个连兵力，组成4个分群：第1分群位于福鼎白琳、分水关地区，第2分群位于周宁，第3分群位于松溪，第4分群位于浦城。由于机动作战是长期性的待机作战行动，战机不易捕捉，于是1962年3月总群机构撤销，除留少数部队继续在浦城、松溪地区执行机动作战任务外，其余撤回。1966年，国民党空军停止夜间低空入窜活动，闽北机动作战任务撤销，部队归建。

台湾国民党空军启用美国提供的U–2型高空战略侦察机，进入大陆纵深地区侦察。解放军空军组建地空导弹部队，选择适当地区设伏对U–2型高空侦察机进行打击。福建沿海是U–2型机进出大陆的必经地段之一。1964年7月，上月刚获国防部授予“英雄营”称号的解放军空军地空导弹部队第二营奉命入闽作战，在漳州隐蔽设伏，待机打击U–2型飞机。7月7日上午，台湾起飞U–2型飞机2架，分别在上海、广州侦察后向漳州飞行，一度出海，又重新入陆。当时二营有4个发射架，4发导弹，仅能对付其中一架，当2架U2型飞机于12时35分接近漳州100多公里时，营长、空军战斗英雄岳振华沉着指挥，果断决定打击从南面进入的1架。他们利用“近快战法”，在3秒钟内完成导弹发射前的操作动作，接连发射导弹3枚。这架U–2型飞机猝不及防，中弹坠毁于漳州东南7公里的洪坂村。号称国民党空军“头号王牌”的少校飞行员李屏南，曾12次驾驶U–2型飞机侦察大陆而安然逃脱，这次终于被击毙。①

① 《福建省志·军事志》，第299—303页。

# 第四章
# 炮击金门[①]

为了惩罚台湾国民党军队对大陆的严重挑衅和骚扰活动，反对美国军队侵入台湾海峡地区干涉中国内政，并支持中东人民反美斗争，人民解放军福建前线部队奉命于 1958 年 8 月 23 日，对盘踞金门的国民党军队发起大规模的炮击。震惊中外的炮击金门作战行动经历全面封锁和打打停停两个阶段，于 1961 年 12 月中旬停止实弹射击，随后只在每月的单日打宣传弹。从 1979 年 1 月 1 日，中国与美国建立外交关系，国防部宣布停止炮击金门。炮击金门这一重大且特殊的军事行动，是中央军委直接指挥的、以地面炮兵为主、海空军参加的三军联合作战。毛泽东主席和中央军委根据斗争形势的发展变化，巧妙地运用军事手段与政治、外交斗争相结合的斗争策略，始终掌握着斗争的主动权，赢得了炮击金门这一作战行动的胜利。

## 第一节　炮击金门的决策与部署

1949 年 10 月下旬，人民解放军攻击金门战斗失利后，国民党军一直据守金门诸岛。1950 年，人民解放军福建前线根据中央军委的指示，加紧再攻金门的准备工作。朝鲜战争爆发后，中央军委为了集中力量抗美援朝，决定推迟执行攻金任务。

---

① 本章内容参考自《当代中国军队的军事工作》(上)，第 380—422 页。

经过国民党军的长期设防，至 20 世纪 50 年代中期，金门已成为台湾国民党军的海上堡垒。1957 年底，金门设有防卫部，辖 6 个步兵师和特种兵部队，共 8.5 万余人，其中各种地面炮兵 31 个营又 2 个连，有 75 毫米以上口径火炮 380 门。从 1949 年冬至 1958 年上半年，国民党当局窜犯大陆的武装部队和人员，大都从金门、乌丘诸岛派出，“以大吃小”突袭南日岛、湄洲岛和东山岛的国民党军均由金门、乌丘派遣，金门防卫部司令官胡琏直接率兵从金门出发突袭东山岛。在台美军顾问特别关注金门防务，经常到金门巡视督察。金门成为国民党军屏障台湾的重要据点和窜犯大陆的前进基地。

1953 年 1 月、1954 年 9 月 3 日和 22 日，解放军福建前线炮兵部队奉命对金门国民党军实施两次小规模的惩罚性炮击，为在适当时候对金门实施大规模的炮击封锁，更沉重地惩罚国民党军，并为之后解放台湾创造条件。福建前线部队于 1954 年 9 月 3 日炮击金门后，继续加强各项战备工作，并与人民群众一道，于 1956 年完成了福建地区一批空军机场、海军基地和其他战备工程的建设任务。新修的鹰（潭）厦（门）铁路，也于 1957 年 4 月全线通车。1957 年 12 月 18 日，中央军委主席毛泽东根据斗争形势的需要和客观条件已基本具备的方案，作出“考虑我空军 1958 年进入福建”的指示。1958 年 1 月，解放军空军、福州军区和中共福建省委的负责人，向中央军委报告空军转场入闽的方案。4 月 27 日，福州军区司令员韩先楚上将、政治委员叶飞上将，又根据总参谋部的电示，上报炮击封锁金门的作战方案，准备在适当时候，对金门实施大规模炮击封锁。

1958 年 7 月爆发的中东事件，促成了炮击金门作战的发起。1958 年 5 月 9 日，黎巴嫩人民举行反对本国亲美的夏蒙政府的武装起义。7 月 13 日，伊拉克推翻费萨尔王朝，宣布成立伊拉克共和国。7 月 15 日，美国政府派遣海军陆战队 5000 人，在黎巴嫩首都贝鲁特附近登陆，并继续调运步兵和海军陆战队前往中东。美国以保护侨民为名，对阿拉伯国家的内部事务进行武装干涉，破坏了中东地区的和平，也激起了中国和世界各国爱好和平人民的极大愤慨。而台湾国民党当局在美国的支持下，企图趁火打劫，公然叫嚷“加速进行反攻大陆的准备”。7 月 17 日，台湾当局下令陆海空三军处于特别戒备状态。国民党空军连日出动飞机，对福建、广东等沿海地区实施侦察、照相和空投宣传品的活动，并按照预定计划，加紧进行对大陆一些重要军事目标的攻击准备。国民党军连续组织军事演习，一些高级将领接连到金门、马祖地区活动。大、小金门岛上的国民党军不断炮击福建沿海村镇。在台湾的美国军事官员和外交人员，也同台湾当局整天整夜地保持接触。美国海军参谋长伯克于 8 月 8 日扬言，美国海军正密切注视台湾地区局势，随时准备进行像在黎巴嫩那样的登陆。美国和台湾当局的一系列活动，使台湾海峡的局势骤然紧张起来。

中央军委针对中东事件爆发后台湾海峡出现的紧张局势，及时作出了加强东南沿海军事斗争的决定。7 月 17 日晚，国防部部长彭德怀根据毛泽东的指示，向总参谋部传达了中央军委的决定：空军和地面炮兵立即开始行动；空军转场入闽越快越好；地面炮兵和海岸炮兵的任务是封锁金门及其海上航运，利用一切时机打击国民党军的运输船只。

7 月 18 日晚，毛泽东召集军委副主席和空军、海军等单位的领导人，布置东南沿海的军事斗争任务。毛泽东指出，支援阿拉伯人民的反侵略斗争，不能仅限于道义上的支援，还要有实际行动的支援。他同时指出，金门、马祖是中国领土，打金门、马祖，惩罚国民党军，是中国的内政，敌人找不到借口，而对美帝国主义则有牵制作用。他明确指示，以地面炮兵实施主要打击，准备打两三个月；以两个空军师于炮击同时或稍后，转场南下，分别进驻汕头、连城。当晚中央军委召开会议，彭德怀在会上传达了中共中央和毛泽东的指示，部署了炮击金门的作战事宜。他在谈到福建前线即将出现的作战形势时强调指出：解放军地面部队的行动将主要是使用炮兵。空军除非复杂气候限制，一定要在 7 月 27

日进入福建、粤东的作战机场。为了稳妥可靠，应采取“以小进求大进”的方法，逐步转场入闽，以求站稳脚跟。彭德怀还要求严格掌握作战政策，空军飞机不要前出公海上空作战。会议确定，浙江的海军航空兵作好策应空军进驻汕头、连城和进至三都澳上空作战的准备，保障空军翼侧安全。除福建地区原有海岸炮兵外，另增调机动海岸炮兵，以袭击金门锚地的国民党军舰艇，封锁港口，断其海上交通。会议还预定 7 月 25 日开始炮击。①

当夜 23 时，福州军区政治委员叶飞接到中央军委关于炮击封锁金门的电话指示后，立即召集军区领导人及有关人员开会研究，决定从本军区现有陆、海军炮兵中集中 30 个营，部署于厦门和同安县莲河一带，准备打击大、小金门岛的国民党军；另集中 3 个营又 2 个连，部署于连江县黄岐地区，准备打击马祖岛的国民党军。参战炮兵定于 24 日晚全部进入射击位置。福州军区机关组织福建境内的所有高炮部队，担负掩护地面炮兵、后方仓库和交通枢纽对空安全的任务。总参谋部和炮兵司令部命令在华北的 3 个加农炮兵团，做好赴闽参战的准备。

解放军空军也于 7 月 18 日深夜作出决定：一，立即组建以聂凤智中将为首的福州军区空军指挥机构；二，使用有实战经验、战斗力较强的部队，力争打好第一仗。第一批入闽的歼击航空兵于 7 月 24 日紧急转到待机位置，然后以两个师部各率 1 个团于 27 日分别隐蔽进入汕头、连城基地，另调部分高炮和雷达部队入闽；三，健全各机场的保障机构，从东北、华北和南京地区调进 3 个场站，紧急调运保障车辆、弹药和各种器材物资；四，大力开展政治动员工作。

7 月 19 日，总参谋长粟裕大将召集海军、空军、炮兵及总参谋部有关部门的领导人，研究炮击金门及海军、空军入闽的具体部署问题。当日，空军司令员刘亚楼上将要求首批参战部队的师以上领导人，发动所

---

① 《当代中国军队的军事工作》（上），第 387 页。

属指挥员和飞行员研究朝鲜战争的空战经验，教育部队树立胜利信心。9时30分，空军领导人发出关于空军入闽作战的命令。海军司令部也于当日向东海舰队下达预先号令。20日，海军领导人决定：在金门方向集中8个海岸炮兵连，配合陆军炮兵实施炮击，旅顺基地铁道炮兵团作好南下准备；东海舰队抽调1个快艇大队进驻三都澳，而后视情进驻泉州后渚或厦门；南海舰队抽调1个快艇大队进驻汕头，而后视情进驻东山岛或厦门待机；还决定，由东海舰队副司令员彭德清少将负责组织舰队前方指挥所，进驻厦门统一指挥福建地区除海军航空兵外的所有海军部队。至此，炮击金门的部署基本就绪。①

## 第二节　全面封锁

炮击金门，是经过紧张的准备之后拉开战幕的。自8月23日开始炮击，到10月5日暂停炮击为一个阶段，历时44天。解放军在这个阶段的作战，以地面炮兵火力为主，对金门诸岛实施全面的炮火封锁。国民党军也同时进行报复性炮击，封锁与反封锁的炮战十分激烈。

### 一、迅速而隐蔽地完成炮击准备工作

福建前线陆、海、空三军参战部队的指战员，为完成炮击金门的作战任务，迅速而又隐蔽地进行了充分的准备工作。

1958年7月19日，叶飞率领福州军区前线指挥部急速驰抵厦门。翌日上午，他在厦门召开了作战会议。会议确定以17个炮兵营组成莲河地区炮兵群，以15个炮兵营组成厦门地区炮兵群，分别负责打击大金门和小金门的国民党军；以6个海岸炮兵连，配置在围头、莲河、厦门一线前沿，主要负责打击大金门料罗湾的国民党军舰艇。另外，在厦

① 《当代中国军队的军事工作》(上)，第387—389页。

门、莲河两个地区各组成一个高射炮兵群，各自保障本地区的对空安全。会议结束后，各部队立即向集结地域开进，秘密展开，迅速作好战斗准备。

从 7 月初开始，福建地区不断遭受台风暴雨袭击，山洪暴发，公路、铁路沿线多处塌方，主要公路桥梁被冲坏 40 多座，给部队行动带来很大困难。7 月 20 日夜，福建沿海地区狂风呼啸，大雨滂沱。参战的摩托化炮兵部队，从闽北、闽中和闽南各地，兼程向厦门、莲河战区疾驰。到达晋江时，因泉州大桥被洪水冲断，部队行动受阻。工程兵部队、当地政府和人民群众及时采取增筑码头加大门桥漕渡能力、加宽泉州西桥部分桥面、部分车炮绕行等紧急措施，帮助炮兵部队渡过晋江。各炮兵部队克服重重困难，终于在 7 月 22 日晚到达待机位置。接着，他们马不停蹄地在风雨泥泞中抢修道路，构筑工事，搬运弹药。有的人患了重感冒，发高烧，有的人脚泡烂了，腿也肿了，但没有一个人离开作业现场。经过几个昼夜的连续奋战，构筑了一个又一个炮兵阵地，开设 150 多个炮兵观察所；第一线炮兵部队还备足了 5 万余发炮弹。早已部署在福建的海岸炮兵，从 19 日开始，在 5 天内紧张地完成了阵地加固和射击准备。从烟台、青岛启程南下的海岸炮兵二十连、二〇一连，昼夜兼程，也于 24 日抵达厦门。这一切行动既迅速又隐蔽，金门国民党军全然没有察觉。

中央军委在获悉台湾国民党军将在近日内派出 2 个师至金门换防的情况后，于 7 月 25 日 20 时，电令福建前线炮兵部队立即进入射击位置，待命开炮。当夜，风急雨大，参战炮兵部队沿着各条急造军路，闭灯向前方开进。由于车多路窄，路面坎坷泥泞，重车一过，不少路段严重塌陷；前面一车熄火，后面数十辆车动弹不得，使行进速度受到严重影响。于是，指战员们甩掉雨衣，挥舞锹镐，垫沙填石，一边行进一边抢修道路。大家手推肩顶，辅以绳拉，助车前进，终于在 7 月 26 日拂晓前进入各自的发射阵地。

7 月 27 日中午，彭德怀向叶飞传达了毛泽东当日 10 时的指示：看一看形势，等彼方无理进攻，再行反攻。这一指示，使福建前线部队有了比较充足的时间进行战斗准备。从当日夜间开始，前线指挥部对参战炮兵的战斗准备工作，进行了新的调整和部署。部分阵地暴露的分队，立即撤至二线待机；指挥员和指挥分队，更加周密地计划火力、区分射击任务、校正射击目标和射击诸元；各部队抓紧时间开展战前练兵。与此同时，前线指挥部又调派步兵和工程兵协助炮兵加紧构筑工事和抢修道路。截至 8 月 23 日止，在预定作战地区内，仅掩盖的地面炮兵工事就构筑了 120 多个，各种急造军路和接近路纵横交错，密如蛛网。

根据中央军委的统一部署，入闽参战的空军航空兵加紧隐蔽转场和夺取制空权。空军司令部一面直接指挥空军入闽，一面迅速组建前线空军领率机关。7 月 25 日 0 时，以聂凤智为司令员的福州军区空军指挥所，在晋江罗裳山开始实施指挥。

为了隐蔽战役企图，给国民党空军以出其不意的打击，入闽参战的空军航空兵采取隐蔽转场、逐步推进的方式，进驻东南沿海各机场。首批转场的第一梯队歼击航空兵一师一团和十八师五十四团，于 7 月 22 日分别转至江西新城和广东惠阳机场。27 日，这两个团在云量多、云层低且有雷雨的恶劣气象条件下，采取后一个大队掩护前一个大队着陆的方法，以中队为单位，在云上中空高速飞行，使国民党空军毫无察觉，秘密而迅速地转至福建连城和广东汕头机场。首批转场的第二、三梯队歼击航空兵九师二十七团、一师三团、十六师四十六团和海军航空兵四师十团，于 8 月上旬至中旬，先后进驻福建漳州、连城、福州、龙田等机场。至此，空军完成了福建、粤东一线机场的部署。以后数批转场的轰炸航空兵和侦察航空兵等 3 个团又 2 个大队、1 个中队，亦于 8 月下旬至 9 月中旬，先后从原驻地转场至福州、漳州和江西樟树等一、二线机场。

7 月 29 日上午，粤东沿海地区乌云低垂，有雷阵雨。11 时许，国民党空军第一大队少校副中队长刘景泉率领 F-84G 型战斗机 4 架，贴着云层底，从低空向南澳岛飞行，进行侦察袭扰。解放军空军歼击航空兵十八师五十四团大队长赵德安率领 4 架米格 -17 型歼击机，从汕头机场起飞迎击。他们在云下高度 150 米处集合编队后，迅速穿云上升，巧妙地接近目标。三号机飞行员高长吉报告发现 2 架 F-84G 型飞机，地面指挥员林虎师长根据雷达所显示的飞机架数，当即告诉空中飞行员，目标是 4 架而不是 2 架，提醒他们谨防对方的“诱饵”战术，并果断命令他们大胆、沉着地实施攻击。高长吉首先进入攻击，开炮将刘景泉的僚机击落。刘景泉见状后立即大幅度急转下降，企图逃脱。正在他后上方的解放军僚机飞行员张以林立即推下机头，紧紧咬住他，在距离 150 米时连续开炮 3 次，将其击落。刘景泉负伤后，跳伞落海。其余 2 架国民党军飞机，一架被赵德安击伤后立即同另一架一起掉头向外海上空逃窜。激战 3 分钟，解放军空军击落敌机 2 架，击伤 1 架，而自己无一损伤，取得了入闽入粤后的首次空战的胜利。

国民党空军受到沉重打击后，急于查明解放军空军进驻东南沿海机场的情况及动向，遂改用性能较好的 F-86 型战斗机掩护 RF-84 型飞机实施“强行侦察”，结果也未能摆脱被歼厄运。8 月 7 日、13 日和 14 日，解放军空军同国民党空军连续进行 3 次较大规模的空战，国民党军飞机又被击落击伤 6 架。解放军空军入闽后连战皆捷，基本上夺取了福建地区的制空权，有力地保障陆、海军参战部队展开部署和进行战场准备。

在解放军炮兵部队和航空兵部队紧张进行炮击金门准备工作的同时，海军水面舰艇部队采取水陆并进的方法，也迅速而隐蔽地入闽，准备参战。7 月 19 日，海军入闽参战部队接到海军司令部的预先号令后，立即紧张地进行入闽准备工作。7 月底，东海舰队根据中央军委的决定，命令驻上海的鱼雷快艇六支队一大队，立即隐蔽南下，进入厦门地区。一大队面临的难题是如何隐蔽机动。若由海上航渡，必须通过台湾海峡，难免不被国民党军察觉；而且鱼雷快艇续航力较小，必须设立若干补给站和检修点才能远航。经过发动群众讨论后，一大队建议采用“陆地行舟”的方法南下入闽。

7 月 30 日夜，东海舰队司令员陶勇中将赶到上海张华浜军用火车站，亲自指挥鱼雷快艇的装车工作。为了解决艇身长、车厢短的矛盾，并保证列车在运行中顺利转弯，指战员们采用三节平板车载两艇、艇首相对的方式装载鱼雷快艇。为了隐蔽起见，指战员们一律改着陆军服装，并在平板车周围支上木架，用篷布盖严。8 月 1 日，专列安全抵达厦门后，隐蔽于铁路隧道内。6 日，指战员们摸黑将装艇的平板车全部推到海军码头，用火车吊杆将快艇逐一吊放海中，然后又用护卫艇把鱼雷快艇全部拖至停泊点。

8 月 5 日，驻在三都澳的高速炮艇大队所属 3 个中队向南转移，分别进驻平潭娘宫、泉州后渚和厦门诸港湾待命。中旬以后，又有东海舰队和南海舰队的 3 个鱼雷快艇大队、两个猎潜艇大队和 1 个高速炮艇中队从海上分别驶至福建三都澳、后渚和东山岛。至此，福建前线陆、海、空三军已迅速而隐蔽地完成了炮击金门的准备工作，只等一声令下。①

## 二、首战告捷，形成封锁

人民解放军海、空军部队入闽后，台湾国民党当局在美国的支持下，继续叫嚣“反攻大陆”。1958 年 8 月 20 日，毛泽东决定立即集中力量，对金门国民党军予以突然猛烈的打击（不打马祖），把它封锁起来。他同时指出：经一段时间后，对方可能从金、马撤兵或困难很大还要挣扎，那时是否考虑登岛战，视情而定，走一步，看一步。21 日，中央军委命令福建前线部队于 23 日开始，对大、小金门岛实施一次大规模的炮击，着重打击指挥机关、炮兵阵地、雷达阵地和停泊在料罗湾码头的国民党军舰艇。同时，还确定先打 3 天，走出第一步，看看台湾当局的动态后，再决定下一步。

21 日晚，参战的陆军炮三师，二十八军、三十一军所属各炮兵团和

---

①《当代中国军队的军事工作》（上），第 389—394 页。

福建省军区、二十军所属炮兵部队各一部，共36个地面炮兵营，以及海军的6个海岸炮兵连，极其隐蔽地分别进入厦门和莲河两个炮兵群预设发射阵地。6个远射程炮兵营的火炮，一齐对准大金门岛北太武山的阵地。各部队均于23日拂晓前完成了一切射击准备。所有火炮一律不进行试射，而以精密法确定射击开始诸元，以保证不暴露炮击企图。为了确保首群炮弹覆盖目标，他们除以仪器侦察外，还使用多种侦察手段，反复搜集和研究有关资料，仔细确定各个打击目标的精确坐标。坐镇厦门前线指挥所的福州军区司令部副参谋长石一宸提审了3个登陆窜犯被俘的金门武装特务，确定金门防卫部指挥坑道口的位置。他们根据各种炮弹的空中飞行时间，精心安排射击计划，力求使各炮兵群的炮弹同时落在各自的目标区。参战的鱼雷快艇部队和航空兵部队，也于22日深夜秘密进入战位。这时，459门火炮、80余艘舰艇、200多架飞机，好像猛虎、蛟龙和雄鹰，从多个方向一齐盯住金门岛。由高炮六十三、六十四师，空军高炮一〇三师和二十八军、三十一军、六十四军一九二师的高炮部队，共六个团零五个营组成的两个高炮群，担负着莲河、厦门地区的防空任务。

8月23日下午，福建前线天气晴朗，17时30分，前线部队指挥员发出命令："开始突击！"成群成串的炮弹向金门方向倾泻过去，金门岛顿时陷入烟雾火海之中。2600余发炮弹，先后逐群地从不同方向，准确地落到金门北太武山国民党军的阵地上。20分钟以后，国民党军炮兵开始还击，发射炮弹2000余发，但很快被解放军的炮火压制下去。炮战持续两个多小时。解放军取得了重大胜利，毙伤国民党军官兵数百人，击伤由大型坦克登陆舰改装的货轮"台生"号，破坏了金门的有线通信系统。

在这次战斗中，金门国民党军集中5个重炮连的火力，向对其威胁最大的晋江围头海岸炮兵一五〇连猛烈射击。一发空炸榴弹在一号炮的右后方爆炸，弹片击中崖孔中的火药包，顿时，炽热的火焰包围了火炮。

炮手们立即散开灭火。为使火炮不致被国民党军的炮弹击中，方向瞄准手安业民冒着大火，在炮位上迅速地转动炮身，只几秒钟，就把炮身旋归零位。但是，他自己成了一个火人，几乎烧成灰烬的海魂衫和皮肉粘在一起，散发出刺鼻的气味。大火很快被扑灭，安业民却昏迷过去了。金门国民党军打来的一群炮弹，把安业民从昏迷中震醒。当他听到“继续战斗”的命令时，便不顾一切地冲过战友们的阻拦，抢先奔上炮位，射出一串串炮弹。安业民以钢铁般的意志忍受着人们难以想象的痛苦，坚持战斗 40 分钟，直至胜利完成任务。安业民全身 70% 的皮肤被严重烧伤，送进医院后，因伤势过重，抢救无效，献出了年轻的生命。安业民的壮烈行为和顽强精神，极大地激励着前线三军继续战斗，也在全国引起了巨大的反响。朱德委员长挥笔题词：“共产主义战士安业民永垂不朽”。林伯渠书写了“春华永茂浩气长存”八个大字纪念他。郭沫若和谢觉哉也都赋长诗赞颂他。中共海军委员会根据安业民生前的申请，追认他为中国共产党正式党员。

为迅速扩大战果，福建前线部队于 8 月 24 日又组织 36 个炮兵营、6 个海岸炮兵连和 1 个快艇大队、2 个护卫艇中队，对金门国民党军进行了第二次大规模的联合打击。当日下午，锚泊在料罗湾内的 17 艘国民党军舰艇，有增兵金门的，有输送物资的，也有前来抢修“台生”号运输轮的。为掩护这些舰艇的活动，金门国民党军炮兵向厦门、莲河地区猛烈射击。解放军前线炮兵当即以近万发炮弹给予还击。17 时 40 分，料罗湾内的舰艇被迫向外逃窜。解放军隐蔽待机的第一梯队 6 艘鱼雷艇，在快艇大队参谋长张逸民的率领下，立即出击。当艇队驶过金门南方的东碇岛附近海面时，遇到岛上国民党军炮火的拦阻射击。驻镇海地区的解放军海岸炮兵当即开炮还击，第一群炮弹就命中目标，连放 3 群，国民党军的火炮就成了“哑巴”。艇队迅速进入金门海域后，发现国民党军“中海”号和“台生”号大型运输舰、“美乐”号中型运输舰和几艘小型警戒艇。双方距离 30 链时。国民党军舰没有发现解放军的艇队。张逸民命令全队展开成两个突击群，直取2艘大型运输舰。当距离缩短为4链时，国民党军竟打开信号灯联系，发现不是自己人，才仓皇开炮射击，但已来不及转向规避。解放军两个鱼雷艇突击群，冒着密集的炮火，分头向“中海”号和“台生”号猛扑上去。张逸民一再传令：“沉着，放近打！”直至距离缩短到2链左右时，才分别向各自的攻击目标施放鱼雷。国民党军“中海”号被命中一雷，负了重伤。4000多吨的“台生”号被轰开两个大洞，渐渐下沉，舰上官兵在浓烟烈火中纷纷跳海逃生。

完成海战任务后，解放军175鱼雷艇在施放烟雾掩护艇队撤出战斗时，左主机中弹，机舱起火。为了顾全大局，使其他艇安全撤离，175艇毅然坚持自行返航，但终因大量进水而沉没。12名艇员落水后，分为两个小组，由艇长徐凤鸣、政治指导员周方顺带领，决心游回大陆。有的人被冰凉的海水冻僵了，另一人就解开救生衣用自己的身子去暖和他；有的人饥饿困乏得支持不住了，别人便拉住他的手带着游。他们互相鼓励，互相帮助，把生存的希望让给别人，把死亡的威胁留给自己。经过30多个小时的拼搏，有5人在渔船的救援下回到部队。为表彰他们的英雄事迹，解放军海军领导机关给他们每人记一等功。解放军“八一”电影制片厂把这个故事创作拍摄成电影故事片《海鹰》，在全国播映，该影片产生很大的影响。

金门国民党军遭到8月23日、24日两次打击后，士气沮丧，军心浮动。台湾当局图谋报复，便在空中投下赌注。25日下午，国民党军集中第五、十一两个大队的F-86型飞机48架，飞临金门以东海域上空。其中8架窜至漳州地区，企图引诱解放军航空兵到公海上空作战。解放军驻漳州歼击航空兵九师二十七团1个大队当即起飞迎击，由于没有发现目标而奉命返航。因技术故障而落在大队后面的刘维敏双机，在漳州机场东南上空发现4架国民党军飞机，刘维敏当即下令攻击。他首先咬住后面的1架，对方发现后拼命逃窜，刘维敏则紧追不放。这时，刘维敏的僚机被一架F-86型飞机咬住，急忙上升转弯摆脱。刘维敏在没有僚机掩护的情况下，只身与 4 架国民党军飞机展开激烈的空战，由高度 1 万米打到 1800 米。激战 8 分钟后，击落国民党军飞机 2 架。当他追击另一架国民党军飞机时，不幸被解放军地面高炮部队误击而牺牲。刘维敏为飞行部队树立了以少胜多的光辉榜样，解放军空军领导机关给他追记一等功。

解放军在空战中又一次取得了胜利，但也暴露了空炮协同不好的问题。为此，空军司令员刘亚楼上将和炮兵司令员陈锡联上将专程赶到漳州，发动指战员们总结经验教训，制定了空炮协同作战的原则，密切了空炮的协同。

国民党军在金门地区连遭打击以后，台湾国民党当局被迫于 8 月 25 日停止对金门的海上运输，并决定从 27 日起改变海运方式，由使用“中”字号大型运输舰，改为“美”字号中型运输舰；由从高雄起航，改为从澎湖马公起航；由白天直接进港靠岸卸载，改为夜间驶至料罗湾外海锚泊，然后用小汽艇（船）向料罗湾码头驳运。同时，他们还用运输机在傍晚后向金门运送急需物资和修理人员。

8 月 26 日，彭德怀根据中共中央的指示，给福建前线部队副司令员张翼翔中将打电话，作了新的部署：严密封锁大、小金门和大担、二担等岛屿，以火力割断诸岛之间的联系，使其不能互相支援；以炮兵打击在金门机场起降的运输机；海军要加强对国民党军中、小型舰艇的打击；航空兵要坚决打击进入大陆上空的国民党军飞机，但不要越出领海上空作战。据此，解放军福建前线部队，调整了部署，以入闽参战的炮兵二师二十八团、六师七团，分别加强厦门、莲河两个炮兵群，同时在围头方向建立 1 个远射程炮兵群（后归莲河炮群指挥），从地面、海上和空中三个方面加强对金门的封锁。到 9 月 2 日止，解放军又击沉击伤国民党军舰艇 2 艘，击伤运输机 4 架，歼灭炮兵连 2 个，摧毁各种火炮 10 余门，毙伤人员数百名。国民党军的海上运输补给又被迫停顿。但是，在 9 月 1 日夜间的海战中，由于视度不良，指挥不当，解放军有 2 艘鱼雷艇在负伤后相撞而沉没。

在解放军猛烈炮火的连续打击下，金门国民党军的补给运输一再中断，运达物资很少。从 8 月 23 日至 9 月 2 日，平均每天运抵金门的物资，仅为以前的 5.5%。金门岛基本上被解放军封锁，金门守军处境艰难。①

### 三、反对美舰护航

解放军大规模炮击和封锁金门，给国民党军以沉重的打击。台湾国民党当局以此为借口，企图迫使美国协防金门、马祖。美国政府在连续发表关于台湾海峡局势问题的恫吓性言论之外，急忙调遣太平洋的第七舰队主力和地中海第六舰队的一部分兵力，集结于台湾海峡地区，并从日本、菲律宾和美国本土调来海、空军，加强对台湾海峡地区的侵略活动。至 9 月初，美国在台湾海峡地区已集结各种类型飞机 430 余架，舰艇 60 余艘。

鉴于解放军已经沉重地打击了金门国民党军，毛泽东于 9 月 3 日晚决定：福建前线自 9 月 4 日起停止炮击 3 天，以观各方动态。9 月 4 日，中华人民共和国政府发表关于领海的声明，宣布中华人民共和国的领海宽度为 12 海里，一切外国飞机和军用船舶，未经中国政府许可，不得进入中国领海及其上空。

同一天，美国国务卿杜勒斯在艾森豪威尔总统授权之下，公然发表声明说：“国会的联合决议授权总统使用美国的武装部队来确保和保护像金门和马祖等有关阵地”，“美国已经作出军事部署，以便一旦总统作出决定时接着采取既及时又有效的行动”。美国国务院发言人亦宣称，美国只承认 3 海里的范围，“从来不承认关于 12 海里领海的任何要求”。

美国政府的种种挑衅行为，进一步激起了中国人民的无比愤慨。9 月 6 日，中华人民共和国国务院总理周恩来发表关于台湾海峡地区局势

---

① 《当代中国军队的军事工作》（上），第 394—400 页。

的声明，严正指出中国政府完全有权对盘踞在沿海岛屿的蒋介石部队给予坚决的打击和采取必要的军事行动，任何外来的干涉，都是侵犯中国主权的罪恶行为。他同时警告美国政府，美国如果继续对中国进行侵略和干涉，把战争强加在中国人民的头上，必须承担由此而产生的一切严重后果。周恩来的声明发表后，苏联等社会主义国家的政府和领导人，相继谴责美国对中国的挑衅。世界各国舆论也警告美国必须悬崖勒马。美国公众不满政府的挑衅政策，纷纷写信给报社，反对杜勒斯的声明。连美国前国务卿、民主党人艾奇逊也发表声明，指责美国政府晕头转向。

在解放军停止炮击的三天中，国民党当局连忙谋划新的运输补给方法，乞求美军为其运输船队护航。美国政府为了帮助金门守军打破被封锁的状态，并向中国人民炫耀武力，竟不顾中国政府的再三警告和世界公正舆论的谴责，悍然决定派遣军舰为国民党军护航。

9 月 7 日，国民党海军副总司令黎玉玺及美国顾问，率领由国民党军 2 艘运输舰、5 艘作战舰和美国第七舰队 2 艘巡洋舰、5 艘驱逐舰组成的编队，驶进金门海域。11 时，两艘运输舰进入料罗湾港口，在金门守军轰击厦门地区的炮火掩护下，靠岸卸下军火。14 时 45 分至 19 时，有 4 艘美国护航军舰驶入金门、厦门地区的中国领海内活动。中华人民共和国外交部发言人当即奉命发表声明，向美国政府提出严重警告。

针对台湾国民党军连日炮击厦门地区和美国军舰侵入中国领海为国民党军护航的挑衅行为，中央军委依照有理、有利、有节的原则和中共中央的指示，决定以打击国民党军的方式，来反对美国军舰的护航活动。9 月 7 日 24 时，中央军委电令福建前线部队于 9 月 8 日对金门国民党军进行一次惩罚性炮击。

9 月 8 日上午，国民党海军的“美乐”号和“美珍”号登陆舰，满载弹药、物资和人员，在几艘作战舰和几艘美国军舰的掩护下，由澎湖马公驶出，开进料罗湾靠岸卸载。与此同时，美国军舰先后有 8 艘次再度侵入金门、厦门地区的中国领海，掩护国民党军舰艇。11 时，中国政府向美国再次提出严重警告。从 12 时 43 分起，解放军福建前线部队以 42 个地面炮兵营又 6 个海岸炮兵连，对停泊在料罗湾的国民党军舰艇和金门岛上的重要军事目标突然实施第三次大规模的炮击，“美乐”号舰被击中起火，继而爆炸沉没，“美珍”号舰中弹后慌忙向外海逃窜。这时，武器装备优良、不可一世的美国军舰，竟丢下国民党军船队，仓皇逃至料罗湾以南 5～12 海里处，徘徊观望，始终未敢妄动。这次炮战持续至 18 时结束，解放军共发射炮弹 2.17 万余发。

同日上午，国民党空军 2 架侦察机，在第五大队 12 架 F-86 型飞机掩护下，企图侦察汕头机场。解放军歼击航空兵十八师五十四团，出动 8 架米格 -17 型飞机进行拦击，在南澳岛地区上空展开空战。曾经在 7 月 29 日空战中击落国民党军 1 架飞机而受到提前晋级彰奖励的解放军飞行员张以林，在自己的飞机被击伤后立刻减速，使 1 架国民党军飞机冲到自己飞机的前面，然后紧追不舍，从高度 3500 米一直打到 300 米，开炮 4 次，将这架国民党军飞机击落。在这次空战中，还击伤国民党军飞机 1 架。解放军的飞机也被击落击伤各 1 架。

9 月 9 日，金门国民党军炮击厦门大学。11 日，4 艘美国军舰根据台湾国民党当局与侵台美军拟定的名为“闪电”的运输补给计划，再次掩护国民党军的 4 艘运输舰、7 艘作战舰，向金门进发。从 11 时 19 分起，4 艘美国军舰先后侵入金门、厦门海域。鉴于上述情况，福建前线部队遵照周恩来的指示，决定再次炮击，进行惩罚。当日 14 时 57 分，解放军炮兵以 40 个营另 6 个连的强大火力，对强行靠岸卸载的国民党军舰和金门诸岛的地面重要军事目标，进行第四次大规模炮击。金门诸岛的国民党军炮兵随即进行还击。侵入中国领海的美国军舰同 9 月 8 日一样，在炮击开始后即迅速逃离战区海域，国民党军运输舰也立即起锚逃窜。解放军炮兵遂转入摧毁和压制金门地面军事目标。在激烈的炮战中，国民党军炮兵集中六七个阵地的火力，轰击解放军炮兵三师十七团四连的阵地。一颗炮弹在二班弹药室旁爆炸，药筒起火，火焰蹿入炮床，越烧越大。二班长当即命令全班撤离进行隐蔽。这时，装填手胡德安刚把一发炮弹送入炮膛。炮膛本来已经打得发烫，再加上大火一烤，温度更高，若不立刻将炮弹打出去，就会发生膛炸，毁掉火炮。在此千钧一发之际，胡德安不顾火燎烟呛，忍着剧痛，摸到拉火绳，把炮弹打了出去。胡德安却被严重烧伤，烧伤面积近 70%。战斗结束后，福州军区炮兵领导机关给他记了一等功。18 时，解放军停止射击，共发射炮弹 2.5 万余发，摧毁金门国民党军各种军事设施 10 处，击伤其运输机 1 架。

解放军 9 月 8 日和 11 日 2 次炮击，使台湾对金门的运输补给再度发生严重困难。美国军舰为国民军舰艇护航的行动及美国的军事冒险政策，进一步受到国内外舆论的指责，而解放军炮击金门的正义行动得到了支持。美国的一位金融家在给艾森豪威尔的电报中说，美国采取军事行动使中国沿海岛屿继续置于蒋介石的控制之下，“实际上就是干涉中国的内战”。加拿大《金融邮报》的一篇文章说：“现在中国共产党人正在采取步骤来消除自己大门口的威胁，把这叫作侵略完全是胡说八道。”[①]

### 四、连续打击，陷金门国民党军于困境

台湾国民党当局依靠美国军舰护航、用中型运输舰在白天靠岸卸载的运输计划破产后，改变主意，于 9 月 13 日凌晨，用“美”字号运输舰趁夜暗之机进行偷运；上午先用拖船拖带小型登陆艇航渡，再以抢滩卸载的方式向金门运送物资。这两次都因遭到解放军炮火的猛烈打击而失败，2 艘“美”字号运输舰被解放军击伤。9 月 14 日，台湾国民党当局再次改变运输方式，在海上用“中”字号大型运输舰装载水陆输送车航渡，水陆输送车于解放军火炮射程外泛水，然后直接抢滩上陆卸载；在空中以运输机进行夜间空投行动，并加大空投量，由每天两三架次增至六、七架次。当日中午，国民党军“中”字号运输舰和“联”字号登

① 《当代中国军队的军事工作》(上)，第 400—404 页。

陆艇各 1 艘，在作战舰艇的掩护下，驶至料罗湾以南，施放水陆输送车 17 辆，输送物资上岸。傍晚又出动 C-46 型运输机 7 架次，飞至小金门进行空投。国民党军这两次试运，虽然遭到解放军炮火的打击，损失水陆输送车 2 辆，但台湾国民党当局认为这还算成功，于是便确定从次日起如法进行运输。

为使金门国民党军继续陷于困境，解放军炮兵部队从 9 月初起，开展群众性的零炮射击活动。毛泽东于 9 月 13 日对此作了肯定，并电令参战炮兵部队全面开展这一活动，要求做到白天黑夜打零炮，每天 24 小时，特别是黑夜，特别是对料罗湾三海里以内，打零炮（每天打二三百发），使敌昼夜惊慌，不得安宁，以增强全面封锁的效果。15 日深夜，中央军委决定，为进一步封锁金门，炮兵要努力改进射击技术，重点打击驶进料罗湾的运输舰艇及卸载点，切实避免误击美舰，并加强对空投场的炮击；空军要加强大陆沿海上空的巡逻活动，掩护炮兵打击空投的国民党军运输机，并坚决打击进入大陆上空的国民党军战斗机；海军在确不误击美舰的前提下，夜间可予进入料罗湾的国民党军舰艇以打击。中央军委还决定再抽调远射程炮兵、100 毫米高射炮兵和海岸炮兵各 1 个营入闽，以增强对海、空目标的打击力量。9 月 11 日第四次大规模炮击以后，解放军陆军四十一、四十二军炮兵团和炮六师四十一团各一部分兵力，陆续入闽并参加大规模炮击行动，使参加炮击金门的地面炮兵达 14 个团另 7 个营又 14 个连。同时，参战的海岸炮兵也增至 8 个连。

根据中央军委的决定和毛泽东的指示，从 9 月 16 日起，解放军陆、海、空三军以新的攻势对国民党军进行连续打击。至 9 月 20 日止，炮兵击伤国民党军运输舰艇 7 艘，击沉水陆输送车 10 辆，击毁击伤运输机各 1 架，零炮射击也开始奏效；歼击航空兵部队击落击伤国民党军 F-86 型飞机各 1 架；海军舰艇部队击伤国民党军“江”字号猎艇 1 艘。

金门被围困封锁以后，台湾当局虽三番五次变换解救方式，但都无济于事。时值深秋，台湾海峡风浪大作，海上运输更加困难。金门岛上粮弹严重不足，急需补充，士兵御寒被装的补给也迫在眉睫。在蒋介石的一再“督导”下，台湾当局于9月19日召开会议，决定在不惜一切代价加强海上运输的同时，再增大空投量，计划从21日起，每日出动运输机30架次，向金门岛空投物资40吨。同时，再要求美国为其海空运输“提供方便”。9月20日，美军在金门外海至澎湖列岛之间，与国民党海、空军进行了一次联合护航警戒演习。此后，美军采取将其军舰与国民党军运输船队混合编队的新方式，再度为国民党军舰船护航，并派出舰载机在距离金门岛20～40公里的空域活动，为国民党军飞机的空投作掩护。

中央军委考虑到情况变化较为复杂，军事行动必须服从政治和外交斗争的需要，因此在总结前段斗争经验的基础上，于9月24日指示福建前线部队，在对金门的打击封锁中，采取“以炮击为主，海军空军在确实不误击美舰美机和有把握胜利的原则下相机作战”的方针，确保在政治上、军事上处于主动地位。

解放军福建前线部队，遵照中央军委的指示精神，采取新的打击措施，不给国民党军以喘息的机会。为了不误击美国军舰，他们节制海军舰艇和炮兵对国民党军大中型舰艇的攻击，而集中炮火打击其进行驳运的小型登陆艇和水陆输送车。为此，将部分远射程火炮和入闽参战的海岸炮前推，增大对料罗湾海域的控制范围，迫使国民党军运输舰必须在更远的距离上停泊，使驳运的小型登陆艇和水陆输送车因增大航程而更易遭受打击。同时，在料罗湾各主要航道上及沿岸便于水陆输送车上陆的水际滩头，计划移动拦阻射击弹幕和不动拦阻射击火墙，以便一旦发现小型登陆艇和水陆输送车时，即马上呼唤火力，准确实施射击。使用这种方法后，每次都能毁伤几个目标，迫使国民党军的小型登陆艇和水陆输送车，由分批次成一列横队抢滩上陆，改为以多方向的单个跃进方式抢滩上陆，因而增加了驳运的时间和指挥的困难。

为了有效地打击国民党军的空投活动，解放军炮兵和空军一面充实打击兵力，调整部署，抽调空军探照灯部队到厦门前沿配合炮兵射击，并加强空情报知勤务和通信联络工作；一面反复研究和改进对空投飞机的打击方法，把射速快、初速大的加农炮和中口径高射炮，配置在前沿阵地内，对国民党军各个空投场，计划正面宽 600 米、炸高为 300 米和 500 米的两层火力网，使国民党军的运输机从进入空投场上空到退出，始终处于浓密的炮火包围之中。而在打击空投飞机以后，又可马上转移火力，射击空投场，摧毁着陆物资，杀伤地面人员。我军还在前沿突出部和近岸岛屿上，设置模拟灯光信号，诱使国民党军的运输飞机在夜晚造成错投和误投。自 9 月 23 日至 29 日，福建前线解放军又击落国民党军运输机 1 架，击伤 2 架。

在解放军的全面封锁之下，国民党军的空投行动十分困难。运输机有的刚至金门上空即被迫折返，有的仓皇抛下部分物资即迅速逃遁，有的将物资投入海中，有的将物资投到解放军的阵地上。因此，国民党军的空投任务没有一天能如数完成，平均每日只能出动飞机 20 来架次，最多的一天也不过 28 架次。空投物资数量甚少，杯水车薪，无济于事。于是，台湾当局又与驻台美军反复计议，决定调集空军第六联队的全部飞机，从 10 月 1 日起，每日出动运输机 120 架次，以换人不换机的办法，昼夜不停地进行运输和空投，使日投物资量达到 60 吨。解放军前线指挥部获悉这一情报后，决定组织歼击航空兵，利用美机掩护的间隙，游猎国民党军的运输机。

10 月 3 日，国民党空军预定白天出动运输机 39 架至金门空投。第一批 12 架，从 19 时 30 分开始，在 2 批 16 架 F-86 型战斗机的高空掩护下实施空投。解放军 3 批 24 架米格 -17 型歼击机立即在 20 分钟内起飞，活动于同安、漳州一带上空，牵制国民党军的战斗机，分散金门雷达和高炮的注意力。同时，驻晋江机场的歼击航空兵十六师四十八团副团长曹双明率领 1 个中队，悄悄起飞，从低空出击，在围头东南发现了国民党军的运输机群。为了避开金门高炮的火力，曹双明果断地放过已接近大金门上空的头5架运输机，指挥全中队在金门以南领海上空，打击后面的运输机。他们采用低空、中速、一次进入，抵近攻击，即打即离的战法，迅猛地一举击落C-46型运输机2架。在1.2万米高空掩护空投行动的国民党军战斗机群，还未作出反应，解放军空军歼击机中队已由300米低空高速掠过大金门西部上空，无一损伤地返回基地。解放军空军的这次突然袭击，不但打乱了台湾当局对金门的空投计划，还迫使蒋介石亲自下令停止国民党军的昼间空投活动。

与此同时，参战炮兵部队继续有计划有重点地集火打击和摧毁金门的重炮阵地。为了弄清目标的精确位置，炮兵部队开展寻找对方炮位的活动。航空兵在地面炮兵部队的协同下，还对金门实施两次十分成功的侦察照相，为更有效地实施炮击提供了依据。

在这段时间内，解放军炮兵的作战行动主要是进行零炮射击。各炮兵群认真总结零炮射击的经验，在责任射击地带内划分区域，指定射击单位，将开炮权力下放到营，昼夜不停地对金门诸岛实施零炮射击。他们既打岛上，又打海面；既打固定目标，又打人员、车辆和船艇等活动目标；既重点摧毁155毫米以上口径的重炮，又不放过前沿阵地上的直射火炮和大口径机枪等步兵火器。自9月21日至10月5日，解放军每天打击的目标，少则30～50个，多则60～80个。整个金门岛，不是阵地中弹起火，就是营区落弹冒烟，装备物资不断被损耗，人员受到很大的杀伤。在半个月内，金门守军被摧毁的各类工事和设施241处，火炮10门，汽车9辆，运输船艇6艘，他们防不胜防，军心浮动，士气沮丧，怨声载道，解放军开展的零炮射击行动，积小胜为大胜，在军事上达到了封锁和连续打击的目的，在政治上起到了动摇、瓦解国民党军的作用。

台湾当局不惜巨大代价，竭尽全力增大对金门的运输量，但仍然满足不了金门守军的需求。在9月14日至10月5日的22天内，金门平均每日补充物资约171吨，只为战前日运量的42.6%，无法改变金门被封锁的困境。[①]

## 第三节　打打停停

经过解放军前一阶段的4次大规模炮击，83次中小规模炮击和上千次零炮射击，金门国民党军陷入严重的困境，支持台湾当局的美国也处于进退两难的境地，台湾海峡地区的斗争形势更加复杂。为了稳住金门国民党军，拖住美国，反对美国政府企图制造“两个中国”的阴谋，毛泽东和中央军委及时制订了灵活的斗争策略，组织指挥福建前线部队自1958年10月6日至1961年12月中旬间，采取打打停停的方式炮击金门，打而不登，封而不死，牢牢掌握斗争的主动权。

### 一、改变斗争策略

在金门被全面封锁，空投、护航活动又难以奏效，岛上的国民党军面临严重威胁的情况下，美国和台湾当局都想另找出路。蒋介石故意制造借口，扬言要轰炸闽赣，力图使美国与其并肩作战，共同对付“共军”，进而“反攻大陆”。美国政府则害怕越陷越深，想赶快脱身，但又不愿意放弃侵略政策，于是玩弄起制造“两个中国”的阴谋，要台湾国民党当局放弃金、马。1958年9月30日，美国国务卿杜勒斯公开声称，蒋介石在金门、马祖等岛屿上驻扎部队“是愚蠢的”“不明智的”，也是“不谨慎的”。接着，美国总统艾森豪威尔对此表示赞同。蒋介石当然不能同意，急忙表态说，“我并无接受义务”“深信停火将永远不会实现”。美国和台湾国民党当局，一个欲罢不能，一个欲进不成，各有打算，矛盾加深。

毛泽东审时度势，成功地驾驭着这场斗争。为了反对美国制造“两

① 《当代中国军队的军事工作》（上），第404—409页。

个中国”的阴谋，扩大美国与台湾当局的矛盾，毛泽东当机立断，于10月6日8时指示福建前线部队：“不管有无美机、美舰护航，10月六七两日我军一炮不发，国民党军向我方炮击也一炮不还。偃旗息鼓，观察两天，再作道理。”接着，中央军委根据毛泽东的意图，作出了“打而不登，封而不死”的决策，并指出：在目前，宜减轻对金、马的军事压力，使金、马国民党军能够生存下去，促使其守而不撤；当然，又要使其处于紧张的状态，拖住美国不得脱身，在必要时，我仍可组织像过去那样的大打；总之，临机应变，主动在我，以利统一解决台、澎、金、马问题。10月6日凌晨2时，毛泽东起草的，以中华人民共和国国防部部长彭德怀元帅名义发布的《告台湾同胞书》，宣布暂以七天为期，停止炮击，建议举行谈判，实行和平解决。从此，炮击金门进入打打停停的阶段。

## 二、打而不登，封而不死

十月的金门岛，风沙飞舞，天气渐渐地冷起来了，可岛上国民党军士兵们还穿着单薄的夏装。他们昼夜待在地堡里生活，连吃喝拉撒都不能出外。在过去六周内，他们实在是被憋得透不过气来了。

10月6日，晨曦初露，福建前线广播站一遍又一遍地播送着《告台湾同胞书》：

我们都是中国人。三十六计，和为上计。金门战斗，属于惩罚性质。你们的领导者们过去长时期间太猖狂了，命令飞机向大陆乱钻，远及云、贵、川、康、青海，发传单，丢特务，炸福州，扰江浙。是可忍，孰不可忍？因此打一些炮，引起你们注意。台、澎、金、马是中国领土，这一点你们是同意的，见之于你们领导人的文告，确实不是美国人的领土。台、澎、金、马是中国的一部分，不是另一个国家。世界上只有一个中国，没有两个中国。这一点，也是你们同意的，见之于你们领导人的文告。你们领导人与美国人订立军事协定，是片面的，我们不承认，应予废除。

美国人总有一天肯定要抛弃你们的。你们不信吗？历史巨人会要出来作证明的。杜勒斯九月三十日的谈话，端倪已见。站在你们的地位，能不寒心？归根结底，美帝国主义是我们的共同敌人。十三万金门军民，供应缺乏，饥寒交迫，难为久计。为了人道主义，我已命令福建前线，从十月六日起，暂以七天为期，停止炮击，你们可以充分地自由地输送供应品，但以没有美国人护航为条件。如有护航，不在此例。你们与我们之间的战争，三十年了，尚未结束，这是不好的。建议举行谈判，实行和平解决。这一点，周恩来总理在几年前已经告诉你们了。这是中国内部贵我两方有关的问题，不是中美两国有关的问题。美国侵占台澎与台湾海峡，这是中美两方有关的问题，应当由两国举行谈判解决，目前正在华沙举行。美国人总是要走的，不走是不行的。早走于美国有利，因为它可以取得主动。迟走不利，因为它老是被动。一个东太平洋国家，为什么跑到西太平洋来了呢？西太平洋是西太平洋人的西太平洋，正如东太平洋是东太平洋人的东太平洋一样。这一点是常识，美国人应当懂得。中华人民共和国与美国之间并无战争，无所谓停火。无火而谈停火，岂非笑话？台湾的朋友们，我们之间是有战火的，应当停止，并予熄灭。这就需要谈判。当然再打三十年，也不是什么了不起的大事，但是究竟以早日和平解决较为妥善。何去何从，请你们酌定。

国防部部长彭德怀元帅的文告，得到了台、澎、金、马军民同胞们的欢迎。在暂停炮击后，合众国际社一个记者当天从金门发出报道说：“这个岛上的气氛缓和下来了，每个人的心情都非常愉快。”这个记者又说，虽然金门没有公布彭部长文告，但是停止炮轰的消息“从国民党军的一个炮位口传到另一个炮位，并且口传到了海滩”，士兵们从坑道里走出来互相招手，“高声叫好”。对于这一文告，美国一方面表示“欢迎”，宣布从 8 日起也暂时停止护航；另一方面却硬把中国政府的人道主义措施和爱国主义号召同它的“停火”阴谋混为一谈，并要挟中国人民必须接受它的所谓“永久停火”。蒋介石专门召开军政要员会议，说这个文告“完全是一种骗局”，表示“不予理会”，并强调“宁愿冒继续炮击封锁的危险，亦不愿意美国盟邦退出护航”。他要求美国同台湾当局一起“继续采取坚定立场”，不要退却。

10 月 10 日，是国民党的“双十节”。这天，国民党空军共起飞 44 批 182 架次作战飞机，对大陆进行挑衅。上午 7 时，国民党军 6 架 F-86 型飞机窜入福建龙田地区上空，人民解放军歼击航空兵十四师四十二团 1 个大队当即起飞迎击。几分钟以后，双方遭遇。只见白云间火光交织，硝烟四起。解放军空军僚机飞行员杜凤瑞为了援救长机，不顾自身危险，切入重围之中，面对四倍于己的国民党军飞机，左冲右突，大胆厮杀。数声炮响之后，1 架国民党军 F-86 型飞机尾部冒火，从白云中翻滚坠落，驾驶员张迺军跳伞刚一落地，就被民兵活捉。当杜凤瑞驾机正要爬高时，1 架国民党军飞机击伤了他的飞机，接着又冲到他的前下方。杜凤瑞迅速抓住有利战机，一头猛扎下去，对准该机狠命一击，打得它在空中开了花，可是他自己的飞机也随即失去操纵。杜凤瑞沉着地跳伞，徐徐地下降。突然，1 架国民党军飞机从高空扑下来朝他射击，夺去了他的生命。一直在跟踪国民党军飞机的解放军高射炮兵一〇五师五二一团四连，在目标距离缩到 2600 米时，果断开炮，一个长点射，把这架国民党军飞机击中栽进大海。杜凤瑞牺牲后，被追记一等功，全军开展了学习杜凤瑞的活动。1964 年 9 月，杜凤瑞生前所在的飞行中队被命名为“杜凤瑞中队”。国民党空军遭到沉重打击之后，活动范围基本上退缩到大陆海岸线外。

10 月 12 日午夜，炮击暂停七天的限期已满，金门岛上的国民党军又紧张起来，全岛黑灯瞎火，官兵们藏身在坑道和掩体中，整个晚上没有动静。13 日凌晨，福建前线广播站又播送由毛泽东新起草的国防部部长彭德怀元帅对福建前线人民解放军的命令。命令写道：“金门炮击，从本日起，再停两星期，借以观察敌方动态，并使金门军民同胞得到充分补给，包括粮食和军事装备在内，以利他们固守。兵不厌诈，这不是诈。

这是为了对付美国人的。这是民族大义，必须把中美界限分得清清楚楚。我们这样做，就全局说来，无损于己，有益于人。”命令指出：“台湾的发言人说：停停打打，打打停停，不过是共产党的一条诡计。停停打打，确是如此，但非诡计。你们不要和谈，打是免不了的。”命令最后又强调：“台、澎、金、马整个地收复回来，完成祖国统一，这是我们六亿五千万人民的神圣任务。这是中国内政，外人无权过问，联合国也无权过问。……金门海域，美国人不得护航。如有护航，立即开炮。”

国民党军官兵相信人民解放军是言而有信的，于是纷纷出洞活动，金门岛又重新显出生气。运输舰大胆地停泊在料罗湾内，载重汽车一直开到码头边。当转运物资的登陆艇靠近海岸时，国民党军官兵蜂拥而上，赶快抢运。在阵地附近，三三两两的士兵蜷缩在洞边晒太阳。官兵们背地议论说：“中国人总归是中国人，和平解决台、澎、金、马，我们就一个也死不了。”继续暂停炮击的消息传到台湾，蒋介石心事重重，一怕军心动摇，二怕美国趁机压他，减少金、马驻军。美国却显得十分得意，说是由于美国政府的“强硬”政策才带来台湾海峡地区的和平；中国再次停止炮击，将会变成“永久停火”。17 日，美国宣布，将当时驻在台湾的“奈克－赫尔克里士”地对空导弹营的导弹设备交给国民党军使用，另有许多坦克正在运往台湾的途中。18 日，美国又宣布，国务卿杜勒斯将在 21 日到台湾同蒋介石会谈。19 日，美国海军船坞登陆舰“橡树山”号，驱逐舰“麦克凯恩”号、“汤马逊”号、“科格斯威尔”号，侵入金门海域，为国民党军护航，时间长达 5 个小时。因此，中央军委决定提前于 10 月 20 日 16 时恢复炮击。福建前线部队迅速组织 32 个炮兵营又 5 个海岸炮兵连，对金门实施第五次大规模炮击。沉寂了 14 天的福建前线，又响起猛烈的炮声，8800 余发炮弹呼啸着直袭金门，击中国民党军“中”字号运输舰 3 艘、大型货船 1 艘，C-46 型运输机 1 架、阵地及观察所 10 余处。国民党军被打得晕头转向，70 分钟后才开始还击。

蒋介石得到解放军提前恢复炮击的消息后，马上同他的“外交部部长”黄少谷和驻美“大使”叶公超研究对策。21日上午，杜勒斯到达台北，下午即开始和蒋介石会谈。他知道直接提出让台湾脱离中国，蒋介石不会同意，就转弯抹角，试探着询问有无可能从沿海岛屿撤出驻军。蒋介石愤懑地回答：“在我活着的时候不会撤军。”杜勒斯只好让步，改变要蒋撤退金、马的打算，又许诺增加援助。蒋介石这才同意“减少金，马驻军”、对大陆“放弃使用武力”，并签署了公报。23日下午，当杜勒斯说着“我感到非常非常的满意”的话登机离台时，蒋介石才觉察到中了杜勒斯的圈套。

所谓的“蒋杜联合公报”发表后，美国就在“放弃使用武力”上大做文章，说这个提法对于将来有着极为重大的意义，台湾当局将成为“事实上存在的政治单位”，蒋介石今后只有代表“自由世界”的权利。对此，台湾方面自然不能接受，再三辩解说，并“没有承诺完全放弃武力”。杜勒斯亲自跑到台湾欺压蒋介石的做法，在台湾军政人士和舆论界中，引起了前所未有的忧虑和愤懑。他们纷纷谴责美国，进而要求草山老人“面对现实”，“自己掌握命运”。

杜勒斯回到华盛顿后的第二天，即10月25日，中华人民共和国国防部部长彭德怀又发表第三个文告——《再告台湾同胞书》。这个文告，用杜勒斯当时的所作所为，揭露了美国人迫于形势改变政策，第一步要孤立台湾，第二步要托管台湾的新阴谋；重申“中国人的事只能由中国人自己解决，不许美国插手”的严正立场；并以张作霖被人治死于皇姑屯的历史事件为印鉴，提醒台湾当局当心美国人的毒计。文告在进一步划清内战与外侮之间的界限后，语重心长地指出：“一切爱国者都有出路，不要怕什么帝国主义者。化敌为友，此其时矣！”为了一致对外，文告宣布：“逢双日不打金门的飞机场、料罗湾的码头、海滩和船只，使大金门、小金门、大担、二担大小岛屿上的军民同胞都得到充分的供应，以利长期固守。如有不足，只要你们开口，我们可以供应。”但仍以无美军护航为条件。

《再告台湾同胞书》发表后，引起了巨大的反响。世界舆论界普遍认为，彭德怀的《再告台湾同胞书》讲得合情合理，是对“蒋杜联合公报”的直接答复。日本广播电台发表评论指出：美国制造“两个中国”的打算是不会成功的。因为这种打算，对于主张中国只有一个，台湾问题是内政问题的中国说来，不是它所能容忍；对于蒋介石来说，它们基础就会动摇，会名副其实地变成台湾政府，或者是造成西方部分国家所想象的托管，国民党对此表示强烈反对，也是理所当然的。文告也使某些美国人产生忧虑，担心“由于国民党内部反美情绪的增加，国共和解的情绪事实上也在增加之中，特别是在中下层国民党人士之间”。因此，杜勒斯只好又亲自出台，在华盛顿举行记者招待会，对《再告台湾同胞书》发表一通议论，说什么打打停停、半打半停的做法，是“离奇的”，也是“不文明的”，力图消除它的影响。

10 月 31 日，中央军委又决定：“今后逢双日对任何目标一律不打炮，使国民党军人员能走出工事自由活动，晒晒太阳，以利其长期固守；逢单日略为打一点炮，炮弹一般不超过 200 发。”从而使炮击金门的双日“四不打”发展为“双日不打单日打”。

11 月初，为揭露美国政府的战争边缘政策，表示中国人民对艾森豪威尔政府蛮横干涉中国内政的义愤，同时也使蒋介石得到拒绝从金、马减少军队的口实，中央军委决定于 3 日再次炮击金门。炮击前，福建前线部队司令部向金门同胞作了广播预告。这一天，前线炮兵部队集中 33 个营又 1 个连，对金门实施了第六次大规模轰击。5 日，解放军又奉命发射炮弹 3000 余发。莲河地区炮兵部队采用扩大阵地配置正面和设置假阵地诱惑对方的方法，对付国民党军的炮火回击，创造了国民党军回击 1000 余发炮弹而解放军无一伤亡的战例。7 日，解放军又以 21 个炮兵连对金门实施零炮射击。

金门地区连续的隆隆炮声，使蒋介石又添愁绪。为了安抚蒋介石，美国政府派助理国务卿帮办帕森斯出面，向台湾当局作出美国决不损害台湾利益的新保证。不久前还胁迫蒋介石撤出金、马的杜勒斯，也忽然改变腔调，同意“金门连同马祖的防务，是同台湾和澎湖的防务密切相关”的。

1959年的元旦刚过，大金门岛上的国民党军炮兵突然于3日向大嶝岛滥施轰击，造成山头村托儿所31名儿童死亡，17人受伤。国民党军这一罪恶行为，激怒了福建前线广大官兵和全国人民。中央军委决定于1月7日向金门实施第七次大规模打击。为了表示只惩罚少数作恶分子和利于国民党军继续固守金门，中央军委规定，此次炮击目标只限于炮兵阵地。7日下午2时，解放军的28个营又8个连的炮火射向金门岛。入夜，解放军炮兵继续猛烈炮击，金门岛上燃起的大火映红了大海和夜空。战斗中，国民党军虽然使用不少新的机动火炮进行还击，发射炮弹7000余发，企图争夺炮战中的局部主动权，但是终究没有得逞。这次炮击，解放军耗弹2.6万多发，击中金门炮兵阵地12处、观察所15个，打死打伤一部分国民党军官兵。

金门国民党军遭到第七次沉重炮击后，气焰大有收敛，对大陆只维持零炮袭扰。福建前线部队根据中央军委1月9日关于“今后逢单日不一定都打炮”的指示，炮击次数也随着时间的推移而逐渐减少。炮击金门的作战行动，由开始时的万炮齐轰、全面封锁的雷霆之势，经过打击要害、封而不死、给予出路的一张一弛阶段，转到此时的零星炮击，不封不锁、让其固守的悠然状态。

福建前线部队在对金门发射实弹的同时，兼向金门发射宣传弹，散发《告台湾同胞书》《中华人民共和国国防部命令》和《再告台湾同胞书》等文告，及时揭露美国的侵略阴谋，阐明中国政府对台湾海峡局势的严正立场和解放军实施炮击的宗旨。在双日和其他不打炮的日子里，解放军战士和沿海民兵群众利用刮东北风的时机，把带着宣传品的一只只纸鸢、一个个气球和一排排矗立着标语牌的竹筏，飘放过海，给金门岛上的军民同胞送去大陆亲人的温暖、关怀和期待。1958年，解放军福建前线部队向金门发射宣传弹近6000发，“空飘”气球2000多个，散发宣传品 1.65 万公斤。以后每年平均向金门发射宣传弹 1 万发左右，散发传单约 500 万份。

## 三、炮击示威

1960 年 6 月 16 日，美国总统艾森豪威尔由马尼拉前往台湾“访问”。这时，美国海军第七舰队侵入台湾海峡已整整十年。从 1958 年 9 月美国军舰入侵福建沿海，中华人民共和国外交部发言人提出第一次严重警告，到此时已达 108 次，可美国仍然置之不理。为了反对艾森豪威尔“访问”台湾，中央军委决定：按照单日打炮的惯例，于 6 月 17 日艾森豪威尔到达台湾的前夕，和 6 月 19 日艾森豪威尔离开台湾的时候，在福建前线举行炮击示威，炮击目标是大、小金门面向大陆的滩头、空旷无人地区和无工事的山头。遵照中央军委的命令，福建前线部队政治委员刘培善中将，组织炮三师，炮六师七团、四十团，二十八军、三十一军、福建省军区所属炮兵部队和四十一军、六十军炮兵团各一部，共 35 个炮兵营的 420 余门火炮突施炮击。由于解放军行动隐蔽，又逢阴雨，不易观察，因此金门国民党军对解放军炮击准备事先没有任何察觉。直至 17 日下午 5 时，大陆广播福建前线部队司令部《告台、澎、金、马军民同胞书》，宣布要进行示威炮击的消息后，金门国民党军才大吃一惊，防卫部和美军顾问组争先将文告内容抄报台湾，请示对策。在蒋介石的授意下，金门国民党军基本上按文告的要求行事。停泊在料罗湾内的两艘军舰立刻开往外海，金门各雷达站马上停止工作。地面人员陆续躲进坑道，驻大担岛的国民党军把猪也赶进洞里。

17 日 20 时，一组红色信号弹腾空而起，弹指间，大炮雷鸣，反对美国总统艾森豪威尔访问台湾的强烈示威炮击开始了。这时，艾森豪威尔乘坐的军舰正驶抵台湾火烧岛附近，一听说打炮，即刻加速驶向基隆港。艾森豪威尔无可奈何地指责“中共不加选择地炮击”。在解放军炮击时，金门国民党军纷纷报告说：这次比“八二三”炮击更猛烈，但弹着点都在滩头、水际和阵地之间，情况良好，没有伤亡。国民党军各部的通信人员在联络时，也互报平安，个别人还开玩笑说："老兄，解放军不是打我们的！"炮战中，金门仅向大陆莲河地区打了28发炮弹，以示还击。美方对此甚为不满。23时，解放军再次向金门进行了40分钟的炮击。这一天，福建前线炮兵共发射炮弹3万余发。美国国务院一反常态地对此提出抗议。

19日早晨，艾森豪威尔即将离开台湾，解放军福建前线部队又于6时和8时半2次开炮示威。每次炮击50分钟，共耗弹3.8万余发。解放军炮击一开始，台湾当局即查询弹着情况。40分钟后，金门国民党军进行还击，炮弹也是打在滩头及田野里。台湾当局再三要求报告还击的具体情况，大、小金门岛上的国民党军只好又装模作样地向大陆打了千余发炮弹。解放军停止炮击后，国民党军也恢复正常状态。[①]

## 第四节　停止炮击

1961年12月中旬，遵照中央军委关于保持台湾海峡局势稳定，不主动打击金门国民党军的指示，福建前线部队主动停止了实弹炮击。至此，炮击金门作战即告结束。此后，福建前线部队只在单日向金门打宣传弹。金门国民党军除偶尔打点零炮外，也主要是打宣传弹进行回击。这种局面持续了17年多。

1979年元旦，中华人民共和国全国人民代表大会常务委员会发表《告台湾同胞书》，宣布了争取和平统一祖国的大政方针。国防部部长徐向前亦于当天发表《关于停止炮击大、小金门等岛屿的声明》。声明说："台湾是我国的一部分，台湾同胞是我们的骨肉兄弟。为了方便台、澎、金、马的军民同胞来往大陆省亲会友、参观访问和在台湾海峡航行、生产等

① 《当代中国军队的军事工作》(上)，第409—420页。

活动，我已命令福建前线部队，从今日起停止对大金门、小金门、大担、二担等岛屿的炮击。”至此，解放军完全停止了对金门打宣传弹的活动。

炮击金门的作战行动，表达了中国政府坚决反对美国企图制造“两个中国”的立场。在这场军事和外交相结合的斗争中，中国人民既严惩了国民党军队，又挫败了美国当局干涉中国内政，制造“两个中国”的阴谋，同时也支援了中东人民的民族解放运动，鼓舞了中国人民和世界人民反对帝国主义、殖民主义的斗争，在国内外产生了很大的影响，就连台湾当局也曾慨叹美国的政策是不可靠的冰山。

炮击金门，本是中国的内政，只因美国的无理干涉，才使斗争复杂化、尖锐化，以致具有长期性和艰巨性。炮击金门的表现形式虽是军事斗争，实质上却是一场政治斗争和外交斗争。其中的每一步骤、每个环节，都是有计划地进行的，充分体现了军事斗争服从政治、外交斗争的原则。由于中国政府灵活运用斗争策略，坚持有理、有利、有节的斗争方针，因而始终掌握了斗争的主动权。炮击金门的胜利，是福建前线军民齐心协力，团结战斗的结果。在福建前线部队受领作战任务之后，福建省人民政府立即调整和充实了各级支前机构，向各地区、市、县下达了支前任务，要求做到“要人有人，要物有物”；同时，迅速组成福建省支援前线指挥部，由一名副省长率领，到厦门具体组织指挥全省的支前工作。仅在炮击开始前，地方就供应前线部队木料近 4 万立方米，麻袋 50 万条。大嶝岛男女老少齐出动，配合解放军，冒着狂风暴雨，在国民党军的炮火威胁下，奋战两昼夜，修筑了 6.5 公里的环岛急造军路。据统计，在战斗发起前和打响后的最紧张日子里，厦门的民兵和群众直接参加支前和作战的，每日平均 4000 人以上；全省共动员各种支前民工 48.5 万人次，仅构筑工事就支援 56 万个劳动日；水陆输送各种作战物资达 36 万吨。炮击金门的胜利，又一次证明了人民战争的巨大威力。①

① 《当代中国军队的军事工作》(上)，第 420—422 页。

# 第五章
# 战备训练

人民解放军福建前线部队肩负守卫海防重任，始终保持随时准备打仗的战斗状态，认真落实各个时期的战备训练任务。

## 第一节　确保厦门的战备行动

1950 年 6 月 25 日，朝鲜战争爆发。10 月 4 日，中共中央和毛泽东主席作出“抗美援朝，保家卫国”的战略决策；同时，准备应对美国直接对中国宣战和抗击台湾国民党军对东南沿海的进犯。中央军委随即向解放军华东军区下达关于“确保厦门”的抗击国民党军登陆窜犯的战备指示。

解放军华东军区和第十兵团遵照中央军委的战备指示，对敌情进行分析研判，认为台湾金门国民党军可能趁中国人民志愿军赴朝作战之机，调动 5 至 7 个军，约 15 万至 20 万兵力，在厦门至汕头之间实施登陆，最大可能是以金门为依托，登陆占领厦门，把厦门、金门连成一片，作为“反攻大陆”的跳板。分析研判认为，国民党军登陆进攻厦门大致三种战术手段：一是避开正面，攻击两翼，切断厦门岛与大陆的海陆交通，孤立厦门，尔后集中兵力攻占厦门；二是以海空军的兵力火力封锁两侧大陆，陆军主力直取厦门；三是对厦门岛和两侧大陆同时发起攻击，集中兵力夺取厦门岛。根据敌情分析研判，解放军第十兵团作出确保厦门的抗登陆作战部署：以第三十一军的九十一师、九十二师和九十三师全部，加强炮兵第三师和高炮第十团，坚守厦门岛，把进攻的国民党军逼到厦门岛两侧大陆地区，而后集中兵力打击聚歼。

1950 年 12 月至 1951 年 2 月，步兵第九十二师、九十三师、九十一师和炮兵第三师十三团及高炮第十团相继进驻厦门岛，军指挥机关由晋江安海进至同安再进至厦门岛内，实施靠前组织指挥。九十三师配置在鼓浪屿、市区至溪头一线；九十二师配置在溪头、香山、坂美、龙山、东坪山一线；九十一师配置在钟宅、墩上、塘边、江头一线；炮三师十三团和各步兵师、团属炮兵，统一组成 9 个固定炮兵群（地炮 6 个、高炮 3 个），7 个机动炮兵群，由三十一军司令部和炮三师组成炮兵指挥所统一指挥，配合各步兵师作战。第十兵团工兵团和三十一军及各师工兵营，配合各步兵团，按先前沿后纵深、先主阵地后附防工事的次序，昼夜不停抢修防御阵地和工事。至 1951 年 11 月，构筑水泥堡 661 个、土木堡 1609 个、各种炮阵地 718 个、指挥观察所 68 个、堑壕、交通壕和切削陡壁 25 万米、防坦克三角石 7429 块、各种掩蔽部 5000 个、各种铁丝网 26616 米、弹药库和收容所 380 个，形成一个较完备的防御工程体系①。各步兵团与 9 个配属的炮兵群反复进行实弹战术演习，不断调整完善作战预案。各步兵团都设立观察所，组织巡逻分队和渔民对海上巡逻、警戒。突击培训 120 名越海侦察员，组织九十一师和九十二师侦察分队对大、小金门进行 4 次越海抵近侦察，对大小金门的敌情、地形、工事、海情、气象进行全面系统调查，为抗登陆作战提供情报资料。突击完成岛内 619 公里有线电杆线架设，保证通信联络畅通。派出 49 名干部与厦门市政府共同组成支前司令部，动员和组织群众积极投入战备支前。

中央军委高度关注确保厦门的抗登陆作战准备。毛泽东多次询问

---

① 陆军第三十一军军史编写组：《陆军第三十一军军史（初稿）》第二册，1979 年，第 6 页。

三十一军的战斗力和备战情况，指示华东军区务必全力做好战备、确保厦门。1951 年 4 月，华东军区陈毅司令员在第十兵团叶飞司令员陪同下来到厦门，传达毛泽东和中央军委的指示，视察检查战备工作，并会见了已经从新加坡回集美定居的陈嘉庚先生和厦门市市长梁灵光，听取陈嘉庚和梁灵光从海防和经济建设考虑提出的修建厦门海堤的建议。1951 年 6 月，在中共中央政治局的一次会议上，陈毅提出修建厦门海堤的意见和建议，毛泽东表示赞同。1952 年底，在中共中央的一次会议上，陈毅再次提到修建厦门海堤，毛泽东明确指出：厦门海堤一定要修，把钱交给你，由你陈毅负责。随后，中央财政拨款 1300 万元，用于修建厦门海堤。1953 年 6 月，厦门海堤动工兴建，经过 10000 多名工人和技术人员两年多的艰苦奋斗，至 1955 年 10 月，厦门海堤建成通车。与此同时，修建了鹰厦铁路。厦门海堤和鹰厦铁路的建成，为确保厦门海防斗争的胜利和推动厦门经济建设社会发展，发挥了重要的历史性作用。

## 第二节　1962 年紧急战备

1962 年春，台湾国民党当局企图趁大陆出现暂时经济困难之机，准备对大陆东南沿海地区进行大规模的军事进犯，实施“反攻大陆”。6 月 10 日，中共中央发出准备粉碎国民党军窜犯东南沿海地区的指示，要求全党、全军、全国人民提高警惕，从各个方面作好准备，如果国民党军胆敢来犯，就坚决彻底、干净、全部地予以歼灭。

福建前线军民遵照中共中央的指示精神，立即投入紧张的战备工作。前线部队迅速调整部署，加强兵力，掀起战前练兵热潮。5 月下旬起，前线部队进入紧急战备状态。6 月，部队按抗登陆作战方案，结合战区地形特点，进行抗登陆作战急需科目的临战训练。训练主要内容是：新装备武器的使用、应用技术和战术基础科目。经过两个月的训练，担任岛屿和沿海要点防御任务的部队，多数完成了各自防区（点）内各部

（分）队之间的合练演习；担负反击任务的部队，大部分完成了连或营的合练演习。8 月，进行各级首长、司令部训练。从团到军区的首长和机关，都进行了一次系统的抗登陆作战理论学习，并进行了 2～3 次携带通信工具的实地演习。部队着重练单兵、小组战术动作和连、营战术基础科目。基层军官着重学习海岸防御的战术思想和战斗的组织指挥。至 10 月下旬，训练告一段落。经过 4 个月的训练，基层指挥员学会了海岸防御、山地防御战术，掌握了从前沿到纵深、从山脚到山顶的火力配系。

团以上各级首长和司令部熟悉了抗登陆作战预案和战时司令部工作程序，以及各军兵种协同方法。军区对 7 个师、团的参谋人员进行业务考核，成绩总评及格。特种兵训练也取得较好成绩。炮兵对海上目标射击，有 2/3 的单位弹群全部覆盖目标，其余单位绝大部分弹群落在目标区域。喷火兵喷射命中率为 90%～94.6%，汽车驾驶员夜间闭灯驾驶达到及格水平。第二十八、三十一军还针对抗登陆作战中炮兵营对海上集团目标射击、步兵反坦克武器打坦克、永备工事防跳弹等 13 个战术技术问题，进行试验、研究和推广。10 月 25 日至 30 日，福州军区组织了一次军区、军、师三级首长机关带通信工具和部分实兵的抗登陆战役演习。参加演习的有 51 个师以上单位的首长和机关，28 个团及相当于团的单位的首长和机关。参加演习的实兵有 1 个步兵团、18 个步兵营另 8 个步兵连、9 个地炮团、5 个高炮团、4 个武警支队、1850 辆汽车、8 架歼击机，共 36000 人。① 演习采取上级导演下级、首长导演机关的方法实施，演练了反空袭、反空降、海上突击、滩头战斗、围歼上陆敌军和岛屿战斗等课题，研究了陆海空协同与指挥，以及民兵支前参战和兵员补充等问题。这次演习，是人民解放军入闽以来规模最大，参加单位最多，情况设置最复杂的一次实兵演习，较大地提高了海防部队抗登陆作战能力。

在掀起战前练兵热潮的同时，前线部队还在战场预设、物资储备、

---

① 《福建省志·军事志》，第 357 页。

战地救护、家属疏散等方面作了充分准备。前线人民群众和民兵都组织动员起来，准备随时支援和配合解放军作战。新华社于6月23日发表文章，公开揭露台湾国民党当局的企图。由于大陆军民严阵以待和新华社的公开揭露，迫使台湾国民党当局放弃大规模军事冒险计划。

## 第三节　常态化训练①

### 一、正规化军事训练

1953年6月，福建前线部队遵照中央军委的决定，展开正规化军事训练。实行正规化训练后，部队按照中央军委颁布的训练大纲所规定的“以战斗训练为中心、技术训练为重点、进行全面训练”的方针，以及“以训练干部为主”“战备与训练紧密结合”的原则，狠抓了指挥员、司令部训练和部队的战术技术训练。各级指挥员、司令部在学习理论的基础上，进行单级或两级、三级带通信工具的现地首长、司令部演习，主要是演练海岸防御、山地进攻、运动进攻等课目。在技术训练方面，步兵主要熟悉射击、投弹、刺杀、爆破、土工作业五大技术；专业技术兵种侧重了解武器装备的基本性能和结构原理，熟练掌握操作使用和维修保养的技能。在战术训练方面，军委训练大纲要求各野战军每年完成单兵到师的课题。福建军区根据战备任务重、训练时间少的实际情况，重点抓好连以下课目的训练，多数步兵师训练到团的课目，全区每年有1～2个师进行师课目演习。各级还举办了轮训队。至1955年2月，共轮训班至团级干部16871人。通过训练，各级指挥员对本军的编制装备、美军的编制装备和战术特点，对现代化合成军队作战的组织和实施，有了初步了解。90%的指挥员初步学会按照攻防战斗的组织程序组织指挥战斗和组织各兵种协同动作。炮兵、工兵指挥员初步掌握了本兵种的战术、

① 本节内容参考自《福建省志·军事志》，第345—350、357—364页。

技术，懂得如何保障步兵、装甲兵实施战斗的原则。各边防、守岛部队，大都根据其作战任务，在自己阵地上进行战术演习，并据以修正作战预案，改进阵地工事的构筑和火力配系。

1956 年，福建前线部队按照解放军训练总监部的指示，加强以战斗训练为中心的各项训练。各部队正确处理战备与训练、应急的战备训练与按训练大纲进行的战斗训练之间的关系，做到两者兼顾，密切结合，既完成了海防战备及国防工程作业任务，又较好地完成了各项训练任务。全训的陆军第二十八军、第三十一军均完成了从单兵到团的教练，其他部队完成了从班到营的教练。经过两年的训练，野战部队学会了在山地和其他地形条件下的战斗本领和各兵种的协同动作。守备部队基本上掌握了海岸和岛屿防御战的组织实施和基本战斗动作。各部队班、排、连长组织指挥战斗的能力有显著提高。官兵射击都达到较好成绩。1956 年有 13 万人参加步兵武器 6 个练习的实弹射击，优秀、良好者共占 72.74%，不及格者不到 1%。1957 年步兵武器基本射击第一练习实弹射击，7 个步兵师中有 6 个总评优秀、1 个总评良好；基本射击第二练习实弹射击，有 4 个优秀师、3 个良好师。各部队还广泛开展创造“三手”和“一专多能”活动，涌现了大批神枪手、神炮手、技术能手和一专多能的优秀人才。

### 二、群众性练兵比武活动

1958 年召开的中央军委扩大会议，提出了以毛泽东思想为指针，“以我为主”，恢复和发扬人民解放军的群众练兵传统的方针。1960 年，中央军委又提出，必须坚持军事与政治相结合、理论与实际相结合、领导与群众相结合，以及“少而精”“短而少”的原则，在这些方针和原则的指导下，福建前线部队的训练体制、内容、方法、制度等都发生了不同程度的变化。全训部队减少了，训练内容改以毛泽东军事著作及共同科目、基础技术和分队战术为重点，不再强调按级任教，废止了校阅等制度。1959 年，福州军区举办了两期毛泽东军事著作集训班，轮训了全区 61% 的军、师职干部。70% 的团、营干部和 65% 的连、排干部也参加了由军、师举办的毛泽东军事著作集训班或在职学习。这一年和以后几年的毛泽东军事著作学习，不仅对于探索现代条件下的战略、战役问题具有重要意义，而且为军事训练的深入发展奠定了基础。当年，第二十八军、第三十一军以毛泽东军事思想为指针，研究了分队的战术技术合练问题。福州军区于 1960 年举行的领率机关运动进攻战役演习和 1961 年举行的大规模反空袭演习，都是在毛泽东“积极防御”的战略思想指导下进行的。1961 年 11 月，福州军区召开了团以上干部战术研究会议，主要研究在进攻战斗中如何运用毛泽东制定的“集中优势兵力，各个歼灭敌人”的战术。在此期间，各部队的基础战术技术训练也扎实开展。1959 年 2 月，福州军区成立军事科学研究委员会，研究战役、战术的有关问题，指导部队编写条令、教材和进行训练中的技术革新工作。前线部队师以上单位也都成立了军事科学研究委员会和研究室（组）。全区共抽调 480 多名干部参加条令、教材的编写工作。至年底，编写出各种条令、教范、教材共 139 种，出版了 6 集教材选编，保证了部队训练的需要。新编的条令、教范、教材，减少了理论基础科目和师以上规模的合练、演习内容，突出了急需的应用训练内容。据此，驻闽部队主要进行技术训练，单兵、单炮、单车的战斗动作和小分队战术训练。

在教学方法上，改变了照本宣科、死记硬背、讲多练少、理论脱离实际的做法，实行精讲多练，边讲边练，许多课目还由室内搬到野外实地讲解。兵器和射击学理课，过去要讲 240 个轻武器机件的名称和功用，新教材改为 80 件，并重点突出其中的 40 件。采用新条令、新教材后，部队的技术水平有明显提高。1961 年，驻闽部队认真贯彻叶剑英元帅当年 6 月提出的“一切技术训练都是为了‘开得动，打得准，联得上’”的要求，狠抓射击训练，取得较好成绩。10 个步兵师的基本射击第一练习实弹射击，平均及格率达 96.3%；手榴弹投远人均 29 米，人均投弹

35 米以上的连队有 14 个。1964 年 1 月，福州军区和所属各陆军军的军事主官参加了中央军委在南京召开的全军推广郭兴福和郭兴福式的教学法现场会。会后，军区大批团以上领导干部率领机关人员深入连队，与战士同吃同住，摸爬滚打，指导分队训练。军区副司令员朱绍清率领的工作组检查考核了 90 个尖子分队和个人，总结了群众性练兵活动经验。

为了推动群众性练兵运动的深入发展，福州军区于 1964 年 6 月 1 日至 20 日举行比武大会。参加比武的有 22 个连，49 个排，444 个班和 349 个人，连同参观见学者及工作人员，共 1 万余人。比武和表演项目共 780 多个，分兵种、专业，先后在福州、闽侯、白沙、南安邱店等 7 个点进行。7 月中、下旬，福州军区又派出步兵、炮兵、装甲兵、工程兵、通信兵和侦察兵代表队共 940 人，赴河南信阳参加全军步兵（分片）大比武。群众性的比武活动进一步推动了学习和推广郭兴福教学法的运动，一大批思想红、作风硬、技术精、战术活的尖子分队和个人，以及会讲、会做、会教、会做思想工作（简称“四会”）的教练员脱颖而出。陆军师平均每个连有 2～3 个尖子班，有 1～2 名连、排干部和 2～3 名班长达到“四会”的标准。通过普及尖子经验，又普遍提高了部队的技术战术水平。1964 年步兵武器实弹射击，8 个师总评优秀，1 个师总评良好。优秀师比上年增加了 6 个。手榴弹投远，6 个陆军师的步兵连、机枪连，按师平均都在 40 米以上。部队在各种条件下的作战能力显著提高。

陆军第三十一军九十二师二七四团二连，在解放战争中敢于刺刀见红，英勇善战，先后在济南战役、淮海战役、渡江战役、福州战役、漳厦金战役中屡立战功。驻守福建前线后，二连发扬敢打硬拼精神，苦练杀敌本领。特别是在群众性练兵比武活动中，成绩突出，该连七班参加全军河南信阳大比武中，取得多项步兵战斗技术第一名，受到叶剑英元帅的亲切接见。1965 年 9 月 25 日，国防部授予步兵第二七四团二连“红色尖刀连”荣誉称号。

## 三、野营拉练

1970年11月，中央军委主席毛泽东要求全军利用冬季实行一次长途野营训练。福州军区前指于当年12月率领两个军前指以及14个师共5.8万余人，实行长达两个月的长途野营训练。目的是提高在野战条件下走、打、吃、住、藏的能力，增强官兵团结和军民团结。各部队根据行军路线上的不同地形，分别演练山地攻防、强渡江河、遭遇战、村落战、卡口防御、反空降和侦察、警戒、防空等课目，收到了较好的效果。1971年，驻闽部队有61个团以上机关和45个营进行了夏季野营拉练。这次拉练暴露了某些部队平时训练中存在的问题。为此，经中央军委批准，驻闽部队又于1973年8月，以师、团为单位，结合作战任务，组织部队进行为期一个月的夏季野营训练，摸索南方酷暑条件下的行军经验、提高作战能力。此后，福建前线部队每年都在冬季或夏季组织不同规模的长途野营训练。1979年6月以后，根据总参谋部指示，停止了单独组织的大规模野营训练，改为结合演习进行野营训练和举行团以下规模的拉练。

## 四、“三打”“三防”训练

1969年11月，根据中央军委的部署要求，福建前线部队普遍开展以打坦克、打飞机、打空降和防原子、防化学、防细菌为内容的“三打”“三防”训练。1970年至1973年，各部队共培训打坦克骨干2万多人，每个班都有打坦克骨干和小组。沿海一线陆军部队还进行了各兵种协同训练。许多单位制造大批代用器材，用于“三打”训练。福州军区组织了“三防”知识教育和展览，福建前线部队90%以上的干部和医务人员受到教育，促进了群众性“三防”训练的开展。1975年，根据解放军总参谋长邓小平提出的“要把训练放在战略问题的一个重要位置上”的指示，以及总参谋部重新颁布的训练大纲、条令和教材，福建前线部队逐步恢复了正规化训练的秩序，掀起以“三打”“三防”为主的群众性练兵热潮。仅福建省军区所属部队就有387个连次用步兵5种武器、器材进行打坦克训练，成绩均在及格以上；还有77个连进行了打飞机、打空降的技术战术训练。1979年4月，福州军区在陆军某师召开“三打”“三防”训练研究会，福建前线部队团以上领导和机关干部188人参加会议。与会人员参观了会上展示的60项“三打”“三防”器材，观看了反坦克火器效应射击和破坏障碍物的效应试验，以及陆军某师和福州军区独立坦克第1团的17个“三打”“三防”训练课题表演。这次研究会促进了驻闽部队的“三打”“三防”训练。到年底，步兵分队普遍进行了40毫米火箭筒打坦克基础训练，各部（分）队已普及“三防”训练并完成1～2次戴防毒面具的实弹射击。

### 五、抗登陆作战训练

为了有力打击台湾国民党军的登陆窜犯，福建前线部队始终注重抗登陆作战训练。主要训练内容有：反登陆与反冲击战术训练，射击、投弹等技术训练和以步炮协同为主要内容的各兵种协同动作演练。1957年12月，福州军区首次组织新武器条件下集团军在单独方向的海岸防御战役集训。1960年11月，福州军区以假设台湾国民党军占领福建沿海地区后，继续向纵深发展进攻为背景，组织了包括军区空军司令部在内的运动进攻战役领率机关演习。1961年10月，福州军区在师以上干部战役集训的基础上，举行军区、军、师三级首长机关带部分实兵现地携带通信工具的反空袭演习。参加演习的有2.1万余人。演习以台湾国民党军窜犯大陆为背景，演练人民解放军机动作战部队在国民党空军袭击情况下，机动至预定战区，阻击登陆的国民党军和歼灭其空降兵等为内容。此后，根据台湾海峡形势及国际形势的变化，于1962年东南沿海紧急战备期间进行过抗登陆应急训练，在70年代和80年代组织过抗登陆战役训练。

1970 年 3 月，福州军区根据中央军委毛泽东主席关于野营拉练的批示，组织军区前指率军区机关，炮兵、军区空军、海军机关，陆军部队共 6000 余人，在福建境内进行历时 20 天、行程 2000 余公里的野营拉练和抗登陆战役演练。3 月 7 日，参演部队从驻地以徒步行军、摩托化开进和铁路输送等样式向战区机动。开进途中进行了夜行军、野炊露营、反空袭反空降、防原子防化学、强渡江河等课题的训练。随后，在泉州湾地区组织了陆海空三军抗登陆战役实弹演习。这次拉练和演习，对部队是一次很好的锻炼，也使干部组织指挥能力得到近似实战的检验。

1971 年 8 月 18 日至 9 月 5 日，福州军区遵照周恩来总理和中央军委关于加紧做好防止国民党军中小规模窜犯准备的指示，组织全区部队结合作战预案进行战备演练。守备部队进入阵地，反复演练海岸防御战术，机动部队迅速进入预定战区，演练勇猛反击、大胆穿插、断敌退路、围歼登陆之敌的战法；炮兵演练对海上目标射击和支援步兵战斗；海军在闽南、闽中、闽东北海上组织了 8 次实兵演习，着重演练护卫艇和鱼雷快艇协同打敌舰艇，以及海军协同陆军岸上部队支援岛屿战斗；空军演练空中拦截、强击地面（海上）目标、掩护地面部队战斗、反敌机降偷袭和场站的疏散、防护、抢修。军区机关和直属队以及福建省军区机关与部队，分别进行了紧急集合、防空袭、反空降、反小股和反暴乱等训练。这次演练近似实战，收到了预期的效果。

### 六、干部骨干训练

为了改变部队一度缺乏训练骨干的局面，根据中央军委的指示，福州军区各军、师于 1972 年普遍举办教导队，抽调有实战经验的军、师、团领导干部担任教员，分期分批轮训基层干部。教导队按连队编组，学员过战士生活，坚持连队一日生活条例化。到 1973 年，各军、师普遍办了 4 期教导队，基层干部基本上轮训了一遍。步兵已训干部约占应训数的95%，技术兵占85%～95%，海军占70%，空军地面部队占90%。同时，团一级单位举办教导队培训正副班长2.5万多人，从而大大推动了驻闽部队的训练。1975年12月到1976年3月，为贯彻中央军委六月扩大会议精神，落实毛泽东主席“军队要整顿”“要准备打仗”的指示，福州军区先后举办两期军、师、团三级干部集训队，有1661名团以上干部参加集训。这两期集训，主要是认真学习新的《纪律条令》和《内务条令》，进行从单兵到排的队列教练，推动部队正规化建设。福州军区司令员皮定均等领导亲自担任集训队正副队长，起到了“传、帮、带”的作用。军以下单位还集训了39189名连排干部。经过整顿，部队面貌焕然一新。

### 七、空军歼击航空兵训练

1958年航空兵部队进驻福建后，与台湾国民党空军相对峙，经常进行反侦察、反窜扰的空中斗争，福建成为一个很好的练兵场。歼击航空兵部队以国民党空军为主要作战对象，实行“有仗则打，无仗则训”的方针，积极开展战场练兵。

#### （一）战备训练

1958年7月入闽的空军航空兵部队，大队以上飞行干部曾在抗美援朝或在执行国土防空任务中参战，中队以下人员大都没有实战经验。各参战部队边战斗，边训练，边研究，边总结，掀起了研究战术和开展战术训练的热潮。8月下旬，空军司令员刘亚楼上将、福州军区空军司令员聂凤智中将等领导人考察了几个参战部队，与部队共同研究了空战战术和空战指挥等问题。要求参战部队进一步发动群众，解放思想，着重解决几次空战中暴露的带普遍性的问题，把战术研究和战术训练引向深入。入闽航空兵部队针对国民党空军的活动规律和战术特点，不断研究与改进战术。这些战术对策，在实战中取得了较好的战绩。航空兵第四十二团在1958年10月10日的空战中，以疏开队形作战，并采取交替转弯的方法，提高了机群警戒搜索、互相掩护和攻击的能力，取得了击落国民党空军2架飞机的胜利。航空兵第五十六团在1960年2月16日与携带“响尾蛇”空空导弹的国民党空军飞机作战中，采取短兵相接、积极进攻的战法，迫使对方丢弃导弹退出战斗，并取得了击伤其1架飞机的战果。侦察航空兵则创造了条令、教程上所没有的6机编队的照相方法。经过反复试飞和训练，终于取得了成功，于1958年9月23日、25日，两次以6机编队完成了航空侦照任务。

入闽航空兵部队还创造了不少好的训练方法。一是把战术训练和作战任务密切结合起来，作战的方案就是战术训练的内容。每天的战斗准备就是战术训练的准备。战斗机起飞后，如未与国民党军飞机遭遇，就转入战术训练。训练起飞后，也不忘敌情，遇有情况随时转入战斗。二是利用战斗空隙时间，各部队之间开展对抗合练。三是发动广大指战员撰写战术研究文章，总结空战和战术训练的经验。1959年，福州军区空军出版了《空战战术问题研究》共21辑。

（二）专题训练

1960年后，国民党空军启用较先进的RF-101型超音速侦察机，在较长时间内采取低空隐蔽出航、速进速出的方法，对福建沿海地区进行侦察活动，其时速比驻闽空军飞机大300～400公里。针对这种情况，福州军区空军机关组成了专责班子。各轮战部队挑选精干飞行员6～8名、性能优良的飞机4～6架，组成“尖刀”作战分队。地面指挥所的领航员、雷达操纵员也以技术尖子组成“1号班”，与“尖刀”分队配套训练。这些专责分队（班子），针对RF-101型飞机的特点及其侦察活动规律，研究编写了负速度和等速度条件下截击方法的7个练习科目，并进行艰苦的训练。在战术上探索了斜对头进入攻击，实施拦阻射击的一套新战法。经过反复的演练和实战的磨炼，飞行员们终于掌握了“起飞快、发现早、靠得上、瞄得快、打得准”的一套快速勇猛的过硬功夫。1967年1月13日反侦察作战，航空兵第七十大队飞行员胡寿根驾驶歼-6飞机，运用斜对头拦阻射击的战法，在漳州地区上空一举击落国民党军 F-104 型飞机 1 架，创造了在负速度差条件下，实行大角度攻击，击落敌机的先例。

1974 年后，国民党空军的战斗机逐步换装为性能较好的 F-5E 型飞机。驻闽空军为了研讨对付 F-5E 型飞机的作战对策，提出建设和训练“蓝军”分队的措施。目的是通过这个专门分队扮演“假设敌”，为部队进行对抗训练提供一个近似实战的空中对手。1983 年，福州军区空军首先在轮战航空兵第一四五团进行试点，挑选技术好、战术意识强、反应灵活的飞行员 6～8 名，组成模拟 F-5E 的“蓝军”小分队。他们在详细分析了 F-5E 的战术技术性能后，编写了模拟 F-5E 战术动作的练习课题，然后通过试飞论证，逐步完善了一套比较符合实际的战术动作。在逼真的模拟对手的基础上，再组织作战分队开展对抗空战的训练。训练中又着重从模拟的逼真性、对抗的有效性、战术的实用性和战法研究的超前性上进行分析评估，力求不断提高，有所突破。这样的战术训练，推动了训练改革，也促进了战备工作。以往的对抗空战训练，只限于同型机之间进行，不可能充分发挥歼-6 飞机的战术技术性能，而且存在“只有理论研究，不能实践检验”的缺点。通过作战分队与“蓝军”分队的较量，检验和不断修改与完善了歼-6 飞机打 F-5E 飞机的战术和方法。

（三）战术演练

轮战航空兵部队广泛采取赋予飞行练习以战术背景的方法进行训练，组织基地间的实兵对抗训练。在统一指挥下，数个基地各起飞 4 至 8 架飞机，分别引导至预定“战区”，争取先“敌”发现，尔后互争优势和主动，并进行照相攻击。退出“战斗”后，着陆同一机场总结经验教训。这是一种近似实战的综合性训练形式。它使理论与实践、空中与地面、战术与技术、实战与训练紧密结合起来，部队得到的锻炼大，提高快。经过这种训练后，驻闽空军飞行员空中搜索发现能力普遍有了提高，射击命中率 87% 以上。

轮战航空兵部队还将战术背景的训练同担负的作战任务结合起来，

充分利用战斗环境，培养部队一切行动听指挥和快的作风。如部队入、离闽转进转出，就赋予紧急机动任务，有的部队从内地一天就转进至福建。许多部队按照敌为我用的原则，多出题，搞些“紧张局势”，如紧急起飞、快速返航着陆、地面出情况空中处置等，来锻炼部队。在机场担任战备值班的飞行员，卡着秒表练习缩短转进一等战备的时限。平时飞行装具的摆放、飞行着装的顺序和方法，以及日常生活的一举一动都做到战斗化、程序化，培养了准确细致，雷厉风行的战斗作风。提高师以上指挥干部和指挥机关的组织指挥水平，也是轮战训练的重要内容。空军要求入闽轮战的师以上指挥干部和机关应配套完整，并由主要领导亲自率领，每次轮战结束，认真总结经验。训练过程分为熟悉情况、实战指挥练习和总结提高三步。训练内容主要是，组织计划战斗和组织实施战斗。在轮战期内，有目的、有计划地组织按作战预案的演练。先图上作业，后实兵演习；先实施航空兵单一兵种的演练，后再带动驻地高射炮兵、地空导弹兵以及各勤务保障部（分）队的多兵种演练。1983 年后，这种形式的战术演练，逐渐形成制度，坚持了下来。从各批轮战部队的训练效果看，一般经过三四个月的锻炼，便熟悉了战区、敌情和作战任务，绝大多数的指挥员都能胜任本级指挥。

### 八、海军水面舰艇部队训练

按照人民解放军正规化训练的要求和海军领导机关的统一安排，人民解放军海军福建前线部队首先进行部署教育，即在基本战斗单位建立起一整套战斗和日常的组织和职责分工的教育。各单位在部署教育中还结合进行解放军的《内务条令》《纪律条令》《队列条令》和海军的《舰艇条令》等条令条例的学习。在此基础上，福建海军水面舰艇部队逐步开始单舰武器使用、装备器材使用和编队航行等科目的训练。由于当时福建海军水面舰艇部队兵力薄弱、艇种单一，敌情顾虑大，编队科目训练只能是在港湾内或近海进行的小编队训练。加上海防对敌斗争任务繁重，部队的训练往往不能按计划进行。从1958年“八二三”炮击金门之前开始，入闽的解放军海军水面舰艇部队逐渐增多。这些部队在配合陆军和空军炮击封锁金门的作战间隙，经常结合战区海域的情况和作战任务，进行针对性的技术基础训练和战术训练。此后，随着作战任务逐渐减少，福建海军水面舰艇部队基本上能够按照单舰（艇）训练、编队训练和合同训练的顺序，进行正规的军事训练。崇武以东海战等实战证明，这种正规的军事训练有效地提高了部队的战斗力。

（一）单舰（艇）训练

福建海军水面舰艇部队新服役和经过中修的舰（艇）、新任职的舰（艇）长均按规定从单舰（艇）科目开始训练；每年兵员复补或舰（艇）小修后，则进行单舰（艇）科目补训；新兵补充30%以上或停航一年以上的舰艇也进行单舰（艇）科目复训。舰艇训练既练舰艇的组织管理，又练战术技术，也锻炼部队长期在海上生活的习惯，培养吃大苦耐大劳的战斗作风。首先是技术基础训练，每年都按照训练大纲、教范规定的科目内容进行训练。特别是1956年起开展的技术能手（以后增加了神枪手、神炮手的内容，统称“三手”）和1958年起开展的“一专多能”活动，以及1964年学习郭兴福教学方法、开展大比武的群众性练兵活动，在加强技术基础训练方面成效显著。指战员们认真领会叶剑英元帅于1961年6月提出的“海军在港（岸）苦练勤练、出海苦练精练”的要求，自觉地从实战需要出发，认真学习基础理论，在战位上反复操练，并且尽量到各种困难、复杂的条件下去练。舰（艇）长利用旧船、小艇练习离靠码头等基本功，利用模型练习单舰（艇）攻击动作。机电部门的人员在舰艇摇摆、舱室高温、机器噪声强烈的情况下用手势代替语言，凭着看、听、嗅、摸等感觉判断机器运转情况。枪炮部门的人员做到“舰动炮转”，舰艇航行到哪里，就练到哪里，灯光、繁星都成了他们练习瞄准的目标。雷达部门则利用飞鸟、帆船、航标等小目标，练习迅速捕捉、准确测定方位距离。

在“三手”“多能”训练和比武中，广泛开展以老带新、以强带弱、互帮互学和评比竞赛活动。整个部队呈现你追我赶、奋发向上的景象。大批“技术能手”“神枪手”“神炮手”的涌现，在战斗中发挥了威力。1964 年 4 月 9 日晚，金门国民党军两栖侦察队乘挂机胶舟出航到达厦门塔头附近时，556 护卫艇高速出击，断其退路，在岸上探照灯分队配合下，只用 14 发炮弹就击中敌艇，使其爆炸沉没。水面舰艇部队的技术基础训练达到一定的水平之后，接着进行单舰（艇）战术训练。主要战术科目包括火炮攻击、导弹攻击、对海对空防御、反潜、布雷等。水面舰艇部队在这一训练中，特别注意使舰艇各战位、各部门之间能够密切协同动作，注意使舰艇长不断巩固和提高操纵与组织指挥的能力，为进行编队科目训练打下良好的基础。

（二）编队训练

水面舰艇部队完成单舰（艇）科目训练的舰艇，及时转入编队科目训练。有时也将编队科目训练与单舰（艇）部分科目训练穿插结合进行。通过“锚地集训”“练习性航行”“转移海区（基地）训练”“远航训练”等多种形式，提高编队指挥员和指挥所在舰艇停泊、航行，攻击、防御时的组织指挥能力；使舰艇长能熟练地保持和变换编队的各种队形，掌握对本艇的组织指挥与实施战术机动的本领；使舰员巩固和进一步熟练已掌握的基本技术。1972 年，一鱼雷快艇大队，组织 12 艘艇转移到浙江大陈岛海区，用 14 个训练日完成了编队航行与防御，以及中、大队昼夜鱼雷攻击等科目。有些干部、战士平时训练成绩很好，但是一到海上，特别是遇上大风浪或复杂海区，操作中技术变形，弱点就暴露出来了。环境逼着他们要重新学习，加倍苦练，以适应海上战斗需要。编队科目训练，尤其是一些大编队的训练，都带有战术背景，以战术训练为主、以干部训练为重点进行，促使编队领导、广大指战员通过长时间的海上训练，增强热爱海洋的思想感情，培养海上生活习惯和顽强的战斗作风。在 1965 年 11 月 14 日的崇武以东海战中，护卫艇第 29 大队 4 艘艇接到战斗任务后，立即启航，连续长时间地高速航行。指战员们精心操作，不停地检查武器装备。特别是轮机部门，在狭小的机舱内又闷又热，仍不断地巡检；艇速高，艇身颠簸非常厉害，只好爬着行走。有个轮机兵，四肢在颠簸中撞伤，就用背脊贴着主机“测量”机器温度。背脊烫红了，肿了，他咬着牙，一动不动，坚持航行。这 4 艘艇终于以 3 小时 37 分航行 120 海里的高速度提前到达集结点，按时投入战斗。

（三）合同训练

合同训练是海军舰艇部队最高形式的训练。水面舰艇部队在完成或基本完成编队训练之后不失时机地转入合同训练。多次举行海军诸兵种之间的合练，和参加陆海空三军联合演习。进行合同训练时，一般是先学习有关战役战术理论，研究典型战例，然后进行图上作业，最后进行实兵演习。人民解放军海军福建水面舰艇部队参加的实兵演习，规模最大的是 1976 年至 1978 年的 3 次大埕湾演习（或集训）和 1980 年 6 月的沙埕演习。

1976 年 7 月，福州军区在闽粤交界的大埕湾地区组织陆海空三军渡海登陆作战研究性演习。海军有 3100 余人，74 艘各种舰艇参加。1977 年 6 月至 8 月，福州军区在同一地区组织的渡海登陆作战演习，海军参加的各种舰艇有 69 艘。1978 年 9 月福州军区又举行陆海空三军渡海登陆作战集训。驻闽海军在这些演习中担负的任务是：在航空兵、炮兵掩护下输送陆军登陆；在航空兵支援下，以舰炮火力压制破坏敌前沿阵地主要火力点；掩护登陆兵上陆并支援陆上战斗。海军参加演习的舰艇，在陆军、空军的密切协同下，在战术上做到了战斗动作及时准确，指挥机动灵活，在技术上保证了连续射击，火力猛烈、准确，人员、机械安全。

1980 年 6 月 11 日，人民解放军海军福建前线部队在台山列岛至浙江南麂山海域领海线附近，组织昼间在航空兵协同下于近海打击导弹巡洋舰编队实兵实弹对抗演习，即沙埕演习。参加演习的有基地建制部队和舰队加强的兵力，总计各型舰艇 72 艘，飞机 18 架，参训人员 4180 名。

在电子干扰条件下，进行了难、新科目的实兵实弹训练。演习做到了战术情节合理、逼真，多兵种连续突击，密切协同；实现了兵力集中、火力集中和“以小打大”集中歼敌的要求。1980至1983年，福建海军还独立组织了11次师以上规模的演习。

# 第六章
# 海疆卫士

在曲折绵延千里的海岸线上，人民解放军福建前线陆海空部队指战员，特别是参战和驻守前沿海岛的基层指战员几十年如一日，忠于祖国、忠于人民、不怕牺牲、不畏艰苦、乐于奉献、忠诚履职，日夜守卫在祖国东南数千里的海防线上，谱写出一曲曲气壮山河的爱国守疆的颂歌。

## 第一节　海鹰[①]

1959 年，以 1958 年炮击金门作战中 8 月 24 日的海战故事为素材，解放军八一电影制片厂组织创作拍摄电影故事片《海鹰》在全国播映，在广大观众中引起热烈反响。人们至今印象深刻，回味不尽。影片的故事原型是东海舰队鱼雷快艇 175 艇的英雄事迹，永载人民海军英勇守卫海疆的光辉史册。

### 一、隐蔽待命

1958 年 7 月 18 日，中央军委和毛泽东主席作出炮击金门的决策。人民解放军海军和空军立即抽调一批水面舰艇部队和歼击航空兵入闽，

---

① 本节内容参考自《当代中国军队的军事工作》(上)，第 397—398 页。第 28 届中国金鸡百花电影节厦门市执委会主编《厦门与中国电影》，中国电影出版社，2019 年，第 253—262 页。

准备配合地面炮兵部队炮击作战。7 月 30 日夜，解放军东海舰队司令员陶勇中将来到上海张华浜军用火车站，指挥 175 艇所在的鱼雷快艇大队装车，用“陆地行舟”的办法，把这支鱼雷快艇部队伪装隐蔽送到厦门前线。8 月 1 日，运载鱼雷快艇的专列到达厦门，隐蔽在铁路隧道内。6 日，指战员们摸黑将装载快艇的平板车全部推到海军码头，用火车吊杆将快艇逐一吊放到海中，然后用护卫艇把鱼雷快艇全部拖至停泊点。家在吉林的 175 艇艇长徐凤鸣，7 月底组织批准他回家休假，刚到家就接到部队电报，要他立即返回部队执行任务。徐凤鸣在家仅住了一天就往回赶，鱼雷快艇下水时，他准时赶回部队。

8 月 20 日晚，鱼雷快艇大队接到命令，马上进入镇海湾待命。镇海湾就是电影《海鹰》中所指的“鬼屿”，鱼雷快艇大队在那里隐蔽，等待时机出击。到镇海湾要经过小金门岛东南海区，为了防止引起小金门岛国民党军的注意，舰队采取单车、低速、单纵行驶通过，同时还要求，如果小金门国民党军炮击也不要回击，避免暴露，贻误战机。由于各项隐蔽工作做得好，通过小金门岛东南海区没有被发现，艇队顺利到达待机点镇海湾。

镇海湾内遍布大大小小众多礁屿，为鱼雷快艇隐蔽提供了良好的自然条件。艇队到达之前，地方已经组织民兵准备了十几条渔船，带足淡水和食物停泊在湾内，协助鱼雷快艇隐蔽，并为快艇指战员提供补给。

## 二、勇敢出击

8 月 24 日下午 5 时，解放军福建前线部队组织 36 个炮兵营，6 个海岸炮兵连和 1 个鱼雷快艇大队、2 个护卫艇中队，对金门国民党军实施第二次大规模的联合打击。下午 5 时 40 分，金门料罗湾的国民党军舰艇被迫向外逃窜。解放军隐蔽待机的第一梯队 6 艘鱼雷艇，在快艇大队参谋长张逸民的率领下，立即出击。艇队驶进金门南面的东碇岛附近海面时，遇到岛上国民党军炮火的拦阻。驻镇海的解放军海岸炮兵当即开炮还击，把东碇岛上国民党军的炮火压下去。

艇队迅速进入金门海域，发现国民党军“中海”和“中生”号大型运输舰、“美乐”号中型运输舰和几艘小型警戒艇。张逸民命令全队6艘艇展开成两个突击群，直取2艘大型运输舰。解放军两个鱼雷快艇突击群，逼近国民党军舰2链左右，分别向各自攻击目标施放鱼雷。国民党军“中海”号舰被命中一雷，负了重伤。4000多吨的“台生”号舰被炸开两个大洞下沉，舰上官兵在浓烟烈火中纷纷跳海逃生。

### 三、游向大陆

完成海战任务后，解放军175鱼雷艇施放烟雾，掩护艇队撤出战斗。烟雾突显目标，引来国民党军护卫舰艇的猛烈炮火。175鱼雷艇左主机中弹，机舱起火。为了顾全大局，使其他艇安全撤离，175艇毅然坚持自行返航，艇长徐凤鸣命令枪炮手赵庆福迅速将烟雾桶丢进海里。这时天也黑了，国民党军失去了目标，炮火逐渐稀少，175艇带伤慢慢向大陆方向行驶。

不多时，艇前后舱都进水了，机器熄灭停止转动，无线电通信中断，鱼雷艇与指挥部失去联系。突然，艇身一抖，接着开始倾斜，鱼雷艇开始下沉。艇长徐凤鸣、指导员周方顺把全艇12名同志召集过来。徐凤鸣沉重地宣布：“同志们，大家穿好救生衣，做好准备，离开鱼雷艇。全体立正，降国旗。”12名同志分为2个小组，分别由艇长、指导员带领，游向大陆。

鱼雷艇是沉没在公海上。落水后，12名同志被外海的风浪打散成三三两两若干个群组。8月24日当天，天已经黑了，但有月亮，不远处依稀可见国民党军舰在转悠。因为月亮在西南方向，大陆也是在西南方向，鱼雷艇的官兵就朝着月亮的方向游。到了后半夜，月亮下沉了，他们就根据星星辨别方向。夜幕下的大海黑茫茫一片，什么也看不见。指导员周方顺、水手长季德山、枪炮手赵庆福三人游在一块。他们三个人不时地开几句玩笑，或你喊我一声，我叫他一声，保持联系，紧紧地靠在一起，随水漂游着。8 月 25 日清晨，天刚蒙蒙亮，他们三人急忙寻找大陆方向，然而海天一色，灰蒙蒙的一片亮光，看不到一点东西，当东方出现红色的彩霞，太阳从海面上跳出来后，才隐隐约约看到了福建沿海的山脉，一种亲切感从心中升起。周方顺对着大家说："对！那是祖国大陆，同志们，我们朝着祖国大陆方向游，就一定能返回部队！"三个人说着，游泳的速度也加快了。这天，海上没有多大的风浪。微波托着他们忽上忽下，周围什么也没有，只有蓝蓝的海和天，偶尔有几只海鸥飞来飞去。

大约近中午时分，他们发现不远处有两个黑色漂浮物。周方顺对赵庆福说："赵庆福，靠上去看看是什么，要小心。"赵庆福一面答应着，一面奋力朝着两个黑点游去。游出不远，他看出那是两个人，也正在朝他们靠近。赵庆福想：是自己人，还是敌人？不管是什么人，都要作好战斗准备。于是他小心翼翼地向前游着，到了相隔约 20 米的时候，一个浪头把那边的人推出水面，这才看清了他们的面孔，原来是轮机长李茂勤和跟艇出海作战的快艇大队参谋尤志民。赵庆福兴奋地大声喊着："轮机长，尤参谋，原来是你们！"说着，他张开双臂奋力向前游。他们俩也喊着："小赵，是你，你和谁在一起？奋力向我这边游。"三个人在水中拥抱在一起，激动的心情无法形容。这时，周方顺和季德山也游过来了，大家互相问了各自的情况，然后五人一起继续向大陆方向游去。

## 四、战友情深

8 月 25 日上午，海面风平浪静。周方顺、尤志民、李茂勤、季德山、赵庆福五人紧紧靠在一起，朝着大陆方向游去。为了保存体力，大家都尽量少说话。大陆的山脉始终隐隐约约，游了一段时间也不见靠近多少。大家心里都明白，在这几天内是否能游回去还很难说。游着游着，有只海蟹钻进了赵庆福的救生衣，他抓出来直接吃掉了。战友们也有抓鱼吃的，也有抓蟹吃的。为了游回大陆，他们尽一切努力支撑着。25 日下午，海上刮起了大风，海浪翻腾，时而把他们推向浪尖，时而又把他们打沉进海里。由于风大浪急，远处的山脉不见了，他们一时失去了方向。但他们相互鼓励，朝着既定方向奋力游着。

这时尤志民对赵庆福说：“小赵，我感到很冷，胃也很疼，你靠我近点吧。”赵庆福靠了过去。但下水的时候，他光想着轻装往回游，身上除救生衣以外就穿一件短裤，在水中已是一夜加大半天没有饭吃，还不时地灌海水，谁也不暖和。赵庆福帮不了尤志民，心里干着急。他突然急中生智，让尤志民把救生衣解开，自己也解开救生衣，然后紧紧抱在一起，用自己的身体为尤志民取暖，缓解了尤志民的畏冷和胃疼。过了一会儿尤志民说：“这样好多了。”“那就多暖一会儿吧。”由于尤志民个头很大，赵庆福个头矮，抱在一起尽往赵庆福嘴里灌海水。见这样，尤志民说：“小赵，放开我吧，这样会把你拖垮的。”赵庆福说：“还行，再暖暖吧。”“我已经好多了，我们还是分开吧，那样，我们还能说说话。”说着，尤志民把赵庆福推开，系好自己的救生衣，帮赵庆福也系好救生衣，分开来游。周方顺、李茂勤、季德山在风浪中时隐时现，但始终离得不远。过了一会儿，尤志民对赵庆福说：“小赵，这次出海作战和你们在一起，我觉得很光荣，我刚结婚不久，家里有老母亲和新婚的妻子。我身体不好，不一定能游回去，我还存着 200 元钱，如果你能回去，帮我把钱取出来，交 40 元党费，其他的寄给我母亲和妻子。”“不，尤参谋，我们一定能一起回去，你觉得不好，我再给你暖暖。”赵庆福急切地抓住尤志民的手，尤志民推开赵庆福，坚持不再让赵庆福再为他取暖。不知不觉，天又黑下来了。起初大家还尽力靠在一起，不时地问一问、喊一喊保持联系。但一天一夜的颠簸，每个人都筋疲力尽，渐渐地赵庆福眼皮睁不开了。迷迷糊糊不知过了多长时间，赵庆福清醒过来发现尤志民不见了，周方顺、李茂勤、季德山也不在周围。赵庆福用尽全力喊他们，但没有回音。赵庆福一个人在黑暗中任水漂流，但头脑是清醒的，四处寻找着战友。到了25日下半夜，赵庆福和李茂勤又碰到一起，这时，他们又累又饿又冷，已是疲劳至极。李茂勤有鼻炎，饥寒中情况更严重，时常喘不上气来。看到他的样子，赵庆福想起尤志民的话，心里很难过：我们可能真的回不去了。赵庆福对李茂勤说："轮机长，我俩把救生衣系在一起吧，别再冲散了。""对，我们就是死也要死在一起。"他接着又说："小赵，如果能活着回去，一定要到我家看望一下我的父母和亲人。"赵庆福接话头说："如果你能回去也一定要去我家。"李茂勤又急切地说："我俩都会回去的。"赵庆福没有再说什么，因为他们心里都明白，死亡正悄悄地向他们逼近，他们已经没有力气游了，只是在海中漂着，忽然一阵眩晕，赵庆福又迷糊过去了。

**五、获救**

8月26日黎明前，赵庆福从昏迷中醒来，李茂勤又不见了。东方露出鱼肚白，天放亮了。突然，赵庆福发现不远处有个黑影，似是一条渔船。他拼命地喊："救人啊，救人啊！"因为天还没亮，看不大清楚，渔船停在那里迟迟不靠近，赵庆福继续喊："救人啊！"天大亮后，渔船放下来一个竹筏子，划到赵庆福前，把他从水里拉了上去。赵庆福刚上筏子就看到不远处的海面上还有个人，要求把筏子划过去看，原来是李茂勤。随后，赵庆福和李茂勤又惊喜地见到了周方顺和季德山，四人拥抱在一起，深情地相互观望着，眼里充满泪水，无一人说话。

周方顺、李茂勤、季德山、赵庆福四人从下水到遇救，在水中整整泡了两夜一天，没吃东西，还被灌了不少海水，每个人的体力都耗尽了，嘴上也起了泡。渔民们给他们做稀饭喝，可他们喝一点吐一点，翻肠倒胃，直到把海水吐尽了，才能吃进一点。他们听不懂渔民的话，既不了解他们的身份，也不了解渔船的情况，心里犯了嘀咕，担心是金门的渔船。当他们在舱里看到人民币和写着"福建省惠安县红星渔业社"的渔船证后，才把悬着的心放下来。这只渔船把他们救起来后，就返回惠安渔港，把他们送到了边防哨所。

在边防哨所，周方顺、李茂勤、季德山、赵庆福见到轮机兵黄忠义。黄忠义说，下水的时候他和艇长在一起，但游了不长时间，国民党军的一条军舰从他们身边过去后，就再也找不到艇长了，可能是被螺旋桨打到了。边防哨所与驻惠安空军机场联系后，机场政委带着医生赶过来，把他们 5 人接到卫生队，让医生为他们检查身体，安排他们休息。

当晚，鱼雷大队接讯后，政委刘春志连夜赶到机场，看望获救的艇员。三天后接回鱼雷快艇部队，尔后送到鼓浪屿海军疗养院疗养。

8 月 24 日下午，175 艇为掩护艇队撤出战斗被击沉后，解放军福建前线部队指挥机关会同福建东南沿海各地政府，出动海军巡逻艇，发动沿海渔民出海，全力搜救落水艇员。经多方努力，指导员周方顺、轮机长李茂勤、水手季德山、枪炮手赵庆福、轮机兵黄忠义共 5 人获救。

为了表彰 175 鱼艇的英雄事迹和全艇指战员的爱国守疆精神，解放军海军领导机关分别给周方顺、李茂勤、季德山、赵庆福、黄忠义记个人一等功。解放军海军司令员萧劲光大将和东海舰队司令员陶勇中将分别看望和接见了他们，并给予高度赞扬。《人民日报》、新华社、《解放军报》分别采写刊发了 175 鱼雷艇英雄事迹的长篇通讯。解放军八一电影制片厂于 1959 年创作摄制了电影故事《海鹰》，艺术地展现了这次海战和 175 鱼雷艇的英雄事迹。

## 第二节　海上猛虎艇[①]

解放军海军护卫艇第二十九大队 556 艇，随队长期驻守福建。1965 年部队换装，556 艇改舷号为 588 艇。在长期守卫福建海防的战斗中，588 护卫艇英勇善战，屡立战功。1965 年 11 月崇武以东海战，588 艇在

① 本节内容参考自人民解放军海军驻厦门某护卫舰支队政治工作部提供的资料。

击沉国民党军“永昌”号舰的战斗中，发挥了重大作用。1966年11月，国防部发布命令，授予588护卫艇“海上猛虎艇”光荣称号。

## 一、小艇打大舰

1958年9月1日夜，国民党军中型登陆舰“美坚”号在“维源”“沱江”“柳江”3艘猎潜艇的护送下，向金门岛开来。因当晚气象条件不利，鱼雷艇队对“美坚”号的攻击未能奏效。556艇奉命与兄弟艇一起，向“沱江”舰攻击。“沱江”舰的排水量为450吨，装7门火炮，最大口径为76毫米，最小口径为70毫米。556艇吨位仅是“沱江”号的九分之一，炮的最大口径也只有37毫米。两相对比，敌强我弱，即使加上兄弟艇，解放军也处于劣势。面对强大的国民党军军舰，556艇毫不畏惧，全艇指战员与兄弟艇密切协同，以大无畏的英雄气概，奋起迎敌。

海上风高浪急，能见度低。556艇官兵个个坚守岗位，警惕地注视着海上的一切动静。突然，“沱江”舰向556艇开炮，立即暴露了目标。556艇与兄弟艇一起，冒着敌人的炮火向前猛冲，在距离3000米时，集中火力还击“沱江”舰，两分钟后，对方火力被压制。当护卫艇距敌300米时，“沱江”舰突然转向，企图撞沉556艇。556艇猛然加速，从“沱江”舰的舰首迂回过去，使之不仅没有撞上556艇，反而陷入了解放军艇队的炮火之中，被打得甲板上空无一人，机舱起火，发出求救信号，后在被拖回澎湖马公途中沉入海底。

556艇协同兄弟艇创造了小艇击沉国民党军舰的范例。他们及时总结经验，达成一个共识：炮艇的力量是有限的，但驾驭炮艇的人所产生的力量是无可估量的。

## 二、俘获水陆两用坦克

1958年9月19日0时24分，556艇接到指挥所传来的命令：“东碇岛西南海面有个目标，立即出航！”556、558两艇，一前一后，出了厦门港口。两艇一出海港，就遇到一个小山似的海浪，把艇体抬得高高的，艇身竟摇摆到 30 多度。

“东碇岛西北海面，有一个黑点在蠕动，你们迅速上去，搞清楚它是什么家伙！”556 艇接到命令，高速驶进指定海域，在右前方发现目标。艇长一声令下，前后两门主炮一齐发射，炮弹分明击中了目标，可它既不还击，也不加速，而是慢吞吞地往南跑。艇长命令停止射击，决定去看看这到底是什么怪物。他靠上去一看，原来是国民党军的水陆两用坦克。金门岛被解放军炮火封锁之后，岛上国民党军官兵的生活越来越困难，需要不断补给。可是运输舰艇目标太大，怕被解放军炮兵和舰艇击沉，不得不用水陆两用坦克作为运输工具，为金门国民党军官兵提供补给。

机枪手、共产党员郭培爱按照艇长的命令，立即操起冲锋枪，站到舷边，“叭叭叭”，先给了坦克一梭子子弹，然后他猫下腰，在本艇靠上水陆坦克的一刹那，一跃而起，跳了过去，两脚一下落进水陆坦克的肚子里。紧接着，又有 3 个水兵跳上去，从甲板搜到舱内，不见一个国民党兵，只听到机器的轰鸣声。原来，坦克里面的国民党兵在 556、558 艇开炮射击时，全部跳海逃命了。

信号兵秦卫邦马上向岸上指挥所报告。指挥所很快命令：“一定要想尽一切办法，将敌人水陆两用坦克拖回来。”现在，这辆国民党军水陆两用坦克摆放在北京军事博物馆里。

### 三、智歼武装特务

1963 年 5 月 28 日夜，556 艇接到指挥所命令：“海面上发现一个小目标，立即前去搜捕！”556 艇迅速到达指定海域，转了几圈，什么也没有发现。大家并没有灰心，巧妙地驾驶战艇驶进礁区搜索，沿着浅滩寻找。此时瞭望台报告，“艇首方向，发现一个小竹排。”艇长命令：“立即打开探照灯！”果然，一个小目标在强烈的探照灯下显现出来：一个由 7 根竹子编成的竹排上，躺着一个人。

艇长立即指挥战艇向小目标逼近，并用明亮的探照灯罩住这个小目标。那个躺在竹筏上的渔民模样的人却一动不动，像个死人。艇长命令后炮喊话，可 3 分钟过去了，任凭怎么喊话，这个渔民模样的人就是不动。于是，艇长命令跳帮小组用钩杆钩住它，并注意动静。枪炮军士长林元钿用弯钩钩住了竹排。突然，竹排上的“死人”活了，从怀里掏出一个爆炸物，准备向 556 艇扔过来，手握冲锋枪的跳帮小组“哗”地扫过去一排子弹，这个渔民模样的人当场毙命。原来，这是一个企图偷渡登陆的国民党武装特务。

## 四、智取“海狼艇”

1964 年 4 月 9 日 9 时 50 分，解放军海军观通站发现厦门东南海区 3 艘国民党军两栖侦察队胶舟（“小海狼艇”）。556 艇奉命出击捕捉。

接到命令的 556 艇迅速进入厦门东侧水道，切断了“小海狼艇”的退路。狡猾的“小海狼艇”知道逃窜是来不及了，遂躲在一块肩形礁石后面，想躲过解放军的视线。但在岸上炮台和阵地之间两盏探照灯的照射下，它很快就被锁定。“小海狼艇”沉不住气，开足马力，疯狂地向外逃窜。556 艇在黄厝海面死死咬住逃跑的“海狼艇”，在适当的距离果断开火，一发击中，燃起一团球状的火焰，大火点燃炸药，“轰隆隆！”“小海狼艇”被炸沉，连同艇员全部沉入大海。

正对面岛上的国民党军从惊恐中清醒过来，把炮口对准 556 艇时，556 艇已经远远地脱离了它的射程，安全返航了。

## 五、崇武以东海战扬威名

1965 年 11 月 13 日，国民党海军南区巡逻支队旗舰、大型猎潜舰“永泰”号率护航炮舰“永昌”号，由澎湖马公隐蔽出航，驶往乌丘，企图偷袭崇武海区渔场。美国两艘驱逐舰（“马松”号和“奥勃来恩”号），分别在东山岛的正南和正东海域巡逻，策应国民党海军的图谋。

周恩来总理坐镇北京总参谋部亲自指挥。听了总参谋部汇报后，果断下达命令："如果敌舰侵犯我渔场，破坏我航行安全，就坚决打。如果打，要抓住战机，集中兵力先打一条；要近战，发扬英勇顽强的战斗作风；组织准备工作要周密一些；夜间能见度差，不要误打自己；天亮前撤出战斗。"根据周恩来的命令和指示，解放军海军决定由福建海坛水警区副司令员魏垣武率护卫艇编队出击。具体作战部署和战斗编组是：以 573、579、576、577 四艘护卫艇组成第一突击群，担任主攻国民党军前导舰任务；588、589 两艘艇组成第二突击群，担任牵制国民党军殿后舰任务；鱼雷艇六艘组成第三突击群，以鱼雷攻击发展胜利。

晚上 11 点 14 分，指挥艇 573 艇雷达兵报告发现国民党军舰。魏垣武下达命令："护卫艇右梯队，第一突击群，准备右舷攻击敌前导舰；第二突击群，准备左舷攻击敌殿后舰；第三突击群，待命攻击。"

魏垣武的决定是：中间穿插，迅速把两艘国民党军舰隔开，使两舰相互失去火力支援，达到各个击破的目的。这是一个大胆的决定，指挥艇可能要在国民党军火力两面夹攻的情况下穿插。这样的穿插，必须先国民党军开火，一下子把敌火力压下去，使国民党军的火力不能充分发挥作用。

"准备攻击！"588 艇代理艇长李恩民接到了编队指挥员的决定后，立即下达了命令。11 点 35 分，在接近到距敌前导舰 5 链处，从指挥艇传来了魏垣武的命令："第一攻击群，右舷 60 度，射击！"

顿时，山呼海啸，弹火狂舞，一门门火炮几乎在同一瞬间开了火，各种口径的火炮，喷射出一条条火龙，炮弹集中在国民党军舰上开花，爆炸起无数朵蓝色的火苗。

国民党军舰随即向解放军护卫艇队开炮。有的在 588 艇上空爆炸，弹片横飞，有的炮弹落在艇首前面，掀起白茫茫的水柱，顷刻又倾泻在甲板上，把几百斤的大铁锚都震得跳起来。

588艇劈开水柱，向前猛冲。各门火炮瞄准十字线套住了敌舰，一只只脚掌踏住了击发机。前主炮“嗵嗵嗵……”一个长点射，弹尾刚刚出膛，后主炮“咚咚咚……”紧接上火，中炮也“哒哒哒……”紧跟着。黑乎乎的夜空里，只见弹头咬着弹尾，组成一道道密集的火墙，压得国民党军舰抬不起头来。一发发炮弹像是长了眼睛，和兄弟艇射出来的炮弹，一起在国民党军舰上炸开。

突然，国民党军殿后舰两发40毫米的炮弹落在指挥艇573艇指挥台。副大队长李金华和中队政委苏同锦当场牺牲。编队指挥员魏垣武的锁骨被打断，两块弹片穿过了他的肺部，鲜血涌出来了。航海业务长先是一惊，继而密切注视着敌我态势，引导着艇队运动，打击国民党军。已经倒下去的作训参谋刘松涛又爬了起来，不顾头部负伤，右胳膊骨折和食指打断，接替负伤倒下去的副艇长操艇。

夜里11点35分，一个急救包还没堵住魏垣武的鲜血，他醒过来了，断断续续地说：“发……发两颗白色……信……信号弹，立……立刻让鱼雷艇攻击……”话未说完，他又昏过去了。

两颗信号弹划破了夜空。正在战区附近待机的鱼雷艇编队指挥员张逸民，看到了“出击”信号后，立即指挥鱼雷艇编队向敌舰驶去。他把6艘鱼雷艇分成三组，打了个三进三出，最后145艇发射了2枚鱼雷，其中1枚命中了“永昌”号的尾部。“永昌”号立即失去机动开始下沉。但是“永昌”号下沉速度很慢，而且还在顽抗。

11点42分，当魏垣武再次醒来时，他已经不能再坚持指挥，故命令：“一是立即……转……转移指挥关系给马……马大队长……龚政委。二是……是让588艇攻……攻击！”

588、589艇接到了第二次攻击命令时，整个护卫艇群离国民党军舰已经有4海里之远了。这时，国民党军4架飞机飞临战斗海空了。588、589艇趁着夜黑，以“四进四”的高速，冒着被国民党军飞机轰炸的危险前进。14日凌晨0点42分，588、589艇接近到了距“永昌”号5链处。

水兵们接到攻击命令，将一颗颗炮弹准确地向“永昌”舰射去。“永昌”舰上的国民党兵抱头乱窜，叫声四起，死的死，伤的伤，再也没有还手之力了。在爆炸的火光照射下，“永昌”舰的甲板看得清清楚楚。第二突击指挥群指挥员王志奇发现舱面上的国民党兵已经大部被歼，便立即命令：“换穿甲弹！打敌舰水线！”猛烈的炮火，瞄准了“永昌”舰的水线，像电焊切割一样，水线上下的钢板一孔一孔被击穿，“永昌”舰变成了个马蜂窝。在火花中，只见舰上炸起来的钢板，夹带着炮弹碎片，像下暴雨似的，纷纷扬扬掉进了大海。“永昌”舰几乎瘫痪了。已经负伤的“永泰”舰，这时顾不了难兄难弟，向乌丘屿方向逃窜。

14 日凌晨 1 时 16 分，“永昌”舰沉没于乌丘屿以南 15.5 海里处。3 点 5 分，558 艇和兄弟艇一起，载着捕捞的 9 名俘虏，胜利返回军港。

1966 年 11 月 13 日，国防部授予 588 艇“海上猛虎艇”光荣称号的命名大会在福州举行。国防部的命令指出：588 艇屡立战功，特别是在去年 11 月 14 日击沉美制蒋军护航炮舰“永昌”号、击伤美制蒋大型猎潜舰“永泰”号的海战中，起了重大作用。

## 第三节　杜凤瑞与杜凤瑞中队①

人民空军航空兵第十四师四十二团一大队一中队少尉飞行员杜凤瑞，1958 年 10 月 10 日在福建福清县龙田上空与窜扰的国民党空军飞机作战中，在本中队战友协同配合下，勇敢机智地与国民党空军飞机展开空中搏斗，先后击落国民党空军 F-86 飞机 2 架，后因战机中弹失控跳伞遭国民党空军飞机袭击，壮烈牺牲。

为表彰杜凤瑞的英雄事迹，人民解放军空军政治部给杜凤瑞追记一等功。1964 年，空军党委授予杜凤瑞生前所在中队“杜凤瑞中队”荣誉

---

① 本节内容参考自人民解放军空军驻南昌某航空兵旅政治工作部提供的资料。

称号（1965年该中队扩编为大队）。2019年国庆70周年阅兵式上，鲜艳的“杜凤瑞中队”战旗高高飘扬在百面战旗方队之中，标志着杜凤瑞精神代代传承，再续辉煌。

## 一、从苦孩子到人民空军飞行员

杜凤瑞于1933年8月出生在河南方城县的一个贫苦农民家庭。自幼过着乞讨流浪的生活，后来给地主当长工，尝尽人间辛酸。1948年5月，杜凤瑞怀着对旧社会的憎恨和对新生活的向往，参加人民解放军。

参军来到部队后，杜凤瑞的政治思想觉悟不断提高，他曾在日记中写道：一个革命者，首先要确定坚定不移的革命人生观，必须注意培养自己的思想道德品质，处处为党和人民利益着想，具有大公无私、舍己为人的风格，能够为党的利益牺牲自己的利益，甚至生命。1948年8月，杜凤瑞首次参加河南南阳白河战斗就荣立战功；1952年在云南剿匪战斗中担任司号员，带病出色完成任务，荣立二等功。

1952年4月，杜凤瑞被挑选进人民空军航空学校学习飞行。从陆军到空军，这对杜凤瑞而言是一个极大的挑战。由于没有上过学，在一次入学考试时竟交了白卷，这深深刺痛了杜凤瑞。就在这个时候，志愿军空军飞行员王海、张积慧等战斗英雄的事迹在全国全军广为传颂。杜凤瑞被这些英雄深深触动，下定决心学好文化知识和飞行作战本领。杜凤瑞坚持白天认真参加各种技能训练，晚上借着手电筒温习功课，充分利用课余时间自学各种文化课程，终于闯过了基础文化关。1952年7月，杜凤瑞转入济南第五航空学校学习航空专业知识和技术，凭着一股不服输的倔劲和聪明才智，结业考试成绩从原先最差一跃成为第一名。3个月后，杜凤瑞终于能单独驾驶战机飞向蓝天。

1955年，杜凤瑞从航校毕业，分配到某歼击机部队。他的长机是一位老飞行员，经验丰富、技术过硬、要求严格。在一次飞行训练中，由于杜凤瑞的一个技术动作没有做到位，长机飞行员狠狠地批评了他，严肃地指出：在实际空战中如果出现这种情况，早被打落几次了！受挫后，杜凤瑞没有沮丧，深刻检讨了存在的问题。此后，在长机飞行员的精心培养和严格要求下，杜凤瑞成了中队技术最过硬的一个僚机，被战友们称为“铁杆僚机”。

## 二、搏击龙田上空

1958 年 8 月 23 日，为了惩罚台湾国民党当局对东南沿海地区的窜扰破坏，反对美国对台湾海峡地区的侵略活动，支援中东人民的反侵略斗争，人民解放军遵照中央军委和毛泽东主席的命令，发起炮击金门作战行动。人民空军派出歼击航空兵入闽，参加炮击金门的联合作战行动。8 月 25 日，杜凤瑞毅然辞别新婚 24 天的妻子，主动请缨赴福建前线参加炮击金门的联合作战行动。

杜凤瑞所在歼击航空兵部队转场到福建后，立即进入一级战备，飞行员昼夜在机场战备待命，随时等待起飞命令升空作战。10 月 10 日，是国民党的“双十节”。这天，国民党空军共出动 44 批 182 架次作战飞机活动于海峡地区上空，对大陆进行挑衅。上午 7 时，天空中有浓雾、乌云，国民党军空军第五大队少校飞行员路靖带领 6 架 F-86 型飞机，窜至福清龙田上空。人民空军航空兵十四师副师长李振川率所辖四十二团一大队一、二中队 8 架米格 -17 型战斗机迅速起飞迎击。杜凤瑞作为一中队的僚机一同起飞迎战。

这是杜凤瑞成为人民空军歼击航空兵飞行员后首次参战。他的总飞行时间不足 300 小时，而国民党空军飞行员的飞行时间大都在 1000 小时以上。尽管如此，杜凤瑞毫不畏惧，沉着冷静。他驾驶的飞机战斗序列为 04 号机，飞行在编队的左翼，负责掩护 3 号长机。很快，解放军空军飞机编队就在空中与国民党空军飞机遭遇。地面指挥员发出敌情通报：“左前方 50 公里，发现敌机 6 架，注意搜索！”副师长李振川立即下达命令：“一中队保持高度，二中队爬高占位，准备战斗！”二中队 4

架战机爬升到 14000 米后拉出烟带引诱国民党空军飞机编队，顷刻间蓝天中留下浓浓的拖痕，杜凤瑞所在的一中队伺机截断国民党空军飞机编队。位于最前面的一架国民党空军飞机发现空中白色烟带，随即向全队发出警告。国民党军带队长机看清烟带仅有 4 条时，立即下令："主动抢位，准备攻击。"国民党空军 6 架 F-86 型飞机立即调整方向，凶猛地向二中队的 4 架飞机扑了过去。二中队按照预定方案猛然调转机头迎击。与此同时，位于后下方的一中队也扑了上去，形成上下夹击之势，与国民党空军飞机展开激战。

杜凤瑞驾驶 4 号僚机掩护 3 号长机，向左前方的 4 架国民党空军飞机冲过去。正当 3 号长机准备向 1 架国民党空军飞机攻击时，另外 3 架国民党空军飞机突然从后方冲过来企图偷袭 3 号长机。3 号长机追击 2 架国民党空军飞机，在 10000 米的距离上开炮数次，被侧后 4 架国民党空军飞机切半径咬上。这时，杜凤瑞向国民党空军飞机开炮，3 号长机趁机拉起来摆脱，杜凤瑞却陷入 4 架国民党空军飞机的包围。面对 4 倍于己的国民党空军飞机，杜凤瑞沉着应战。他机智地一拉机头，迅速爬上 12000 米高空，国民党空军飞机从他腹下"唰"地冲过去，一梭炮弹全部放空。杜凤瑞一个空翻从高空下冲到 3500 米，一下子咬住 1 架国民党空军飞机。这架国民党空军飞机发现不但没有打着对手，反而被对手咬住，于是突然垂直下降，企图甩掉杜凤瑞战机逃跑。此时，杜凤瑞已经与长机失去联系。他凭着坚定的信念死死咬住这架国民党空军飞机，加大油门冲了过去。600 米、400 米，眼看就要撞上了，他才按动炮钮，这架国民党空军飞机即刻中弹起火，拖着浓浓的黑烟坠落下去。驾驶被杜凤瑞击落的这架飞机的是身经数战的国民党空军"王牌飞行员"张迺军，具有 3000 小时的飞行经验。张迺军跳伞逃生，一落地就被当地民兵活捉。

杜凤瑞击落张迺军后，国民党空军 4 号机从他的机身擦过。杜凤瑞抓住这个战机，紧紧咬住对方。4 号机目睹张迺军被击落，心有余悸，调头逃窜。带队的国民党空军少校飞行员路靖目击“王牌飞行员”张迺军被杜凤瑞击落，又有一架飞机被杜凤瑞咬住，命令各机集中火力，攻击杜凤瑞机。刹那间，数架国民党空军飞机一起冲向杜凤瑞，形成空中包围。面对国民党空军群机围攻，杜凤瑞沉着应战，他集中精力追击其4号机。4号机为了摆脱挨打困境，四处乱窜，几次破坏了国民党空军机群的攻击行动，反而掩护杜凤瑞摆脱了围攻。于是，杜凤瑞猛力推杆，继续紧紧追击4号机。这时，路靖驾机从杜凤瑞后面冲了过来，对杜凤瑞机发起攻击。杜凤瑞机被击中，机身猛烈摇晃，一股冷气从座舱盖裂缝中钻出来，一块弹片插进他的额头，几道血流从他的面颊上淌下来，舱内的浓烟呛得他喘不过气。副师长李振川下达命令：“04号，快跳伞！”杜凤瑞全然不顾自己的生命安危，继续紧咬国民党空军4号机。他收紧油门，来了个“空中刹车”，4号机一下子冲到他前面。杜凤瑞顶了顶舵杆，继续紧追。正要按炮钮时，对方把机身一侧躲开了。杜凤瑞死死咬住不放，从12000米高空一直追到3500米低空开炮，将其击中，迸裂成碎片散落空中，飞行员被抛出舱外当场毙命。

这时，杜凤瑞的战机也因遭重创失去控制，急速盘旋下坠。他忍痛蹬腿弹出座舱，飞机“轰”的一声在空中爆炸。降落伞系着杜凤瑞徐徐向地面下落。2000米、1800米、1500米……福清县的民兵已经在地面做好了营救准备。这时，一架国民党空军飞机突然从高空俯冲下来，公然违背国际公约向在空中飘落已无抵抗能力的杜凤瑞开炮，杜凤瑞在空中壮烈牺牲。一直在跟踪这架国民党空军飞机的解放军高射炮兵一〇五师五二一团四连全连集火开炮，把这架国民党空军飞机打下栽入大海。当天上午，部队与地方协力在福清龙田东南21公里处的海口镇杏岗山的山坡上找到杜凤瑞的遗体。经空军领导机关研究决定，杜凤瑞遗体安葬在福州，并建立“杜凤瑞烈士陵园”。

### 三、一面高高飘扬的战旗

1958 年 10 月 10 日空战后，国民党空军再也没有出动大量飞机与解放军空军争夺大陆的制空权。从此，福建前线的空中斗争形成双方对峙的局面。

为了表彰杜凤瑞烈士的英雄事迹，1958 年 11 月 27 日，空军党政治部给杜凤瑞追记一等功，并号召人民空军全体指战员学习杜凤瑞的英雄事迹，学习他英勇顽强的战斗作风和舍己为人的高尚品质。郭沫若为杜凤瑞题词，赞誉他是“龙田地区的空中飞鹰”，勉励空军的同志“人人都是杜凤瑞”；谢觉哉在《读“杜凤瑞烈士的生平介绍”》中赋诗：“矫健腾挪海上鹰，砍樵孩子是英雄，身如钢柱心如火，照得东南一望红。”

为进一步弘扬杜凤瑞精神，1964 年 9 月 29 日，空军党委授予杜凤瑞生前所在中队“杜凤瑞中队”（后扩编为大队）荣誉称号。

用英雄名字命名的“杜凤瑞中队”，高举这面浸透着英雄鲜血的战旗，书写着英雄集体的光辉篇章。该大队扩编前后担负过保卫首都任务，2 次参加抗美援朝战争，4 次参加国庆阅兵，2 次进驻青岛执行空战任务，12 次入闽轮战，并出色完成了在核弹爆炸现场穿过蘑菇云取样任务。一茬茬官兵用实际行动诠释“忠于党和人民、献身捍卫祖国领空，苦练杀敌本领、压倒一切敌人”的杜凤瑞精神。

## 第四节　东山战斗守备一等功臣连[①]

1953 年 7 月 16 日，国民党金门防卫部司令官胡琏率陆海空军一万

---

① 本节内容参考自《当代中国军队的军事工作》（上），第 331—332 页。人民解放军原南京军区海防第五十六团编审委员会：《人民解放军〈海防第五十六团团史〉》，2009 年，第 4—8、52-54、90—91、97 页。

余人进犯东山岛。守岛的解放军公安八〇团和解放军各路增援部队奋勇抗击，经过两昼一夜的激战，于 7 月 17 日 18 时彻底打退国民党军的进犯，取得东山保卫战的胜利。坚守公云山（200 高地）的公安八〇团二连，在增援的三十一军九十一师二七二团十二连的配合下，同进犯的国民党军展开 27 个小时的殊死拼杀，击退 10 倍于己的国民党军 31 次的进攻，歼敌 413 人，牢牢守住阵地，为赢得东山岛保卫战的胜利发挥了重要作用。战后，福建军区授予二连“东山战斗守备一等功臣连”称号。

## 一、从闽粤赣边走来

二连的前身为中国人民解放军闽粤赣边纵队第八支队的一个连队。1949 年 12 月整编为福建军区第六（龙溪）军分区警备团的一个连队，1952 年 4 月在警备团的编成内进驻东山岛，1952 年 10 月改番号为公安八〇团二连。之后，随团队番号变化，先后隶属东山守备团、守备八十九团、守备九十团、守备十七团、海防五十六团二连、某海防旅。

1938 年 3 月，中国工农红军闽南独立三团奉命编入新四军，开赴皖南抗日前线。为了在闽南地方建立新的革命武装力量，粉碎国民党反动派的军事“围剿”和经济封锁，1939 年冬，中共闽南特委在诏安成立闽南武装工作队（简称“武工队”）；1943 年 12 月，中共闽粤赣特委在平和县小芦溪成立闽西南武装经济工作队（简称“经工队”）；1943 年 8 月，中共闽南特委在诏安县豆畲村成立闽南政治保卫队（简称“政保队”）；1945 年 8 月 15 日，日本战败投降，中共闽南特委将“武工队”“经工队”“政保队”统一整编为“钟骞支队”，1947 年整编为闽南支队，1948 年 12 月与粤东独立第五大队整编为中国人民解放军闽粤赣边纵队。二连作为闽粤赣边纵队第八支队的一个连队，先后参加了这个时期闽西南地区反抗国民党反动派的军事“围剿”和经济封锁的斗争、打土豪斗地主的土地革命斗争和抗日斗争。

1949 年 9 月 12 日，二连所在的闽粤赣边纵在南靖县宝材桥凤安村与解放漳州的三十一军九十二师先遣队会师。9月18日，三十一军九十二师向漳州外围国民党军发起进攻。二连编入闽粤赣边纵队第八支队配合九十二师，日夜兼程，穿插迂回，绕道平和县塔潭、龙海县程溪，进至漳州郊外木棉亭、九龙岭、大帽山一线公路两侧占领阵地，切断漳州国民党军南逃退路。9月19日，漳州解放。在这期间，二连在闽粤赣边纵队第八支队编内，还先后参加了解放南靖、漳浦、诏安等县的战斗。12月，闽粤赣边纵队一部整编为福建军区第六（龙溪）军分区警备团，二连为该团一营二连。

1950年，二连在警备团的编成内，开赴南靖县执行剿匪战斗任务。1月初，二连与兄弟部队一起在南靖县板岭，一举歼灭偷渡登陆内窜的国民党军“两龙”（龙溪、龙岩）游击队一部130余人。1月16日，二连在南靖下洋乡锦洋楼地域，击毙国民党军十二兵团漳龙地区纵队司令李开瑞等匪徒70余人、活捉惯匪庄烈坤等匪徒20余人。在南靖县执行剿匪战斗任务两年期间，二连先后获军分区、县人民政府、县各人民团体和个人赠送“为民除害”等锦旗28面。

1952年4月，二连在警备团编成内进驻东山岛公云山。1952年10月改番号为公安八〇团二连。

## 二、血战公云山

1953年7月16日至17日，驻守公云山的二连击退10倍于己的进犯东山岛的国民党军31次进攻，牢牢守住阵地，为取得东山保卫战的胜利付出重大牺牲，作出突出贡献。

公云山位于东山岛西北部，东西正面约2600米，南北纵深约1600米，总面积约4.2平方公里，与牛犊山和王爹山两个高地连成一体，形成扼守东山岛的三个核心阵地。公云山处在牛犊山和王爷山靠海一侧的前端，位置更加重要。驻守公云山的公安八〇团二连，沿着山地开挖一条长约200米的堑壕，内筑7个土木堡并连接120米的土坑道，形成左右两侧防御阵地。公安八〇团团长游梅耀命令一营营长蒋云亭和司令部参谋赖景明坐镇二连阵地，会同连长郑德修、指导员郑震一起指挥战斗。郑德修负责左侧阵地，赖景明负责右侧阵地，郑震负责通信联络和后勤保障，蒋云亭负责全面指挥。7月16日凌晨，前沿阵地阻击战打响后，游梅耀迅速来到二连，命令二连死守阵地，拖住国民党军，等待增援部队。全连干部战士一条心，誓与阵地共存亡。

16日天亮后，国民党军第一突击大队约1000人，分梯次陆续逼近公云山脚下。6时许，潜伏在坑北村南侧的警戒组，以突然猛烈的火力毙伤先头的国民党军20余人，随即撤至左侧小树林内隐蔽。当约一个连的国民党军靠近小树林时，警戒组再次以猛烈火力予以打击，而后撤回主阵地。这时，一股国民党军向70高地运动，威胁正在向后转移的人民群众的安全。二连三排集中火力拦截，迫使国民党军后退，群众得以安全转移。上午10时许，国民党军以地空火力同时向公云山狂轰滥炸，二连迅速进入坑道隐蔽。猛烈的炮火持续30分钟后，国民党军登陆部队不成建制三五成群向公云山进攻。二连战士迅速冲出坑道，占领战斗位置，以机枪、步枪、冲锋枪和手榴弹，给予进攻的国民党军有效杀伤。至下午2时许，二连先后打退国民党军三次较大规模的进攻，牢牢守住阵地。

这时，坑北村妇女杨阿来冒着枪林弹雨挑来一担水，一只水桶被子弹打穿，桶里的水漏了半桶。战士蔡把头把杨阿来接到阵地。水到了，连长郑德修请营长蒋云亭先喝，蒋云亭让给五班，五班长刘来德舀了一碗喝下去，把碗递给班里的战士，水桶随即转给四班，接着又转给六班，半桶水传遍了整个阵地，解了全连干部战士之渴。

16日傍晚6时许，国民党军以密集的炮火向二连阵地轰击。炮火过后，整连整排向二连左侧阵地突进。右侧阵地的战士奋勇阻击，把进攻的国民党军击退。接着，国民党军以迫击炮、火箭筒和轻重机枪，向五班阵地发起进攻。班长刘来德头部负重伤仍然坚持指挥战斗。副班长吴春荣跳上掩体，端着机枪对下扫射。团加强迫击炮排及时赶来支援五班战斗，很快把进攻的国民党军击退。随后，国民党军转向攻击前沿突击部的六班。机枪手袁明禄依托地堡，阻击国民党军。一发炮弹飞过来，地堡被炸，袁明禄光荣牺牲。国民党军趁势向六班阵地冲了过来，战士王旺炎迅速跃入掩体，接过袁明禄的机枪，阻击国民党军的进攻。几发炮弹接连打到六班的阵地，王旺炎头部负伤，机枪也被打坏。他忍着剧痛，捡来几枚手榴弹，用牙齿一个一个咬开盖子，连续投掷出去，把进攻的国民党军炸得滚落下去。指导员郑震适时展开宣传鼓动，进一步激发干部战士的斗志。四排长吴和尚带领全排战士，与国民党军展开殊死拼杀。子弹打完了用手榴弹，手榴弹打完了用石块，最后用刺刀、铁锹、木棍与国民党军搏斗，吴和尚壮烈牺牲，10 多位战士负伤。在这紧要关头，连长郑德修带领一班、二排长葛鹏芝带四排机枪组，分别从 86 高地两侧战壕跃出，与国民党军拼杀。至 16 日晚 7 时许，打退了国民党军的多次轮番进攻，守住了阵地。

这时，增援的三十一军九十一师二七二团十二连赶到，郑德修向十二连连长冯某简要介绍了地形敌情，作出任务区分，合力展开抗击。战斗持续到 16 日夜 11 时，屡遭挫败的国民党军以约一个连的兵力，向二连六班左侧阵地发起攻击，将四班、六班压制在阵地前沿，情况十分危急。二排长葛鹏芝果断命令四班、六班撤至主阵地，对进攻的国民党军进行迂回夹击，将其打退。至 17 日 0 时，二连会同十二连击退国民党军大小十多次进攻，毙伤国民党军 400 余人，牢牢守住阵地。下半夜，由于夜深天黑，不便大规模冲击，国民党军改用哨子，吹号子虚张声势，以分散小股兵力摸向公云山。敌变我变，在营长蒋云亭的统一指挥下，二连和十二连分兵把口，以班或组为单位，占领阵地全线各个战斗位置，灵活机动地击退企图摸上公云山的分散小股国民党军。

17 日凌晨 2 时，东山保卫战总反攻开始。根据参谋赖景明上报的地图坐标，解放军云霄礁美炮兵阵地的炮火准确覆盖在公云山前沿一线国民党军的进攻出发地域。至17日下午6时，东山保卫战胜利结束。公安八〇团二连在二七二团十二连的配合下，在公云山坚守27个小时，击退10倍于己的国民党军31次进攻，歼其413人。战后，福建军区授予二连“东山战斗守备一等功臣连”称号。全连84人荣立战功，其中一等功2人，二等功13人，三等功69人。步华第二七二团十二连二排被福建军区授予“增援二〇〇高地守备模范排”称号。

## 三、守土有责

东山保卫战后，二连继续驻守在东山岛的公云山。一代一代二连官兵继承和发扬保卫战精神，以苦为荣，以苦为乐，守土有责，守土尽责，无怨无悔，献身海防。

战争年代入伍、保卫战中荣立二等功的连长郑德修，战后继续任二连连长。他不居功，不懈怠，十几年如一日，带领全连认真做好海防战备工作。根据实战需要和长期坚守的要求，连队着力做好阵地建设。经过几年的苦干，一个比较完备坚固的连防御阵地建成。每当新兵入伍，郑德修就把他们带到阵地上，讲述保卫战的故事，进行献身海防的思想教育。1962年春，台湾国民党当局企图大规模进犯大陆东南沿海地区，东山岛又可能成为重要的攻击目标，解放军守岛部队进入紧急战备。驻守在公云山上的二连，在老连长郑德修的带领下紧张有序地展开各项战备工作。按照团里的要求，短时间内高标准完成连队防御阵地的完善改造工程。全连进行临战突击训练，加强射击、投弹、刺杀和单兵战术训练。在提高技术战术的基础上，把全连拉上阵地，在各自的战斗位置上演练，把训练与实战结合起来，把技术训练与战术训练结合起来，把练战士与练干部指挥结合起来，把练单兵、班、排独立作战与练全连协同作战结合起来，把练白天作战与练夜间作战结合起来。郑德修起早贪黑，与全连干部战士一起摸爬滚打，面对面传经验，手把手教技术战术，取得了良好训练效果。团指挥机关组织全团排以上干部到二连阵地实地观摩学习，还请郑德修到全团各重要防御阵地巡回传授经验，推动全团临战突击训练更加贴近实战要求，取得更加扎实效果。1964 年，全军部队开展群众性练兵运动。郑德修锐气不减当年，率先垂范，带领全连苦练杀敌本领。他以 4 发子弹 2 个点射消灭 2 个目标的优异成绩，为全连干部战士树立了苦练精兵的榜样。全连两个步兵排56人，涌现出特等射手36人。之后，全连背上全副战斗装备，拉上阵地，在不同地形地物、不同气候条件、不同射击目标条件下，反复练习射击技术。经过刻苦训练，全连两次在不同地形的实弹射击考核，100% 完成练习，优秀率 80%。团多次总结推广了二连经验，推动全团群众性练兵活动更加扎实开展。不久后，郑德修离开二连到新的工作岗位。

一任老连长离开连队，一任新连长接上来；一批老兵退伍，一批新兵入伍。一茬茬来自五湖四海的二连干部战士，深知守好脚下这块洒满先辈鲜血土地的重大责任，一腔热忱尽责履职。无论是干部还是战士，无论是老兵还是新兵，大家不比报酬比贡献，不讲资历讲工作，一心扑在战备训练上；无论是来自农村还是城市，无论是家乡生活条件差的还是家乡生活条件好的，大家同甘共苦，团结互助，风雨中站岗执勤，烈日下摸爬滚打，激浪中武装泅渡，练就一身过硬杀敌本领；无论是家庭实际困难还是本人实际问题，无论是面对工作任务分工还是复退去留，大家都以海防建设利益为重，个人利益服务海防建设利益，假期一推再推，服役期一延再延，机会一让再让，无怨无悔长期扎根海岛。数十年来，正是由于一代代干部战士这种高度自觉的卫国戍边的责任感使命感，确保二连完成战术技术训练、海防施工、反小股、抗登陆、抗台风等各项海防战备和抢险救灾任务，成为公云山及东山岛的忠诚卫士。

东山岛常年风沙弥漫，自然气候恶劣，生活条件艰苦，一代代二连干部战士，以谷文昌带领东山人民植树造林治风沙的壮举为榜样，尽力用自己辛苦的汗水，浇灌连队驻守的这块土地，把公云山建设成宜守宜居的家园。原先通往公云山只有一条坎坷不平的羊肠小道，连队的日常战备训练和工作生活十分不便。保卫战后，几茬干部战士持续奋斗，把这条羊肠小道改造成通车的宽敞通道，修建起连通连队、阵地、哨所之间的第一条通道。由于东山岛干旱少雨，公云山上草木稀疏，沙尘飞扬。早晨起来，只见门前、窗台、走廊上积起一层沙尘，开饭时常常给碗里撒“胡椒面”。为了给荒山披上绿装，镇住风沙灾害，二连干部战士响应东山县委县政府的号召，大力开展植树造林、绿化海岛活动。几十年来，他们在山坡上、道路旁、阵地前、营区内，栽种了大批木麻黄、马尾松、银桦等抗风沙树木。如今，公云山上树木覆盖率达 80%，一片郁郁葱葱，有效地减轻了风沙灾害。战士们还从海滩上捡来贝壳，垒造成花圃；到山上采来野花，制作盆景，把营区整理得生机盎然。连队自己打了口水井，解决工作和生活用水。在荒坡上开垦出大小几块菜地，种上各种季节蔬菜，垒起棚圈养猪，减轻地方供应负担，改善连队伙食。开展各种文化体育活动，活跃连队文化生活，陶冶干部战士思想情操。

## 第五节　台山岛守备营①

台山列岛位于闽浙两省交会的东海上，总面积 3.57 平方公里，距离大陆最近通航点沙埕湾约 18 海里，是福建省境内距大陆最远的岛屿。

1955 年 2 月，解放军浙江军区步兵一〇三师三〇九团一营奉命进占台山岛。1956 年 7 月，福州军区成立后，一营先后划归福州军区公安军边防二十四团、福州军区守备七师九十四团、福州军区守备一师一团建制，1985 年整编为一个连队，划归福建省军区海防十一旅建制。几十年来，全营干部战士牢记人民军队宗旨使命，守岛爱岛建岛，把台山岛建成“海上钢钉”“军民联心岛”，为守卫东南海防作出突出贡献。首任营长唐和守岛 20 年，先后荣立二等功 2 次、三等功 12 次，被福州军区树

① 本节内容参考自人民解放军陆军驻长乐某海防旅政治工作部提供的资料。

立为“守岛爱岛标兵”，1975年当选全国人大代表，光荣出席第四届全国人民代表大会。营教导员李孝国以身作则，为团结带领全营干部战士守岛建岛作出积极贡献，1980年当选全国人大代表，光荣出席第五届全国人民代表大会。全营先后受到中央领导机关、中央军委领导机关、福州军区、南京军区、福建省军区、福建省委省政府的表彰，被中央宣传部、总政治部授予“军民共建社会主义精神文明先进单位”。1981年夏，福州军区司令员杨成武上将上岛视察工作，对台山岛一营艰苦守岛，军民共建联防给予充分肯定，赞叹“到了台山岛，就像回到当年的革命根据地”。

## 一、进占台山岛

台山列岛由西台、东台、南船屿、南屿等15个岛、屿、礁组成，最大的西台岛面积约1.2平方公里，最高峰东台山老鸦顶168米。这里属中亚热带季风湿润气候，每年8月至10月，台风频袭，最大浪高达12米。岛上缺少淡水，植被稀疏，山体裸露，生活条件艰苦。

清末至民国年间，福州长乐一带渔民，经霞浦至秦屿，再搭船来到台山讨海谋生。1947年，国民党“白犬行政公署”长官王宗銮任台山渔会会长，从白犬岛调海匪李益龄的一个分队30余人占领台山，取名“保海队”。1950年6月，国民党匪徒黄经武带50余人匪帮进占台山岛，收编李益龄的“保海队”，扩编为“保海大队”。8月，黄经武被部属击毙，由詹国宣取代，改“海保大队”为“海上保安队”，加上李志春的“泰山队”，共有160余人。之后，林文亮将其改编为“东海独立第三大队”，下设海上大队、陆上大队、后勤大队，大陆解放前夕逃至东引岛。

1955年1月，解放军华东军区陆海空三军联合解放一江山岛，国民党军从大陈岛撤离。解放军浙江军区一〇三师三〇九团奉命进占台山列岛。2月16日至17日，团前指率一营、团一〇七炮连和配属的3个炮兵连进驻东台山岛。2月18日凌晨，第二批登岛部队1600人搭乘8艘登陆艇，在 4 艘炮艇掩护下，向台山列岛开进。在台山列岛以北海区，与国民党海军副总司令黎玉玺率领的 4 艘炮舰展开激战，最终击退国民党海军，成功登上台山列岛。尔后大部撤离留下一营驻守台山列岛。

20 世纪五六十年代，台山岛上有居民 160 多户，人口 800 余人。1955 年 8 月，国务院颁发文件，台山列岛由浙江省平阳县划归福建省福鼎县管辖。岛上设有 1 个行政村——福鼎县沙埕镇台山村。

一营进驻台山列岛后的几十年，解放军各部队先后进行多次的整编、调防，一营始终没有换防，一直驻守台山列岛，与驻地人民群众心连心、同呼吸、共命运，把台山岛建成坚固的东海前哨阵地。

## 二、守岛爱岛建岛

台山列岛远离大陆，临近公海。一营进驻台山岛，对于守卫东海门户、抗击马祖东引诸岛国民党军窜扰、维护领海安全、保护闽东渔场，至关重要。驻岛以来，全营坚持不懈地进行人民军队宗旨使命教育，激发干部战士守岛爱岛建岛的责任心和使命感。

台山岛自然环境恶劣，生活条件艰苦。一茬茬一营干部战士，发扬吃苦耐劳、甘于奉献的革命精神，自力更生，自己动手，努力建设宜守宜居的海岛。第一代守岛官兵，自己动手采集石子沙土等建筑材料，用半年时间建成了全营数百号人所需的简陋营房及配套设施，并且挖掘水井、开荒种菜、修桥铺路、平整操场、修建射击和战术训练场，很快就在台山岛上安营扎寨。之后，全营干部战士不懈奋斗，多次翻建修建营房营区，不断改善海岛工作生活条件。进入新时期，部队上级领导机关倍加关心改善台山岛守备营的生活条件，拨出专款翻建营房及配套设施。一营全体官兵主动配合施工单位，自己动手挖地基、抬石头、整场地，所有营建材料由官兵肩扛搬运上岛。经过 200 多天的奋战，全营共敲打碎石 800 余立方，搬运水泥、钢筋、沙子等建筑材料 3700 多吨，人均搬运建筑材料 36 吨，建成全新的营房。在这个基础上，全营部队自力更生，修建了招待所、俱乐部和规范的射击场、障碍场、观察所，整个营区面貌焕然一新。老班长黄仁涵，入伍前做过泥瓦工，入伍后发挥自己的特长，积极投身营区建设，先后完成了修建猪圈、厕所、障碍场、器械场等几十项工程，为全营节约经费 12 万元。临退伍之前，黄仁涵领着一批即将退伍的战友，在营区西南侧高地的崖壁上，雕凿出一幅高 27 米、宽 39 米的“忠诚”石刻，成为激励一代又一代驻岛官兵守岛建岛的精神丰碑。

台山岛解放后，渔民结束了被国民党兵匪和渔霸欺凌的历史，开始了新生活。一营进驻台山岛后，把帮助渔民群众建设新台山、过上好日子作为守岛爱岛建岛的题中之义、分内之事，摆上营党委和全营工作的重要议程。自进岛至20世纪70年代末，历任营教导员兼任台山大队（村）党支部书记，参与研究决定台山建设发展等村务事项，推动发展生产、改变列岛面貌、改善渔民生活。组织发动列岛军民，年复一年植树造林，把昔日“光长石头不长草”的荒凉台山变成了一座“海上绿洲”。组织全营干部战士采石采沙运材料，修建起军民共用的水泥码头，开拓出一条长 7650 米、宽 3 米的村主干道。用持续几年时间，军民共建一座容量 1.97 万立方米的水库，并挖掘 10 多口水井，基本满足了岛上军民的生产生活用水。帮助渔民努力掌握现代捕捞技术，逐步改善捕捞条件，增强抗击风浪能力，发展渔业生产。至 80 年代初，台山大队年捕鱼量达到 75000 多斤，产值 80 多万元，集体固定资产 87 万余元，公共积累 25 万多元，渔民年均收入达到 610 多元，90% 的渔民家庭盖起了新房。营队还帮助台山发展教育事业，全营部队自觉利用课余和节假日时间，派出干部战士为学校清理校园，修理课桌、整理教室。许多班排与学校的班结成对子，派出优秀干部战士担任校外辅导员，给学生讲革命故事，帮助学生复习功课，开展“一对一”的思想引导。营区的灯光球场、露天电影放映和阅览室、图书室、棋艺室、荣誉室定时向学生和群众开放，为岛上少年儿童健康成长、提高渔民群众的文化素质，创造良好的条件。

营队会同大队研究制订一系列卫生管理制度，广泛开展“除四害”清家园的爱国卫生活动，成立军民联合卫生检查指导小组，不定期组织卫生检查评比，表彰讲卫生的单位、家庭和个人，引导全村男女老少逐步养成讲卫生的良好习惯。营卫生所长周振良，1958年入伍，1985年转业，在岛上工作生活整整27年，从卫生员成长为卫生所长，把全部精力和心血都倾注在驻岛部队和岛上群众的医疗卫生事业。27年中，周振良走遍台山渔村的家家户户，不分昼夜，防病治病，救死扶伤，累计看病治病数万人次。1984年，周振良的爱人在福鼎县制药厂一次事故中不幸殉职，事发时周振良正在为岛上群众防病治病，他忍着巨大悲痛，一直坚持到防治工作基本完成再匆匆出岛为爱人办理后事。为表彰周振良的先进事迹，福州军区授予周振良“爱岛标兵”的荣誉称号，并为他记二等功。

每当岛上发生险情灾情，一营干部战士总是奋不顾身抢险救灾。有一年，一场强台风袭击台山岛，全营干部战士顶风暴雨，往返渔村与营区之间，把全村群众接进坑道避险。在这次抗击强台风的战斗中，有2名战士为了保护人民群众生命财产英勇献身。1976年12月31日，一艘装有3吨柴油的机帆船在渔港码头内失火，危及周边20多艘渔船和数十栋民房。营教导员李孝国和副营长谢再生，带领24名干部战士，纵身踏进海里，泅渡登船灭火，经过45分钟的搏斗，扑灭了大火，保护了渔船和渔民的生命财产。台山人民也把拥军支前当作分内事，全力保障部队的鱼、肉等食品供应，努力为部队干部战士进出岛提供交通方便，义务帮助部队修建营房营区，民兵与战士并肩站岗放哨，形成军民共建共守海岛的生动局面，先后受到中共中央宣传部、总政治部、国家民政部、福州军区、南京军区、中共福建省委省政府的表彰。1984年国庆节，营卫生所长周振良和台山乡长林金玉，作为海岛军民代表，双双被邀请赴京参加国庆35周年庆典观礼。

## 三、护渔反小股抗登陆

台山周边海域海产资源丰富，是闽东的一个良好渔场，一年四季都有闽浙两省沿海渔民聚集到这里捕鱼。新中国成立初期，败退金门马祖诸岛的国民党军不断出动各种舰艇和小股武装，袭击并抓捕渔民渔船，严重威胁闽东沿海渔民生命财产安全，扰乱破坏闽东沿海渔业生产。一营认真履行职责，积极展开护渔斗争。全营各观察哨，把观察渔场情况作为一项重要任务，及时发现报告情况，为快速应对赢得主动。一营还组织专门护渔的海上武工队，发现情况迅速出动，配合人民海军水面舰艇部队作战，击退袭扰渔场的国民党海军舰艇或小股武装。组织训练武装基干民兵，跟随渔船出海，对海上作业的渔船渔民进行现场保护。驻岛 30 年间，一营先后参加规模不等的护渔战斗数十次，牢牢守着台山周边渔场的安全。

自 20 世纪 50 年代初至 60 年代中期，败退金门、马祖诸岛的国民党军不断派遣小股武装特务，窜扰福建沿海。台山列岛处在抗击国民党军窜扰的前沿。一营干部战士始终保持昂扬斗志和高度警惕，对国民党军的窜扰给予狠狠打击。按照上级指挥机关关于反小股斗争的总体部署要求，结合台山列岛的地理位置和地形特点，一营开展军民联防，建立起四道防线：第一道是海上防线，以武装民兵为主，加强海上巡逻，把企图窜扰的小股武装拦截在海面上；第二道是前沿防线，依托驻岛部队前沿阵地，把企图窜扰的小股武装歼灭在一线岸滩；第三道是村落防线，部队与民兵结合，围歼可能窜入渔村的小股武装；第四道是纵深防线，以驻岛部队为主，歼灭可能窜入岛中央重要高地的小股武装。1960 年 6 月 5 日，在团和福鼎县反小股联合指挥部的指挥下，歼灭一股企图偷渡登陆台山的小股武装特务，击毙武装特务 2 人，缴获汽艇 1 艘。

一营进驻台山列岛后，始终把抗登陆作为最主要的任务。进岛伊始，全营就开始构筑着眼长期固守的防御阵地。在缺乏大型工程机械的条件下，全营干部战士硬是用钢钎、铁锤、铁镐、铁锹、炸药来破土开石、凿挖坑道、拓修堑壕、垒筑工事，许多战士在施工中砸伤了手脚，有的甚至伤重致残。经过全营一茬茬干部战士多年坚持不懈的苦干，修筑出了以坑道、堑壕、地堡、掩体为依托，由滩头水际、前沿阵地、核心阵地、纵深阵地组成的多层次防御体系，把台山岛建成了坚固的“海上堡垒”。

一营干部战士清醒地认识到，要有效抗击国民党军的登陆窜犯，守好台山列岛，不仅要有坚固的防御工事，更要有坚定的革命意志和过硬的军事本领。全营干部战士长年一以贯之苦练战术技术。1964 年，全营部队坚持从难、从严、从实战需要出发，大力推广“郭兴福教学法”，开展练兵比武活动，涌现出一大批“尖子”，干部战士技术战术水平普遍提高，抗登陆作战能力显著增强。进入新时期，干部战士精益求精苦练现代条件下战术技术。老班长陶立现，自动步枪速射 2.88 秒打完 5 发子弹，全部命中，总计 43 环，野外攀登打破全军区纪录，被南京军区评为“侦察兵先进个人”“优秀猎人”，被福建省军区评为“一级侦察技术能手”。

几十年来，一茬又一茬的一营干部战士，舍小家为大家，无怨无悔，艰苦奋斗献身海防。许多干部战士一再超期服役，在岛上一干就是八年十年，甚至一二十年。1947 年入伍、在战火中锻炼成长的率营进岛的首任营长唐和，在岛上连续工作 20 年，部队一上岛，他就根据实战经验带领连队干部一个防区一个防区、一座山头一座山头、一条沟壑一条沟壑、一段滩岸一段滩岸地进行地形勘察，对列岛的防御阵地体系和兵力部署进行总体规划设计。在年复一年的构筑和完善防御阵地的施工中，他身先士卒，哪里有困难出现在哪里，哪里有危险出现在哪里，带领全营干部战士攻克一个个技术难关，排除一次次险情，修筑出切合实战要求的环岛防御阵地体系；在酷暑寒冬的训练场上，他以实战经验，手把手地教战士练技术、带干部练组织指挥；在执行战备和作战任务中，他坚持靠前指挥，带领全营出色完成了护渔、反小股、抗登陆等各项重要任务。

1979 年，对越自卫反击作战中，一营先后抽调了 3 批 110 名骨干赴前线参战，个个英勇善战，一人光荣牺牲大部分立功受奖，战后送进军事院校深造，继续献身国防，展示出台山守备营战士优秀的政治素质和军事素质。

## 第六节　角屿守备连和广播组①

角屿是炮击金门作战中涌现出来的大嶝、小嶝、角屿英雄三岛中面积最小、距离金门最近、遭受国民党军炮火袭击最惨烈的一座前沿岛屿。总面积 0.19 平方公里，与大金门马山岸线相距约 2800 米，低潮水岸线相距 1800 米。

从 1950 年起，解放军第三十一军九十二师二七五团一个步兵连和九十三师一个步兵连、守备九十八团（后改为守备十五团）五连、守备十四团（后改为海防五十四团）六连先后交替驻守角屿。与此同时，解放军福建前线部队在角屿设立对金门广播组。几十年来，角屿守备连和广播组的干部战士胸怀祖国，立足小岛，艰苦奋斗，不怕牺牲，英勇顽强，与当面的国民党军展开针锋相对的斗争，在福建海防斗争中发挥了特殊作用。几个连队先后分别荣立集体二等功 3 次、集体三等功 19 次。广播组被誉为对台广播宣传的“尖兵”。

### 一、海峡前哨

角屿面对大金门马山。国民党军在马山驻一个连的兵力，前沿岸滩布有铁丝网、轨条砦、地雷等障碍物。晴好的天气，从角屿放眼望去，马山地形地貌地物一览无余，侧耳静听，鸡鸣狗叫隐约可辨，可谓“鸡犬之声相闻”。因此，角屿成为海峡两岸军事斗争的重要前哨阵地。

观察掌握当面国民党军的动向，成为守岛连队重要的日常战备任务。

---

① 本节内容参考自人民解放军陆军驻晋江某海防旅政治工作部提供的资料。

哨所观察员每天猫在潮湿阴暗的地堡式观察所里，实行两班倒值勤制度，一班从早上八点到下午六点，另一班从下午六点到第二天早上八点，一天 24 小时轮流不间断观察。要求对当面国民党军的指挥所、炮兵阵地、坑道、地堡、树木、草丛、声响、前沿障碍物和海面漂浮物等现状变化了如指掌，对夜间灯光、汽车流动和海面动静保持高度警觉，所有这些情况都必须准确掌握，及时报告，一丝不苟，分秒不误。观察所老所长文斌在角屿 12 年，潜心学习钻研观察专业技术，不仅练就“千里眼”，而且练成“顺风耳”，做到“听声识船”，通过马达声辨别船只种类、判断航行方向，为上级指挥机关提供了大量可靠的情报信息，被评为“爱军精武标兵”。一代代守岛官兵立足前沿哨所，眼观六路，耳听八方，及时准确掌握了对面国民党军阵地修筑、兵力变化、部署调整、装备更换等方面重要情报信息，妥善处理了海防斗争中各种突发情况和突发事件。

一个夏日的上午，连队进行半年军事训练考核。9 时许，观察所报告对面金门草屿海面疑似一个人躺在一条竹筏上向大陆一侧飘来，马山国民党军对目标炮击。连队立即停止训练考核，进入防炮观察。国民党军炮火随即延伸，落在角屿。一班战士高玉成被炸伤右臂，军医程国财冒着炮火上前抢救，不幸中弹牺牲（后被福州军区追记一等功，并追认为烈士）。面对突发情况，连队沉着应对，结合平时观察积累的情报信息进行综合研判，迅速请示报告，最终在上级指挥下妥善处置。长期以来，连队在与国民党军的面对面斗争中，严守纪律，积极应对，讲求策略，斗勇斗智，赢得主动，为一线部队处理各种突发情况和突发事件提供了有益的借鉴。

在持续 20 多年的炮击金门作战中，角屿一直处在战斗的最前线。金门国民党军向这个弹丸之地倾泻了数十万发炮弹，小岛的山头被炸削，地面被犁翻，草木被烧焦，成了“海上上甘岭”。守岛官兵发扬“不怕牺牲、英勇顽强、敢于斗争、善于斗争、人在阵地在”的上甘岭精神，依托坑道和工事，保存自己打击敌人，在近距离内对国民党军炮火实施有力的钳制，在炮击作战中发挥了重要作用。

长期以来，角屿一直是金门国民党军小股武装袭扰首当其冲的目标。守岛官兵始终保持高度警惕，快速反应，果断处置，取得了一次又一次反小股战斗的胜利。连队两条配属的巡逻军犬都先后捕获 12 名金门“水鬼”，分别被上级指挥机关记二等功。

根据海岛防御作战的特点和要求，连队因地制宜，从难从严从实战需要出发组织技术战术训练，各项训练课目都取得良好成绩。

## 二、“心战”前沿

1952 年 3 月 5 日，春寒料峭，海风瑟瑟。吴世泽奉命带着广播组的战友们，背着沉重的广播器材，搭乘小舢板，来到荒芜的角屿，住进潮湿拥挤的地堡，开始对金门国民党军有线广播。角屿有线广播的开设，把人民解放军瓦解国民党军的工作推到了海峡军事斗争的最前线。角屿不仅是两岸军事斗争的前哨，同时也是两岸心战与反心战斗争的前沿。

吴世泽广播组开始用的是在朝鲜战场上缴获的美军舰艇上相互喊话的扩音喇叭，一个扩音喇叭功率 250 瓦。广播组把 9 个扩音喇叭合在一起形成一个大喇叭，戏称之为“九头鸟”，声波可以传至 10 公里，覆盖金门马山沿岸一线及近岸一定纵深地带。狭小的地堡，既是编辑室、广播室，也是休息生活室。地堡里春天潮湿，夏天闷热，冬天阴冷。金门国民党军把角屿广播组当作“眼中钉”“肉中刺”，长时间、多角度、多层次地进行炮火袭击。1958 年炮击金门作战期间，广播组的地堡周边落下数百枚炮弹。广播组的干部战士就是在这种严酷、艰苦、简陋的工作环境和工作条件下卓有成效地开展工作。

1957 年初，广东梅县籍的国民党军第二十七师师长林初耀被派率部驻守金门岛。厦门有线广播站获知这个信息，派专人到广东梅县把林初耀的母亲接到厦门，进行喊话录音，然后把录音带送到角屿广播组昼夜反复播放。林初耀突然听到母亲的喊话，开始有点将信将疑，因为他得到的消息是母亲早已被“整死”。他以晚上查岗哨的名义，再到海边听“母亲喊话”广播。母亲在喊话里说：“儿啊，你当时说一两年就回来，怎么现在还不回来啊？你给我的光洋现在还留着没有用，你老婆现在做了文化教员，你小孩子在小学读书，现在我们都过得很好，就是缺你一个……”再听母亲喊话后，林初耀思绪万千，一连几天都没法正常工作。时任国民党军“总政战部”主任蒋经国得知此事，立即下令把林初耀调回台湾本岛。小嶝岛有个年轻妇女叫张阿签，丈夫被国民党军在逃离小嶝岛时强行抓走。她经常来到角屿广播组，直接对丈夫广播喊话，讲述解放后小嶝岛和家里的生活变化，盼望他能早日回来。几年后，张阿签的丈夫果然冒着生命危险，抱着一口倒扣的锅游了回来。角屿有线广播组开播 10 多年间，面对面播发了大量亲人喊话、书信和新中国建设发展成就的新闻，真实可信，亲切感人，深深触动了对面国民党军许多官兵的思想，促使他们中一些人选择弃暗投明，起义归来。

1958 年 10 月 6 日清晨，一条重要的消息广播震动了厦金海峡两岸。毛泽东起草的以国防部部长彭德怀元帅名义发布的《告台湾同胞书》，由角屿和厦门岛内的香山、石胃头、白石炮台 4 个广播组，用普通话和闽南话交替向金门广播，宣布炮击暂停 7 天，让金门国民党军在没有美国军舰护航的条件下，从台湾向金门运送补充给养，给处在解放军炮火封锁困境中的金门国民党军得以喘息之机。从此，炮击金门作战进入持久的“打打停停、打而不登、封而不死”的斗争阶段，粉碎了美国要台湾国民党当局放弃金门马祖、企图制造“两个中国”的阴谋。在这期间，角屿广播组顽强地顶住国民党军炮火近距离的狂轰滥炸，牢牢守住广播阵地，坚持抵近播音，出色完成各项重要广播任务，及时准确播送了彭德怀元帅后续的两个《告台湾同胞书》《国防部命令》《外交部发言人声明》、福建前线部队司令部公告，反对美国总统艾森豪威尔“访问”台湾的《告台、澎、金、马军民同胞书》，以及重要国际国内新闻，传统节日互致问候广播喊话和遣送交接等相关事项直接广播通知等，有力地配合了各个时期对台军事、政治斗争和涉台外交斗争。在厦门大嶝岛战地观光园里，至今还摆放着当年用钢筋水泥浇灌的被称为“世界之最”的“九头鸟”大型喇叭，见证广播组勇敢战斗在海防斗争最前沿的烽火岁月。

面对解放军的广播，台湾国民党当局千方百计加以干扰，要求金门前沿一线国民党军用敲锣打鼓制造噪音，干扰官兵的收听，甚至要求前沿一线官兵用纸团塞住耳朵。1957 年后，先后在大金门、小金门和大担开设大功率的有线广播站和无线广播电台。角屿天天面对金门马山一座由几十个日本制造的高功率喇叭组成的巨型广播堡高强音量的广播。连队一方面积极采取措施，减少高分贝广播噪音对干部战士睡眠的影响，确保连队正常的作息制度和工作生活秩序；另一方面有针对性地开展思想教育，揭穿台湾国民党当局对祖国大陆社会主义制度和社会主义建设的各种造谣污蔑不实之词，使干部战士不断增强爱党爱国爱社会主义的信念，甘于奉献乐于吃苦守海防。

### 三、温馨家园

角屿是一座无人居住的荒岛，常年刮风、少雨、干旱、缺淡水，生态环境恶劣，生活条件艰苦。一茬茬守岛官兵，在出色完成各项海防战备任务的同时，努力用勤劳的双手，不断改变小岛生态面貌和生活条件，营造温馨小岛家园。他们从植树造林做起，长年不断栽种耐旱、适地、抗风的马尾松、木麻黄、相思树，硬是在贫瘠荒芜的小岛上造出一片密密的马尾松林和木麻黄、相思树林，从根本上改变了角屿的生态环境。他们惜土如金，在沟沟壑壑中整出一畦畦菜地，从各自家乡捎来种子，种上来自祖国大江南北的各种果蔬；他们自己动手采石采砂当泥瓦工，不断建桥铺路、整治营区、美化环境。他们买来种羊、种兔，放在岛上散养，既完善了岛上的生物链，也为干部战士生活增添了一点乐趣，还改善了连队伙食。他们积极开展文化娱乐和各种业余兴趣活动，根据干部战士不同的特长爱好，分别组建吉他组、摄影组、电脑组、广播组、板报组、石雕组，培训卫生员、饲养员、理发员、广播员、解说员、网管员，学习瓦工、水工、电工、木工、油漆工，丰富连队的业余文化生活。

角屿守岛官兵的工作生活，始终牵动着驻地各级领导和广大人民群众的心，厦门市各级领导和广大人民群众，一直把为角屿守岛官兵解决工作生活中的困难和问题作为一项重要工作职责，坚持不懈地为守岛官兵办实事做好事。有一年建军节前夕，厦门市政府领导上岛慰问守岛官兵，针对改善岛上生活条件，提出修好“一口好水井、一块好菜地、一个好猪圈”的“三个一好”工程。经过军地双方共同努力，工程当年圆满完成，彻底解决了守岛官兵用水难、吃菜难的问题。厦门华美卷烟厂董事长刘维灿，30 多年如一日，关心关爱角屿守岛官兵，每逢新兵入伍老兵退伍，她都要上岛与全连官兵同乐，欢送老战士，迎接新战士，全连官兵都亲切地称她“好妈妈”。有一次，全国总工会妇女部组织各省市总工会妇女部 169 位部长上岛慰问守岛官兵。一位部长“妈妈”问战士甘盛喜：“孩子，你给我说实话，想妈妈吗？”战士回答说：“想，当然想！”部长妈妈又问：“那怎么办？”战士回答说：“写信，给妈妈写信，拣岛上最有意思的事说，让妈妈高兴放心！”部长妈妈含泪点头微笑。最后，部长妈妈们选出代表，向守岛官兵们演唱了北京京剧、河北梆子、安徽黄梅戏、山东吕剧、河南豫剧等地方戏曲，以浓浓的乡音，向来自全国各地的守岛官兵表达深深的亲情。有一年厦门警备区一位领导的爱人上岛同战士们共度中秋节，发现战士王景华感冒了，出岛后立即买了 20 斤的苹果和梨，托船运大队登陆艇的水兵捎给小王。

## 第七节　青屿钢四连[①]

青屿岛位于厦门东南10公里的海面，面积0.06平方公里，距离国民党军占据的二担岛约3.3千米，是福建前线离金门诸岛最近的岛屿之一，并且扼厦门港出海口咽喉，地理位置十分重要。1957年，福州军区浯屿独立营四连奉命进驻青屿岛。几十年来，一茬又一茬的连队官兵，忠于祖国，忠于人民，守岛爱岛建岛，出色完成了各项海防守备任务。先后参加大小炮战83次，压制破坏国民党军军事目标24个，集体立功36次。1963年，福州军区政治委员叶飞上将，福州军区司令员韩先楚上将、福州军区副司令员皮定均中将先后上岛检查指导工作，并在岛上留宿。皮定均为连队题词：把青屿建设成海上钢钉；1963年8月，福州军区授予四连“海岛红旗”锦旗；2002年10月，南京军区授予四连“海岛钢四连”荣誉称号。

### 一、一场炮战铸就海上钢钉

1949年10月，解放军攻打金门战斗失利后，国民党军占据大金门、小金门、大担、二担诸岛，不断对厦门乃至整个福建东南沿海进行袭扰破坏。青屿作为厦门离金门、大担、二担最近的岛屿之一，一直被国民党军视为眼中钉、肉中刺，经常遭到炮击枪击。与此同时，金门国民党军经常向过往青屿附近水道的大陆商船、渔船开枪开炮，严重威胁大陆渔民生命财产安全和正常的对外商贸交往。针对国民党军的炮击活动，四连组建炮兵中队，执行护渔护航任务，保护本岛重要阵地和设施。

1958年8月23日，解放军福建前线部队奉命发起炮击金门作战行动，青屿实际上成为贴近金门的前哨观察所，像一把钢刀直指金门国民党军

① 本节内容参考自人民解放军陆军驻晋江某海防旅政治工作部提供的资料。

心脏。金门国民党军调集金门大炮，直接瞄准青屿，不断向青屿岛上倾泻炮弹。

连长梁文科带领全连官兵不惧牺牲、英勇战斗，给予国民党军有力的反击。炮兵中队老兵刘华汉，为保护入伍仅半年的新战士林文田，用自己的身体挡住飞来的弹片而光荣牺牲，体现了舍生忘死、舍己为人的高尚情怀。林文田被炮弹震晕过去，当他苏醒过来时，不顾个人安危，冒着国民党军的炮火，腹部贴着灼热的炮管爬出射口，清除塌下来的泥土沙石，肚皮被灼热的炮管烫出碗口大创伤，但他一声不吭，抓起一把炮油擦拭一下伤口继续战斗。战斗中，炮兵中队四门炮共发射炮弹 4582 发，压制和摧毁国民党军 24 个重要目标。战后，连队的门门战炮荣立三等功，四炮被福州军区授予“功劳炮”的光荣称号，涌现出刘华汉、段友金、林文田 3 名二等功臣，20 名三等功臣，4 名三等功臣。

这场炮战，弹丸之地的青屿成了“海上上甘岭”。据不完全统计，炮战期间，青屿岛上共落弹 1 万多发，平均每平方米 2 发，整个小岛表面被炸成石渣泥粉，小岛顶部制高点被削掉 1.5 米。面对国民党军强大的炮火覆盖，全连官兵依托坑道等工事誓死坚守，始终像钉子一样插在国民党军的心脏，充分发挥了前哨尖刀的作用，圆满地完成了战斗任务。

大规模炮击作战告一段落后，连队认真总结参战经验，全面强化阵地建设。全连官兵硬是用自己的双手和简陋工具就地取材，修筑坑道、防空防炮洞、火炮掩体、堑壕、交通壕、哨位，改建翻建防空防炮营房，实现防区和营区阵地化。全连因地制宜，因任务制宜，不断改进和加强军事技术、战术训练，努力提高战斗本领。为了提高射击水平，连队根据任务和地形特点，大胆地对射击进行改进。一是变运动目标为动荡目标。以往对运动目标射击训练时，靶场设在平地，有依托，目标是匀速运动。海岛四面环水，来犯之敌除空降外，多从海上登陆。四连根据这个特点，把对壕内运动目标的射击改为对海上动荡目标的射击。他们把运动靶固定在小木排上，放入海面，随浪飘荡。射击时，用卧、跪、立三种姿势进行。在进行运动目标射击时，掌握靶子起伏运动的规律，抓准射击时机及时击发。二是变闪光射击为模糊射击。国民党军夜间偷袭，特别是小股登陆时，一般不会打着灯光，而是利用夜暗自然条件，所以连队在进行夜间射击训练时，把靶子设置在海面上、海岸边和礁石旁。因为这些靶子没有灯光显示，在夜间看不清，近似来袭的模糊目标。进行模糊射击时，充分利用夜间的自然微光和白色浪花的衬托作用来捕捉目标。经过训练，许多战士对夜间海上漂浮的木头、篮球都能命中。三是变平角射击为俯角射击。过去，连队的射击场设在小岛顶端的两个小高地之间，是个小而短的平面靶场。由于距离短，射击练习时只好打缩小的靶，与实战要求差距很大，所以连队选择了一个符合射击距离的居高临下的射击地段，把平角射击改为7～15度的俯角射击，使原来的场地训练变为阵地训练。这样，既解决了射击练习场地狭小的问题，又利用了现有阵地和工事，使训练更符合小岛作战的特点。

## 二、一面旗帜见证忠诚担当

走进四连荣誉室，福州军区授予的“海岛红旗”锦旗鲜艳夺目。这面“海岛红旗”是连队官兵忠诚与担当底色的见证，是连队官兵坚定信念的精神内核，是连队凝聚官兵、教育官兵、引领官兵的一件传家之宝。

1957年，四连进驻青屿以后，面临的首要问题是：在小岛十分艰苦的条件下，如何引导官兵树立爱国戍边、乐于吃苦、甘于奉献、扎根海岛、奋发工作的思想。连队党支部组织全连官兵认真学习毛泽东思想，把《为人民服务》《纪念白求恩》《愚公移山》和《关于纠正党内的错误思想》作为必读书，把人民军队的光辉历史和优良传统作为必修课，启迪官兵明确“为谁当兵、为谁扛枪、为谁守岛”。

大批官兵在小岛上一干就是几年或者十多年，舍小家为大家，日复一日、年复一年，以岛为家、忠于职守，甘于奉献、无怨无悔。

连队进驻青屿时，梁文科第一个跳下小木船。他是青屿的第一任连长，带领守岛官兵先后完成83次炮战任务，是青屿的首批拓荒者、守岛人。1961年梁文科调离小岛，1962年紧急战备，上级领导让他再次上岛，梁文科毫不犹豫地又回岛，在连长的岗位上干了五年。连队老指导员张解放，扎根青屿17年，被誉为“海岛一劲松”。他结婚以后，按规定家属每年可以来探一次亲。由于当时两岸军事对峙的形势紧张，家属不能住在岛上，得张解放出岛才行，于是，他和家属要2年或3年才能见一次，结婚的11年里，和家属就见过5次面。老连长张良泰，身患多种“海岛病”，上级考虑到他的身体状况不好，将他调出小岛，可他三番五次请求回岛，前后在小岛上工作15年，把青春年华全部奉献在小岛上。一代守岛人离开，新一代守岛人接上来。一代又一代连队官兵心无旁骛守海岛，把最美青春年华献给了祖国的海防事业。

## 三、一种精神开拓海岛家园

大规模炮战结束后，连队迅速转入改造自然环境条件，建设宜守宜居小岛任务。守岛官兵在这座“风无三日停、地无三尺平”的小岛上，展开“向天要水建水池、见缝插针垦菜地”的艰苦奋斗拓荒历程。

海岛地势陡峭没有道路，带轮子的工具根本派不上用场，给养物资、装备弹药等上岛，全靠肩挑手提，平均每人每年负重不少于20吨。有战备施工任务，也只能靠官兵一副肩膀，一肩肩、一担担、一包包，踩着324级台阶，爬过盘旋在陡壁上的5个陡坡，才能运到施工现场。

1969年，连队党支部决定带领官兵打一场挖沟建池、向天要水的战斗。施工方案敲定后，连长林土坪、指导员林九来带领全连官兵挥镐抡锹，在岛的北侧开始了挖建蓄水池的战斗。施工地段全是花岗岩，战士们凭借铁锤、钢钎、镐头、铁锹等简单工具，排出乱石400多立方米，很多大锤都砸扁了，两三米长的钢钎打得只几十厘米，锹镐也被磨成了尖。连续奋战10个多月，一个能蓄水近1000立方米的大水池圆满竣工，从此，小岛可以储存雨水用于日常的生活。即使后来条件改善了，但连队官兵“一水三用”（洗脸、洗脚、浇菜）的传统没有改变，还培育出了“带回一粒种、省下一杯水、浇活一棵苗、育好一片林”的勤俭自建好传统。

一茬茬官兵靠着双手双肩，一锹一镐、一担一筐、一砖一瓦、一草一木，把荒山变美景，小岛成绿洲，建成了享誉军内外的“海上花园”。如今的青屿岛，有树木16种近7万株，大小花池20余个，植被覆盖率85%以上，青屿已经成为名副其实的“青屿”。为了丰富战士业余文化体育生活，连队组建了战士篮球队和战士吉他队，节假日组织比赛和演出活动，提高战士的身体和文化素质，陶冶思想情操。在这座曾经船不停靠、鸟不停歇的荒芜小岛上，凭借守岛官兵“艰苦奋斗、以苦为乐”的战斗作风，硬是在这里扎下了根。“艰苦奋斗”已成为全连官兵一种习惯，更成为一种传承，一点一滴付出的背后，饱含着官兵对祖国的热爱之情。在青屿官兵的心里，他们守望的不仅仅是一座0.06平方公里的小岛，还是一片碧波浩瀚的领海和幅员辽阔的国土。

## 第八节　鼓浪屿好八连①

海上花园鼓浪屿，宛如一颗璀璨的明珠，镶嵌在厦金海峡之滨。这是一座世界著名的风景旅游胜地，也是一道屏卫厦门的重要海上天然屏障，为近代以来兵家必争之地。17世纪中叶，民族英雄郑成功，以鼓浪屿及周边地区为基地，屯兵练武，挥师东渡收复台湾。1841年8月，英军以坚船利炮，首破清军在鼓浪屿的设防，继而登陆厦门岛。1941年12月，太平洋战争爆发，日军占领鼓浪屿，最终完成对全厦门的控制。日本战败投降后，国民党军占领厦门，以重兵把守鼓浪屿。1949年10月15日，解放军渡海解放厦门，首先发起对鼓浪屿进攻，吸引国民党军的

① 本节内容参考自人民解放军陆军驻晋江某海防旅政治工作部提供的资料。

注意力，使主力部队从厦门岛北部登陆突破，最终取得解放厦门的胜利。

1970 年 12 月，八连奉命进驻鼓浪屿。一代又一代八连官兵，始终保持人民军队本色，大力弘扬雷锋精神，艰苦奋斗，爱岛守岛，服务人民，充分展示了当代人民军队的风采，赢得军内外广泛赞誉，被厦门人民誉为“精神文明仪仗队”。1982 年 3 月，福州军区授予八连“鼓浪屿好八连”称号；1993 年 2 月，中央军委授予八连“鼓浪屿好八连”荣誉称号。

## 一、思想政治好

八连前身为中国人民解放军闽粤赣边纵队闽西南联合司令部警卫连，1949 年 4 月在福建永定县湖雷组建，是一个具有中央红军优良传统的连队。新中国成立后，先后整编为公安部队、武装警察部队、军分区部队，在艰苦的条件下出色完成了剿匪、反特、看守、警卫等重要任务。1968 年随大部队移防厦门，1970 年进驻鼓浪屿。

面对驻守海上花园鼓浪屿的新环境新任务，连队党支部重视思想政治教育工作。坚持不懈地组织“两个务必”的学习，用“霓虹灯下的哨兵”南京路上好八连的先进事迹，检查对照全连官兵的思想言行，努力做到身居闹市，艰苦奋斗，健康向上，积极工作。充分利用鼓浪屿的红色资源，进行我党我军优良传统的教育，组织瞻仰为解放厦门鼓浪屿英勇牺牲的“济南第二团”团长王兴芳烈士和二七二团副参谋长张欣芝烈士的陵园，以先辈一心为民、乐于奉献、勇于牺牲的革命意志和精神激励自己，不衰退，不懈怠。充分利用鼓浪屿的史迹和厦门的改革开放史，进行中国近代史、中国革命史、新中国建设发展史的教育，认清没有共产党就没有新中国，只有社会主义才能救中国，只有社会主义才能发展中国，坚定爱国主义和社会主义的理想信念。充分利用正反两个方面的典型，尤其是本连队的正面典型，理直气壮、大张旗鼓地加以宣扬，在全连营造讲正气、讲艰苦奋斗、讲积极向上的良好风气。

老连长周富苟的妻子是个农村妇女，有一位熟悉周富苟的热心大妈以为他还没有结婚，同时也觉得这位连长人踏实厚道能干，想给他介绍个鼓浪屿本地姑娘作伴。一个星期天，她竟自作主张地替周富安排约会，周富苟坦诚告诉这位大妈，他已经结婚了，婉言谢绝。这位大妈不信，继续热心为他牵线搭桥。为了避免误会，专心工作，周富苟特意安排妻子来队探亲。妻子来队探亲的一个月时间，周富苟在工作之余，经常陪妻子游览鼓浪屿各个景点。这位热心的大妈和鼓浪屿上的许多熟人，以及全连官兵，都投以赞许、祝福的微笑。连队进驻鼓浪屿以来，没有发生违反纪律和有悖道德风尚的事情。

六班原先借住在一家疗养院的房子，热情的业主给他们安装上了100瓦的灯泡，战士们主动换成25瓦的灯泡。在六班借住的房屋里，闲置着一批沙发和钢丝床等现代家具，战士们认真地保护好，始终没有随意动用。后来，六班搬到自来水塔附近的值勤点，自来水公司对他们特殊照顾，全天供水。由于鼓浪屿当时生活用水很紧缺，经常出现居民排队接水的现象，六班的战士心里很不安，他们合计着在地下砌了一个蓄水池，把洗漱、冲澡的水积聚起来用来浇灌菜地和冲刷连队的猪圈，节省用水。后来，六班又到不远处的一口水井挑水用。从此，六班每月用水从近百吨降到20吨。战士胡咸训入伍后一直坚持自己补鞋，还义务为全连战士补鞋，被亲切地称为“补鞋匠”。连队党支部大力宣传表扬胡咸训义务为全连战士补鞋的精神，艰苦朴素的作风在全连蔚然成风。在很长一段时期内，连队一直有工具箱、理发箱、补鞋箱，每位战士有针线包，一般的营具损坏自己修，头发长了自己理，衣服鞋子小划小破自己补。

艰苦奋斗的精神，陶冶了战士的思想情操，促进树立正确的人生观、价值观，激发爱国守边的情怀。战士林宝明刚入伍不久，在东南亚经营橡胶园的舅公给家里来信，因为膝下无子，希望林宝明能够尽快出去继承他的产业。面对继续从军或提前退伍出国的两个选择，林宝明在连队的教育引导和积极健康向上氛围的影响下，坚定选择了继续留队，安心服役，积极工作。1979 年初，祖国南疆燃起战火，八连官兵踊跃报名要求上前线。全连 100 多人有 32 人被选定上前线参战，个个在战场上英勇杀敌，表现出色，其中 4 人立功，5 人火线入党，战士纪政木和万高德献出了年轻的生命，充分体现了八连战士优秀的思想政治素质和当代革命军人的高尚品格。

## 二、履行使命好

鼓浪屿处在两岸军事对峙的前沿。八连全体官兵始终牢记提高警惕守卫海防的崇高职责使命，在“花花绿绿”的环境里，无论是班、排战士，还是后勤人员，无论是在哨所执勤还是外出办事，都能做到时刻不忘岛情敌情，严格履行守卫职责。干部、骨干对岛上的 30 多条街道、7 个山头、14 个重要部位、4 个码头，以及防区海边 172 处大小礁石，头脑里都有一张“活地图”；对每个山洞有多深，每条深沟有多长，哪个码头能靠什么船，心中都有一个“活账本”；全连人员都知道潮汐变化的规律和当地海水的流向。为了准确辨别可能混在游客中的可疑人员，连队经常派人到码头、车站、旅馆、公园等单位了解火车、汽车、船只来往的班次和来往旅客的特点，请公安人员介绍有关侦查工作的经验，摸索出下海偷渡和其他犯罪分子的活动特点。总结出腿勤多巡逻、眼勤多观察、脑勤多分析、发现可疑人员暗中监视的“三勤一暗”工作经验，提高与各种威胁海防安全行为作斗争的本领。进驻鼓浪屿以来，先后成功数十次抓获企图下海的偷渡分子，粉碎了敌特渗透破坏活动，确保一方海防安全。

一直以来，八连秉承“花园丛中练硬功”的尚武传统，坚持真打实备练硬功、超常锤炼铸铁拳。鼓浪屿寸土寸金，训练场地受限，连队因地制宜，苦练巧练：没有体能训练场，就组织爬日光岩；没有射击场，就缩距缩靶瞄；没有投弹场，就在沙滩上训练；没有障碍场，就垒起简易障碍分段练。坚持用典型示范引路，培养了一大批“小老虎式”干部和训练骨干。

战士夏子炎年龄小个子不高，体质较弱，训练成绩比别人差了一截。为了尽快提高自己的军事素质，他每天早晨早起 1 个小时，在腿上绑上 2 公斤重的沙包练晨跑；在上训练课时，别人俯卧撑做 100 次，他坚持做 200 次；别人投 50 枚手榴弹，他投 150 枚；别人枪管上挂 2 个手榴弹射击，他则挂 4 个手榴弹，外加 2 大壶水。日复一日，年复一年，硬是靠勤学苦练成为连队的训练尖子。这种勇于磨砺、顽强训练的作风，成为八连代代相传的优良传统。每当新兵入伍，连队就组织他们参观当年郑成功练兵的水操台，讲述郑成功训练藤牌军的故事。结合体能训练，组织战士们从郑成功寨门下经过，攀登日光岩，激发官兵们胸怀祖国、守卫海防、自觉苦练军事技术的热情。

### 三、精神文明好

八连驻守在风景秀丽、游人如织的“海上花园”，是广大人民群众观察了解当代人民军队的一个重要窗口，这对八连官兵文明素质提出更高要求。进驻鼓浪屿后，一代又一代的八连官兵，牢记人民军队的宗旨，坚持不懈地学习和弘扬雷锋精神，努力做有理想有道德有纪律有文化的“四有新人”，充分展示了人民解放军纪律作风过硬、言行举止文明、全心全意为人民服务的精神风貌。

在八连，“军容不整不出门，一言一行讲文明”已成为人人的自觉行为。一位长住鼓浪屿的 80 多岁侨胞大妈说：“我走过 20 多个国家，到过世界 100 多个大中小城市，见过无数的外国军人，唯有鼓浪屿八连的战士，走有走样，站有站姿，坐有坐相，说话和气，还是咱八连的战士最好！”老司务长有一次跟炊事班的战士用板车拉煤渣，不慎将一些煤渣撒落在街道上。他停下车，蹲下身子，用双手把煤渣一点一点捡起来，还顺便把几个散落的烟头捡起来。从此以后，八连的炊事班再出去拉煤渣，要多带两样工具：扫把和土箕。连队清理粪池，战士们宁愿多跑几趟也不装满担，决不让粪便撒在街道上。为了保持景区早晨和晚间的宁静，连队有一条特殊规定：早晨出操不喊呼号，夜间行动不大声呼喊口令。八连的官兵长期在各个景区景点站岗执勤，鼓浪屿园林管理部门有一条不成文的约定：八连的官兵进景点一律不收门票。八连却做了一条对应的规定：除站岗执勤等公务外，所有八连的干部战士进景点都要跟普通游客一样买门票。有一个星期天，连长敖万清、指导员喻德火分别陪亲友到菽庄花园游览，买门票时，服务员笑着说："你们不用买票了。"敖万清和喻德火说："今天我们是陪亲友来的，不是来工作的。"他们坚持按人数买票进园。有一年连队建新器械场做沙坑，需要沙子，鼓浪屿几个沙滩有的是沙，就地取沙很方便，而且需要量很小。八连的官兵十分明确：那是旅游景区，一粒也不能动。于是，全连官兵采取各种办法采集沙子。出岛训练时，带上装沙袋子，到合适地点取沙顺带回来；战士每人带上挎包，从岛外一挎包一挎包带回来；在山上训练，从地上把散沙一捧一捧撮起来。八连用这种近乎"原始"的办法，取沙建成了沙坑和器械场。

八连长期开展学雷锋、做好事活动，与鼓浪屿街道、社区开展军民共建精神文明，建立健全一套切实可行的共建工作机制，着力在服务中外游客、提高居民素质、开展助困解难、美化景区环境、优化社会秩序等方面下功夫。每逢节假日，连队组织学雷锋小组到轮渡码头扶老携幼，确保游客上下船安全；在几个景点设立"学雷锋服务站"，为游客提供免费茶水、咨询、处理各种突发情况等服务；到了夏季，在几处海滩加强岗哨，协助专业队伍做好游客游泳安全救护工作，多次奋勇抢救因涨潮被困礁石的游客，被誉为鼓浪屿上的"110"。对于居民中的一些特殊困难户和困难人员，八连采取定班定人对口帮扶，长年接续、持之以恒。鼓浪屿崖刻众多，年代久远，易长青苔，八连战士自告奋勇，协助园林工人攀高登险，清除青苔，刷新字刻。每次大雨过后，九龙江带来杂物堆积海滩，八连主动组织清理，迅速还海滩一片洁净。每年夏秋两季，台风来袭，八连总是冲锋在前，全力以赴防台抗台和开展台风过后的清理恢复工作，成为鼓浪屿上一支抢险救灾的重要力量。1997 年，中共中央宣传部、中国人民解放军总政治部授予鼓浪屿八连军民共建社会主义精神文明先进单位。

**四、学习成才好**

八连长期驻守鼓浪屿，耳濡目染于厦门经济特区改革发展欣欣向荣的景象和鼓浪屿厚重的历史文化，为全连官兵学习成才提供了良好的机遇和条件，爱读书、勤学习在连队蔚然成风。班长宋文江经常在鼓浪屿博物馆执勤，鼓浪屿的历史文化和馆藏的一万多件文物展品对他产生了强烈的吸引力。为了全面了解熟悉鼓浪屿的历史文化和这些珍贵的文物展品，宋文江利用业余时间到馆里听课，拜解说员为师，抄录背诵解说词，最终成为博物馆一名熟练的义务解说员，成为一名鼓浪屿历史文化的“业余专家”。在八连，许多官兵都在有限的服役期内，充分利用业余时间，自学一门历史、书法、音乐、英语、导游等方面的专业基本知识，为更好地履行义务和退役后服务社会奠定一个方面的专业基础。

## 第九节　“济南第二团”一连①

陆军第三十一军九十一师二七一团一连，1938 年 1 月组建于山东抗日根据地。在抗日战争和解放战争中，参加大小战斗 120 余次，屡立战功。1948 年 9 月 16 日至 24 日，一连在华东野战军山东兵团第十三纵队三十七师一〇九团编成内参加济南战役。作为团的一梯队突击连，一连全体干部战士不怕流血牺牲，冲锋在前，英勇作战，连破数道城墙，为

① 本节内容参考自人民解放军陆军驻漳州某合成旅政治工作部提供的资料。

解放国民党军坚固设防的济南城建立了功勋。战后，一〇九团被中央军委授予“济南第二团”荣誉称号，一连被华东野战军授予“一等功臣连”荣誉称号。

1949 年 7 月，一连随大部队进军福建，先后参加福州战役、漳厦金战役、解放东山岛等战斗。在渡海进攻鼓浪屿的战斗中，一连与全团干部战士一道背水一战，一往无前，奋勇杀敌，作出了重大牺牲。新中国成立后，一连一直驻守在福建前线，在强军备战，守卫海防，推动祖国统一大业中作出新的贡献。连队先后荣立集体一等功 2 次、集体二等功 21 次、集体三等功 4 次；先后被各级评为“练兵备战先进单位”“践行强军目标标兵单位”，被福州军区授予“硬骨头六连式连队”“精神文明模范连”荣誉称号，被南京军区授予“管理教育模范连”荣誉称号，被人民解放军陆军记集体一等功。

## 一、血染鼓浪屿

1949 年 10 月 15 日，渡海解放厦门首先从进攻鼓浪屿打响。主攻团三十一军九十一师二七一团从海沧起渡，向鼓浪屿发起攻击。全团船队一路搏击风浪，顽强地朝着鼓浪屿前进。一连干部战士与支前船工同心协力，一直冲在全团船队的前锋。船队离鼓浪屿越来越近，国民党军以猛烈炮火拦阻，有几条船被炮弹片击穿，海水涌进船舱，战士们用衣服棉花和所有可用的东西塞住破洞，继续前进。有的战士被弹片击伤，仍继续坚持战斗。

兖州战役荣获“青年战斗模范班”称号的八班率先抵滩。班长丛华滋率领全班战士，冒着国民党军密集的火力，勇敢抢滩登陆。战士吴永涛腿部中弹，鲜血直流，他咬紧牙关，奋力向前冲击，国民党军一梭子弹过来，他最终扑倒在沙滩上再也起不来。两名战士穿过硝烟，刚冲到铁丝网前，就被地堡里射出的子弹击中，他们身子向前一扑，被挂在铁丝网上。班长丛华滋掏出两枚手榴弹，一边使劲朝前投了出去，一边指挥战士张国荣把铁丝网砍断，两人趁势迅速冲了进去。张国荣利用地形，一会儿跃进，一会儿匍匐，一步一步地向一座地堡接近，在离地堡五六米处，国民党军一个点射过来，张国荣倒了下去。这时，全班只剩丛华滋一个人。他咬住干裂的嘴唇，两手握着 4 枚手榴弹，先朝地堡外扔出 2 枚，爆炸后又扔出 1 枚，然后一个猛子扎到地堡上，把最后 1 枚手榴弹塞进射孔里。瞬间，火光一闪，一阵爆响，地堡哑了。他刚爬起来准备向前冲，一阵机枪扫射过来，他倒了下去。他忍着剧痛一步一步吃力地朝另一个火力点挪动，鲜血从头部涌流出来，他再也爬不动了。八班全班壮烈牺牲。二排抢滩登陆，一路奋勇拼杀。子弹打光了用手榴弹，手榴弹用完了就用石头拼，一直打到日光岩，全排大部分壮烈牺牲。

配属二七一团攻打鼓浪屿的九十一师炮二连船只抵达水际时，被国民党军炮火击中，伤亡惨重，连队指导员赵世堂率全连 10 多名战士强行登陆，突入前沿阵地，直插日光岩西侧制高点，最后只剩他一个人，拉响手榴弹与国民党军同归于尽。团长王兴芳率团指挥机关奋勇靠前指挥，在离鼓浪屿海岸约 100 米处，遭国民党军猛烈火力射杀，王兴芳身负重伤，抢救无效，壮烈牺牲。

鼓浪屿的激战，吸引了国民党军的注意力，把配置在厦门岛蜂腰部的机动兵力向南调动。在厦门岛北部发起攻击的解放军主力部队，一举突破国民党军的防线，于 10 月 17 日上午 12 时攻占了包括鼓浪屿在内的厦门全岛，渡海解放厦门的战斗胜利结束。

## 二、刻苦练兵备战

新中国成立后，一连长期驻守在福建前线，刻苦练兵备战，守卫东南海防。1950 年 5 月 11 日，三十一军九十一师发起解放东山岛战斗。一连在九十一师二七一团的编成内，于 11 日黄昏由漳浦的大铲岛、林头起渡，于 11 日 21 时 45 分在东山岛中部的礁头、径口登陆，迅速抢占并巩固了滩头阵地，22 时 10 分占领 410 高地，尔后向东继续肃清国民党军残部，并与友邻部队打通联络，胜利结束解放东山岛战斗。

20世纪50年代中期开始，根据部队正规化、现代化建设的总体要求，一连结合海防战备任务，认真贯彻实施中央军委制订颁布的《训练大纲》，严格进行各项技术战术训练，注重把战术训练与技术训练结合起来，打破了教条主义的训练方法，取得了贴近实战要求的训练效果。“青年战斗模范班”八班，首创战术技术综合训练法，1959年先后在福州军区、武汉军区、北京军区进行巡回表演，1960年代表福州军区参加总参谋部在河南明港地区召开的国家军体队工作会议上做现场表演，得到与会领导和代表的充分肯定。1961年3月18日，聂荣臻元帅视察二七一团，专程视察了一连并与全连干部战士合影留念，对一连的军事训练及各项工作给予充分肯定。聂荣臻元帅视察后，师、团两级共同组织担任战备值班任务的一连在生疏复杂的地形上，结合战备任务进行野营拉练，检验连队的训练效果。在野营拉练中，全连根据地形条件，演练了强渡江河、步兵排侦察、步兵连山地进攻、步兵连追击战等训练课目，取得了开得动、打得准、吃得上、联得通、合得成、协同好的良好效果，展示了连队过硬的战术技术水平。

1962年春，东南沿海紧急战备动员，应对台湾国民党当局企图大规模进犯大陆的军事行动。一连全体干部战士群情激奋，许多战士写下了血书，要求当一梯队打头阵，坚决挫败台湾国民党当局大规模进犯大陆的企图。全连认真投入抗登陆作战训练，着重训练如何击敌于水中、歼敌于滩头、敢打硬拼、苦战恶战、长时间坚守、人在阵地的战术技术和战斗作风。

1964年，人民解放军掀起学习南京军区某部二连连长郭兴福教学方法、开展群众性练兵比武活动。一连充分运用各种手段，大讲学习郭兴福教学法，积极投入学习郭兴福教学方法的练兵活动中去。副连长钟德远以郭兴福为榜样，深入学习毛泽东军事著作，把从难、从严、从实战需要出发的“三从”要求贯穿到训练全过程，做到讲解简明扼要、深入浅出、通俗易记。实际训练重点突出循序渐进，思想工作细致，运用不同的方法解决不同人员的思想问题，激发战士的练兵热情，推动全连战术技术训练成绩迅速提高，被福州军区评为“学习郭兴福教学法标兵”“郭兴福式教练员标兵”。全师开展“远学郭兴福、近学钟德远”活动，各部队的干部骨干纷纷来到一连现场观摩，学习钟德远的郭兴福教学法经验。1964 年 7 月间，一连派出一批干部战士参加福州军区举行的“比武”大会，取得了优异成绩。8 月间，一连参加总参谋部在河南信阳举行的全军“比武”大会，进行投弹、军事体操和“青年战斗模范班”八班的战术训练表演，均取得了好成绩，获得了好评。八班的单兵战术和班实弹战术合练，获总评第一名，受到叶剑英元帅的接见并合影留念。

群众性练兵比武活动取得的优异成绩，为连队的战术技术训练奠定了更加扎实的基础。一代又一代一连官兵，不忘使命担当，坚持刻苦练兵习武，射击、投弹、刺杀、单兵和班战术、土工作业等步兵五大战术技术，以及武装泅渡、军事体操、长途奔袭、野营拉练、“三打三防”（打飞机、打坦克、打空降；防核、防化学、防细菌）等各项训练课目成绩均名列军、师、团的前茅。

### 三、建设全面过硬连队

1977 年，人民解放军掀起学雷锋、学“硬骨头六连”热潮，之后又在部队中广泛开展做“有理想、有道德、有纪律、有文化”的“四有”军人的精神文明创建活动。一连抓住这个契机，从政治思想、军事素质、纪律作风、管理教育等方面着手，建设全面过硬的连队。

在政治思想建设上，一连针对新的历史条件下出现的新情况、新问题，有针对性地加强政治思想工作。针对“文化大革命”期间的“左”的错误思想倾向的影响，引导干部战士学习中共中央一系列重要文件，拨乱反正，准确完整地把握毛泽东思想科学体系，纠正克服“精神万能”、轻视学军事学专业技术的倾向，正确把握和处理政治与军事、革命化与正规化现代化的关系，明确新时期连队建设的正确方向，把教育训练摆在连队建设的突出位置抓紧抓好。针对社会上有的人把经济建设为中心与加强国防和军队建设对立起来割裂开来的倾向，深入进行人民军队宗旨、性质和根本职能的教育，大讲“济南第二团”“一等功臣连”的英模事迹，大讲人民军队的光辉历程和优良传统，牢固树立人民解放军永远是一个战斗队的思想，增强强军备战的责任感、使命感。针对社会上在解放思想过程中出现一些自由化的思想倾向，深入开展坚持四项基本原则的教育，坚持在干部战士中倡导学习《为人民服务》《纪念白求恩》《愚公移山》《关于纠正党内的错误思想》等毛泽东著作，树立正确的世界观、人生观、价值观，不断加强连队党支部建设，充分发挥党支部的战斗堡垒作用和共产党员的先锋模范作用，引领连队建设不断上新台阶。针对社会上有的人认为“时代变化了，雷锋精神过时了”的错误思想倾向，大力开展“弘扬雷锋精神、争做四有军人”活动，着力在全连干部战士中营造舍小家为大家、安心服役、努力工作、艰苦朴素、团结友爱、助人为乐的良好风尚。1982 年，一连被福州军区授予“精神文明模范连”荣誉称号。

在军事素质上，一连着眼于在新时期继续巩固提高步兵五大基础战术技术水平的同时，努力提高遂行诸军兵种联合渡海登陆作战任务的战术技术水平。1959 年 7 月，一连作为主攻连，在营的编成内参加军指挥的“加强步兵营对坚固筑垒岛屿之敌进攻的实弹综合演练”，全连干部战士紧随炮火准备，勇猛地向滩头水际及纵深各预设火力点冲击，体现了步炮密切协同，勇夺坚固筑垒岛屿的实兵实弹综合演练预期效果，受到军指挥机关和参观的领导充分肯定。1977 年 6 月，一连在团的编成内，拉到濒海地区，进行多军兵种联合渡海登陆作战演练。全连干部战士冒着酷暑，与海军水面舰艇合练长距离长时间海上航渡，与工兵合练滩头破障，与坦克兵合练步坦协同抢滩登陆，在既设进攻阵地演练如何用步兵武器摧毁残存火力点及巩固扩大登陆场。经过两个月的演练，全连干部战士熟练掌握了多军兵种联合渡海登陆作战的战术技术要领，取得了良好的训练效果，充分发挥了主攻连当尖刀打头阵的作用，受到师、团指挥机关的充分肯定。由于连队各项工作都走在部队的前头，特别是在全新的多军兵种联合渡海登陆作战演练中战术技术过硬，1977 年 6 月，一连被福州军区授予“硬骨头六连式连队”。

在管理教育和纪律作风建设上，一连坚持按照正规化现代化的要求，严格贯彻执行各项条令条例。特别是严格贯彻执行中央军委制订颁布的《军队基层建设纲要》，从进一步加强党支部和党员队伍建设入手，全面强化连队的政治建设、作风纪律建设、日常工作生活管理，营区建设管理等等，促进连队建设不断上新水平。连队先后被南京军区评为“基层建设标兵连”“管理教育模范连”。

## 第十节　红色尖刀连①

陆军第三十一军九十二师二七四团二连，是一个在革命战争年代能攻善守、战功卓著的英雄连队。1946 年 10 月，在山东掖县粉子山地域阻击进攻胶东解放区的国民党军的战斗中，二连负责扼守粉子山前哨阵地象山。全连干部战士拼死坚守 3 天 4 夜，打退国民党军 30 余次进攻，歼其 1500 余人，最后全连只剩下 7 人，胜利完成阻击任务。战后，华东野战军胶东军区授予二连“象山连”的荣誉称号。

在进军福建、解放福建的战斗中，二连发扬优良传统和作风，一路当先锋打头阵，打了一个又一个的漂亮仗。在渡海解放厦门的战斗中，二连率先从寨上突破，随后迅猛向纵深穿插，会同兄弟连队把国民党军压缩在湖里山炮台一线海滩聚歼，胜利完成渡海解放厦门的战斗。新中

① 本节内容参考自人民解放军陆军驻泉州某合成旅政治工作部提供的资料。

国成立后，二连一直驻守在福建海防前线，刻苦练兵备战，守卫海防，屡建新功。1965年9月25日，国防部授予二连“红色尖刀连”荣誉称号。

## 一、登上厦门岛

1949年10月15日，二连在三十一军九十二师二七四团一营编成内，从海沧鳌冠起航，向寨上发起渡海解放厦门的战斗。夜10时许，一营的船队抵达寨上前沿海滩，干部战士踩着淤泥，艰难地向岸上冲击。二连在连长王成斌率领下一马当先，迅速涉过滩涂，登上滩岸，冲向寨上。营组织发射的几发六〇炮弹准确地落在寨上山顶。二连七班副班长陈勤抱起炸药包趁着炮弹爆炸的瞬间，迅速冲向一个压制登陆部队前进的地堡。因为在下船时炸药包溅到海水，受潮拉不响，国民党军凭借这个地堡疯狂地向登陆部队扫射。在这紧要关头，陈勤奋不顾身地冲向地堡，用自己的身体把炸药包堵住地堡射孔，决心让国民党军把炸药包打响，与其同归于尽，掩护部队登陆突破。国民党军被陈勤的举动吓得往后逃跑，陈勤迅速从射孔钻进地堡，抓起一挺轻机枪，朝着国民党军打。全营干部战士高喊：“同志们冲啊！消灭敌人，把红旗插上厦门岛！”他们迅速夺取寨上，建立了登陆场。

16日天亮后，一营向纵深穿插。二连向塘边进攻，打垮国民党军二二二团团部，占领后埔、塘边，会同一连、三连抢占松柏山，控制了厦门岛南北交通的咽喉。为了夺回松柏山这个咽喉要地，国民党军动用1个团的兵力，向二连及兄弟连队发起轮番的进攻反扑。二连的干部战士沉着应战，会同兄弟连队连续打退国民党军三次大规模的反扑。国民党军不甘失败，最后动用坦克开路，几辆卡车架着机枪，再一次向松柏山反扑。二连会同兄弟连队，放近国民党军，居高临下从上往下丢炸药包、手榴弹、大石块，硬是把坦克炸停，车辆炸毁，再次击退国民党军的反扑。

17日拂晓，二连在前，营部率一连三连在后，以猛虎下山之势向南追击国民党军残部。进入厦门市区后，二连从东侧越过万石岩，向厦门大学方向出击，沿途击退国民党军残部的抵抗。至中午时分，抵达胡里山炮台、曾厝垵一线海滩，俘国民党军残部3000余人。解放军各登陆部队相继赶到，把国民党军残部全部压缩在白城、胡里山炮台、曾厝垵、白石炮台一线海滩，渡海解放厦门岛的战斗胜利结束。

## 二、摔打淬炼尖刀

厦门解放后，二连在三十一军九十二师二七四团一营编成内，驻守厦门岛内，担任厦门本岛的守备任务。1950年10月25日，朝鲜战争爆发。台湾国民党当局配合美国侵朝战争，不断对大陆东南沿海进行军事窜扰。中央军委根据台湾海峡军事斗争的形势判断，提出确保厦门的海防斗争任务要求。二连的干部战士深明肩负的重任，始终保持高昂的斗志和高度的警惕，日夜坚守在前沿阵地，出色完成各项战备执勤任务。为了加强防区的防御工事，二连担负在一座300多米高的前沿山头阵地上构筑工事的施工任务。全连干部战士不怕苦不怕累，硬是靠人挑肩扛，把施工所需的石块、砖头、沙子、水泥运上山头。战士彭永总自觉加班加点，起早摸黑运材料，修工事，石头拣大块的扛，砖块一次拣34块挑，白天做一半的活半夜爬起来继续做完，全身打起27个血泡不歇工，一直坚持到施工任务全部完成。经过全连干部战士连续3个月的奋力拼搏，施工任务保质保量完成，并被授予“作业先锋”锦旗一面。二连驻守厦门岛10多年，一茬又一茬的干部战士，始终牢记人民军队的宗旨和职能，保持战争年代那种“一不怕苦，二不怕死”的革命精神，爱岛守岛，艰苦奋斗，出色完成了战备值勤、军事训练、海防施工，军农生产等各项任务，同时积极开展思想政治工作，大力倡导学习毛泽东著作，全连军政素质不断提高，连队建设不断跃上新台阶，先后获团以上领导机关颁发各类奖旗9面，8人荣立二等功。1961年，九十二师党委作出决定，号召全师学习二连。

进入60年代后，解放军开展大练兵运动。二连干部战士发扬敢打敢拼的优良传统和战斗作风，不怕艰苦，坚持从难从严从实战需要出发，在多种复杂环境磨炼意志、苦练军事本领，射击、投弹、刺杀、土工作业、单兵战术和班战术五项基础技术战术全部优秀，先后涌现出神枪手、神炮手110名，投弹能手98名。1964年6月，共产党员、班长王同琢率七班参加在河南信阳举行的全军大比武，勇夺三个第一、两个第二的好成绩，受到中央军委副主席叶剑英元帅等军委领导同志的接见，副总参谋长张宗逊为七班颁了奖，全班荣立集体一等功。同年，二连与闻名全军的陆军一军一师一团“硬骨头六连”同台比武，取得了突出成绩。1965年初，福州军区组成工作组对二连进行全面考察，认为二连不仅在战争年代是个顽强过硬、战功卓著的连队，在和平年代发扬人民军队优良传统和作风，苦练军事本领，是个思想红、作风硬、技术精的优秀连队，是和平时期军队基层建设的一面旗帜。福州军区党委经过认真研究，将二连的先进事迹上报中央军委和国防部。1965年9月25日，国防部发布命令，授予二连“红色尖刀连”荣誉称号，10月5日，二连全连干部战士全副武装，从驻地同安出发徒步行军到福州参加命名大会。福州军区副司令员皮定均中将宣读国防部命令，福州军区政治委员刘培善中将代表国防部向二连授旗，福州军区领导和中共福建省委领导与全连干部战士合影留念。

## 三、永葆红色基因

二连获得国防部授予荣誉称号后，牢记人民军队的宗旨、性质和职能要求，继续保持谦虚谨慎、不骄不躁的作风，全面加强连队建设，不断提高连队战斗力，在守卫海防斗争中不断取得新业绩作出新贡献。

20世纪60年代至80年代，我国的社会主义建设和人民军队建设经历了几个重要发展时期。在这些时期，二连始终按照人民军队宗旨、性质建设连队不动摇，坚决听从党的指挥，坚持用马克思主义毛泽东思想和人民军队的优良传统作风带兵育人，出色完成各项战备训练、国防施工和支持地方建设等重要任务。1976 年 10 月，二连奉命进驻驻地 18 个乡村企事业单位，支援地方恢复“文化大革命”结束后的社会秩序和生产生活秩序，为稳定海防前线社会秩序、巩固军民联防发挥了积极作用。1977 年以后，连队广泛开展学习雷锋、做“四有”军人的精神文明建设活动。干部战士精神振奋，昂扬向上，无私奉献，积极工作，争做有理想、有道德、有纪律、有文化的新一代军人，连队建设呈现蒸蒸日上的可喜局面。1975 年 1 月，副指导员龙岳来代表连队光荣出席第四届全国人民代表大会；1978 年 2 月，指导员马跃征代表连队光荣出席第五届全国人民代表大会；1981 年，连队被福州军区评为“精神文明建设先进单位”。

几十年来，二连坚持弘扬“红色尖刀”精神，不断加强和改进军事训练，着力提高连队战斗力。1970 年至 1973 年，二连连续担任全训任务，各项基础训练课目均取得优异成绩，被军、师、团评为军事训练先进连队。1977 年，连队开展“学习硬骨头六连、弘扬尖刀精神、为连队争光添彩”活动，全连干部战士高难度大强度苦练军事技术战术，做到“倒也要往前倒、爬也要爬到目的地、服气不服输，自己和自己过不去”，全连总体军事素质有一个更大的跃升，得到福州军区领导的充分肯定，被授予“严格训练、严格要求”锦旗一面，荣立集体一等功。1979 年秋，二连开赴濒海地区进行渡海登陆作战演练，为提高步兵连在多军兵种联合渡海作战中突击作战能力探索了路子。1979 年 2 月，对越自卫反击作战，二连抽调 33 名骨干补充兄弟部队参战，个个奋勇作战，无一伤亡，28 人立功，12 人火线入党，18 人火线提干，为“红色尖刀”添光彩。1979 年至 1980 年，二连党支部连续两年被福州军区评为“先进党支部”，荣立集体三等功一次，全连有 28 人提干、晋升，为部队建设输送人才。1983 年 6 月至 7 月，在福州军区指挥机关的直接指导下，二连圆满完成了垂直登陆作战先行训练，为探索现代战争条件下步兵垂直登陆作战积累了经验，被九十二师记集体三等功，被福州军区记集体一等功。1984年10月，总参谋部在二连召开激光模拟战术器材运用现场会，全连作了携带光模拟器材的战术训练表演，展示了全连干部战士良好的现代军事素质，受到总参谋部和与会领导的充分肯定。1985年，人民解放军精简整编。二连认真贯彻中央军委扩大会议精神，牢固树立服从大局献身国防的思想，提出“面向全军学先进，建设全面过硬连队”口号，全连团结奋斗，苦干实干，以军事训练为中心，全面打牢基础。1月，连队组成的比武尖子，代表营、团参加师组织的军事六项尖子比武，夺得总分第一名；5月，参加军组织的基础训练比武，取得五项第一名，总分第一名的优异成绩，班长周志魁、杨国敏获单兵和班战术教学比赛第一名，分别荣立个人二等功。全连被师分别评为基础训练、政治工作、后勤工作先进连队。

1969年10月，二连从同安移驻南安。到了新驻地后，全连干部战士发扬艰苦奋斗的精神，自己动手修整营区，开荒种地，养猪种菜，增加自给，减轻地方供给负担。1975年，二连先后两进晋江西滨军垦农场，出色完成抢种抢收任务。1981年1月，二连随全团全年进驻西滨军垦农场，负责960亩水稻生产任务。全连干部战士吃苦耐劳，精耕细作，创造建场以来大面积亩产最高年份，荣立集体三等功。1984年，二连先后3次进出西滨军垦农场，支援春播、夏季双抢和秋收，还利用课余时间组织全连干部战士就地开荒种地养猪，一年收获稻谷8000多斤、花生600多斤、甘蔗1万多斤、产肉1500斤，香蕉等水果1000多斤，减轻了地方供给负担，改善了连队生活，体现了人民军队在新的特定历史时期继承发扬“南泥湾精神”。1984年10月1日，副连长李思军代表全连赴京参加国庆35周年阅兵观礼。1984年12月，综合连队全面工作，福州军区为二连记集体一等功。

1985年9月25日，第三十一集团军在二七四团举行“红色尖刀连”命名20周年纪念大会。解放战争时期的老连长、南京军区副司令员（后任北京军区司令员）王成斌中将（后晋升上将）、集团军政委任焕彩少将、福建泉州市和南安县领导等出席纪念大会，并亲切接见二连全体官兵，一起合影留念。王成斌为全连官兵讲述连队不平凡的战斗历程和光荣传统，勉励官兵们发扬优良传统，争取更大光荣。

## ·第三篇·

# 跨越海峡

# 第一章
# 越海侦察[①]

## 第一节　特定任务侦察

人民解放军福建前线部队在履行守卫海防的神圣职责中，一方面狠狠打击国民党军窜犯破坏活动，守护东南沿海地区的安宁，另一方面积极展开越海侦察、登陆作战训练和对台澎金马广播宣传等重要军事、政治行动，努力推动祖国统一进程。

从 1950 年起，解放军福建前线部队不断派出侦察小组，越过海峡，登上金门、马祖诸岛，采用捕捉俘虏、现地侦察、搜取文件、攫取实物等手段，获取了国民党军方面的情报，配合准备再战金门等各个时期的军事和政治斗争。

1949 年底至 1950 年底，人民解放军福建前线部队遵照中央军委的命令，进入再战金门的临战准备。根据首战金门失利的教训，为了摸清国民党军的布防情况，各部队多批次派出侦察小组，进行临战越海侦察。

1950 年 5 月 25 日，驻厦门地区的第三十一军和所辖第九十三师，派出 9 名侦察兵，由军部一名侦察参谋和第九十三师侦察队队长率领，执行对大金门岛北岸东段前沿的西礁偷袭捕捉俘虏任务。这天夜里22时，执行偷袭西礁的侦察小组，分乘两只小木船，由小嶝岛出发，驶向大金门。次日 0 时 30 分许，侦察小组登上岛礁西侧滩头，发现 3 个国民党

① 本章内容参考自《福建省志·军事志》，第 291—293 页。

军哨兵，其中2个向海面观察，一个在打盹。侦察小组中的一名战士出其不意扑向打盹的哨兵，卡住脖子，捂住嘴巴，令其缴枪。2个向海面观察的哨兵听到身后有动静，仓皇开枪射击，侦察小组立即集中火力反击，将其全部击毙。这时，另有4名哨兵扑过来，侦察小组沉着应战，前后经10分钟的激战，礁上7个哨兵5个被击毙，2个被俘。大金门岛上的国民党军虽然听到了西礁的枪声，但因无法判明情况，不敢贸然行动，没有进行火力支援，只是用探照灯来回扫视了事。侦察小组押着俘虏和枪支、弹药等战利品，迅速离礁返航。经过对俘虏的审讯，获悉了大金门北岸东段国民党军兵力部署、火力配系和阵地构成等详细情况。

为了全面准确地掌握金门国民党军布防情况，越海侦察行动不仅有偷袭捕俘，还有现地察看地形、工事，并且有选择地窃取一些爆炸性障碍物，为研究克服前沿障碍提供实物依据。7月的一天，第三十一军九十一师侦察连排长纪瑞瑄，奉命带领2名侦察兵偷渡至大金门北岸东段前沿察看地形并窃取附防御设施的爆炸物。当夜11时许，他们驾船登上预定地点，经数分钟搜索，发现一条线绳横在路中，纪瑞瑄派一名战士就地警戒，自己带另一名战士顺线绳继续搜索，至一块礁石旁，找到了一枚大炸弹，引心上系有7条线头。纪瑞瑄即令战士隐蔽，自己上前排除，并把炸弹搬上船；接着，带领2名战士对地形、工事、附防障碍等进行了全面察看。次日凌晨2时许，他们带着搜取的炸弹和前沿地形工事等情况胜利返回。9月8日夜，第三十一军九十二师二七四团侦察参谋潘明山，率5名侦察兵执行大金门北岸刘澳至鸡髻头一线的地形侦察及窃取爆炸物任务。当他们完成对地形的侦察并搜取了一枚炸弹后，失去了与运送船只的联系。潘明山果断地和大家一起解下身上的救生衣，系在重30磅的炸弹上，然后跃入海中，与风浪搏斗了15个小时，硬是泅渡把炸弹拖回来，出色完成了任务。

1950年，解放军驻福建前线各部队，先后派出侦察小组20余批次，从金门诸岛捕捉俘虏3名，带回炸弹和地雷6枚，搜取文件、资料、地

图 10 余份。此外，根据现地侦察和探测，绘制出金门岛前沿地形工事图、金门厦门海峡海情航路图、金门岛岸滩情况图、实测潮汐时间表、风向风势情况等大量图表。所有这些情报，为部署再战金门提供了重要依据。

## 第二节　经常性侦察

1950 年 12 月，为了集中精力抗美援朝，中央军委命令人民解放军福建前线部队暂时停止再战金门的准备，转入以确保厦门岛为重点的海防守备。

从这个时候起，为了给海防守备部队提供金门国民党军的布防情况，同时为以后适当时机再战金门积累情报资料，解放军福建前线部队继续派出越海侦察小组，登上金门、马祖诸岛，展开以捕俘为主要手段的侦察行动。派出的时机，一般是在发现当面国民党军频繁调动，不明其企图时；发现当面国民党军构筑新工事，设置新障碍物，隔岸观察不清时；发现当面国民党军整编、换防、换装而不明确内部详细情况时；时令、气候、潮汐等自然条件有利于越海行动时；等等。越海侦察成为解放军福建前线部队进行海防守备的一项经常性的行动。

1953 年 7 月前后，解放军福建前线部队通过隔海观察，发现金门和马祖诸岛的国民党军频繁调动部队。为了摸清国民党军的企图及详细情况，驻厦门的三十一军和驻闽东的二十八军八十四师执行福建军区的命令，组成 5 个侦察小组，分别对金门、马祖诸岛作多方向的连续突击越海捕俘。7 月 2 日，由三十一军九十一师侦察队班长孙秀福带 8 名侦察兵于大金门埔头实施捕俘。当夜 10 时 30 许，侦察小组驾船登上了预定的滩岸。大约过了 15 分钟，迎面走来了 3 名国民党军流动哨兵。孙秀福抢先喝叫口令，对方误以为是自己人。接着，孙秀福又以“海面有船”把哨兵的注意力引向海面，侦察小组趁机猛扑过去，击毙 2 名，俘其 1 名，自己这里无一伤亡，胜利返回。7 月 6 日，由三十一军制定计划、九十二师组织实施，对小金门前沿鼠屿实施偷袭捕俘。当夜 9 时 50 分，执行偷袭鼠屿行动的侦察兵分 2 个梯队，由厦门岛下堡驾船驶向鼠屿。12 时许，第一梯队率先登上鼠屿，旋即分 4 组分头行动。第四组有人在行动中不慎说了一句话，被国民党军哨兵听见，立即交上了火。其余小组见已暴露，立即协力作战，迅速占领了鼠屿东北角。这时，第二梯队闻声赶到，支援第一梯队战斗。与此同时，厦门岛上的解放军炮兵向小金门开炮，压住了国民党军的炮火。经过 2 小时激战，侦察分队击毙国民党军 9 人、俘虏 2 人，我方牺牲 2 人。7 日凌晨 3 时 50 分，侦察小分队带着 2 名俘虏和其他战利品返回厦门岛。经过短时间内多方向连续突击行动，二十八军和三十一军共捕捉到 4 名俘虏，获取各种材料 10 份。通过俘虏口供与文件材料的综合分析，获悉金门、马祖诸岛国民党军频繁调运部队是在防区内进行一次大的部署调整，更换了部分武器装备，并从台湾调来了一些专门训练的两栖作战部队，企图随时对福建沿海突出部和岛屿实施突然袭击。根据越海侦察获得的情报，解放军福建前线部队进一步提高了警惕，加强了防卫，有效地击败了此后国民党军的连续多次袭扰。

1954 年 8 月 22 日，为了揭露美国政府和台湾国民党当局策划签订“共同防御条约”的阴谋，打击美国的侵略政策，中华人民共和国各民主党派、各人民团体，发表为解放台湾联合宣言，庄严地向全世界宣告：台湾是中国的领土，中国人民一定要解放台湾。为了配合联合宣言的发表，以实际行动表明中国共产党和中国人民一定要解放台湾的决心，福建军区组织指挥二十八军和三十一军，于 8 月 23 日晚，出动 5 个侦察小组，其中三十一军 4 个小组、二十八军 1 个小组，同时对金门、马祖诸岛实施越海侦察。三十一军九十一师侦察连副连长王松翠，排长纪瑞瑄各率 1 个侦察小组，执行对大金门古宁头越海侦察的任务。23 日夜 9 时 15 分许，王松翠小组率先驾船抵达古宁头滩岸，正准备攀越陡壁时，突然发现一个国民党兵下海洗澡，王松翠立即尾随上去，然后一个猛扑，因这个兵赤裸身体，一把没抓住，逃脱掉了。王松翠及侦察小组的其他成员立即开枪射击，岸上的国民党军闻声还击。考虑到已经暴露，情况不利于继续执行任务，王松翠率本侦察小组迅速撤回。正当王松翠侦察小组与国民党军交火时，纪瑞瑄侦察小组也驾船抵达滩岸。纪瑞瑄果断命令全组迅速隐蔽，待机行动。2 小时后，岸上国民党兵戒备渐渐松懈。纪瑞瑄率全组人员攀上 5 米高的陡壁，逼近国民党兵哨棚。在离哨棚 10 米处，发现 2 名哨兵在说话，纪瑞瑄派 2 名战士监视，自己和另一名战士摸进哨棚，装作叫岗的哨兵，把睡在床上的一名国民党军拖起来。这名国民党军大发雷霆，说他又不站岗，叫他干什么，说完又躺了下去。据此，纪瑞瑄判断这是一名军官，于是又改口说外面有情况。在外面站岗的 2 名国民党军哨兵听到棚内有争吵声，往哨棚走来。这时，在外负责监视的 2 名战士迅速抢上前去，俘其 1 人，毙其 1 人。纪瑞瑄见外面已动手，立即撤出哨棚，随手将一枚手榴弹扔到国民党军床上，在外面的侦察兵蓝洪贵等 2 名战士也相继投出两枚手榴弹，并对准床上猛扫一阵。经 10 分钟的战斗，歼灭国民党军 2 个班共 11 人，俘虏 1 人，并获得数份文件材料。24 日 5 时许胜利返回。三十一军另 2 个小组和二十八军的 1 个小组，未捕捉到俘虏，但均对金门、马祖前沿地形、工事作了详细的侦察。通过这次行动，获悉金门、马祖诸岛国民党军的许多新情况，同时给金门、马祖诸岛国民党军以震慑。

1958 年 8 月，解放军福建前线部队奉命对金门诸岛国民党军实施炮击。为了配合这场炮战，解放军驻福建前线部队的侦察兵积极进行越海侦察的准备。在炮战发起之前和实施过程中，先后多批次驾船抵达金门诸岛近岸海面和四担、五担等空白岛，观察前沿地形，为炮击金门提供了重要情报。

## 第三节　拔旗与插旗

1959年国民党“双十”节前夕，金门国民党军分别在大伯、槟榔屿、三担、四担等空白岛屿上插国民党旗帜，以扩大其据守沿海岛屿的政治影响。

为了同金门国民党军的这一行动展开针锋相对的斗争，解放军福州军区命令三十一军务必迅速派出侦察小分队，拔掉空白岛上的国民党旗帜，插上中华人民共和国国旗，同时排除国民党军埋设在空白岛上的爆炸物，并相机诱歼敢于飞临空白岛上空侦察或轰炸的国民党军飞机。

遵照福州军区的命令，三十一军立即制订拔旗行动计划，并召开了行动部署会议，对行动任务作了具体区分：九十一师负责槟榔屿的拔旗与插旗任务，九十二师负责大伯岛的拔旗与插旗任务，九十三师负责三担四担的拔旗插旗任务，各师接受任务之后，立即组织侦察兵突击训练、调集炮兵、征集船只、收集气象情报等各项准备工作。为了拔旗与插旗行动取得成功，福州军区特地组织了一个精干的临时指挥机构，进行认真严格的检查指导。同时负责与海军福建基地联系，使行动取得海军舰艇部队和岸炮部队的配合。

10月23日，各项准备工作全部就绪。当夜，3个师的侦察小分队，分别于6时40分至10时45分间先后展开行动。

九十一师侦察小分队共18人，分拔旗插旗组与支援保障组，各乘一只小木船，夜7时45分由厦门五通启航，经约2小时的航行到达槟榔屿后，首先完成拔旗与插旗任务，然后搜索爆炸物。经过约2小时的搜索，未发现爆炸物，次日1时45分胜利返回厦门港。

九十二师侦察小分队共12人，也分拔旗插旗组和支援保障组，各乘一只小木船，夜6时40由小嶝岛启航，7时45分抵达大伯岛。他们在完成了拔旗插旗之后，搜索并排除了一个MM-1跳雷，还搜索到了一叠国民党传单，次日 2 时胜利返回角屿岛。

九十三师侦察小分队共 16 人，分成两组，一组去三担，另一组去四担。夜 7 时 5 分，两小组各乘一只小木船，由汽船拖引，从厦门海关码头起航，向三担四担驶去。由于受到外海涌浪的影响，船只不能对准预定地点正直前进，结果先驶向破灶岛，尔后转青屿岛，最后由青屿岛转向五担。夜 9 时 30 分，第二小组在第一小组的支援下登上四担。9 时 45 分，第一小组在第二小组的掩护下登上了三担。两个侦察小组登岛后，按照预定计划，先后完成了拔旗插旗任务，尔后展开搜索，均未发现爆炸物。次日 2 时胜利返回厦门岛。

由于组织严密，准备充分，使得这次拔旗插旗行动获得圆满成功。

1958 年的炮战之后，中共中央和中央军委根据台湾海峡地区出现的复杂的斗争形势，继续采取军事、政治、外交等一系列灵活的斗争策略，以拖住金门诸岛国民党军，稳定台湾海峡地区局势，粉碎美国政府企图制造“两个中国”的阴谋。为了适应台湾海峡地区斗争的新形势，同时鉴于现代侦察手段的发展，自 1960 年起，解放军福建前线部队基本停止了越海侦察行动。10 年中，共派出侦察小组 120 余批次，通过捕捉俘虏、现地侦察、搬取爆炸物、搜取文件等手段，获得了金门、马祖诸岛国民党军大量的编制、实力、部署、装备、前沿地形、火力配系、阵地构成等情报，对各个时期与当面的国民党军进行军事、政治斗争，起了重要作用。同时，锻炼和涌现出一批侦察英雄和功臣，三十一军九十一师侦察排长纪瑞瑄和侦察兵蓝洪贵荣获华东军区授予的“华东二级侦察英雄”称号。

# 第二章　渡海演练[①]

## 第一节　准备再战金门的渡海登陆作战训练

1949年10月进攻金门的战斗失利后，解放军第十兵团提出“再战金门与剿匪兼顾”的方针，确定以三十一、二十九军为主准备再次攻金，二十八军担负剿匪和警备。11月，拟定参战部队在厦门，龙溪石码、海澄，同安马巷、新店，晋江安海、石狮、围头等沿海地区集结，进行突击性的临战训练。

1950年2月，参训部队以战术训练为主，步兵重点进行登陆突破、巩固与扩大滩头阵地和纵深战斗的训练，相应进行航海教育。炮兵重点进行抵近射击，对海上活动目标射击，上下船动作和通过泥滩、桩寨、壕沟、陡壁等障碍物的训练。3月，三十二军入闽接替二十八军的任务，二十八军也投入准备再战金门的训练。同月下旬，根据在安海召开的作战会议的决定，各军抽调大量人员到船管部队，在地方船工的帮助下，进行水手训练。4月中旬，解放军十兵团决定推迟攻金时间，以便作更充分的准备。至9月，干部主要进行航渡的组织指挥训练，同时研究金门的地形、工事构筑、国民党军守备特点及攻金作战方案。战士主要进行破除滩头、水陆障碍物和山地进攻的训练。各军、师多次组织爆破水上和岸上障碍物的集训。炮兵训练提高夜间射击技术与射击指挥。在此期间，渡海登陆所需船只大部配齐。各部队先后进行起渡、航行、登陆

---

① 本章内容参考自《福建省志·军事志》，第353—356页。

突破和纵深战斗的连贯演习。这种演习曾进行到营的规模。7月间，第二十五军和炮兵第三师入闽，分别集结于晋江、惠安和同安等地，加入准备再战攻金门的训练。

参训部队在完全不同于以往作战的环境和条件下，进行紧张艰苦的临战训练。水手训练是在同风浪的搏斗中进行的。这些水手都是从步兵中抽调来的，90% 以上的人不谙海情，不会驾船。在恶劣的海洋气象条件下，常发生船只被冲流到外海等险情。在克服泥滩障碍的训练中，战士们来回跋涉于没膝深的淤泥中，脚被海蛎壳划破鲜血直流，包扎一下继续练。经过刻苦训练，登陆兵上下船和通过泥滩、水际的时间大为缩短，水手较好地掌握了船团编队航行的技能。在步兵团乘船编队航行中，队形可保持不乱，距离保持也基本符合要求。爆破和射击技术也有显著提高，有 70％的人员掌握了爆破技术。步枪射击命中率由训练初期的 20％提高到 62%～82%，轻重机枪射击命中率均达 80% 以上。炮兵有 64% 的人员掌握了直接瞄准射击技术，在夜间 750 米距离实弹射命中率可达 82%。创造了许多破除前沿障碍物的新方法新手段，完成了单兵到营的战术训练课目，为再战金门奠定较扎实的战术技术基础。

## 第二节　经常性渡海登陆作战训练

朝鲜战争爆发后，再战金门准备工作暂停。1954 年至 1957 年间，根据台湾海峡军事斗争形势的变化，每年都安排部分兵力进行以解放金门、马祖等沿海岛屿为背景经常性的登陆作战训练和演习。师以上机关还进行以集团军岛屿登陆战役为课题的集训。1958 年“八二三”炮击金门后，指定 1 个军重点进行渡海登陆作战准备任务。10 月，这个军 2 个师 4 个团的参训部队，按战斗编组调整了组织，并在濒海地区构筑了战术演习场。为使训练能最大限度地适应实战需要，参训部队创造了将小组战术训练与单兵战斗射击、班战术训练与班战斗射击结合进行的训练方法。

此外，还广泛组织“一兵多能”训练。步兵的多能训练包括75毫米无坐力炮射击、步谈机通话、喷火器使用、爆破、战伤包扎等项。体育训练以游泳、涉滩、攀登陡壁、爬山、负重跑步等应用项目为主，结合战术训练进行，至11月底，4个团均完成对坚固筑垒地域进攻训练和连营登陆演习。有261个步兵班、108个步兵排、36个步兵连、4个步兵营进行了战术与射击相结合的实弹演习，成绩总评优秀。但由于船只少、时间短以及海域的限制，参训部队的航海训练仅在内港进行，且乘船次数少（2至7次）、航行时间短（每次30分钟至2小时），部队海上适应性不强。这次历时两个多月的训练，使参训部队初步掌握了登陆作战的一些理论原则，熟悉了战斗编组和登船、起渡、航行、抵滩登陆、突破、巩固登陆场及向纵深发展的具体战斗动作，初步解决了诸兵种协同动作的问题。

1959年9月以后，更多的部队受领了渡海登陆作战任务。预定参战部队针对约半数人不会游泳的情况，首先开展海上游泳训练。在天冷、风大、浪高的不利条件下，许多部队经过10天左右的勤学苦练，75%以上的官兵能徒手游500米以上，有一个步兵师侦察连全连徒手游完1.5万米，只用3小时19分。游泳训练结束后，即转入渡海登陆作战的战术技术训练。并安排了各种战术课题的试点。在短期内完成了试验研究任务，并编写出一批师以下部队渡海登陆作战各种课题的战术技术教材。在完成分队战术技术综合训练的基础上，转入实兵乘船演练，主要进行登船、海上航行、航渡中的射击及对空防御，排除水中及滩头障碍物，抢滩及夺取登陆场等课目。不论兵船合练或登陆后的战斗，都强调和反复演练各兵种的协同动作。至11月，各部队均完成登陆作战的临战训练。

## 第三节　诸军兵种联合渡海登陆作战演习

1959年1月25日，三十一军九十三师在九龙江出海口的海门岛组织加强步兵团对筑垒岛屿的渡海登陆作战战术演习。出席总参谋部在厦门召开战备训练会议的总部首长亲临指导。参加演习的陆军有步兵第二七九团，10个炮兵营，以及坦克、工兵、侦察等连队，海军有炮艇、登陆艇等编队，空军有一个歼击团又1个歼击机大队，1个侦察中队。1959年12月下旬至1960年1月15日，由福州军区领导机关具体指导，在陆军第二十八军、海军福建基地部队的配合协同下，陆军第三十一军组织步兵第九十一师实施“加强步兵师渡海登陆进攻”训练演习。

1976年7月，经中央军委批准，福州军区在闽粤交界的大埕湾地区组织了加强步兵团渡海登陆战斗研究性演习。参加演习的有：陆军1个军机关率1个师机关1个步兵团及加强兵力（含空降兵、民兵）一部，各种火炮84门，坦克39辆，各种舰艇74艘，飞机69架，总计8600余人。其主要内容有：着重研究登陆作战的战斗编组、任务区分，步兵、坦克、炮兵的装载卸载，在水际滩头克服障碍物的方法，消灭、压制敌海岸、滩头和浅近纵深火力的手段，航渡、登陆、扩大并巩固登陆场的组织指挥和各军兵种的协同动作等问题。演习中，共发射82毫米以上口径炮弹近2000发。这次演习，参加的军兵种齐全，是探讨现代条件下诸军兵种联合渡海登陆作战有关问题的一次重要演习。演习之前，福州军区于5月下旬至7月初举办了以渡海登陆作战为课题的团以上干部集训班，全区部队结合演习集训的干部近千名。通过集训和演习，提高了合成军队指挥员和领率机关对渡海登陆作战三军协同的组织指挥能力，获得了渡海登陆作战战术技术方面和后勤保障以及战时政治工作方面的一些有益经验。此外，还组织了7000多名干部参观见学。总参谋部杨成武副总参谋长、总政治部梁必业副主任、总后勤部张震部长率领三总部、各大军区、各院校干部200多人莅临指导和参观。福州军区皮定均司令员运筹帷幄，精心组织指挥这次重大演习，不幸因飞机失事以身殉职，把毕生献给人民解放事业和推进祖国统一大业。①

① 《皮定均一生》，第598—604页。

针对1976年登陆作战训练中存在的问题，并根据三总部召开的渡海登陆作战训练座谈会的精神，福州军区于1977年3月至5月间举办了一期有陆海空三军团以上干部参加的军事集训班。对登陆作战的战术技术难点进行专题讨论。在图上作业的基础上，组织学员到东山岛按照登陆作战程序进行现地作业。4月间，福州军区后勤部又在厦门海域组织了弹药装卸载、医院船开设和海上敷设野战输油管线等项目的试验，探讨渡海登陆作战的后勤保障问题。

1977年6月上旬至8月上旬，福州军区在大埕湾地区再次组织了陆海空三军部队和民兵共1.02万余人的渡海登陆作战演习，重点是练指挥。演习前，各兵种部队进行了3个月的基础训练。步兵、装甲兵主要是练登陆作战的基本技能。在完成班以下训练课目后，多次进行从排到团规模的兵船合练和实弹战术技术合练。经过训练，抢滩动作，登陆兵从打开艇门到抢滩上陆，坦克、重机枪、40毫米火箭筒、82毫米无坐力炮、82毫米迫击炮，从展开到开始射击，普遍动作较快。攻打支撑点的动作比较熟练，组织和运用各种火力掩护爆破组和突击队配合得好。师属炮兵，主要练打得准，同时也加强上下舰训练。海军的所有舰艇都加强了编队运动训练，做到安全航行和准时准点登陆。海军的火力支援舰艇加强了对海对岸射击训练。有的舰艇在摇摆严重的情况下苦练射击，命中率仍比较高。登陆舰艇加强了抢、退滩训练，在滩岸坡度较小的情况下，能很快地抢上去，顺利地退下来。航空兵普遍加强了准时临空训练，轰炸、强击、歼击、运输机到达时间的平均误差，均在训练大纲规定的误差值内。轰炸机、强击机还抓紧了不设地标、地靶，要求首次进入能看得见打得准的训练。

# 第三章[①]
# 对台广播

遵照中共中央、中央军委的命令和部署，人民解放军福建前线部队在开展海防军事斗争的同时，会同地方各级政府相关部门机构，积极开展对台、澎、金、马诸岛的有线、无线广播和“海漂”“空飘”宣传品，动之以情，晓之以理，感化人心，促进早日实现祖国统一。

## 第一节　对台广播的开设

### 一、华东地区早期的对台广播

为了配合华东战场的解放战争，华东新华广播电台在山东临朐程家庄开始筹建，并于 1948 年 12 月 20 日宣布正式播音。1949 年 1 月中旬，华东局决定华东新华广播电台的干部要按三套配备，准备渡江后分别到上海、南京、杭州接收广播单位和兴办广播。3 月 20 日，南下人员分别离开济南前往南京、杭州和上海。上海解放后，华东新华广播电台前往上海的人员于 1949 年 5 月 27 日接管了国民党的上海广播电台，当晚便开始以“上海人民广播电台”的呼号开始播音。从 7 月份起，因为已经搬迁至济南的华东新华广播电台停止了播音，部分对华东地区的广播任

① 本章内容参考自刘洪涛 :《大陆对台广播史研究》，华艺出版社，2015 年，第 28—71、99—132、179—189、208—213 页。

务由上海人民广播电台承担。为配合当时的形势，加强对台宣传，1949年8月20日，由中共华东局台湾工作委员会宣教科主办，在上海人民广播电台正式开办了专门针对台湾的广播节目，用普通话、闽南话对台湾广播，被称为“大陆对台湾广播的第一声”。开始，电台每天晚上广播15分钟的闽南语节目，不久增加了15分钟的普通话节目，1950年初又办了日语广播，每天广播的时间90分钟。1953年夏，电台取消了日语广播，增加了文艺节目。广播的主要内容是：解释中国人民政治协商会议第一届全体会议在1949年9月29日通过的《中国人民政治协商会议共同纲领》，中共中央和中央人民政府的各项政策、法令，国内外政治、经济、文化等方面情况。

1954年，中共中央决定撤销各大行政区，与此同时，朝鲜战争已签订停战协定，解放台湾再次提到日程上来，加强对台广播显得更加迫切和需要。1954年8月15日，中央人民广播电台接办了华东台的对台湾广播，华东人民广播电台对台湾广播科的主要人员调入中央人民广播电台，华东地区早期的对台湾广播告一段落。

## 二、福建人民广播电台的对台广播

1949年8月24日19时，福建人民广播电台开始播音。同年9月，福建人民广播电台根据上级有关规定，以省会所在地命名，电台改名为“福州人民广播电台”。1951年3月26日起，根据中央广播事业局的有关规定，呼号恢复为福建人民广播电台。

1949年11月1日起，福建人民广播电台开始转播上海人民广播电台的对台广播节目。1950年8月1日，福建人民广播电台开播自办的《对台湾广播》节目。每天21：30～22：30，电台分别使用普通话、闽南话、客家话三种语言广播。这是继华东人民广播电台之后，大陆第二家对台广播的电台。1952年底，根据对台广播统一由华东人民广播电台承办的精神，福建人民广播电台的《对台湾广播》节目停止播出。1958年

8 月 23 日，根据海峡两岸政治、军事斗争和反对外国势力武装干涉中国内政的斗争需要，人民解放军福建前线部队奉命对金门实施大规模的炮击。为了配合炮击金门的军事斗争需要，福建人民广播电台着手筹备复办对台广播。1959 年 6 月 22 日 22：10～22：40，福建人民广播电台的《对马祖地区广播》节目正式播音，每天在第一套节目使用普通话广播 1 次 30 分钟，之后，播音时间不断增加；1960 年 5 月 16 日，改称《对金门马祖地区广播》节目，每天在第一套、第二套节目使用普通话各广播两次，每次 30 分钟；1961 年 7 月 1 日起，每次节目增到 40 分钟；1963 年 5 月 6 日起，每天用普通话广播 5 次，闽南话广播 3 次；1967 年 1 月停播。1972 年 5 月 15 日，福建人民广播电台重新恢复了《对金门马祖广播》节目，每天用普通话广播 4 次，闽南话广播 3 次，每次 30 分钟。1977 年以后，福建人民广播电台对台广播加强了编辑力量，并加强了与各地台办的联系，不断改进和提高了对台广播的内容和效果。

### 三、中国人民解放军厦门对金门广播站

1953 年 3 月，人民解放军第二十八军在大陆距金门最近处只有 1800 米的角屿设立广播组，负责对大金门马山一线国民党军广播喊话。1953 年 10 月，人民解放军第三十一军在厦门岛香山设立广播组，负责对小金门湖井头一线国民党军广播喊话。1953 年 9 月，人民解放军海军厦门水警区在厦门白石炮台设立广播组，负责对大担、二担国民党军广播喊话。1954 年 6 月，人民解放军海军厦门水警区在厦门岛石胃头设立广播组，负责对小金门一线国民党军广播喊话。

各广播组初创时期，由于当时的技术条件和两岸军事对峙的严峻态势，工作、生活条件十分艰苦。所有广播组都住在建在前沿小山头的防炮钢筋水泥碉堡内，面积仅有十几平方米，播音室、办公室和宿舍三位一体。广播组最初使用的广播筒、扩音器、喇叭和直流收音机等，大都是在朝鲜战场上缴获美军的战利品，喇叭是美军舰艇之间的喊话工具，

一个扩音器的功率250瓦，把9个扩音器合成一个大喇叭，戏称“九头鸟”，增强功率，扩大传播距离。播音多为口播，口播累了就放一段国产唱片。口播稿件大都是喊话稿，每篇100字到300字，白天休息，晚上播音。炮战期间，根据军事行动，随时进行播音喊话，被解放军炮兵部队称为“第二炮兵”“第二战线”。

厦门对金门有线广播的开播，引起台湾国民党当局的不安，先是炮击解放军广播组的广播设施，以后要求驻金门前沿的官兵敲锣打鼓制造噪音干扰，或者用纸团塞住耳朵，再往后就是向美国求援技术设备，于1957年初在大小金门、大担等岛架起当时最先进的有线和无线广播电台，昼夜不停地广播，并且组建了以蒋经国为主任的“政战部”，负责监督前线国民党军的思想动态和对大陆的反宣传，真正形成了两岸的广播宣传战。

金门大功率的无线和有线广播，不但压制了厦门对金门有线广播的功能和效果，而且覆盖了整个厦门地区。另外，经过3年多的运行，发现厦门的4个广播组分别隶属不同的部队和部门，在广播内容以及人员、编制、设备的配置上缺乏协调。为了加强统一领导和增强广播效果，1956年7月，人民解放军福州军区成立后，4个广播组统归福州军区领导。1958年8月，为了配合炮击金门的军事斗争，组建中国人民解放军福州军区“厦门对敌有线广播站”，站部设在厦门岛胡里山炮台，下设播音组、机务组，下辖角屿、香山、石胃头、白石炮台4个广播组，三十一军负责直接领导。同时，委托中国科学院声学研究所研制超大功率的喇叭，使广播的声量盖过金门广播的声量，并超过大金门北太武山，传到金门岛更远的地方。

1960年以后，根据形势任务的变化和需要，先后对原有4个广播组进行调整，撤销角屿、香山、石胃头、白石炮台4个广播组，设立对高山、大嶝、小嶝、青屿4个广播分站，站部移至三十一军军部，行政领导仍然归三十一军，业务指导归人民解放军总政治部联络部和福州军区政治部联络部。1973 年底，中国人民解放军福州军区厦门对敌有线广播站改称为“中国人民解放军福州军区厦门对敌有线广播总站”，下辖对高山、大嶝、小嶝、青屿 4 个分站。1975 年 5 月，总站移至厦门岛虎溪岩营区，行政和业务统归福州军区政治部联络部领导，并受总政治部联络部指导。1984 年 1 月，根据中共中央对台工作领导小组的指示，中国人民解放军厦门对敌广播站更名为“中国人民解放军厦门对金门广播站”。1985 年，广播站转隶中国人民解放军海峡之声广播电台。1991 年 4 月 24 日，根据海峡两岸关系出现的新情况新变化，中国人民解放军厦门对金门有线广播站停止播音。

## 四、中国人民解放军福建前线广播电台

1958 年 7 月，中央军委和毛泽东主席决定炮击金门。为了配合炮击金门的军事斗争，时任福州军区联络部部长韩光与福建省广播事业局副局长兼电台台长黄明协商研究，提出组建一个专门对国民党军广播的无线电台的建议。这个建议很快得到上级的同意批准，并立即展开筹备工作。1958 年 8 月 24 日 18 时，即炮击金门的第二天下午 6 时，隶属福州军区的福建前线广播电台正式开播。播出的第一篇稿件是中国人民解放军福建前线部队司令部的《告金门蒋军官兵书》。前线台开播时，因为时间紧、人员少，主要是反复播送《告金门蒋军官兵书》、报纸新闻、短话喊话和音乐。几天之后，正式设置节目，每天播音 8 小时，分早、中、晚三次。前线台初创阶段，技术设备简陋，工作生活条件艰苦。电台的编辑部设在厦门市公园东路 108 号的一栋二层小楼。二楼是编辑部办公室，顶楼天台搭了 3 个小房间作为部分编辑人员的宿舍。技术设备部分设在靠近前沿的厦门大学实验台后院的一个棚子里，大家戏称之为“马棚”。

1959 年初，考虑到前线斗争的形势，决定搬迁并扩建福建前线广播电台，新台址选定厦门岛外杏林锦园。1960 年 6 月 3 日，前线台新台址

建设工程全部竣工，总建筑面积1460平方米。1960年6月初，前线台全部编播技术人员和各种设备从厦门岛内搬迁至岛外杏林锦园新台址。扩建后的前线台办公和生活条件显著改善，机器设备全面更新，编播和技术力量全面加强。两座崭新的楼房代替了昔日的“马棚”。增加一部7.5千瓦中波发射机，新频率为930千赫；编辑部设新闻组、评论组、专稿组，成立了播控组（含播音、增音和机务）和发射机房，全台人员增加了一倍多，达到30多人；编播、监听、机器维修和机房安全等方面的规章制度也逐步建立健全起来。

1961年2月，罗荣桓元帅视察福建前线，并就福建前线广播电台的工作做了指示。罗荣桓元帅充分肯定了前线台的工作成绩，同时指出存在的问题，主要是：宣传内容一般化，针对性不强，不够生动，软弱无力，处于比较被动状态。发射功率小，技术力量弱，没有压制对方。严格地讲，我们的政治攻势只能算是政治守势。指示要求立即改变这种状况，要在对国民党军宣传的各个方面，变守为攻，压倒对方。

1961年3月初，根据罗荣桓元帅的指示，上级有关部门与中央广播事业局组成一个工作小组来到福州，听取情况汇报，决定在厦门召开业务会议，研究解决对国民党军广播技术和宣传业务问题。3月12日至15日，对国民党军宣传业务会议在厦门召开。这次会议的指导思想是端正宣传方向，加强宣传力度，从政治上、技术上压倒对方。会议以整风的方式检查了前线对国民党军宣传工作，认为存在的主要问题是：对中央“联蒋抵美”的斗争策略理解不够全面，对蒋介石集团的黑暗统治揭露不够，对国民党的造谣污蔑进行针锋相对的驳斥不够。会议强调要端正方向，加强宣传的主动性，从政治上、技术上加强对国民党军的宣传。

中央广播事业局从北京带来一个方案，提出给前线台增加16部发射机，其中8部为7.5千瓦中波机，8部为15千瓦短波机，大幅度提高前线台的发射功率。同时，在福建沿海地区设立6个对敌台的干扰台。经过会议协商，中央广播事业局对方案做了调整。会议之后，形成了《关于加强福建地区对国民党军广播技术设备的报告》，于1961年4月8日以电报形式上报中央。5月11日，中共中央对报告回电批复，决定加强福建地区对国民党军广播和对敌干扰设备建设，作为国家重点建设项目，项目名称为“国家七〇〇工程”，拨款1000万元。

1961年底，根据中共中央《关于加强福建地区对国民党军广播技术设备的复示》精神，成立了七〇〇工程基本建设委员会和办公室。根据七〇〇工程的总规划，前线台将建1个台本部和下属4个分台，新安装120千瓦中波发射机1部，15千瓦短波发射机8部，7.5千瓦中波发射机6部，以及一座具有现代化电声设备的中型播音馆。此外，工程规划还要建6个对敌台的干扰点及小嶝岛有线广播工程。

1962年初，选址、勘察工作开始。按照福建省政府提出的“上山、不占平地”的原则，台本部选定福州北郊新店的秀山，4个分台分别选定福州的井店、厦门的后溪、长乐的下洋和古田的新城镇郊。与此同时，七〇〇工程办公室向中央广播事业局提出前线台中短波频率晶体的申请，经有关领导与中央广播事业局和邮电部协商，对前线台频率做了合理调整。至1964年8月，经调整后新分配前线台的13个短波频率晶体26块开始生产。1963年初，工程施工按计划全面展开。1964年10月中旬，福建前线广播电台新台建成，由厦门杏林锦园迁到福州市北郊新址。

福建前线广播电台新台建成后，结构和体制上形成了全新格局。领导编制上设台长、副台长，台部机关设编辑部、技术部、政治处、管理科，编辑部设总编办公室、评论科、新闻科、政策科、文艺科，技术部设技术科、器材科、控制室。总台下辖4个分台，即发射中心福州分台和厦门、古田、下洋3个转播台。全台增加10多部中短波发射机，广播频率由原来的2个增加到24个，发射总功率增加了约35倍。从古田、福州、长乐、厦门不同方向发射的电波互相交错、相互衔接，像一个大扇面，形成一个强分布图，覆盖整个台、澎、金、马地区。

1979年2月，福建前线广播电台增加和调整了编制，总台机关设编辑部（下设总编办公室、新闻科、评论科、政策科、文艺科、播音科）、技术部（下设技术科、器材科、控制室、技术设备维修队）、政治部（下设组织科、宣传科、保卫科）、管理处4个部门。总台下辖福州、厦门、古田、光泽、下洋5个分台。与此同时，对节目做了相应调整，设置了《伟大的祖国》《可爱的家乡》《爱国一家》《台湾军政人员亲人信箱》《对台湾籍乡亲广播》《时事》《台湾海峡地区天气预报》等7个自办的语言节目以及新闻和文艺节目，总播音时间为36小时。1984年1月1日，福建前线广播电台更名为“海峡之声广播电台”，以新的面貌亮相。

## 五、中央人民广播电台的对台广播

1954年，中央撤销各大行政区。1954年8月14日，随着华东区的撤销，华东人民广播电台停办，中央人民广播电台接办华东台对台广播。8月15日，中央人民广播电台对台湾广播开始播音。1955年至1956年，中央人民广播电台在福建的福州和泉州各建设一座发射台，当时称564甲台和乙台，即现在的552台和641台，转播中央人民广播电台对台湾广播节目。

随着两岸关系形势的不断变化和编播与技术力量的加强，中央人民广播电台对台广播从开始的4个小时，到1955年5月10日每天播音10小时15分钟，1956年每天播音12个小时，并形成独立的对台广播频率。20世纪60年代，每天播音时间增加到14小时、17小时。节目由最初的综合类扩大到新闻类、文艺类、知识类、服务类和语言类等多个类型，分早晨、中午、晚上、深夜4个时段，用普通话、闽南话、客家话轮流播送。其中《新闻》《伟大的祖国》《听众服务》和《闽南话》等重点节目，都安排在听众最多的时间播出。

1979年元旦之后，根据两岸关系形势变化的需要，中央人民广播电台的对台广播节目从一套增加到两套，节目数量增加到近20个。其中第一套节目以普通话播音为主，第二套节目以闽南话和客家话播音为主。

播音时间达37小时45分钟，发射功率增加到3400千瓦。节目内容上加强服务性、娱乐性，在形式上推陈出新，不断推出更加适合台湾听众的新节目，把所有的节目在两套节目中交叉排发，扩大听众选择收听的机会。从1988年起，中央人民广播电台台播部在日本东京开设了《中华之声》电话广播，一天24小时任何一个时间，只要拨通特设电话号码，就可以听到来自中国的声音，得到有关中国大陆的最新信息。

在这个时期，根据中共中央关于“东南沿海省市电台应积极创造条件，开办对台广播节目”的指示精神，于1979年之后，先后在江苏省人民广播电台内开办起金陵之声广播电台，在上海人民广播电台内开办起浦江之声广播电台，在福州人民广播电台开办《对马祖广播》节目，在厦门人民广播电台对台部扩大了节目内容和增加了播出时间。

## 第二节　对台广播的内容设置

### 一、配合军事行动广播

对台广播开设后，配合人民解放军军事斗争行动进行广播，是贯穿始终的一项重要任务。1948年12月20日，正式开始播音的华东新华广播电台，从早晨6点半到7点，对华东战场国民党军广播，主要内容有在华东战场放下武器的国民党军军官介绍、书信、讲演和文章，有华东人民解放军对国民党军的文告、讲话等；从17点到18点，对南京、上海、杭州、福建、台湾等国民党统治区广播，主要内容是新闻、言论、华东解放区的介绍等。通过这些广播，瓦解华东战场上的国民党军。1949年5月27日，由华东新华广播电台接管国民党上海广播电台改编上海人民广播电台的对台湾广播节目，当天即开始用普通话、闽南话对台湾广播，主要内容有中央军委毛泽东主席和中国人民解放军朱德总司令发布的向全国进军的命令、人民解放军进军福建解放福建及浙江沿海地区和岛屿的战况，1949年9月29日通过的《中国人民政治协商会议共同纲领》、中华人民共和国成立大典、中共中央和中央人民政府颁布的各项政策法令，对退踞台湾诸岛的国民党当局形成强大的军事、政治高压态势。

新中国成立后，中共中央和中央人民政府在巩固新生的人民政权、恢复国民经济、肃清国民党反动派在大陆残余势力的同时，把解放台湾、统一祖国作为一项紧迫的任务。1949 年 12 月 31 日，中共中央发布《告前线将士和全国同胞书》，提出中国人民解放军在 1949 年内已经解放了除西藏以外的全部中国大陆，1950 年的战斗任务就是解放台湾、海南岛和西藏，歼灭蒋介石匪帮的最后残余势力，完成统一中国事业。1950 年 6 月，朝鲜战争爆发，解放台湾暂时搁置。1953 年 7 月，朝鲜战争结束，解放台湾的任务再一次明确地摆在中共中央和全国人民面前。1954 年 7 月 23 日，针对美国政府与台湾当局签订“共同防御条约”，毛泽东在发给周恩来的电报中明确指出：必须向全国、全世界提出“解放台湾”的口号。8 月 12 日，周恩来在一个干部会议上指出：我们要提出解放台湾的任务，各方面进行工作，军事上、外交上、政治上、经济上都要做工作。对于国际共管的主张，我们绝对不能同意。8 月 22 日，第一届全国政协常委会第五十八次会议通过《中华人民共和国各民主党派各人民团体为解放台湾联合宣言》，提出“解放台湾，反对美国干涉”的口号，指出“台湾是中国领土不可分割的一部分，绝对不允许美国占据、也绝对不允许联合国托管”，号召全国人民团结起来，为解放台湾、保卫世界和平而奋斗。遵照中共中央的指示和中央军委的命令，人民解放军特别是福建前线部队，积极展开解放台湾的准备。

围绕解放台湾，各对台广播机构展开强大的舆论攻势。主要内容有：中共中央领导人的有关讲话；全国各族各界人民群众的强烈呼声；国内各大媒体的评论社论；揭露美国政府派遣军队入侵台湾、插手干涉中国内政、企图分裂中国的侵略行为；揭露台湾国民党当局依仗美国，丧心病狂地轰炸大陆沿海城市，派遣武装部队登陆进犯沿海岛屿，派遣小股武装特务登陆内窜破坏等罪恶行径；呼吁国民党军官兵明识民族大义，认清国民党蒋介石集团的反动本质，维护民族利益和国家统一。

1958 年 8 月 23 日，炮击金门作战打响后，各电台紧密配合炮战展开广播宣传，福建人民广播电台对台广播节目部，邀请省人民政府副主席陈绍亮、省政协副主席刘通作广播讲话，揭露美国武装侵占台湾，干涉中国内政，以及台湾国民党当局媚美卖国的行径，表明支持人民解放军解放台湾，营造福建前线军民团结一心、全力以赴一定要解放台湾的强大声势。厦门对台有线广播站处在炮战前沿，在硝烟弥漫的炮火中忠诚履行自己的职责。全站 16 名干部战士，分别配置在角屿、香山、石胃头、白石炮台 4 个前沿广播组，昼夜不停轮班展开战地广播。角屿广播组与大金门马山仅 1800 米之隔，不断遭到金门国民党军炮火袭击。为了防空防炮，广播组住在不到 8 平方米潮湿的碉堡式工作生活房里。堡内墙壁潮湿发霉，下雨天经常进水，鞋子都会浮起来。虽然配发防潮棕垫，但被褥还是湿漉漉的。角屿生活用水困难，每天只能保证做饭和一人一杯水喝。吃不上青菜，只能吃罐头，啃压缩饼干，几天下来，嘴上都起了泡。

由于广播组处在前沿，工作生活空间小，严格控制配员，干部战士“一专多能”“一兵多用”，每天连轴转开展工作。从 8 月 23 日至 10 月 6 日的 4 次大规模打击、83 次中规模打击和上千次零炮射击的最猛烈的第一阶段炮击作战中，在角屿岛共落下金门国民党军数万发炮弹，有的炮弹直接瞄准广播站的喇叭打过来，喇叭堡周围落下近 4000 发炮弹，广播组的同志冒着生命危险，忍着炮弹爆炸的剧烈震响坚持不间断广播。香山、石胃头、白石炮台 3 个广播组也同样在炮火中顽强地坚持广播。10 月 6 日清晨，清脆的广播声回荡在厦金海域的海空。厦门广播站 4 个广播组同时用普通话和闽南话轮番反复播送由毛泽东起草的、以国防部部长彭德怀元帅名义发布的《告台湾同胞书》，第一时间把第一次暂停炮击的消息传向对岸，吸引着被解放军猛烈炮火震慑封锁的金门国民党军官兵凝神倾听。炮战期间，厦门对台广播站先后第一时间播出了中华人民共和国政府关于领海的声明、周恩来总理《关于台湾海峡地区局势的声明》、彭德怀部长的3次《告台湾同胞书》《中华人民共和国国防部命令》、福建前线部队司令部《告台、澎、金、马军民同胞书》、中华人民共和国全国人民代表大会常务委员会《告台湾同胞书》等重要文告，用前线战地面对面的有线广播，及时准确传达中华人民共和国政府各方面的原则立场和人民解放军炮击作战的安排，配合作战指挥灵活巧妙地把握“打打停停、停停打打”的节奏，驾驭战局的主动权。

1962年初，台湾国民党当局企图趁大陆三年暂时困难之机，蠢蠢欲动，对大陆进行大规模军事窜犯。为了配合中共中央、中央军委关于粉碎台湾国民党当局企图大举“反攻大陆”阴谋的战略决策，以及人民解放军的战备工作，中央电台的对台广播从1962年4月至1963年11月，共编播评论稿件140多篇，主要内容是揭露蒋介石统治集团在大陆、台湾的种种罪行，阐明大陆军民众志成城，严阵以待，“反攻大陆”无疑是以卵击石。福建前线广播电台发动了持续2个多月的宣传攻势，共播出稿件367篇，主要内容有：宣传解放战争和抗美援朝战争的伟大胜利，说明解放军的强大；揭露蒋介石集团在美国的鼓动和支持下妄图窜犯大陆东南沿海的阴谋，阐述这个军事窜犯将对中华民族和中国人民犯下新的滔天罪行，必遭可悲下场；加强了对国民党军官兵的政策宣传，反复播送福建前线部队司令部的《对蒋海空军人员起义投诚政策和奖励办法》。将瓦解国民党军的意志，作为广播宣传的重要内容。

1976年，根据中央军委的部署，解放军福建前线部队进行一次较大规模的诸军兵种联合渡海登陆作战实验性演习。解放军福建前线广播电台和厦门对台广播站派出播音组，跟随部队演练，探讨摸索在新的历史条件下海峡两岸军事斗争中如何做好战场喊话、瓦解敌军工作，演练取得了积极效果。

## 二、新中国新社会新生活的宣传

各级各类对台广播机构开设后，都把新中国经济建设发展的新成就、社会发展的新面貌、人民过上和平安宁的新生活，作为广播宣传的重要内容。

上海早期的对台广播节目，开设《祖国通讯》《伟大祖国》等专栏，报道台胞和大陆去台人员祖籍所在的祖国各地，特别是福建、广东两省的各项基础设施建设、工业生产、土地改革后农村生活新气象等，并针对国民党方面对大陆的攻击、诬蔑和不实之词，心平气和地摆事实，讲道理，作正面回答。福建人民广播电台一开始对金门马祖广播，就设有《伟大的祖国》专栏，报道祖国大陆生产恢复、经济发展、人民生活安定的新成就、新气象，突出介绍台湾同胞祖籍地福建的新面貌。电台先后广播了茅以升的《从福建桥梁建设看我国人民的智慧》、汪胡桢的《福建水利建设成果》、王历畊的《返回故乡古田观感》等广播稿，从一些侧面生动且具体地向台湾同胞介绍祖籍地福建的新面貌；以后又设立《可爱的祖国》《唐山风情》等节目，全面介绍新中国经济社会建设发展成就。解放军福建前线广播电台设《伟大祖国》节目，后改为《神州展望》《可爱的家乡》，介绍新中国新社会新面貌。江苏人民广播电台设有《故乡与亲人》节目，金陵之声广播电台开播后，仍然保留了这个节目，并且注重突出南京曾经作为国民党总统府所在地的特色，着力广播宣传南京及整个江南的建设发展变化。浦江之声广播电台设有《故乡的云》《江南好》节目，大量报道祖国大陆工农业生产、文化教育、体育、卫生等各项建设事业的成就，家乡故园的新变化，人民的新生活，祖国各地名胜古迹、山川风光和民情风俗。

中央人民广播电台作为国家电台，从接办对台广播第一天起，就设置了包括新中国建设发展的《新闻》节目，以更高的站位、更宽的视野、更广泛的内容，宣传新中国建设发展成就。1955 年，中央人民广播电台开设以报道祖国大陆社会主义建设成就为内容的《伟大祖国》专题节目，突出爱国主义主题，大量广播宣传新中国社会主义建设的重大成就和大陆各行各业的新气象、新变化，帮助台湾听众了解大陆发展变化情况。1963 年以后，《伟大祖国》专题节目广播时长由原先的每次广播 10 分钟增加到每次广播 20 分钟，并且组织了一系列丰富多彩的专题报道，请李四光、梁思成、吴世昌、马连良、容国团等各界知名人士，通过他们自身的体会谈祖国建设成就和祖国新貌。

### 三、对台方针政策宣传

1955 年，中国政府提出“和平解放台湾”的主张。5 月 15 日，周恩来在全国人大常委会第十五次会议上报告亚非会议情况时明确提出：“解放台湾有两种可能的方式，即战争的方式和和平方式。中国人民愿意在可能的条件下，采取和平的方式解放台湾。”7 月 30 日，周恩来在一届全国人大二次会议的报告中再次重申了上述和平解放台湾的主张，进一步指出：“只要美国不干涉中国内政，和平解放的可能性将会继续增长。”他还向台湾国民党当局传递：“如果可能的话，中国政府愿意同台湾地方的负责当局协商和平解放台湾的具体步骤。”1956 年 1 月 30 日，周恩来在政协第二届全国委员会常务委员会的工作报告中提出：“为争取和平解放台湾，实现祖国的完全统一而斗争”的号召。

1956 年 4 月，毛泽东提出“和为贵”“爱国一家”“爱国不分先后”等政策主张。根据中共中央对台方针，对台广播按照“爱国一家、爱国不分先后、一致对外、争取和平统一祖国”的总基调，展开国内外形势、重大事件、重要活动、重要节日的日常宣传报道。1958 年 8 月 23 日起，解放军福建前线部队奉命对金门实施一场持久的炮击作战行动。根据这场炮击作战的战略意图和对台广播的总基调，各对台广播机构精心组织宣传报道。中央电台对广播编写了 100 多篇评论，对美国搞“两个中国”“一中一台”“台湾独立”的阴谋予以揭露；同时揭露和谴责美帝国主义在台湾的各种暴行，支持台湾人民的反美爱国斗争；揭露和谴责美帝国主义对台湾的经济、文化、教育、宗教等方面的侵略活动；揭露和抨击蒋介石集团媚美卖国的言行和在台湾的黑暗统治。福建前线广播电台反复广播彭德怀的几个文告，配合“打打停停、停停打打”的炮击作战行动，牵制美国政府与蒋介石的勾结，制止美国政府企图把台湾从中国分裂出去的阴谋。

1960 年 5 月 22 日，毛泽东主持中共中央政治局常委扩大会议，根据国内外形势的变化，研究了台湾问题，确定了对台工作的总方针。周恩来将毛泽东和中共中央讨论的意见概括为“一纲四目”。一纲是：只要台湾回归祖国，其他一切问题悉尊重蒋介石与陈诚的意见妥善处理。四目是：台湾回归祖国后，除外交必须统一中央外，所有军政大权人事安排等悉由蒋介石与陈诚全权处理；所有军政及建设费用，不足之数，悉由中央拨付；台湾社会改革可以从缓，必俟条件成熟，并尊重蒋介石与陈诚的意见协商决定，然后进行；双方互约不派人进行破坏对方团结之事。1963 年初，周恩来把经过毛泽东审定的“一纲四目”的方针，通过张治中致陈诚的信转达给台湾国民党当局。

1963 年 6 月，国民党空军中尉飞行员徐廷泽驾机起义归来，受到大陆同胞的热烈欢迎。中央人民广播电台和福建人民广播电台的对台广播安排徐廷泽发表广播讲话。福建前线广播电台对徐廷泽回大陆受到热烈欢迎、空军司令员刘亚楼上将接见、国防部授奖授衔、周恩来和叶剑英接见、到各地参观活动，进行全程跟踪广播报道。1965 年 7 月，原国民党政府代总统李宗仁偕夫人郭德洁从海外归来，中央和福建地方对台广播对这一重大事件进行了充分的报道，及时报道李宗仁夫妇回到祖国大陆后的情况，突出报道毛泽东主席接见李宗仁夫妇时的谈话：“跑到海外的，凡是愿意回来，我们都欢迎。他们回来，我们都以礼相待。”通过这些重大事件上的广播报道，宣传大陆的对台方针政策。

1979 年 1 月 1 日，《全国人大常委会告台湾同胞书》发表，郑重宣布了中国共产党和中国政府关于台湾回归祖国、实现国家统一的大政方针：一是强调要考虑现实情况，完成祖国统一大业，在解决统一问题时尊重台湾现状和台湾各界人士的意见，采取合情合理的政策和办法，不使台湾人民遭受损失；二是肯定台湾当局一贯坚持一个中国的立场，反对台湾独立，指出这是两岸共同的立场和合作基础，并提出寄希望于1700万台湾人民，也寄希望于台湾当局；三是主张“首先应当通过中华人民共和国政府和台湾当局之间的商谈”结束台湾海峡目前仍然存在的双方的军事对峙状态，以便为任何一种范围的交往接触创造必要的前提和安全的环境；四是希望“双方尽快实现通航通邮”，“发展贸易、互通有无、进行经济交流”（后来概括为“三通”——通商、通航、通邮）。《告台湾同胞书》的发表，表明中国共产党对台湾回归和祖国统一方针和中国政府对台方针政策的重要宣示，标志着对台方针政策的重大转变和战略性调整。

1979年之后，对台广播从宣传内容、宣传方式、播音基调，乃至广播称谓，都进行了调整，展现了和平统一祖国的诚意。在宣传内容方面，从“揭露瓦解”转到“祖国民族”。内容具体体现在：将“解放台湾、统一祖国”的口号改为“台湾回归祖国，实现和平统一”“和平统一、一国两制”，突出宣传爱国主义的传统以及以和平方式解决台湾问题的重大意义，消除敌对情绪，化干戈为玉帛；宣传“一国两制”是实现和平统一祖国的最佳构想，批驳台湾当局提出的“不接触、不谈判、不妥协”的“三不”政策；宣传祖国大陆的政治经济形势和社会主义制度的优越性，宣传祖国改革开放取得的成就，尤其是农村的发展和国民党军政人员家乡的变化，勾起他们怀乡之情，思归之志，激发台湾军民对祖国的认同感、自豪感和向心力；宣传“三通”和种种交流，是两岸同胞的迫切愿望，对双方大有好处；宣传爱国统一战线，宣传两党合作和两岸合作；宣传爱国之情、民族之情、同胞骨肉之情，增加亲切感；宣传祖国的名胜古迹、山水风光、历史文物、古都名城，以激发国民党军政人员和台湾同胞的民族感情，增强他们的国家民族观念。

在宣传方式方面，从“向您宣传”转到“为您服务”，具体体现为五点。一是坚持摆事实，讲道理，循循善诱，启发疏导，注意用事实讲话，不强加于人，以朋友的态度，同胞的感情关心对方，树立为听众服务的思想，想听众所想，急听众所急，帮听众所需。二是坚持真实性原则，强调稿件的事实必须完全真实，坚决制止弄虚作假，认真查对核实，避免差错。三是语言力求通俗易懂、口语化，废除套话、空话、过头话。克服说教味，力求生动性、知识性、趣味性、寓理于趣，寓理于谐，提倡写短稿，新鲜、实在、有味。四是实事求是，既讲成就，又讲差距；既讲大陆的长处和进步，也讲存在的问题和不足。五是加强政策服务、思想服务、生活服务，为台湾同胞解疑释惑，排忧解难。

在播音基调方面，从“宣讲式播音”转到“交谈式主持”。中央人民广播电台和福建人民广播电台的对台广播分别开办了《空中之友》和《青年之友》的主持人节目，以主持人替代播音员，用清晰、自然、亲切、动听的语气语调与听众谈心沟通，增强对台广播的亲和力，体现新时期对台方针的基本精神。在广播称谓方面，从“蒋匪帮”“蒋军官兵”改称为“国民党军官兵弟兄”“台湾当局”“台湾军政人员”“台湾同胞”。

## 四、亲情友情的联络和沟通

为了联络和沟通两岸同胞之间的亲情、友情，各对台广播机构普遍开设了对象性广播节目，诸如《广播信箱》《对台胞讲话》等。内容主要是播送写给台湾国民党军政人员的信件，或是经常请在大陆的台籍知名人士对在台家乡亲人讲话，针对特定的人群甚至特定的个人，指名道姓，娓娓道来。厦门广播站利用面对金门的地理优势，经常借助望远镜眺望，做一些“现场直播”。看到金门国民党军开始修防御工程、挖坑道，就喊话：“又挖工事啦，不要那么辛苦！”有时天气不好，可能要下雨，从望远镜里看见金门国民党军晒的被子，马上喊话：“要下雨啦，大家赶快收被子！”遇到过春节，通过有线广播喊话：“新春快乐！想不想家呀，全家都在吃年糕了，就缺你一个人啦！”到了中秋节就喊话：“中秋快乐！吃月饼啦！”

国民党当局退踞台湾，数百万党政军人员随之去了台湾。亲情的牵挂，涉及两岸千万个家庭，一海之隔的亲人，无时不在惦念着对方，盼望获得对方的音信。对台广播开设《亲人讲话》节目，为对岸亲人送去音信。厦门广播站得知金门国民党军第二十七师师长林初耀是广东梅县人，派专人去梅县把林初耀老母亲接到厦门，为她做讲话录音，送到离金门最近的角屿广播组反复广播。林初耀听到广播还将信将疑，因为他得到的消息是母亲早已被“整”死了，后来忍不住以晚上查岗的名义来到海边静听广播。老母亲在录音广播里说：“儿啊，你当时说一两年就回来，怎么现在还不见人啊？你给我的光洋我现在还留着没有用，你老婆现在做了文化教员，你小孩子在小学读书，现在我们都过得很好，就是缺你一个……”听了老母亲的广播喊话，林初耀百感交集，情绪低落，因而被调回台湾。厦门小嶝岛年轻妇女张阿签，丈夫被国民党军撤退时一起带去金门，她经常到角屿广播组广播喊话，几年后，张阿签的丈夫冒着生命危险，抱着一口倒扣的大锅从金门游回小嶝。

对台广播还开设《信友信箱》节目，为台湾亲人送书信。中央人民广播电台设有《亲友信箱》，前线广播电台设有《海峡信箱》、福建人民广播电台设有《空中邮路》、江苏人民广播电台设有《故乡与亲人》等节目。各个“信箱”节目播出大量以谈家常、报平安、叙亲情为主要内容的书信、讲话录音和寻人启事。中央人民广播电台的《亲友信箱》每天播出 8 次，每次播出 25 分钟，一天的节目可以为在台湾的 20 多位亲友提供信息。为了方便收听、相互转告，各个电台的《信箱》节目每个月播出的日期和时间统一编排，岔开播出。为了能够多播报亲友信息，中央人民广播电台《亲友信箱》节目大都采用亲人消息、寻找亲人启事和简短的亲人讲话录音。

台湾当局开放民众赴大陆探亲旅游后，一批又一批台湾同胞回到了阔别了30多年的故乡，出现了许许多多动人场面。为了反映海峡两岸关系的历史性转变，适应新形势，增进骨肉同胞的感情和共识，推动祖国统一大业，中央人民广播电台对台广播部于1988年举办“海峡情”有奖征文活动。海内外同胞踊跃投稿，共收到作品600多件，其中台湾岛内有20多人投稿。有的台胞为了使作品安全寄达北京，还特意托人带到海外或大陆邮寄。此后，“海峡情”有奖征文每年举办一届，大陆来稿作者遍及30个省、自治区、直辖市，台湾岛内的来稿也一届比一届多，到第五届，台湾岛内来稿高达100余篇。作者中有80多岁的老人，也有10多岁的孩童；有教授、作家、记者、教师，也有农民、渔民、海员、老兵。有的作者连续参加，有的不但自己写，还动员亲人和学生一起写。一位台湾作者在第五届“海峡情”颁奖大会上说：“世界上有无数个海峡，但没有一个海峡像台湾海峡这样，40年来演绎了这么多悲欢离合的故事。‘海峡情’征文为很多能够拿起笔来抒发自己感情的中国人提供了一个写故事的机会。”这项活动共举办了九届，先后历经10年，加强了对台广播与台湾听众的直接联系，促进海峡两岸的交流，开辟了台湾，以及海外听众参与中央人民广播电台对台广播互动交流的新途径。

## 五、文化娱乐

对台广播开始后，各播出机构都先后开设文艺节目。中央人民广播电台台湾广播1955年5月开设固定的文艺节目，文艺节目占全天候播音时间20%，20世纪60年代占40%。从1982年10月1日开始，中央人民广播电台对台湾广播两套节目，每天播音37小时45分钟，其中文艺节目占9小时10分钟，约为全天播音时间的25%。文艺节目中70%移用中央人民广播电台文艺部对大陆广播的节目，30%由台播部自行编制。专题音乐节目《百花园地》，内容有各地民歌和民族乐曲、少数民族歌曲，“五四”以来的优秀创作歌曲，古代传统名曲以及对著名作曲家、歌唱家和演奏家的介绍等，节目具欣赏性和针对性，每年春节《百花园地》都组织大型综合性的《新春同乐会》文艺演出活动。《百花园地》节目在对台湾广播的两套节目中，每天广播13次，每次15分钟。1984年，中央人民广播电台对台湾广播的文艺节目达到9小时，增设了《长篇连播》《文学》《戏曲》节目。至此，中央人民广播电台对台湾广播的文艺节目具有音乐、戏曲、文学和曲艺四种形式。《长篇连播》节目主要播送传统评书和现代小说。《文学》节目内容有“五四”以来优秀作品，反映祖国壮丽河山和社会风貌作品，以及台湾作家的作品等。《戏曲》节目中，京剧和地方戏各占一半。地方戏曲以南方剧种为主，有越剧、黄梅戏、粤剧、川剧、汉剧、芗剧、闽剧、高甲戏、梨园戏、莆仙戏等，北方剧种评剧、秦剧、晋剧、吕剧等。曲艺节目中，南方的有评弹、南音、粤曲、四川清音等，北方的有相声、评书、山东快书、京韵大鼓、西河大鼓、二人转等。文学节目包括诗歌、散文、小说、广播剧、电影和话剧录音剪辑等。

福建前线广播电台的文化娱乐节目，至1983年，由原来占总播音时的25%增加到占35%，1984年起赋予《海峡歌声》《乐坛群星》《唱腔选粹》《家乡戏曲欣赏》《每周一歌》等专题和台湾地方特色一脉相承的闽南文艺。1986年元旦起，开办了《九州百花》和《当代中国文坛》的两个专题，1988年元旦起又增设了《周末小站》和《广播剧》两个文艺专题节目，并把文艺节目播出时间增加到占总播出时间的44%。江苏电台对台湾广播还经常播出江苏民歌、江苏流行乐曲和江苏各个地方剧种优秀剧目。浦江之声广播电台每天播出半小时综合文艺节目《大世界》，选材以民族民间传统文艺作品为主，兼有古典与现代选题，体裁包括音乐、戏曲、文学、广播剧等诸方面。

各对台广播机构充分发挥自身的优势，组织举办两岸主题的语言技巧会。1982年、1984年，由福建前线广播电台（1984年更名为“海峡之声广播电台”）与全国政协、全国台联、中国音协等7个单位，在北京先后联合举办两届“海峡之声音乐会”，邀请李谷一、吴雁泽等著名歌唱家参加演唱。1985 年 12 月 12 日至 14 日，海峡之声广播电台在福州举办“对台湾同胞广播音乐会”，邀请中央、地方和军队 10 家文艺团体的著名歌唱家蒋大为、于淑珍、姜嘉锵、董文华、钱曼、张佩君、郑新等参加演出。1986 年 12 月，海峡之声广播电台与全国台联、全国音协等单位在西安联合举办了又一届“海峡之声音乐会”，并从西安向台湾同胞做了现场直播。同月，海峡之声广播电台与中央人民广播电台、上海人民广播电台在福州联合举办“越剧尹桂芳流派广播演会”，著名越剧演员尹桂芳、吕瑞英、傅全香、戚雅仙、李金凤及越剧新秀茅威涛、赵志刚、肖雅等参加演出。1987 年 10 月 5—7 日，海峡之声广播电台在福州举办“海峡之声中秋相声晚会”，著名相声演员姜昆、唐杰忠、侯耀文、石富宽、李金斗、陈涌泉、笑林、李国盛、牛群、李立山和相声新秀牛振华、李艺应邀参加演出。同年 12 月 29 日，海峡之声广播电台和中央人民广播电台、北京电视台、青岛人民广播电台、北京京剧院在北京联合为台湾同胞举办京剧表演艺术演唱会，杜近芳、梅葆玖、耿其昌、杨淑蕊、张曼华等 16 位著名京剧演员参加演唱会。

各对台广播机构还充分发挥自身的优势，组织举办两岸主题的文学、美术、书画交流。1979 年，中央电视台广播部与人民文学出版社协作，负责选编出版《台湾小说选》，成为新中国成立 40 年来，在祖国大陆出版的第一部台湾作家的文学作品选集，并成为 1980 年全国十大畅销书之一。1980 年 8 月和 1984 年 4 月，中央人民广播电台先后发起举办了台湾著名作家钟理和、赖和先生的纪念活动。1981 年至 1983 年，中央人民广播电台台播部又先后编辑、出版了台湾作家作品《吴浊流小说选》《台湾青年作家小说选》《钟理和小说选》和李乔的《寒夜三部曲》等。20 世纪 90 年代，中央人民广播电台台播部同出版机构合作，先后编辑出版了《台湾人三部曲》(《沉沦》《沧溟行》《插天山之歌》)、《神州吟——海峡唱和诗歌选》、《杨逵作品选集》和歌曲集《台湾啊，祖国的宝岛》《台湾歌曲选》，以及《台湾地图册》等10多种图书，增进大陆受众对台湾的了解。1987年12月15日至20日，海峡之声广播电台与民革中央《团结报》、福建省外贸中心、福建省国际文化经济交流中心联合举办“海峡诗书画印联谊笔会”和“京沪榕台港澳名家书画展览”，启功、溥杰、卢光照、程十发和台湾的书画家陈庭、陈子波，澳门的书法家梁坡云等名家也寄来作品参展。笔会期间，与会人员专程到海峡之声广播电台，为台湾同胞吟诗作赋，向台湾同胞发表深情的讲话。新加坡的周颖南先生为台湾同胞朗诵了自己的诗作，并介绍了自己与台湾作家的交谊和海外侨胞盼统一的心情。著名摄影家华国璋教授介绍了他在异国他乡见到台湾同胞的情况，希望通过电台沟通搭桥早日到台湾拍摄宝岛风光，补齐《华国璋摄画集》。著名作家杜宣在介绍了他创作反映张学良和赵四小姐经历的剧本《梦迢迢》的情况后，希望海峡两岸文学界尽早进行创作交流。杜老先生最后赋诗一首：“情怀无限向澎台，同属炎黄不可开；又是一年传腊月，彩云何日再归来？”笔会闭幕时，全体与会人员通过新闻界，呼吁台湾当局扩大开放幅度，让笔会成员成为首批进入台湾的一员，以“文通”促“三通”。

## 六、生活服务

对台广播充分发挥自身的优势，开设探亲旅游、经济信息、体育交流和天气预报等各类节目，服务和方便台湾同胞的生活需求。

1987年10月19日，中央人民广播电台创办《空中服务台》节目，介绍台湾同胞来大陆探亲的手续，有关部门对台胞的接待和服务项目；介绍大陆的宾馆、交通、邮电设施，为台胞提供食、宿、行及通信方面的服务；介绍大陆的风景名胜、旅游线路和费用，充当台胞的空中导游；介绍大陆行政区划的沿革，为久别故乡的台胞回乡探亲提供方便，帮助台胞查找在大陆的亲友，为促成台胞回乡探亲提供方便；帮助台胞查找在大陆的亲友，促成他们早日见面团聚；介绍大陆的经济、文化、商品信息，为有志于来大陆投资、贸易和进行经济、文化交流的台胞牵线搭桥。1987 年 11 月 2 日，海峡之声广播电台开办《探亲和旅游》节目。厦门有线广播站设置《为台湾同胞到大陆探亲旅游服务》专题节目，向台湾同胞介绍祖国大陆的接待政策和有关规定，大陆的风景、名胜，以及交通、邮电、食宿等服务设施，解答台湾同胞来大陆后可能遇到的一些问题。

随着两岸经济交流增多，两岸同胞对经济信息的需求日益增多。1989 年 5 月 28 日，浦江之声广播电台开辟《经济之窗》节目，为两岸工商界人士提供信息。节目中设有《大陆经济要闻》《股市金融行情》《两岸供求信息》《台商投资指南》专栏。针对台湾工商界人士期望到大陆投资的需求，节目中经常组织大陆企业家通过广播讲话，向海峡彼岸提供合作伙伴的信息。1989 年至 1992 年，播出 500 多位大陆厂长、经理对台广播讲话，有 10% 的企业家收到台湾同行的回应，其中 30 多位企业家和台湾、香港客商联手，在大陆办起了三资企业。

对台广播还开办了体育节目，服务两岸的体育交流。1982 年 4 月 6 日，中央人民广播电台对台广播开办《体育天地》节目，每周二、四、六播出三次，每次 15 分钟。1984 年至 1987 年 4 年间，《体育天地》节目派出记者采访国内体育赛事近 200 次，出国采访国际体育赛事 12 次。1986 年 9 月至 10 月在韩国汉城举办的第十届亚运会，1987 年 11 月至 12 月在广州举办的第六届全国运动会，《体育天地》节目都对此作了重点报道。第六届全国运动会期间，《体育天地》实现了在北京以外地区直接向台湾播出节目。1990 年北京亚运会期间，中央人民广播电台台播部组成 20 多人的报道组，开办亚运会专题节目，播出新闻 1400 多条，特写、专访、评论和现场报道近 500 篇。海峡之声广播电台开辟了《亚运会专题》，对亚运会作了充分报道。

## 七、方言节目

台湾、澎湖、金门、马祖诸岛同胞绝大部分通用闽南话和客家话方言。对台广播始终把闽南话和客家话方言作为重要的广播用语。被称为“对台广播第一声”的上海人民广播电台对台广播节目，就是用闽南话向台湾广播。上海早期的对台广播虽经历多次呼号和编制调整，但闽南话一直是主要播音用语，正式编配的播音员都是闽南话播音员，普通话播音则由华东台对内广播的播音员代播。中央人民广播电台接手华东台对台广播后，闽南话节目依然得以延续。开播的第一天，电台就设置了《闽南话》节目，每天 4 个小时的总播音时间里，就有 2 个小时是闽南话广播节目。1986 年，中央人民广播电台对台广播的《闽南话》节目改为综合性专题节目《闽南话广播》，由 20 世纪 70 年代末的每天播出 5 次增加到每天播出 12 次，共计 5 小时。节目内容从台湾同胞的需求出发，以服务性贯穿始终。与此同时，《乡亲在大陆》《为您服务》《龙的故乡》这 3 个节目也用闽南话广播。《乡亲在大陆》节目专门报告在大陆生活的台湾籍乡亲的情况，《为您服务》节目向台湾同胞提供咨询服务，《龙的故乡》介绍大陆建设发展新面貌和各类喜庆消息。中央人民广播电台的闽南话节目，一直以厦门闽南话为标准语音，并有台湾闽南话特点的闽南方言播音。中央人民广播电台在开办闽南话节目后不久，于 1956 年开办《客家话》节目。从 1956 年开办至 1976 年的 20 年间，一直由对外部华侨部的客家话播音员代播，内容基本上是普通话节目的翻版。1976 年 12 月 26 日，中央人民广播电台第一代客家话播音员开始播音，开始以广东梅州客家话为标准语音、有台湾客家话特点的客家方言播音。节目内容有新闻、台湾问题评论、大陆专题介绍，以及去台人员家属的家信、大陆同胞的专访等。1986 年，中央人民广播电台对《客家话》节目的内容做了较大的调整，将节目名称改为《客家乡亲》，拓宽了台湾客家同胞的祖地中原地区和广东、福建、江西、广西、湖南等省、区客家人聚居地的报道面，增加了为台湾客家同胞来大陆寻根探祖、旅游观光、求医问药提供各项实用性的服务内容。《客家文艺》节目固定在每周日广播。1984 年至 1987 年间，中央人民广播电台《客家文艺》节目为台湾客家听众采录了客家山歌、汉调音乐、广东音乐、潮汕音乐、采茶戏、汉剧、山歌剧、客家小调等 60 多个新节目。

福建前线广播电台从开播伊始就设有闽南话节目。1986 年元旦，《闽南话广播》节目更名为《唐山乡情》节目，方言广播得到进一步强化。福建人民广播电台的闽南话节目曾一度中断，1963 年起恢复闽南话播音，每天安排了 3 次闽南话广播时间。厦门对台广播站面对金门，闽南话是主要的播音用语，也是这个广播站的特色和强项。陈菲菲、吴世泽等第一代有线广播播音员，都是因为会讲闽南话抽调到广播站工作的。陈菲菲以标准亲切的闽南话播音，赢得对岸听众的青睐，被金门国民党军官兵称为“菲菲小姐”，一直在广播站工作到退休，获得过全国“三八红旗手”的荣誉称号，多次受到党和国家领导人的接见。厦门广播站得到党和国家领导人以及军队领导的充分肯定，朱德、杨尚昆、邓颖超、徐向前等党和国家领导先后视察厦门对台广播站。

## 第三节　对台广播的影响

对台广播开设后，引起台湾国民党当局的恐慌。厦门对金门有线广播开设后，国民党军“政战部”派专人到金门收听收集广播内容，还布置金门防卫部定期向“政战部”报告广播内容。国民党当局情治部门设立专门机构，监听大陆对台无线广播内容。与此同时，国民党当局陆续制定了许多禁止收听大陆广播的规定。在金门岛，每当厦门有线广播开始播音，国民党军营区里就放起高音喇叭，甚至敲锣打鼓，干扰官兵的收听。从 1954 年开始，国民党当局在金门面对大陆沿海一线设立有线广播站，用国外进口的高功率播音设备，干扰厦门对金门有线广播，形成厦金海域的“广播战”。在台湾，收听大陆广播始终被国民党当局当作违禁行为。尽管台湾国民党当局严厉管控，但始终未能阻止台湾同胞收听大陆广播。大陆对台湾广播，在台湾广大民众中产生重要影响。

## 一、对国民党军官兵的影响

尽管国民党当局采取种种措施，但一直没能阻止国民党军官兵收听大陆广播。在金门岛，收听厦门有线广播成了金门国民党军官兵日常生活的一部分，一些官兵经常利用晚上站岗和查岗的机会静听厦门有线广播。台湾本岛的许多国民党军官兵，通常利用早晚或节假日，收听大陆广播。1963 年夏天，台湾国民党空军上尉飞行员徐廷泽驾机起义归来，中央人民广播电台特地邀请徐廷泽到台播部座谈，了解台湾国民党军政人员收听大陆对台广播情况，并让对方提出今后改进意见。徐廷泽说，台湾国民党军政人员和年轻官兵都很想听大陆的广播，但是台湾当局控制很严，一旦被发现收听大陆广播就要受处罚。不过空军飞行员每天要驾机上天训练，台湾当局就难以控制，所以这是收听大陆广播最有利的时间。但是天上飞行的时间短暂，所以对他们广播要短些再短些，使得在较少的时间内能听到较多的内容。中央人民广播电台对台广播根据这次座谈所做的调查研究，着手改进和加强对台湾国民党军政人员的宣传，特别赋予对台湾国民党空军官兵的喊话节目，以百余字的简短篇幅，用喊话的形式，在每天上午 10 点左右，直接对国民党空军官兵广播。

1981 年 8 月 8 日从台湾桃园机场驾机起义归来的国民党军空军少校飞行考核官黄植诚，在祝贺福建前线广播电台建台 25 周年的信中，谈到他从收听大陆对台广播到决心回归的过程：“记得我刚开始收听的时候，也是怀着一种好奇心。休假回家时，一个人就偷偷地收听祖国大陆的广播，我从中知道大陆一些情况，感到祖国大陆并不像台湾所讲的那样穷苦，那样可怕。这样一来，我对祖国大陆逐渐消除了恐惧和疑虑，并生产了好感，觉得台湾没有前途，祖国大陆才是人们向往的地方。后来，我下决心回到祖国大陆，原因虽然是多方面的，但与前线电台对我的引导是分不开的。”

1983 年 4 月 22 日从台湾驾机起义归来的国民党陆军航空队少校分队长李大维，在祝贺福建前线广播电台建台 25 周年的信中，动情地描述了他回归当晚的心情：“我躺在宁德海军招待所的床上，辗转难眠。这是在梦里吗？可我的眼睛睁得大大的，这又确确实实不在梦里而是在现实生活中。我终于回来了！想必此时，我的妻子也定是夜不能寐，心里默念着：大维你怎么去了哪里？大概这时她才明白过来，过去我在家中常戴着耳机听广播，正是祖国大陆的广播特别是福建前线电台的声音，使我增强了回归祖国的决心，引导我回到祖国母亲的怀抱里。我和亲人暂时分离了，但我相信，总有一天，祖国会统一，我和妻子女儿会团圆，我付出的代价是值得的。”

## 二、对大陆去台人员的影响

大陆去台人员是大陆对台广播重要的听众群。据各对台广播机构对台湾来信和回大陆探亲去台人员的采访综合分析，1979 年 1 月 1 日全国人大常委会发表《告台湾同胞书》之后，大陆去台人员约有 80% 收听大陆对台广播，他们不仅仔细听，而且有的边听边录音，甚至经常在同乡好友中相互播放，传播乡音。一位回浙江兰溪探亲的去台人员说：“有些大陆去台人员天天总有一段时间守在收音机旁，总想听到亲人的呼唤。我有个好友这样等候了 20 多年，仍不泄气，还坚持继续听下去，盼望有一天能听到亲人的呼唤。”这一时期，大陆去台人员委托对台广播单位帮助寻找大陆亲友的来信逐年增多，1984 年至 1987 年的 4 年间，中央人民广播电台电播部共为 187 位大陆去台人员听众找到了大陆的亲友，其中 1987 年共找到 61 位听众的大陆亲友，这一年是找到去台人员听众亲友最多的一年。

原籍福建泉州的去台人员周先生，于 1983 年 11 月 7 日给福建人民广播电台台长写信，信中详述自己的身世经历，并拜托电台帮助寻找大陆亲人。他在信中说："贵台的广播，我每日必听。我经常收听贵台的《空中邮路》，盼望能听到亲人找我、呼唤我的声音。"福建人民广播电台很快找到了他的哥哥，并广播了他哥哥写给他的信。周先生听到哥哥的信以后，立即寄来了回信，抒发亲情，特别提到大陆电台为两岸骨肉团聚"竭力尽心之义举，实令人钦佩，铭感五内，还望兄长代劳，专程前往鸣谢为是"。辽宁旅大市一位老父亲对去台女儿的讲话广播后，不久就收到女儿的来信，信中情深意切地写道："亲爱的爸爸：手提笔，心在跳，千头万绪，不知从何说起。我就是您三十年来时刻挂念的女儿，女儿更是日夜思念您及全家人，朝思暮想，希望有朝一日能得到我父的消息。事实告诉我们，只要有恒就会成功。总算上天不负苦心人，到底意外得知我父无恙，仍然健康强壮，全家平安。女儿为这消息，不禁鼻泪涌……"1979 年 2 月，时任台湾地区立法机构主任秘书郭国在听到福建前线广播电台广播他的妻子林秋帆的信后，要他在美国国务院任翻译的大儿子郭树林回大陆探亲。郭树林于 1979 年 5 月回大陆对母亲林秋帆说："您的广播信父亲在台湾收听到了，家庭情况都知道了。"前线广播电台广播江西万载县康乐中学老师刘菊初一家对哥哥刘楠初、华金祥的讲话后，刘楠初、华金祥写信给妹妹刘菊初说："忽然听到你们的消息，真是恍如隔世，使我又高兴又兴奋。""妈妈还健在，我真高兴，她老人家是 81 岁了"。

对台广播把"解疑析惑"作为服务去台人员的一项重要内容，湖北监利县籍去台人员邹先生，曾听到传言，说他母亲和二弟已经"遇难了"，因此逢年过节都烧香化纸遥祭故人。听了大陆广播后，他对这个传言产生怀疑，并于 1980 年 6 月直接写信给监利县县长，询问亲人下落。监利县县长亲笔回信，告诉邹先生老母健在，一家安居乐业。邹先生收信后万分激动，泪流满面，将此喜讯传告同乡好友。监利乡亲闻知大陆县长来信，争相传阅。邹先生与亲人取得联系后，更加留意大陆广播，望从中了解更多关于家乡和亲友的消息。据监利县台办反映，1981 年 7 月间，有 8 个监利县在台人员收听大陆广播后，会同 3 名在港同乡，于 1981 年 7 月 15 日晚与大陆亲人通电话。通话的时候，双方都非常激动，悲喜交集，诉说别情，泣不成声。1982 年，一位署名“光明”的台湾听众给福建前线广播电台来信，询问他在福州老家一幢房屋的情况，了解祖国大陆对在台人员的房屋政策。前线台立即派人采访福州市房地产管理局负责人，及时向“光明”先生播出采访录音。“光明”先生听到后，了解了情况，消除了疑虑，很快给前线台写信表示感谢。此后，“光明”先生对前线台更加信任，又连续来信，要求介绍大陆行政区划、教育和长江、黄河的情况。

### 三、对台湾普通民众的影响

大陆对台湾广播的开设，不仅对国民党军官兵和大陆去台人员产生影响，而且对台湾普通群众也产生了重要影响。中央人民广播电台台播部统计，自 1979 年元旦全国人大常委会《告台湾同胞书》发表后，台湾听众逐年增多。当时，为台湾听众提供投寄信件的只有“北京 2105 信箱”，之后又相继在中国香港，以及日本、美国设立 4 个信箱，为台湾听众创造了更加便利的条件。1984 年至 1987 年，台播部共收到台湾、香港，以及海外华侨听众的来信 1200 多封，其中台湾听众的来信 1040 封，约占来信总数的 85%。海峡之声广播电台收到来信的台湾听众中包括军政人员、公教人员、商人、学生、海员、渔民、工人、农民等各个阶层。一位从台湾来大陆旅游的听众接受海峡之声电台记者采访时反映说：“现在岛内收听大陆广播相当普遍，各种各样的人都喜欢听。大部分是晚上听，躺在床上用耳机听，很方便。有时也到外边听，吃过晚饭，或者说天太热了，到山坡乘凉去！知心朋友之间心里就明白，实际是到那里听北京的广播。有一次我开着车子到台中农村，中途停下来休息，看到一个农民在听大陆广播，声音很大。我赶紧叫他小心点，那个农民一点也不在乎。”1985年9月22日，一位署名“一个爱国同胞”的台湾听众在写给邓小平的信中说：“福州地区有海峡之声电台，每天用两套节目播出，内容充实，台湾日夜收听者不少，效果良佳。”许多台湾听众称赞祖国大陆对台湾广播是“海峡上空的彩虹”，把对台湾广播节目的主持人视为可以依赖的朋友。有一位台湾听众要经日本来大陆旅游，办理手续时，“在大陆亲友”一栏中，填上中央人民广播电台对台广播《空中之友》主持人“徐曼”的名字，他说：“我是徐曼空中的朋友，徐曼是我的亲人。”

许多台湾听众，通过收听大陆对台湾广播节目，为自己的生活排忧解难。台湾有位肾结石患者，收听到中央人民广播电台介绍福建中医学教授盛国荣《诊病五讲》的药方，立即写信给盛教授求医。盛教授根据患者病历，精心诊断，慎重配方，将处方辗转寄到台湾。患者按照盛教授的处方服药，一段时间后到医院检查，结石不见了，他又专程到香港复查，证实结石确已排出。他立即写信给盛教授，感谢祖国亲人的帮助。有一位患高血压左侧偏瘫的台湾老人，1982年听到盛教授关于治疗脑血管疾病的广播讲话，抄录了处方并交给女婿，让他趁出海打鱼的机会靠岸福建东山岛，请东山县台胞接待站帮助核对，核对后确认是中央人民广播电台广播过的处方，服药后症状得到改善。

台湾青少年一代对祖国大陆缺乏了解，通过收听大陆的对台湾广播，也对大陆产生兴趣。一位化名“老坚”的大学生在来信中说：“现在我几乎天天都收听祖国大陆的广播节目，因此引发了我不少感触，想在此一抒。”他坚定地表明，“国家统一才是中国唯一自救的出路。”署名“一群台大同学”的听友来信说：“我们一直都是《空中之友》节目的听众……我们身为台湾人，又是台湾大学的学生，我们同北大的同学们一样，也具有高度爱国热诚……只要大陆能尽快完成‘四化’建设，那么民心自然有所依归，这样祖国统一之日，也就为期不远了。”

在开设对台湾广播的同时，在福建沿海一线开展对台湾、金门诸岛的“海漂”“空飘”宣传。在福建漳浦和泉州石狮，分别设立一个高空气球站，根据不同季节和风向，向台湾施放携带彩印传单的高空气球，定向定点定时向台湾岛内飘撒。在厦门、泉州面对金门沿海一线，设立“海漂”“空飘”点，组织民兵和渔民，利用小渔船、小竹筏和风筝等工具，从海面和空中向金门岛飘送传单和祖国大陆各地的土特产品。据不完全统计，1949 年至 1979 年 30 年间，福建沿海各地共计向台、澎、金、马诸岛“海漂”“空飘”各类宣传单数百万份，各类土特产产品近百吨，产生了良好的宣传效果。

# 第四章
# 起义归来

福建前线的对台广播和“海漂”“空飘”宣传，在台、澎、金、马诸岛的社会各界中，特别是在国民党军青年官兵中，产生了积极影响。一些年轻官兵深明民族大义，痛恨美国政府干涉中国内政，深恶国民党当局和台湾社会腐败，深感两岸骨肉同胞分离之痛，期盼早日实现祖国统一。从20世纪50年代初开始，不断有年轻国民党军官兵和一些社会人士通过福建沿海一线，从台湾、金门归来，以实际行动表达早日实现祖国统一的愿望。

1955年2月23日，台湾国民党空军人员刘若龙、宋宝荣驾驶PT-17型初级教练机起义归来。1956年1月7日，台湾民用航空局台北旅行社飞行员韦大卫、业务员梁枫、事务员翟笑梧3人，驾驶蒋纬国的旅游专机，在福建南安降落，起义归来。1956年8月15日，台湾国民党空军军官学校少校飞行教官黄纲存，驾驶AT-6型高级教练机，在福建仙游降落，起义归来。1963年6月1日，台湾国民党空军上尉飞行员徐廷泽，驾驶美制F-86F喷气式战斗机，在福建龙田机场降落，起义归来。1964年10月4日，“大金门水面侦察队”下士赵宗礼，驾驶LCM1279号登陆艇抵靠厦门港，起义归来。1979年4月，金门国民党军驻马山连上尉副连长林正谊（后改名为林毅夫），从驻地马山泅渡至厦门角屿岛解放军驻地，起义归来。1981年8月8日，台湾国民党空军少校考核官黄植诚，从台湾桃园机场驾驶F-5F战斗机在福州机场降落，起义归来。1983年4月22日，台湾国民党陆军航空队少校分队长李大维，从台湾花莲机场，驾驶U-6A型校用观测机迫降在福建三都澳滩头，起义归来。

为了奖励并为起义归来的国民党军官兵提供方便，1961年9月，人民解放军福建前线司令部颁布《对蒋军起义投诚人员的政策和奖励办法》（以下简称《办法》）。《办法》明确表示：蒋军官兵起义投诚是爱国的正义行动，祖国人民对这种行动表示欢迎。《办法》还规定了奖励政策：（1）对个别或集体投诚归来的蒋军官兵，人民政府不咎既往，一律给予宽大待遇。立功者受奖。愿工作者工作，愿回家者发给路费。携带武器者，按下述规定给予奖金：步枪、手枪每支人民币50元，轻机枪每挺人民币200元，重机枪每挺人民币400元。有其他贡献者，论功给奖。（2）对蒋军起义部队，一律按人民解放军宗旨整编，政治上与本军一视同仁，待遇上与本军一律平等。对起义军官，量才录用，并保护其私人财产，驾驶飞机、舰艇起义者，视机种、舰种分别予以优厚奖赏。1962年7月，中国人民解放军总政治部以“人民解放军福建前线司令部”的名义，颁发了两个通告，分别宣布对驾机起义的蒋军空军人员和驾驶舰艇起义的蒋军海军人员的奖励规定和联络办法。1964年3月15日，解放军福建前线司令部发出通告，重申对驾机起义的蒋军空军人员的奖励规定，并规定了新的联络办法。

## 第一节 黄植诚的选择[①]

1981年8月8日上午9时24分，台湾国民党空军第五联队少校考核官黄植诚，驾驶F-5F战斗教练机降落在福州机场，起义归来。8月

① 本节内容参考自华士友编《传记文学选》，漓江出版社，1983年，第58—208页。

12 日上午，福建前线军民在福州举行大会，热烈欢迎黄植诚驾机起义归来。福州军区司令员杨成武上将出席欢迎大会。为表彰黄植诚爱国主义行动，福州军区特奖给人民币 65 万元。人民解放军空军批准黄植诚入伍，并任命他为空军第七航校副校长。

## 一、温馨的家庭与体面的职业

1952 年，黄植诚在台北出生。他的父亲是从大陆退到台湾的国民党空军飞行员，母亲是四川成都的一个大家闺秀，他还有 2 个哥哥和 1 个姐姐。黄植诚 4 岁时，他的父亲病逝。他在 4 个兄弟姐妹中排行老小，母亲格外疼爱，哥哥姐姐格外爱护，一直是在衣食无忧和长辈悉心关爱呵护中长大的。

1970 年，黄植诚高中毕业考入台湾国民党空军官校，毕业后分配到空军第五联队。进入空军作战部队后，他刻苦训练，飞行技术过硬，几年后便晋升为少校飞行考核官。空军历来是国民党军中的“天之骄子”，待遇最高，优越感最强。黄植诚自己也有这种感觉，他为自己这份职业感到自豪。更何况，他的父亲、一个哥哥、姐夫和一个堂哥都在空军服役过，可谓是一个“空军世家”。

昏黄的路灯映照着妈妈伛偻的身影。她默默地站在巷口望着通向家里的这条小巷。小时候，只要黄植诚放学回来晚了，妈妈总要到巷口来等。巷里有些凹凸不平的地方，她总怕天黑黄植诚看不见摔倒，其实儿子闭着眼睛也能走回家，可她就是不放心。

进入空军后，每逢周末，只要没有执勤，黄植诚都要回家看妈妈。黄植诚到家的时候，一碗莲子、白木耳和冰糖熬的汤已经做好了。黄植诚吃的时候，妈妈总是坐在桌子对面，用深情的目光望着他。“好吃吗？这白木耳是从大陆弄来的。”妈妈一边望着儿子吃，一边念叨着。“妈，你也吃一点。”“你吃吧，这东西我不喜欢吃。”黄植诚用汤匙盛着莲子，送到妈妈嘴边。妈妈依然不吃。一粒莲子掉在地上，黄植诚捡起来放进空碗。妈妈拿着碗到厨房去洗。黄植诚看到妈妈把那粒莲子用水冲冲放进嘴里。

夜深了，黄植诚一觉醒来，听见厨房里传来哗哗水声。是妈妈。哪天她不是操劳到半夜才休息？他披衣下床，想劝妈妈早点去睡。他轻步来到厨房外。听见妈妈边洗衣服边低声哼歌，微笑着凝视天花板。她在想什么？是歌声使她想起了前尘往事吗？

黄植诚听七叔讲过妈妈的一些事情。妈妈是成都附近的人，年轻时候的漂亮在那一带是出了名的。爸爸带着一批军人住在离妈妈家不远的地方。爸爸长得不好看，而且身体不太好。他本是一名空军飞行员，因为生了病被淘汰了。爸爸是个好人，老实人。一次，他在路上捡到几块钱，在那里整整坐了一夜等候失主。有一家房子失火了，他奋不顾身去救，头发烧掉许多，衣服成了碎布条。他还常常帮别人做些好事。妈妈爱上了爸爸，嫁给了他。后来，他们一起到了台湾。爸爸在弥留之际，抓住妈妈的手久久不松开。

那时妈妈还年轻，许多人都劝她再找一个，都被她婉言谢绝。转眼20年过去，4个孩子都长大成人，个个都有出息。为了孩子，妈妈含辛茹苦几十年。可她并没有就此休息，仍然为孩子们（包括哥哥姐姐的孩子们）操劳着。

从懂事开始，黄植诚就有一个心愿：长大后一定要好好报答妈妈，因而他格外孝顺。黄植诚6岁的时候，妈妈曾对他说："等你长大妈妈就老了。"几天后，几位客人来家里吃饭。一位客人往他碗里夹肉，说："多吃肉，才会快长大。"他把肉夹回盘里，说："我不吃肉，我不要快长大。妈妈说，等我长大了，她就老了。我不要快长大，我不要妈妈老。"

黄植诚上小学的时候，妈妈整天出去卖菜，挣钱养活全家。为了卖得早、卖得多、多挣钱，妈妈总要叫两个哥哥中的一个帮忙挑一些菜去市场。有一回，妈妈叫了许多遍，两个哥哥都贪睡叫不动，把妈妈气哭了。黄植诚听到了，从被窝里钻出来，争着要跟妈妈去卖菜，随后两个哥哥也起来了。那一天，哥仨一起跟妈妈去卖菜。以后，黄植诚常常都要帮妈妈卖一会儿菜再去上课。

黄植诚就是在这种母爱中长大成人的。每当想起这些，他都会鼻子酸酸的，觉得对不起妈妈。妈妈给自己的太多，而自己回报妈妈的太少。

## 二、深恶军队和社会积弊沉疴

黄植诚一腔热血进入空军。可是，随着军旅生涯的深入，苛刻的清规戒律、复杂的人事关系和派别斗争、烦琐而虚假的政治考试、无孔不入的特务控制等等，使他厌恶至极。

一个阶段的训练科目结束，五联队出了两起训练事故。先是飞行员王东摔了一架 F-5 战斗机；后来是中队长钟一珍着陆时忘了放起落架，复飞时飞机尾部稍稍擦地。王东因为有当高官的父亲做靠山，摔了飞机不但没有被停飞反而升迁了；钟一珍老实安分，没有靠山，仅仅是机尾擦地就被勒令停飞。在台湾国民党空军中，飞行员很怕被停飞，一旦停飞，飞行补助就要取消，生活水准一夜间会下降一大半。黄植诚对此愤愤不平。他利用到联队给一个飞行员送考核证书的机会，找到了副联队长，替钟一珍论理求情。黄植诚对副联队长说："我希望联队重新考虑对钟一珍的处分，为什么王东摔了飞机反而升迁，他只擦擦肚皮就被停飞？"副联队长盛气凌人地说："你管得太宽，这是上面的意思，联队长亲手办的，你管得着吗？"黄植诚说："大路坎坷人人铲，不平之事人人管！"副联队长说："我不准你管！"黄植诚说："我偏要管！"副联队长说："你凭什么？"黄植诚说："凭良心！"副联队长讽刺地说："你还得混些日子才能当联队长，到那时候再管吧，现在就管这样宽，小心人家说你想夺联队长的权！"黄植诚反唇相讥："你太小看我了，联队长算什么，将来我要做的官大他几倍！"副联队长说："可笑之至！"黄植诚说："不信你走着瞧！"副联队长气冲冲地说："黄植诚，平时大家都说你狂，果然是这样！"黄植诚毫不示弱地说："你才知道？"说罢愤然离去。

五大队飞行员刘信飞行技术不好，但与所在的大队长和中队长私交极好，因此升迁未受影响。一次，黄植诚要对刘信进行例行考核。考前一天晚上，五大队的大队长和中队长分别来找黄植诚。大队长说：“明天考核刘信，你一定要给他打及格呀！多关照。”中队长说：“小毛病多指出，大毛病就算了。”起飞前，督察主任来找他说：“他们昨晚找你，是为考核的事的吗？是否要你关照？别理他们那一套，给他评不及格！”督察主任与五大队长有隙，总是相互拆台。黄植诚心想：都是假公济私的货！刘信的飞行技术的确很差，他正想好对付的办法。考核结束后，他在“评语”栏中写上：“及格待加强。”叫他们谁也挑剔不了。五大队长看过笑着点点头。督察主任问：“这是什么意思？”后明白“及格还待加强”，其实就是不及格。故他满意地笑了。

对于台湾社会上的污垢腐朽，黄植诚也是深恶痛绝。在司法调查局做事的好朋友朱晁，曾经负责调查台湾大富豪王某偷税漏税的案子，结果被撤职了。黄植诚仰天长叹：“天理何在？！”一个星期天上午，朱晁约黄植诚去台北“故宫博物院”玩，并顺路去看望另一个朋友马宝盟。车子奔驰在一条新修的高速公路上，到了一个岔口，拐向一条小路，进入一片普通民众的居住区。车没走多远，前面一群人挡住去路，仿佛在围观什么。他们下车，挤进人群。一个老人坐在地上痛哭。身后那间小屋显然是他的家。洞开的门上倒贴一个“福”字，里面放着一具棺材。窗户边贴着一张纸，上面写着：小偷先生，请高抬贵手，我一孤寡老人，只靠微薄的终身俸度日，请您不要再偷我的东西了，拜托拜托。一问才知道，这是一个国民党军退役老兵，孤身一人，家里屡次遭窃，他把几十年辛辛苦苦攒的一点钱藏在棺材里，昨夜也被偷了，痛不欲生。黄植诚用沉沉的目光凝视着老人，紧咬嘴唇，掏出几张钞票，放在老人脚下，怅然离开。朱晁说：“植诚，不了解你的人以为你光有一副铁架，其实还有柔肠！”黄植诚说：“什么柔肠，我只是特别同情那些贫民。虽然现在经济起飞了，可贫富悬殊现象十分严重，有人在天堂，有人在地狱，这就是台湾！”车过中山南路，他们下车买饮料，一个女人从一幢漂亮的小楼里走出来。朱晁对黄植诚说：“这是六福银行总经理的太太，一个大富婆。”女人在墙根站住，从手提包里拿出厚厚一沓钞票，又取出打火机，把钞票点着，一张一张地点，一张一张地烧，直到那叠厚厚的钞票烧光为止。当灰烬随风飘去时，她像孩子一样大笑起来。朱晁问：“太太，您这是做什么呀？为什么把钞票像废纸一样烧掉呢？”那女人说：“我丈夫以赌博的方式扔掉钞票，光他一个人扔还不够，我也要扔！”朱晁继续问：“那为什么要到街上烧呢？”那女人回答说：“为了让别人知道，为了上报纸！”黄植诚表情近乎冷酷，一言不发地看着。朱晁回到他身边，问黄植诚：“你觉得这种人是生活在天堂还是生活在地狱？”黄植诚大声回答说：“地狱！”

### 三、植根心田的民族意识

从记事开始，黄植诚就知道：爸爸妈妈是从祖国大陆来的，我们的老家在大陆。学校开始上历史课，他特别感兴趣，许多同学听完课就把内容丢在脑后，他却记得很牢。每当讲到国家破亡，老百姓受到外国人欺负，他都会气愤，难过或激动许久。

在空军官校学习，黄植诚显得与众不同。遇事爱思考，不愿盲从，敢讲真话。一堂政治课，教官正讲着，黄植诚举起手来：“教官，这本书写得不真实。”教官摆了一下，大声喝道：“胡说，你知道这本书是谁写的？”黄植诚说：“知道，可是我不管，它就是不真实。”教官追问：“哪里不真实？”黄植诚说：“书上讲历次‘剿共’战斗都消灭了大量敌人，我粗略统计了一下，如果按照它上面所说的数字，从民国十六年至三十八年（1927—1949），一共消灭共军4亿多，共军哪会有那样多？莫非中国老百姓都当共军了？”黄植诚的回答，让教官暗暗吃惊，这个年轻人如此认真心细。尽管他可能是对的，但自己作为一个教官的尊严受到了严重挑战。教官喝令黄植诚："住嘴！"黄植诚说："我没错，教官您自己可以算算嘛！"教官的脸涨得通红："黄植诚，我命令你起立！"黄植诚立马站了起来。"向右转！目标，教室门口，开步走！"中午，黄植诚被剃了光头。这是空军官校对犯错误学员的惩罚措施。开饭进餐厅一律脱帽，谁犯了错误，一目了然。

空军官校毕业了，黄植诚进入空军。一年春节联欢大会上，空军总司令员乌钺拿出一柄外国人赠送的宝剑说，只要空军任何一个人打下大陆的米格机，便把这柄宝剑送给他。回去后飞行员组织讨论，黄植诚沉着脸不吭气。轮到他发言了。他说："我有个问题，为什么光是打下大陆的米格机才给那把剑呢？打下外国的飞机呢？给不给？"众人愕然。黄植诚始终认为，中国人之间不应当战火不熄，而应当"共御外侮"。近年来台湾不提以武力"反攻大陆"，他觉得很好。可总司令在联欢会上说出那样的话，使他很反感。

1979 年中美建交，给台湾国民党空军带来很大的冲击：美国不卖好飞机给台湾。F-104 的零件越来越少，坏了一架就拆别的拼凑；F-5 的零件倒不少，可同是 F-5，美国卖给沙特阿拉伯的要比卖给台湾地区的好；C-119 老掉了牙。想向以色列购买飞机，又怕得罪沙特，断了石油来源，真是到处碰壁。买不到飞机，台湾空军还有什么干头？飞行员士气普遍下降。

一个晴朗的早晨，飞行员用完早餐，迎着初升的太阳走向停机坪，准备开始一天的飞行训练科目。突然，一个大陆的"空飘"气球在机场上空爆炸。显然，大陆高空气球设定的目的地就是桃园机场。传单像雪片一样落下来，飞行员四散逃开。在台湾传看大陆传单是违法的，一个飞行员边跑边喊："黄植诚，你还不快跑！"黄植诚冷冷地回答："跑什么，几张传单就把你们吓成这样，要是炸弹呢？"传单在黄植诚身边纷飞，一张传单飘落在他胳膊上。他看到传单上的彩色照片印制得很精美，一枚巨大的火箭喷薄欲起。一行字映入眼帘：我国首次向太平洋水域发射运载火箭。他心头一震：运载火箭，就是洲际导弹，中国人也有洲际导弹！大陆 20 世纪 60 年代就有了原子弹，70 年代又把卫星送上了天，这些情况他都知道，作为一个中国人，他是自豪的。在这样短的时间内，取得如此大的成就，哪个国家办得到？中国人却办到了。现在，他又产生了自豪感。以前只有美苏两国才有向太平洋水域发射火箭的能力和资格，现在这种垄断被打破了，他觉得大陆越来越强大了。他的脑海忽然闪过一个念头：台湾和大陆联合起来，岂不更强大？！又一张传单飘落下来，上面的照片是一个大陆家庭的生活。家里摆着各样新家具、电风扇、录音机，阖家老小喜笑颜开。这跟台湾宣传的完全不一样。其实，他通过收听广播、走访亲友等各种渠道得知，大陆绝不是台湾宣传的那么落后。

飞机展翼在海峡上空。黄植诚今天的科目是贴着“台湾海峡中线”做仪表飞行。天清气朗，他平稳地飞着。向左望，是大陆；向右望，是台湾。好壮观的大陆！黛色辽阔的大地直延向烟雾苍茫的天边。距海岸线不远的地方，一座座高山拔地而起，像一个个伟岸的哨兵把守着大陆的大门。山下是平整的田野、蜿蜒的河流和绿色的村落，气象万千！他睁大眼睛向西望去，一直朝那个方向走，可以到妈妈的家乡四川吧！妈妈离开那里许多年了，可那里的一切妈妈都深深怀念。她说她最大的心愿就是死后能埋在大陆，埋在家乡。那么自己死后呢？他忽然想：为什么是“死后”？为什么不能活着去看看这块土地？他再望望台湾。有人说台湾是太平洋上一艘不沉的航空母舰，这比喻十分恰当。那“一长溜”不正酷似一艘航母吗？可航母在沧海中只不过是一粟而已。台湾地方狭小，资源贫乏，如不向大陆靠拢是没有前途和出路的。一段时间以来，黄植诚心里一直这么想着。

### 四、义无反顾的抉择

1981 年 5 月 3 日，星期日，夜 10 点半。黄植诚和几个朋友在“香格里拉”酒吧品酒聊天。两个日本人喝得酩酊大醉，其中一个戴眼镜的在大庭广众之下无耻调戏侍应生，并且无视公共场所不准打赤膊和光脚的规定，毫无顾忌地光着两只脚抠脚指头搓污垢。黄植诚请侍应生过去劝那个日本人把鞋子穿起来。侍应生面露难色说：“我不好讲的，他是外国人。”黄植诚说：“外国人怎么啦？去，叫他把鞋子穿起来！”侍应生说：“我不敢！”黄植诚怒了，提高嗓门：“你不敢，我去！”侍应生央求说：“先生，您别去了，他是外国人，得罪了外国人，老板要怪罪我们的。”黄植诚说：“没你的事，我一人做事一人当！”他走到戴眼镜的日本人面前站住，冷峻而不失礼貌地说：“请您把鞋子穿上！”那日本人说：“我觉得这样比较舒服。”黄植诚说：“在台湾这样是不允许的。”那日本人说：“我是日本人。”黄植诚说：“可你现在台湾！”那日本人耸了耸肩，嘴角露出一缕鄙夷的笑，转过身去。黄植诚大喝一声：“你把鞋穿上！”人们被吓了一跳，日本人站起来，人们纷纷围拢过来。一名歌女不唱了，走了过来，对黄植诚说：“先生，别惹他们，只当没看见算了。”黄植诚说：“可我看见了！”说着转身向日本人说：“再说一遍，穿上！”日本人说：“不！”黄植诚说：“那就请你出去！”那日本人吼了起来：“滚开，别缠着我。”说着就一个巴掌过来。黄植诚向后一闪，对着日本人脸上重重一击。日本人捂住面孔，眼镜掉地上。紧接着又是一拳，日本人倒下，酒吧里一片混乱，另一个日本人站起来，黄植诚用冷然的目光注视着他，双拳紧握。日本人没敢过来。倒地的日本人扶着桌子想站起来，黄植诚大喝一声：“出去！”日本人说：“不！”又是一拳！这一拳好重，人倒了，桌子也倒了。酒杯茶盘哗啦啦落下来。酒吧里更乱了，许多人走了。黄植诚揪住日本人的衣领，硬把他往外拖了出去。酒吧老板来了，报了警。此事虽然黄植诚有理，但仍被判罚款。他据理力争，但无济于事。最后他无奈地掏出钱来，愤愤地将钱掷在警署的桌上。

5 月 7 日，上午 10 时，联队康乐中心的小礼堂里，百余名飞行员整齐地坐着，静听一位参加过金门古宁头大战的中将作关于古宁头大战与“反攻大陆”的报告。没等这位将军把话读完，黄植诚举手要求发言，得到将军的准许。黄植诚说：“关于统一中国，您的说法和政策不同，政府早就不提武力‘反攻大陆’了，因为那是不现实的。只讲‘精神反攻’和‘文化反攻’，最近又讲‘以三民主义进行统一’。”将军一愣，知道刚才说走板了。但他一时下不了台，说：“有些话，在军中说说总可以嘛。”黄植诚说：“不现实的话最好不说。”将军有些恼火：“什么不现实？”黄植诚执拗地说：“您刚才的话就不现实！”报告会结束，黄植诚被副联队长叫去训斥。本来要让黄植诚停飞，但因为黄植诚是联队技术最好的考官，把他停飞了，联队的考核任务就完不成。最后罚黄植诚“禁足”（关禁闭）3 天，并写“悔过书”。他一个字都没写，3 天“禁足”时间到出来。

5 月 13 日，星期三。这天晚上，联队按照惯例举行舞会。晚饭前，黄植诚给女朋友打电话，想邀她来跳舞，然后一道进城，给妈妈买些“母亲节”礼物。他年年都这样做。女朋友不在，所以他不想跳，进了舞厅坐一会儿就出来，找到督察室主任请假进城。主任盯着黄植诚的脸问：“今天早晨训练之前，你都干了些什么？说了些什么？”他愣了一下回答：“没干什么。”主任又问：“没看大陆的传单吗？”黄植诚再答：“没有。”主任继续问：“你没在盥洗室里说‘光复大陆’是见鬼吗？”黄植诚心里一颤！那是他在盥洗室里自言自语呀，主任怎么会知道？他又一次感到“政治细胞”的厉害和可恶，狠狠咬了咬牙说：“我没有说这些话，绝对没有！”主任逼问：“真的没有？”黄植诚沉着地说：“真的没有，哪个向你报告的，你把他找来，当面对质！”主任说：“那倒不必，只是你今后说话要注意一点。”主任在“放行条”上签了名，叮嘱他：“按时归营。”黄植诚开着“菲亚特”驶出营门。他气得咬牙切齿，巴不得把“政治细胞”抓出来狠揍一顿。他想起来，盥洗室里厕所门是关着的，莫非里面有人？“政治细胞”真是无孔不入。靠这种手段控制军队，还能打仗吗？

5 月 16 日，黄植诚对飞行技术较差的五大队飞行员刘信进行例行考核。大队长和中队长因为与刘信私交甚好，分别找黄植诚说情，要求他放低标准。督察室主任因为与大队长不和，要黄植诚给刘信打不及格，相互拆台。同一天，黄植诚为中队长钟一珍受到不公对待，找到副联队长论理，大吵一番。

5 月 24 日中午，黄植诚到中正国际机场去买东西，碰见一个刚从日本参加一个国际会议回来的熟人。那位友人向他讲述了一件令人气愤的事：在那个国际会议上，台湾代表用中文发言遭到拒绝，只得用英语。黄植诚清楚记得：在一次联大会议上，大陆外交部部长黄华用中文发言遭到几个国家抗议，要求用英语，黄华坚持用中文发言。相比之下，台湾地区显得很悲哀！下午 5 时，黄植诚开车进城找好朋友朱晁。车过中兴桥就不得不停下来，前面交通堵塞，一名 15 岁的少女从桥上跳河自杀，正在救捞。一个女人来到黄植诚车旁，递过一张条子，上面写着："先生，请捐献些钱作为自强基金。"美国不再公开支持台湾之后，台湾发起一场所谓"自强运动"，动员人人捐款。于是，老师向学生募捐糖果钱，妇女会向家庭妇女募捐买菜钱，工作单位扣薪水，走在马路上有人伸手劝捐，不捐等于"叛徒"，好不热闹！黄植诚心头冒起一股火，摸出一块小硬币，奋力向桥下一掷，"去捡吧，捡去做自强基金！"黄植诚来到朱晁家里，朱晁没有说话，先把一张纸递给他。他凝眸一瞥，那是一张大陆的传单，顶端一行赫然的题目：告台湾同胞书。这是他数月来苦苦寻觅的东西。他把传单小心翼翼揣入贴身衣兜里。接着，朱晁郁郁地告诉黄植诚，因为调查大富豪王某偷税漏税的案子，他被司调局撤职了。

这天晚上，黄植诚辗转难眠，思绪万千。近年来，国际上和海峡两岸发生的一系列重大事件，特别是大陆全国人大常委会《告台湾同胞书》的发表和大陆与美国建交，两件大事以及发生在身边的和自身亲历的种种不愉快的事情，使他看清了祖国统一的大势，看清了台湾当局敌视对抗大陆的顽固立场，看清了台湾军队中和社会上种种弊端的制度性根源，同时清醒地意识到自己的思想观念与台湾军队及台湾的现状的尖锐冲突。于是他断然抉择：驾机起义飞向大陆。

**五、大智大勇飞越海峡**

黄植诚作出驾机起义飞向大陆的决定后，在极端秘密的情况下进行各项准备工作：查看福建沿海机场资料，选择降落点；制定航线，计算航程，计划油量；还从作战室拿了一份百万分之一的地图，夜深人静的时候在寝室里仔细研究。他最终选定福州机场为第一降落点，那里距台湾较近，而且他也比较熟悉。一切准备就绪，他等待时机。

在这期间，黄植诚的情绪一直处在激动和痛苦的交织之中。他激动，是因为他终于为自己选择了一条光明之路：回归祖国，以实际行动促进祖国统一。同时，这个举动，无疑地会使他成为英雄。他痛苦，是因为他即将离开温馨的家，离开将他抚养成人、极其疼爱他的妈妈，而且这一离开，十有八九是永诀了。这对于他来说是十分沉重的，因为他是个孝子，他深深爱着含辛茹苦善良慈祥的妈妈。每想到这一点，他心痛欲裂。白天，他在情绪上不敢有任何异样的表现，晚上，他常常让泪水把枕头浸湿。

6月中旬的一个星期六，黄植诚有一次单飞F-5F的任务，是联队作战组临时派给的。他驾机来到台湾上空，天气晴朗，大陆清晰在目。他只要修正航向，推头加速，不要几分钟就飞过去了。他立即想起今天是星期六，妈妈一定会像往常那样在门口等他，他若不回去，妈妈要等多久！他茫茫然地驾着飞机回到桃园机场。当座舱盖被打开，机械师向他伸出两个指头做成"V"形时，他才明白失去了一次绝佳的机会。

此后不久，他与4位知心朋友一起喝酒。几杯酒落肚，他的头有点发晕了。面对着这些无话不谈的朋友，他不能自制，竟举杯敬酒："来，咱们在一起喝最后一杯酒！"第二天，督察室主任把他叫去问话："昨天你们几个喝酒了？"黄植诚回答："是的，主任。"主任继续问："当时你讲了些什么话？”主任的双眼像剑一样刺向他，他感到一股寒气逼来。黄植诚沉着回答：“没讲什么。”主任反问：“没讲什么？咱们在一起喝最后一杯酒是什么意思？”黄植诚心里暗暗叫道：知心朋友并不知心，“政治细胞”无处不在，4个朋友中竟有一个是“政治细胞”！他坦然回答：“那是讲酒话，主任您不必当真。”主任没有再追问下去。他知道事情不会就这样结束。果然，原先安排他的一次单飞任务被取消了。那天上午，黄植诚正要登机，联队长突然把他叫过去，还是问喝酒的事。他像回答督察室主任一样做了回答。显然，由于他的坦然、镇静、对答如流，联队长不再怀疑。

8月5日，星期三，黄植诚接到8日（星期六）的一次飞行任务，飞双座机。可见，联队长并未完全放心。黄植诚心想：必须走了，再也彷徨不得！他很清楚，今后政战人员和“政治细胞”将会对自己特别注意，若再有一次失策，就会酿成千古恨！

现在是星期三晚上，黄植诚回到家里，虽然离星期六还有3天，但他知道，这是他在家里待的最后一晚。吃过晚饭，妈妈在厨房忙碌起来，他很想再同妈妈说几句贴心话，但是他不敢，他怕控制不住自己的感情。一阵轻轻的脚步声响起来，妈妈走进黄植诚房间，关好窗户，又来到床前，替黄植诚掖被角。他装睡，隐隐闻到妈妈手上发出来的那股淡淡的肥皂味。多少年来，妈妈总是这样，夜里，外面起风或下雨，她总要到孩子房间来，看看窗户有没有关好，被子有没有盖好。夜深了，他再也睡不着，下了床，光着脚向妈妈的房间走去。他踮起脚尖来到门边，想再看看妈妈。一缕清冷的月光透过窗棂，照在妈妈已经显得苍老憔悴的脸庞上，黄植诚久久地凝视着。凌晨5点，黄植诚起床了。他在妈妈房间外默默伫立着，向妈妈做最后的告别。然后他驱车前往桃园机场，准备执行8日的飞行任务。

8月8日上午8时，台北桃园机场。晴空万里，阳光灿烂。今天由黄植诚用F-5F战斗教练机对第五大队新飞行员许中尉飞暗仓仪表科进行考核。8时18分，飞机起飞。10分钟后，飞机靠近台湾海峡中线。黄植诚毫不犹豫向许中尉发出“航向左”的指令，后拉上暗舱盖开始做仪表飞行。他切断机外无线电，一个筋斗从5000米高空翻下来，直到20余米才重新拉平，接着推头加速，直奔大陆而来。这时，飞机超低空飞行，已经从雷达的屏幕上消失了。他按照平日模拟训练的航路，贴着海面飞向福州。不一会儿，看见平潭。又飞了3分钟，到了龙田附近，他不打算在这里降落，离台湾太近了。

乌龙江大桥出现了，这意味着福州机场近在咫尺。他命令许中尉：打开暗舱罩！许中尉瞪眼往外望去，一声惊呼：“教官，现在在大陆！赶紧左转，90度回去。”黄植诚告诉许中尉：“我不回去了，我就是要到这里来，你怎么办？”许中尉说：“我要回台湾。”黄植诚说：“好，我送你回去。”许中尉问：“回台湾？”黄植诚说：“不，回台湾办不到，我送你到东引。”这时，飞机已经到了福州机场的上空。本来，他打算一到机场上空，立即启动《人民解放军福建前线部队司令部通告》（以下简称《通告》）规定的动作：摇晃机翼，降低速度，放下起落架。但现在不能这样做了，他低空穿场而过，沿着闽江口飞出大陆。

黄植诚把飞机拉平，向马祖东引方向飞去。不一会儿，几个白色小岛出现了。他仔细搜索四周，一旦发现寻找他的飞机，先发开火。他是下决心不回去了，哪怕是一死。9时20分，飞机到了东引岛以西2公里的海面上。黄植诚说：“我只能送你到这里了，你跳伞吧，东引岛上的人会发现你的。”许中尉回答：“明白，教官！”“跳伞！”一声轰响，飞机剧烈晃动了几下，又恢复原状。他没有马上离去，而是在空中盘旋。他要等着看到许中尉的降落伞张开后再走。一顶五彩降落伞在空中出现，向东引岛慢慢飘去。黄植诚深情地望着它，迅速掉转机头，重新飞向大陆。这一回，很快就找到福州机场，他做了《通告》规定的动作，然后从容淡定着陆。飞机缓缓地在滑行道的一端停了下来，他打开座舱盖，摘下氧气罩，抬手看了看手表，9时24分。从起飞到现在，一共66分钟。

他缓缓从座舱里站起来。前来迎接的人员看到，这位身着台湾国民党空军飞行服的铁汉子脸上，挂着两道晶亮的泪痕。

## 第二节　李大维的心声①

1983 年 4 月 22 日，台湾国民党陆军航空队第一大队观测中队一分队少校分队长李大维，从台湾花莲机场，驾驶 U-6A 型校用观测机迫降在福建三都澳滩头，起义归来。1983 年夏，李大维撰写了他为什么选择起义归来大陆的文章，在陕西人民出版社结集出版。李大维的文章包括《我和我家》《我看台湾》和《正义的选择》三个部分，清晰地表达了一位台湾热血青年渴望祖国早日统一的强烈愿望和心声。下面摘录李大维文章的三个部分，以飨读者。

### 一、我和我家

我驾机起义回归大陆，在台湾实在是一个很严重的事件。有人说，我同台湾当局开了一个太大的玩笑，这话自有它的道理。因为，我在台湾的家是非同一般的，可以说是地地道道的“军人世家”。我父亲李鸿图，早年曾在戴笠手下做事，去台后先在国民党军五十八师任上校情报科长，后任阳明山警察分所所长，专门负责对张学良先生的“监护”。1952 年，我才 1 岁，父母因感情不和分了手，母亲改嫁我现在的继父刘舜元。刘舜元是黄埔军校第十二期毕业生，今年 68 岁，曾任台湾南部地区警备司令部中将司令，现已退役，在台北当寓公。我岳父原先也是军统的人，曾任联勤总部“政战部”上校副主任；我岳母是军中雇员。我有些亲戚也是国民党的重要军人。我姨父曾在国民党军中干到少将副军长，他最

① 本节内容参考自李大维：《回归者的心声》，陕西人民出版社，1984 年，第 167—192 页。内容有删改。

要好的朋友是现任国民党参谋总长郝柏村。我大妹妹的公公是已卸任的国民党陆军总司令、四星上将刘安琪。

总之，我这个家庭在台湾属于“上乘”家庭之列。我的父辈为国民党卖命一生，脑子里全是“为党国效忠”一类的思想，人们称之为铁杆军人。至于他们的子弟，也就是我们这一代，军人就更多了。我大弟弟是空军中尉，小弟弟在陆军官校读二年级，二妹是国民党政工干校艺术系毕业生，大妹夫在金门一个师里当炮兵指挥官。像我们这样的青年军人，正是国民党军队的骨干力量，用有些人的话说就是“主战力量”，是国民党竭力拉拢和争取的对象。这些人，或许和父辈一样，也会成为“铁杆”，至少也是国民党觉得可靠的人。

就我自己而言，在台湾青年军人当中又要算是佼佼者。我 1968 年参军，陆军官校毕业后被分发到山寨训练中心受训，因成绩优异留在那里当教官。1972 年，我报考陆军航空队，又以第一名的资格入选。学习一年飞行后，分到陆军总部航空队任飞行官，1975 年升为上尉，1980 年升为少校；1982 年调到陆航一大队任观测中队分队长。我在国民党军中 15 年，各方面都名列前茅，曾两次当选军中英雄，受到蒋经国的捧见。台湾的《青年战士报》还用很大篇幅介绍过我的情况，登了我的照片。

从另一方面来看，我有一个地位显赫的大家庭，用祖国的话讲，就是“高干子弟”了；我还有一个美满温暖的小家庭。内人毕德荟，31 岁，毕业于台湾世界新闻专科学校，现任“代安贸易公司”的经理，主要从事国际贸易。我们有自己的花园洋房，有小汽车，还有一个可爱的女儿。我的月薪是 26000 元（新台币），比台湾一般军人高出 1 万元。至于我妻子的钱，那就不好说了，她是个经理嘛。

这样的家庭环境，这样的人事背景，这样的生活条件，却出了我这样一个叛逆者，台湾当局怎能不震惊呢？据说，在我回归大陆以后，台湾当局成立了一个专案组，专门调查我的情况。他们想知道我为什么抛弃优裕的生活条件，忍受与家人离别之苦，冒着生命危险驾机飞回大陆。

我想，这大概也是祖国同胞们希望知道的吧！其实，我根本不像某些人所设想的那样，是遇到了什么为难的事情。在台湾，我既有前途，也有“钱”途，真是什么也不愁的。何况妻子已在美国为我安排好了职业，等我今年退役之后阖家迁美。但我认为人活着图个人的高官厚禄和吃喝玩乐是极可耻的；人生的意义在于不断奋斗，不断追求，在于为民族、为祖国做一些有益的事情。而在台湾，这种抱负根本不可能实现。我就是因此对台湾当局一天比一天失望了，最后终于抱着寻求真理的决心，毅然飞回大陆。台湾当局也许会说，我这样做太对不起他们，我则认为是他们对不起祖国，对不起人民。他们把一个好端端的宝岛搞得那么乌烟瘴气，到处政治腐败、社会糜烂、道德沉沦，任何一个有良心、有血性的中国人都不能够容忍，我尤其看不下去。我之所以回归大陆，从另一种意义上说，就是要用自己的行动给台湾当局一个当头棒喝，用自己的一腔热血来唤醒台湾青年，以及和我有共同见解的人们，促使他们也早日行动起来，去寻求一条真正的出路。

## 二、我看台湾

今日台湾究竟是什么样子？这是一个大家很关心的问题。我想从以下几个方面谈谈。

由于我的家庭背景，我在台湾接触到很多高阶层的人，政界的，军界的，商业界的，警察界的，我都接触过。我对台湾的反感是从对这个阶层的认识开始的。

台湾的社会风气坏到了极点。

有人把这一点归咎于受西方的影响，我认为有些片面和简单。台湾社会之所以走到今天这步田地，是与它的政治、经济、文化各方面的腐败息息相关的，从根本上说，则是由国民党的腐败所造成的。

概括地说，台湾社会有三多。

一是经济犯罪多。

台湾的社会制度是封建专制与资本主义相结合而产生的“混血儿”，代表着官僚们和资本拥有者们的利益。这个利益是什么呢？可以概括为一个字——“钱”。台湾的整个社会都是为着钱而转动的。“有钱乃大”。钱意味着权，意味着一切。在台湾岛的每一寸土地上，都散发着冲天的铜臭。正因为如此，经济犯罪比比皆是，特别是贪污成风，甚至连警察、税务人员和县政府的办事员也不例外。说实话，我非常同情后面这些人。为了生活，为了家庭，他们不得不这样。一个警察，月薪只有12000台币。市区房租贵，郊区便宜一些，也要6000台币。水电、瓦斯费算在一起要1000台币。一家3口人，吃饭最节省也要三四千台币，这个水平在台湾算是苟延残喘了。台湾吃的东西多，但价钱很贵，一斤青菜二三十台币，一斤肉90多台币。小孩上幼稚园要交学费，中午吃点东西也得交钱。还有人与人之间的应酬，红白帖子送来，一出手就是一二千。一个月来那么两三张，真能把人吓得脸都变黑。所以，这12000台币，他怎么拨弄都不够，那就非贪污不可了。从另一方面来看，在那个社会里，要想办成一点事，不用钱做敲门砖是不行的。因此，“送红包”极为盛行，已成为台湾一大时弊。尽管当局三番五次下令制止，说这是“送臭包”，但其实每个人包括当局的头脸人物在内都很清楚，谁也没有真心认为这包是臭的，相反，官越大的就越喜爱它。

二是流氓多。

每一个初到台湾的人都会吃惊地发现，这里的治安状况差到了令人无法忍受的地步：暴力事件无日无之，暴力手法不断翻新。特别引人注目的是犯罪目标日益政治化，使弥漫在台湾的暴烈之气更加浓郁。一位西方记者访问台北时，发现了一个奇特的现象：所有的楼房，五层以下全是铁门铁窗，平房就更不用说了。只此一斑，已足可见出这是一个人人自危的地方。国民党说台湾的天是国民党的天，事实上，在他们的天外还有一层天，这就是多如牛毛的黑社会组织。黑社会有严密的组织系统和纪律，渗透到任何一个角落。有这样一件事情：陆军中某下级军官调到一个新单位去，他是青帮的成员，按照“老爷子”的吩咐去和那个新单位的“弟兄”联络。与“弟兄”见面时，他惊黄了脸，似乎看见太阳从西边升起了。原来，“弟兄”竟是那个单位的主官，堂堂中将！直到双方打出的暗号准确无误，他才明白并非在梦中。某四星上将的夫人，也是帮会成员，甚至亲自主持一上山头，广收门徒。军中尚且如此，社会上的情形如何，就不难想见了。一家报纸说在台湾，有人的地方就有帮会。这话一点也不过分。平日上街，你经常可以看见在身上刺龙画虎的帮会流氓，有的还在背上刺只大老鹰在腿上刺个裸体女人。他们为所欲为无恶不作，却从来无人敢管。那么警察呢？也不敢管吗？不是不敢管，而是根本不管，因为事实上警察一直和黑社会沆瀣一气。民间流传着这样一种说法：台湾共有两大管区，一谓地上管区，一谓地下管区。前者属警察，后者属帮会，二者交往甚深。帮会流氓活动时，警察的眼睛好像失明了，天大的事也好像是发生在另一个星球上。更有甚者，有的警察还公开保护帮会分子。当警察来到帮会分子作案的地方时，只要笑眯眯地摘下警帽，帽口朝天就行了，离去时，帽子里一定塞满钞票。台湾为什么会产生这么多帮会流氓其重要原因有这样几个：首先是社会上贫富悬殊，由此必然产生仇恨。许多穷苦青年感到彷徨无助，便在暴力中寻求满足与发泄。“你有钱，我有拳头”，鬼都怕恶人，你有钱人不怕？这是从许多有叛逆性格的青年心底发出的共同呼叫。其次是教育质量低劣，青年升学率低，失学又失业的青年们只好游荡街头步入歧途。再次是社会风气严重污染毒害了大批青年的心灵。

三是色情多。

妓女户在台湾是公开的，有甲、乙、丙三种。还有舞厅，在台北就有十几家，由政府抽税。至于政府未立案的地下舞厅，台北至少有50家以上，甚至连宾馆、理发店都经营此道。宾馆不仅出租房间，还出租女人。理发店全部是十八九岁至二十七八岁的女人。她们穿着紧身衣服，浓妆艳抹，花枝招展，理一个发要280元台币，理完发还要按摩……色情的毒菌无孔不入，而当局从不认真制止，还把它当作一种“无烟囱工业”，借此来吸引外国佬。……由于家庭趋于崩溃，道德沉沦的问题变得日渐严重，一出出悲剧由此而酿成。我听说过这么一个故事：某市一个政府职员因官场失意，心情郁闷，便到娼寮寻求解脱。当“应召女郎”来到他面前时，他的脸登时变得像纸一样白。那浓妆艳抹的“应召女郎”，竟是他的正在读高一的女儿！父女在此相见，如受雷击，心里真不知是什么滋味！原来，他女儿在读初中时就认识了一些流氓，慢慢地被他们带坏，结果不由自主地落入了风尘。她接一个客人赚 800 台币，自己留 300，其余的要拿去养活流氓。这哪里是人过的日子！当父亲的知道了这些情节，特别是听说女儿有时一天接客高达 27 人时，几乎痛不欲生，大哭着说：“我来钓鱼（逛妓院的专用用语），却钓到了自己的生女，我干脆把自己的一颗心从胸膛里钓出来算了！”这是多么令人心酸的故事啊！我听说时，怎么也抑制不住泪水。而同类性质的故事，在台湾真不知有多少！要知道，今日台湾是没有净土的，日本和美国也没有！那么，世界上什么地方有净土呢？有一次，我终于找到了答案。前年和一位外国商人交谈时，我问他：“你喜欢北京吗？”他连连摇头，“不好，我不喜欢北京。”我很纳闷。他倒是很坦率，随即说明了原因：北京的生活太单调，晚上睡觉太寂寞。我听了感触良多，禁不住在内心赞叹道：我们的祖国多么健康！

下面，我再着重讲讲军队的情况。国民党的军队是一支危机重重的军队。危机并不在于武器装备的落伍和美国军援是否能够持久，而在于信仰与理想的破灭。20 世纪 50 年代和 60 年代，维系军队士气的是喊得震天作响的口号：“反攻大陆”。70 年代以后，这个口号销声匿迹了。谁都明白，所谓“反攻大陆”只不过是个神话罢了。台湾的所谓“反攻作战案”，也不知从什么时候起悄悄变成了“海岛自卫案”。虽说至今仍有与大陆“终必一战”的说法，但我接触了那么多的高级将领和普通士兵，从未见过再提起“反攻”这两个字的人。整个军队的士气低落之至，特别是在特务式的统治之下，更是如此。王升最善于搞这套东西。我听继父说，王升打击军事将领的手段非常毒辣。他刚出任“总政战部”主任时，常到将领家中串门。当时，台湾的生活还很苦，他假惺惺地表示关怀说：“你们辛苦了！”接着便送去一套很高级的沙发。几天后，他又故意带着蒋经国或蒋介石到这个将领家去。蒋氏父子一见屋里摆着如此高级的沙发，心里老大不满。王升就是采用这种上烂药的办法为自己擅权扫除障碍，真叫人想起来就胆寒。今天，这种做法当然已不适用，但是在军队中实行特务式统治的宗旨并没有变。在国民党军中有一种专门向上告密的人，叫作“政治细胞”，像鬼魂一样看不见，摸不着，却到处活动，既令人生畏，更令人切齿。在两个最要好的朋友中，可能就有一个是细胞，或者两个都是，从而形成了你监视我，我监视你的局面。甚至还有这样的情况：在最基层的作战单位里，竟有直通总政战部的细胞，而主官对此一无所知。在台湾军队里，搞政工和当特务几乎是同义语。我们对这种人极其痛恨。正因为如此，我们陆航的军事干部曾私下规定：谁与政工人员讲一句话就罚款10元。近年来，国民党一再提高军队官兵的生活待遇，多次加饷，企图借此提高士气。但由于不妥善安置退役官兵的出路，反而增加了矛盾和官兵们的忧虑。最可怜的是那些老士官，他们为国民党扛枪一辈子，白了头，退了伍，一无权，二无银，有的甚至连老婆也没娶上。倘若清晨漫步于台北街头，就会看到一幅凄凉的图画：推垃圾车的工作全是清一色的老士官。这是全台湾最低下的工作，也只有他们才会去干。他们脸上刻着几十年的风霜，衣着极其破烂，蹒跚的步伐似在向人们诉说心中的无限隐恨。此情此景，特别令军人们鼻酸。去年轰动台湾的土地银行抢劫案，主犯李师科就是一名退役老士官。他18岁被抓壮丁，从大陆撤退到台湾，干到60多岁退伍，生活无着，不得已去抢银行，被判死刑。据说他在法庭上说了这样一句话：“我认了。台湾社会是一个拉胡琴的社会——吱咕吱（自顾自）。”还有些老士官，好不容易存了点钱，买了个没有文化的山地小姐，通常是自己四十几岁娶个十八九岁的妻子，到自己五六十岁时，老婆还不满30岁，因而容易发生家庭悲剧。比如有一个老士官，兴冲冲地带着两瓶高粱酒回到家，等着他的却是老婆留下的一张字条：你的儿子在警察局。我走了，再见。这是何等凄凉的景象啊。

还有一个问题不能不说一下。30多年来，国民党表面上一直把民族精神的教育抓得很紧，在军队中抓得更紧。但是，国民党的所作所为却与民族利益相悖。1979年大陆进行对越自卫还击作战时，我们这些军人都希望大陆打赢，狠狠教训一下越南鬼子。可是国民党当局一再骂大陆、骂共产党，完全站到了民族的对立面。这种行径在军中激起了强烈的反感。我的肺都快气炸了。你国民党成天强调民族意识，可是到了关键时刻把它丢到爪哇国去了，真是狼心狗肺！相反，许多官兵倒是都对中越边境的战事表现了极大的关注，私下喝酒时，普遍致这样的祝酒词："为老共干杯！"

我亲身经历的一件事情，更足以说明国民党如何悖逆民族利益。那是我在金门当陆航分遣队队长时发生的。一天早晨，一艘大陆的渔船开到金门，要求靠岸。船上不仅有青年，还有妇女、老人和孩子。鉴于当时天气不好，我估计他们是来港内避风的。对这些人怎样处置？海滩防线上的连指挥官不敢擅自定，就向营里请示，营里又向旅里请示，旅里再向师里请示，最后报到金门防卫部。防卫部的长官也不敢作主，只得上报台北，终于，最高层的命令传来了："就地消灭！"各级指挥官们都不敢相信自己的耳朵。不是整日叫喊"要拯救大陆同胞""拯救中华民族"吗？为什么要干出这种残杀无辜同胞的事？然而军令如山，哪个敢违？海滩上的指挥官流着眼泪下令开火，士兵们也是流着眼泪开火。船上老人哭，孩子叫，惨不忍睹。一船人无一幸免。我真是五内俱焚了。但我没有流泪。我把泪水强咽到了肚里。我悲痛，但我更强烈地感到了仇恨，深深的仇恨！

事后，国民党当局作出了这样的解释：现在大陆开始对台湾实行"难民政策”了，如果今天来一船你收下，明天再来一百你又收下，后天便是一千，再往后则是几千、上万、几万……直到把台湾彻底拖垮。

撒谎撒得太过分了，大家哗然。我只淡淡地丢出一句话来：“骗鬼去吧，鬼都不信！”

这件事严重地刺伤了大家的心。那时我不明白，为什么国民党总是做亲痛仇快的事，为什么总和人民想不到一起去？现在我终于明白了：国民党为了维护“蒋家小王朝”，不能不逆历史的潮流而动，它的本质决定了它非这样做不可。今年（按：指 1983 年——编者）5 月 6 日，我已回到福州，听说了这样一件事：6 名武装暴徒把一架中国民航的三叉戟飞机劫持到南朝鲜，在世界上激起公愤，而国民党却燃放鞭炮，它的一名高级头目还说：“我们要这 6 个人！”于是，一个庞大的律师团组成了，死皮赖脸地要去汉城。当时，有人问我对此事的看法，我说：“他们是什么人？他们是违犯国际法的罪犯！台湾总是爱要这种肮脏的抹布！”由此，我又不禁想起另一件事来：30 多年前，一批替国民党卖命的老将军被共产党俘虏了。国民党造谣说，他们已被杀，共产党把他们的尸骨都埋到菜地里沤肥去了，把他们身上的油都拿去点天灯啦。可是，30 多年后，人们惊讶地发现他们还活着。共产党把他们赦免了。六七十岁的老人，一个个精神矍铄。共产党把他们当中愿走的人送到香港，让他们去台湾或美国和儿女们团聚，享受天伦之乐。谁知国民党当局那么绝情，竟然不让他们进入台湾！而 6 个劫机的败类到了南朝鲜，国民党却恨不得派几顶大轿把他们抬到台北去。人们在这一拒一请的对比中，不是把国民党的本质看得更透了吗？

## 三、正义的抉择

我看透了国民党，看透了台湾社会，对它们完全失望了，同时，也就越来越急切地寻找新的希望。追求真理的信念，在我心头像火一样炽燃着。

正因为如此，我开始了对大陆的研究。

我并不是最早这样做的。近几年来，国民党军队中越来越多的官兵，特别是青年官兵，悄悄地却是认真地开始了对大陆的研究，“离心倾向”一天比一天严重。1979 年林正谊起义在许多官兵心中投下的影子，至今仍未消散。林正谊在各方面都是佼佼者，曾被选入“台湾十大杰出青年”之列，有人称赞他是国民党军中“最有前途的青年才俊”。王升看中了他，下大力气栽培，把他派到金门当上尉副连长，实际上是准备进一步重用。他却从那里回归大陆了。外国一家杂志说，这个爆炸性事件“叫国民党的脸一直红到今天”，“而且将红许久”。国民党一位将军说过这样一句话：军队尚可一战，但不可再战，更不可三战，因为军心已去，收不回来。情况的确如此。现在，军队里有许多基层军官在喝酒结束时很少说什么“门前清”之类的话，而是一齐大喊“解放啦！”或者“散啦散啦！”。打牌或是打麻将结束时，也大喊：“完啦完啦！”谁散啦？谁完啦？人人心中有数，那都是指着国民党说的。其实，这种现象何止见于军中！在国民党的各个阶层特别是高级阶层中，“牙刷主义”早已风靡。一张绿卡，一把牙刷，登上飞机便是一声永久性的“拜拜”。前些年，他们还只是把子女往外送，近几年却屡屡发生阖家迁出的事了。如今，全世界各大都市皆闹房荒，唯独台北市竟有几十万间空房无人居住。这也说明国民党真是山穷水尽了。

我对大陆的研究是从收听广播开始的。我生长在国民党军人世家中，从小接受国民党的反动宣传，心灵中对共产主义是排斥的，对共产党是有恐惧心理的。还在很小的时候，就常听大人们说：台湾是一条船，这条船上的人要风雨同舟。如果共产党来了，台湾一千多万人，一百万送新疆，二百万送内蒙古，三百万送海南岛……要一下子消化光的。正因为如此，起初收听到祖国的广播，我还将信将疑。但总有一种浓烈的好奇心支配着我，使我不能不听。而在听了一段时间以后，我觉得祖国完全不像国民党讲的那么可怕，共产党也不是那么没有人情味。尤其是听了《告台湾同胞书》和叶委员长宣布的“九条方针”，我觉得句句入情入理，哪有什么“消化”之意！我还听到祖国正在搞现代化，健全民主与法治，特别是敢于正视“文化大革命”的错误并批判它，表现了前所未有的勇气。所有这些，正是我心中所向往的。不过那时我思想上仍有斗争，怕这些广播仅仅是宣传而已。后来，我又从在美国的妹妹、小姨子和在香港，以及海外的朋友那里了解到一些祖国的真实情况，并经过自己的亲自观察，思想才渐渐起了变化。我在金门驻防两次，一次是 1976 年，一次是 1981 年，都曾驾着飞机从空中眺望大陆，感触良多。两次仅隔五年，可大陆的变化真叫我吃惊极了。第一次，我看厦门市最高的建筑就是几十年前建造的厦门大学和集美学村了，整个市区显得单调、呆板、死气沉沉。第二次再看厦门，却让我几乎认不出了：一幢幢高楼平地拔起，经济特区和机场正在热火朝天地加紧施工，在铁路和公路上，各种车辆穿梭般飞驰着，一派生机勃勃的繁荣景象。我心中暗暗叫道：“大陆啊，你变化太多了！”从此，我收听祖国的广播的次数就越来越频繁了。每逢周末休假回家，我就戴起耳机来听。后来我发现，像我这样的人在台湾多的是。去年的一天夜里，我到与我私交很深的一个飞行中队长宿舍里去，他不在，但桌上的收音机还插着耳机，我顺手拿过来一听，不觉一惊！原来，他收听的也是大陆的广播……

我对台湾的失望和对大陆的希望是成正比的。通过不断收听大陆的广播，日渐增加了对大陆的了解，并对大陆产生了感情，到后来，这种感情就变成了向往之情。恰好在这时候，发生了黄植诚驾机起义和马壁教授回大陆定居的事情，令国民党极其难堪，而对我则是一次新的很深的触动。马壁教授是台湾研究“三民主义”的元老和权威，有多部著作，我们上政治课时都读过他的书。他的回归，给国民党造成的震动是无法估量的。黄植诚也是这样。台湾的飞行员素有“天之骄子”之称，待遇高、管制严，又是所谓三军中“唯一没有打过败仗的军队”。然而还是出了黄植诚这样的人。这个玩笑的确是开得大了一点，致使一贯沉稳的蒋经国也为此摔破了许多茶杯。

"黄植诚事件"发生后，国民党当局为了稳定军心，挖空心思玩弄花招：厚待黄的家属，照发黄的薪金，黄在空军的哥哥还"因祸得福"——肩上多了一颗花。但这一切都已经不起什么作用了。飞行部队中有人说得好："姓黄的也不止一个！"我在金门担任队长时，我们陆航一个飞行员在收听了黄植诚的广播后对我说："大维，你也飞过去吧，得一笔资金，咱们大家分一分！"我笑而不答。其实，那时我已经下定决心要飞回大陆了。

当然，我在作出这一决定时，内心经历了非常痛苦的搏斗。对国民党及其统治下的台湾社会，我是没有一点感情了；然而对我年迈的父母，对我的亲人们，特别是我贤惠的妻子和可爱的女儿，我却太眷念了。抛弃他们是残忍的，我于心不忍啊！我从小就是个感情十分丰富的人，记得上高中时看美国电影《魂断蓝桥》，我用了三块手帕擦眼泪都不够。我常常自问：那种令人心碎的悲剧，莫非要在我和我妻子身上重演吗？在我思想激烈斗争的那些日子里，我觉得自己陡然间老了十岁。一天，我妻子说，她那个公司里一个女孩子的爸爸死了，她天天缠着妈妈，老问一句话："爸爸呢？爸爸呢？"我猛然转过身去，一泓泪水从心里迸涌而出。我要是走了，我的女儿不是也会这样问吗？那情景，我不愿想，也不敢想。然而，无论多么痛苦，我要回归大陆的决心丝毫没有动摇。台湾搞成这个样子，是中国人的耻辱，我作为一个有血性、有爱国心、有抱负的中国人，在这片土地上是不能待下去的。如果再这样待下去，我说不定会沉沦，扮演一个悲剧角色。我当然不能这样。我还年轻，一定要把自己的青春，把自己的全部才智，贡献给祖国的现代化建设事业。为了祖国，为了民族，我连生命也愿意贡献，那么，忍痛离别妻女，也就在所不惜了。这是我能作出的唯一抉择——正义的抉择。

为了实现回归大陆的心愿，我做了精心安排。因为台湾西岸靠近大陆，空中管制极严，而我所驾驶的 U-6A 是一种轻型小飞机，速度慢，被发现就很难跑掉。于是我就积极要求到台湾东海岸的花莲机场去任职。那儿虽然距大陆远，但防范相对来说松懈一些。到了那里，我又对任何一种可能出现的情况都进行了周密思考，并拟出了妥善处置的方法。今年 1 月，我准备行动了，就怂恿妻子先到美国去，说那里有人要同她谈生意。我的想法是，如果我成功地回来了，就立即给美国打电话，把妻子也召唤到北京。然而天意难测，那些日子竟天天下雨，本场不放行。我忧心如焚，恨不得一拳将天打出个窟窿，让太阳露出脸来！拖到 2 月 28 日，我最担心的事情发生了：妻子因为想念女儿，提前自美返台了！这样，想携妻子一起回归的希望就彻底破灭了。可是我的决心已经不可动摇，无论如何非实现不可了。4 月 21 日，我受领了第二天到宜兰外海进行空中通信测试的任务。根据预测，这几天台湾海峡天气不好。这是一个理想的机会，不可错过！我当机立断，决定在 4 月 22 日行动。

当晚，我邀请队里的同学去喝酒，直喝到深夜，个个酩酊大醉。我告诉大家第二天没任务，早上可以睡个懒觉，又安排我的副驾驶回家看老婆。一切安排停当后，我回到宿舍。我表面上显得很平静，可内心却是狂澜万丈。这是最激动的时刻，也是最痛苦的时刻。在拿起电话拨家里的号码时，我的痛苦达到了高潮。每天夜里，只要我不回家，不管多晚我都要同妻子通个电话，结婚几年来一直如此。现在，送话器里又传来了妻子轻柔的声音，我心被撕碎了。我有千言万语想对她倾诉，可我不能。明天，我就要离开她了，或许是永远地离开。而在离开之前，我却连一声“再见”也不能对她说。我的心啊，怎么能不碎呢？放下电话后，我再也控制不住自己，一下子伏在桌上，顿时泪如泉涌……第二天，我终于驾着飞机离开了台湾。飞到台湾海峡上空时，骤然云层密布，落起了小雨，能见度变得极差。我只好下降高度，310° 的航向，在离海面仅十几公尺的地方做超低空飞行。有时，海浪都打到玻璃上来了，情况相当惊险。两个多小时后，我来到了大陆上空，但找不到机场，便决心迫降。我选择了一块较为平坦的海滩，猛地朝下一推机头，心中呼唤道：“祖国，我来了！”中午12点25分，我的飞机安全地迫降在我渴盼已久的土地上。稀糊糊的海泥迎面扑来，溅满了飞机的头部和我的脸庞。我激动地想：这是祖国的土地在亲吻我呵！

有人说，第一面的印象是最真实的。我虽然回来的时间还比较短，不可能对祖国的情况了解得很多，但是这段时间给予我的“第一面”的印象极为深刻。近两个月来，我一直在各地参观、学习，更是受益匪浅。我们的祖国是一个健康且安定的社会，风气淳厚，各方面都保存着中华民族的优良传统。新中国成立30多年来，工农业和科技方面都取得了很大成就，有较雄厚的经济基础和经济实力。这是很令人快慰的。我特别注意到，自三中全会以来，党的一系列方针和政策深入人心，全国人民身上都焕发着一种奋力向上的精神，渴望把祖国建设得更美好。这尤其使我感奋。坦率地说，我们的国家现在还比较穷，人民的生活条件还比较差。然而，越是这样越需要我们努力奋斗。只有坚持不懈地奋斗下去，才能把这种面貌改变得越来越好。我们这一代人应该有一种崇高的责任感和使命感，而不应该有别的想法。我永远不会忘记在福州举行的一次欢迎我回归大陆的会上，一位瘦小的台籍女同志的讲话。她说她出生在香港，完全可以到香港去过舒适、富足的生活，可她愿意留在还比较贫穷的祖国；为了使祖国强盛起来，人民富裕起来，她愿意作出最大的牺牲。与此相反，我又看到了一些年轻人盲目崇拜香港和外国，想往外跑。这就好比一个人嫌自己家穷，这个家他不爱了；他看到隔壁张家天天吃肉，也不管肉是怎么来的，就跑到张家去当儿子了……这种人不要脸！这种人没有灵魂！连自己的家都不爱，你爱谁呢？也许有人会说：你李大维吹牛，你受到特殊待遇，所以唱高调。同志们请不要误会。我只希望我们都想想自己肩负的责任。谁爱中国？当然是中国人爱中国。中国只能靠我们自己，靠我们自己来建设。让我们都树立起这个牢固且坚定的信念。我尤其要这样。我愿把自己的每滴鲜血洒在祖国的土地上，和全国同胞一起，为建设现代化的祖国奉献出自己的一切。

# ·第四篇·

# 同心共建

# 第一章
# 拥军支前

## 第一节　拥军支前的体制机制和社会风尚[①]

福建海防前线的斗争，攸关东南海防安全和祖国统一大业，得到福建及全国人民的普遍关心和大力支持。福建人民全力拥军支前，全国人民热情关心支援福建前线，前线部队积极支持地方建设，形成全国上下和前线军民团结一心、同守共建东南海防，推动祖国统一的强大合力。

在长期的海防斗争中，福建人民形成了拥军支前的自觉行动和良好社会氛围，筑起东南海防的铜墙铁壁。

新中国成立后，面对长期、复杂、艰巨、繁重的海防斗争，中共福建省委、省人民政府和各地、各部门，把投入海防斗争、开展拥军支前摆在重要位置，着力构建拥军支前的长效体制机制，营造形成群众广泛自觉参与拥军支前的良好社会风尚。

### 一、拥军支前工作机构和工作制度

1949 年 5 月，为了迎接和配合人民解放军进军福建解放福建，由张鼎丞负责组建福建支前工作领导班子，向全省各地地下党组织和农会、工会组织下达支前工作任务，积极开展收集情报、筹粮筹款、组织民工、

① 本节内容参考自中共福建省委、福建省人民政府、福建省军区编《闽海情深》，解放军出版社，1990 年，第 51—60、91—112、136—161 页。

修路带路、征集船只船工等支前工作，为人民解放军第三野战军第十兵团进军福建解放福建提供了重要保障。1949 年 11 月，省支前委员会成立。

20 世纪 50 年代初，福建省从上至下建立了支前委员会，并设立办事机构支前工作办公室，配备专职干部。各地、市、县（区）和乡镇普遍设立若干个支前工作服务站。支前办的主要职能是：战时，动员组织地方各种力量和各种物资储备，支援部队打仗；平时，动员组织地方各种力量支持部队建设，主要是组织有关部门做好部队的主副食品供应和战备物资储备，帮助部队发展农副业生产经营，修建改造战备公路，为部队野营拉练和军事演习提供食、宿、行等方面保障，并协调解决军政军民关系中的一些相关问题。至 2022 年，福建全省县（市、区）以上仍然保留支前办机构。

1949 年 8 月，福建省人民政府成立后，每年的元旦、春节、“八一”建军节期间，省委、省人民政府都发出拥军优属文件，各级政府和各基层单位，组织广大人民群众和机关干部广泛深入地开展拥军优属活动。由于福建地处海防前线的特殊地理位置，全国各地人民十分关注，政府和各阶层群众对拥军优属活动十分重视。在“文化大革命”十年内乱期间，军政军民关系虽然受到破坏和干扰，但拥军优属活动从无间断。

1990 年 12 月，成立福建省拥军优属、拥政爱民领导小组，下设办公室（地址在省民政厅）。各地市也相继成立“双拥”机构。每年省、地、市、县各级党政领导机关都派人深入基层调查研究、检查双拥工作。1991 年首次全国双拥模范城（县）命名以来，全省广大军民弘扬双拥光荣传统，勠力同心，接续奋斗，军政军民团结更加巩固。2020 年，我省成为全国唯一所有设区市连续五届荣获全国双拥模范城的省份。

## 二、领导干部和支前部门扎实履职

无论是迎接配合人民解放军进军福建还是新中国成立后的海防斗争期间，福建全省各级领导和支前、双拥机构始终尽心尽职，全力以赴做好拥军支前保障工作。

1949年7月，第三野战军第十兵团由苏州出发进军福建。闽北、闽西、闽中、闽南各地支前工作机构，沿着第十兵团行军、打仗的路线，一路筹集粮草，保障部队供给。闽北、闽中、闽南一带都是新解放区，群众对共产党和解放军不了解，而且与北方来的解放军干部战士语言不通，支前工作人员配合部队干部战士深入各家各户，组织动员沿途群众积极筹粮筹款，保证第十兵团15万官兵胜利到达古田、建阳、建瓯一带集结。福州战役和漳厦金战役发起后，各地支前机构和工作人员广泛发动群众参与支前。1949年10月，发起渡海登陆厦门、金门战斗之前，厦门、漳州、泉州支前工作机构和工作人员，配合参战部队深入细致地开展工作，千方百计征集船只和船工。经过前后近一个月的努力工作，共征集各类大小船只400余艘，船工500多名，为胜利完成渡海登陆解放厦门提供了重要保障。同时保障了攻打金门第一梯队三个团的船只。

在长期的海防斗争中，全省各级领导和支前部门工作人员发扬战争年代支前精神，积极为前线部队的作战训练和日常生活提供各种人力、物力保障。1953年7月16日上午，东山岛保卫战打响，正在诏安县检查支前和农业工作的福建省政府副省长刘永生、龙溪专署专员柯志达和地委副书记洪椰子，立即率省和专区支前办的同志乘登陆艇过八尺门海峡，深入解放军公安八〇团阵地，慰问战地官兵，现场组织调度支前工作。在短时间内，在龙溪专区动员组织民兵7384人、担架救护人员8817人，船工1826人，调集担架1958副、船只555只、汽车238辆，以及大批粮油柴。东山战斗胜利结束，部分解放军部队继续暂时留在岛上，各项战后恢复工作任务繁重。福建省和龙溪专区支前办统筹全省和专区支前人力物力，继续从云霄、诏安、漳浦等县向东山调运大批粮食，保证部队和岛上居民的粮食供应。从龙溪专区医院和部分县医院抽调一批医护人员，配合省和厦门医疗手术组，进入东山为部队官兵和群众医治伤病员。龙溪专区组织一个由银行、供销社、粮食局、交通运输局等部门组成的财经工作队，统筹协调解决东山及驻龙溪地区部队粮食、副食品等供应和交通恢复工作。1958 年 8 月初，福建省政府副省长率省支前办的同志来到厦门统筹协调厦门、晋江和全省的人力物力，保障人民解放军福建前线部队炮击金门作战行动。在持续 20 多年的炮击金门作战行动中，福建省和厦门、晋江、龙溪地区支前办的同志始终冲在一线，为前线部队调集运送大批粮食、副食品、石头、木头、钢筋、水泥，并组织大批民兵、民工支前参战，保证各个时期炮击作战行动胜利进行。

从 1950 年至 1980 年的 30 年间，福建全省先后有数千名干部职工工作在各级支前办。这批干部职工几十年如一日，忠实履行职责，勤勤恳恳为部队官兵服务。1959 年，高敏由前线部队的一名基层军需助理员，被省商业厅点名转业至商业厅支前办业务科任科长。上任后做的第一件事，就是用文件形式确定对部队优惠的物资供应的条款，其中包括“三先三后”，即先供应部队后供应地方、先供应基层后供应机关、先供应边远海岛分散执勤部队后供应城市部队；发军用票券，肉、鱼、糖、油、布等物资全部对部队平价供应；批准团以上单位成立“军人服务社”，零售物资全部由地方商业部门平价提供。两年后，高敏提任省商业厅支前办主任兼省特需供应公司总经理。他以更加负责的精神投入支前物资供应工作中去，长年不断地奔波在高山海岛、基层连队，了解部队的生活物资供应问题。1962 年春，正值我国经济困难时期，高敏来到连江黄岐半岛，了解到驻守在半岛的部队战备训练任务繁重，生活条件艰苦，物资供应短缺，连队官兵吃不到肉蛋和青菜。他立即会同连江县商业局，造计划、打报告、搞批文、设网点、进货源，仅用一个月的时间，便在连江县设立起专供部队的包括肉、蛋、鱼、菜等副食品在内的蔬菜公司。此后的二三十年间，连江县蔬菜公司的职工把肉、蛋、鱼、青菜等生活物资源源不断地送进黄岐半岛的营区。1976 年至 1978 年，福建前线部队连续 3 年每年在东山至诏安的大埕湾进行为期 4 个月的诸军兵种联合渡海登陆作战演习，高敏带领支前办的同志，自始至终深入演习场一线，日夜奔忙，多方组织协调，确保参演陆海空部队生活食品的充足供应，多次被评为“全国支前先进工作者”。

省粮食厅军供科长白树深，1954 年从厦门集美财经学校毕业后就分配到省粮食厅军供科工作。从普通办事科员到科长，白树深几十年如一日，始终尽心尽责做好部队粮食供应保障工作。1958 年炮击金门作战的支前工作中，白树深发现前线部队尤其是海岛部队粮食供应存在不足不及时等突出问题。几次大规模打击作战过后，白树深带着军供科的另外几位同志，分别乘坐海军和陆军船运大队的登陆艇，对前沿几个重要设防岛屿进行实地调查和勘察，提出海岛建储备粮洞库的设想方案，得到福州军区皮定均副司令员的肯定后付诸实施。经过 5 年时间的施工兴建，福建沿海千里海防线上的重要设防岛屿全部建有储备粮洞库，解决了驻岛部队粮食供应的后顾之忧。有一次白树深到厦门开会，顺便上了青屿岛，检查发现一批存了 2 个月的洞库储备粮发生一些霉变，立即请厦门粮食局全部补换。在做好前线部队官兵粮食供应的同时，白树深悉心做好军马饲料的供应。他带着军供科的同志深入部队，详细了解军马对饲料的要求，弄明白军马既要吃草，更要吃杂粮，保证前线部队 1000 多匹军马的饲料供应，增强军马的体质和驮载保障能力。

省供销合作社办公室副主任兼支前办主任庄荣木，1965 年开始做支前工作，三十年如一日，全身心扑在为部队官兵服务上。他跑遍福建沿海高山海岛，为 6 个重要设防岛屿和多处设防的前沿突出部规划建造了柴炭储备洞库，储备柴炭数亿斤。他还为 28 所前线部队医院制订专供计划，确保木耳、粉丝、香菇、桂圆干、黄花菜、苹果、雪梨等医院特需物品的供应。他曾经一年内为部队联系加工批发草席 12 万条、快锅 6000 口、油漆桐油 10 余万罐、西瓜 100 万斤、桂圆干 8 万斤、桂圆肉 1 万斤、木耳 5000 斤、黄花菜 2 万斤、龙眼 100 万斤、新鲜荔枝 20 万斤、苹果 1000 万斤、梨 100 万斤、柑橘 3000 万斤、冰冻鱼 100 万斤。为了解决连城和崇安两个空军场站飞行员的吃鱼问题，庄荣木建议在龙岩和南平分别修建一座冷冻库，每年为连城和崇安空军场站供应10余万斤高质量的鳗鱼、墨鱼、鱿鱼、马鲛鱼等海产品。东山至诏安大埕湾陆海空军联合渡海登陆作战演习、宁化泉上高射炮射击靶场每年集中实弹射击训练等重要军事演练，庄荣木带着省供销社支前办的同志全程保障供应。部队农场育秧需要塑料薄膜、连队种菜需要乐果杀虫剂，庄荣木都热心帮助解决，成为前线部队官兵公认的贴心人。

### 三、人民群众热忱拥军蔚然成风

在长期的海防斗争中，拥军支前成了福建人民的自觉行动。社会各界、男女老少，都把拥军支前当作义不容辞的职责，无私无畏地为前线部队官兵提供各种服务和保障。

福建沿海岛屿众多，交通不便，不少驻岛部队官兵生活用品都靠当地群众用小船运送。从南到北的千里海防线上，常年活跃着一支迎着狂风巨浪，冒着国民党军枪炮火，源源不断地把各种生活用品送到驻岛部队的船队。厦门市木帆船合作社船工骆编全，1954年开始为驻守青屿岛的部队官兵运送淡水和蔬菜等生活用品。1958年炮击金门作战发起后不久的一天，骆编全抢抓炮战间隙，在一位助手的协助下，驾着一艘满载各种急需的军用物资和副食品的船只驶向青屿。船只驶近青屿，金门国民党军一串炮打过来，在船只周围爆炸，掀起巨浪。骆编全指挥助手学着把舵，自己站在船头引航，迅速地让船只靠岸。这时，又一发炮弹打过来，强烈的气浪把骆编全掀下海里。他迅速从水里钻出来，爬上船舱，系好缆绳，搬运物品。岛上的战士冲出防炮洞，一起动手把这批战备物资和生活用品搬下船舱，送进营区。1959年8月底，一场超强台风正面袭击厦门，耽搁了骆编全既定的几个航次。不等台风警报完全解除，骆编全就驾着早已装满生活用品待发的船只驶向青屿。船只刚离开厦门码头不久，另一个台风的前峰迎面扑来。骆编全抓住另一个台风大风来临之前，加速前进，很快就把这船生活用品送到青屿，并迅速调头返回厦门港。途中，台风风势越刮越强，同时夹带着暴雨，船只无法继续前行。骆编全让船顺流到附近一个“深坞港”避风。这个台风一连刮了三天，骆编全就在船上蹲守了三天三夜，直到第四天台风过后，驾船回到厦门港。有一次，一条运送青屿守岛部队急需的沙石水泥等材料的船只因为风浪较大靠不了岸，正好遇上骆编全送货到青屿。他自告奋勇带着缆绳，跳进海里，用缆绳一头拴住船只，拉着另一头游回岸上，招呼战士们一起拉绳，硬是把这只满载沙石水泥的船只拉靠码头。一些从外地来青屿探亲的守岛部队官兵家属，因为天气或航班等原因，无法当天赶到青屿，骆编全就把他们留在自己家里过夜，他的家常常成为青屿守岛部队官兵的“联络站”及家属的“招待所”。在厦门港至青屿这条特殊的海上运输线上，骆编全不辞辛苦奔波了10年。

霞浦西洋岛驻守着海军某部观通站。1954年，部队领导来到东冲半岛下浒镇外浒村，请求村里群众为守岛观通站官兵买菜送菜。18岁的渔民陈国同勇敢承担了这项任务。外浒村距离西洋岛10公里，小船顺风要走5～6小时，逆风要走7～8小时，遇到刮大风需要走一整天时间。陈国同每个月雷打不动往返西洋岛16趟，为守岛观通站的官兵买菜送菜。一年冬季的一天，陈国同和往常一样为西洋岛送菜。小木帆船行驶到海中，突然风向逆转，小船失控激烈颠簸，海浪打进船里。为了保证蔬菜不被海水打烂冲走，陈国同就近靠上小西洋岛，舀干船舱里的海水，并在小西洋岛歇了一宿，等第二天风和浪平时再出发，使这船蔬菜完好送到观通站厨房。有一次，陈国同在送菜返回途中遇上几波急涌浪，连船带人翻入海中，观通站雷达发现后迅速派人救援，得以转危为安。有一年春节前，陈国同为观通站官兵备好年货，正是大年三十，家里人希望陈国同年三十日晚全家团圆围炉后第二天再送年货。可陈国同心里清楚：这是观通站官兵的年货，一定要在年三十晚之前送到。于是他毅然驾船出海，把年货送上西洋岛，直到午夜才回到家与家人团圆。经过一段时间买菜送菜观察，陈国同发现市场上买的青菜大都洗过，第二天菜叶就黄了，很不好吃。于是他改为提前到菜农地里选菜订购，保证观通站官兵天天都能吃到鲜嫩蔬菜。1954 年至 1979 年，送一趟菜部队补贴运输费 20 元，收入全部归生产队，队里给陈国同记 10 个工分。1980 年以后，送一趟菜直接补贴运输费 30 元，扣除帆船改挂机船所需柴油费，每月挣不到 100 元，与许多渔民跑海上运输收入相差甚远，但陈国同没有动心，坚持为西洋观通站买菜送菜，日复一日，年复一年，直到 1990 年部队用上自己的后勤补给船后才停止。1984 年，中华人民共和国民政部、中国人民解放军总政治部授予陈国同全国“拥军模范”荣誉称号。

前线部队官兵离乡背井，流血流汗，长年累月守卫在风雨海防线上，深得前线广大人民群众的爱戴。人民群众把部队官兵当作自己的亲人，努力为部队官兵营造一种家一样温馨的社会环境。1955 年，15 岁的海澄县港尾乡岛美村姑娘王秀珍，跟着做工匠的父亲登上本村后面一座山顶为海军部队营建一座哨所。哨所建成使用后，驻守官兵遇到生活用水的难题。王秀珍找到村里几位民兵姐妹商量，组成一支拥军服务队，为山顶哨所官兵挑水、运煤、洗衣。1960 年 2 月 16 日，是王秀珍结婚出嫁的日子。正当家里人准备为王秀珍梳妆打扮的时候，却找不到王秀珍。这天一大早，王秀珍就挑着水桶到井边打水，上山下山来回 10 多趟，足足忙了 2 个半小时，直到把哨所的水池装满，才回家梳妆准备出嫁。山顶哨所海拔 500 多米，山路周边杂草丛生崎岖不平，路面泥泞，哨所官兵上下十分不便。王秀珍决心为哨所修一条石板路。她从自己做起，每天起早摸黑上山，铲草掘土，修出一个一个台阶。年幼的儿子和女儿看妈妈这么辛苦修路，自告奋勇帮助妈妈一起修路。村里的群众看到王秀珍母和她的孩子都这么热心地为山上哨所官兵修路，纷纷加入修路行列。1984 年春天，在全村群众和部队官兵共同努力下，终于修出一条 1100 级台阶的石板路。铁打的营房流水的兵，哨所的官兵换了一茬又一茬，王秀珍拥军爱兵热心始终不变。随着年龄的变化，王秀珍更是以一位母亲般的心，关爱着哨所的官兵。战士姚国安在劳动时扭伤了腰，她天天上山帮小姚洗衣服、整理卫生。几天后见小姚伤情没有好转，王秀珍先后 3 次自掏腰包带小姚到远离哨所 30 多公里的海澄医院诊治，直到小姚伤情痊愈，医生还以为王秀珍是小姚的亲妈妈。战士杨建华腹泻发烧，王秀珍按照当地民间流行有效的中草药医治方法，上山挖草药熬汤让小杨服用，很快就止泻退烧恢复健康。逢年过节，王秀珍都要给哨所官兵送去闽南特色小吃，端午送粽子，中秋送月饼，冬至送汤圆，春节送年糕。大年三十晚上，王秀珍总要备一桌丰盛的闽南特色年夜饭，请哨所战士轮流到家里围炉。每年，王秀珍都会收到几百封来自全国 20 个省市退伍战士的慰问信件，厦门海军部队领导机关授予王秀珍“哨所战士的母亲”光荣称号。

1962 年夏的某天，一个执行紧急战备任务的前线部队步兵连临时进驻晋江县周坑村。连长王洪增来不及安排从江苏老家来部队待产的妻子，便让妻子一起随连队来到周坑。村干部林树球和妻子洪晓得知后，把王连长的妻子接到家里，4 天后连队执行新的任务离开周坑，林树球和洪晓把王连长妻子留在家里，为她安排接生，并用家里贮存的 20 斤大米、5 斤鸡蛋、一小缸米酒和 2 只鸡，为王连长妻子坐了月子。3 个月后，王连长执行任务回来，看到红光满面的妻子和白白胖胖的儿子，心里无比高兴和感激。从此，林树球一家与前线部队官兵结下不解之缘。1975 年夏季，一个风狂雨暴的夜晚，林树球的长子林文场到附近小学接儿子，发现驻地部队营部一位干部的儿子因为没人接而哭泣。于是他顺便把那位孩子一起接到家里，并且跟父母亲商量，把离家较远的营部几位干部的小孩全部接到家里寄宿用餐，减少孩子上学的奔波和部队干部的担忧，这个提议得到父母的赞同。洪晓把他们当作自己的孙子一样看待，悉心照料，每餐尽量做出可口的饭菜，有时课间还给孩子们送去点心，晚上起来巡查掖被子。他们的 3 个儿媳妇为几个孩子洗脸、洗脚、洗衣服，文化程度较高的二儿媳妇王美满，还为一度学习成绩退步的营教导员祝章水的大女儿祝彦军补课辅导，使小彦军学习成绩明显进步，评上“三好学生”。那几年，先后有12名部队干部的小孩在林树球家寄宿用餐，皆得到精心照料。20世纪70年代以来，林树球父子发挥采石专长，勤劳致富，积攒了一笔钱，准备翻建新住房。正好驻地部队一连也要翻建新营房，上级拨款不够充裕，若要建得比较配套完善则有些困难。林树球跟家里人商量，自家建房往后推一推，父子四人上山为一连无偿采石，节约石材费用，让连队的营房建得配套完善，这得到全家人的一致赞同。由于林树球一家无偿提供石材，一连不仅建起了整洁宽敞的排房，还建起了洗菜房、小作坊、猪圈等配套设施。帮助一连建好配套的新营房后，林树球又到驻地附近的几个连队转转看看，发现有的连队猪圈不行，有的连队缺洗涤房，有的连队缺小作坊。父子四人又上山采石，帮助这些连队修好猪圈、作坊、洗涤房和障碍训练场。直到1989年，他们才把自家的新房子翻建起来。驻地部队二连营区比较偏僻，从营区到汽车站来回20公里，连队官兵进出一趟营区很不方便。林树球的二儿子林荣护坚持用自家的摩托车为连队官兵家属来队来回接送。司务长张坤宾要到石狮乘汽车到厦门火车站接从安徽老家来队的父亲，林荣护用摩托车把张坤宾送到石狮汽车站，算好时间又开着摩托车到石狮汽车站把张坤父子接到连队。林树球一家还用自家运载石头的手扶拖拉机，长年为二连运送米、面和煤。跟二连往来多了，林树球一家对连队干部战士情况很了解。有一位班长父亲生病了，林家兄弟通过邮局给这位班长家里寄去50元。短短数年，林树球一家先后给二连家有困难的战士家里寄钱5000多元。几十年间，周坑村附近驻军换了一批又一批，林树球一家的自觉拥军行动一代接一代，代代相传。1984年，中华人民共和国民政部、中国人民解放军总政治部授予林树球一家“全国拥军模范”荣誉称号。

惠安崇武镇西沙湾，坐落着一座全国少有的特殊的纪念解放军烈士的建筑——解放军庙。1949年9月17日，解放军第二十八军八十四师二五一团从平潭岛转战来到崇武西沙湾，进行发起攻打金门之前的渡海登陆作战训练。几架金门国民党军飞机飞临西沙湾上空狂轰滥炸，二五一团的27名战士为掩护群众壮烈牺牲。13岁的小女孩曾阿兴（后改名曾恨）在5名解放军战士用牺牲自己的生命的掩护下安然无恙。1996年秋，曾阿兴发起筹款修建的供奉27位解放军英烈的“解放军庙”在西沙湾落成。叶飞作了“为了人民、死的光荣”的题词。当地群众作了一首歌谣：官兵奋战壮成仁，同志于今称大人；塑像奉香非迷信，翻身群众敬功臣。这里成为一处独具特色的“爱国主义教育基地”和“双拥教育基地”。自从建庙开始，年逾古稀的曾阿兴就搬到这里来住，与27位解放军英烈朝夕相伴。2012年2月，曾阿兴被全国双拥工作领导小组、人力资源和社会保障部、民政部、总政部授予“全国爱国拥军模范”荣誉称号。

在福建全省各地，有众多由地方党委、政府筹建或人民群众自发修建的纪念解放福建和守卫海防中牺牲的解放军烈士陵园、纪念碑和红色教育基地。1950年，爱国华侨陈嘉庚回国定居后，立即着手筹建纪念在解放集美的战斗中为保护集美学村英勇献身的解放军烈士的集美解放纪念碑，请毛泽东题写了碑名。之后，福建全省又先后修建了厦门革命烈士纪念碑，陈毅元帅题写了“先烈雄风永镇海疆”的碑文；在鼓浪屿旗尾山修建了解放鼓浪屿战斗中英勇牺牲的“济南第二团”团长“王兴芳烈士陵园”，并把旗尾山改名为英雄山；在第一面五星红旗插上厦门岛的湖里神山，修建了“神山红色教育基地”；在东山岛修建了东山保卫战烈士陵园；在南日岛修建了抗登陆作战牺牲的解放军烈士陵园；在厦门修建了安业民烈士墓、海上猛虎艇纪念馆和大嶝岛炮击金门战地观光园；在福州修建了杜凤瑞烈士陵园；在皮定均飞机失事殉难的漳浦深土镇灶山，修建了皮定均将军陵园。这些纪念设施，充分表达了前线人民对英勇献身人民解放事业和守卫海防、推进祖国统一大业的解放军英烈的崇高敬意，寄托了前线人民深深的爱国拥军之情。

## 第二节　海防民兵与军民联防①

新中国成立后，根据中共中央、中央军委和国家的部署要求及海防斗争的需要，福建省迅速组建海防民兵队伍，并在这个基础上建立健全全军民联防体制机制，在海防斗争中发挥重要作用。

### 一、海防民兵队伍建设

（一）海防民兵组织

1951 年 5 月，中共中央、中央军委发出《关于加强民兵建设的指示》，提出实行普遍的民兵制度。1952 年，《中华人民共和国民兵组织暂行条例》（以下简称《暂行条例》）颁布施行，明确规定各种群众武装组织统称“民兵”，不脱离生产，归人民武装部统一领导和指挥。乡（行政村）设民兵队部，作为乡（行政村）人民武装的领导机关，设不脱产的队长、政治指导员（由中共支部书记兼）各 1 人，并对民兵的年龄、政治、身体等条件作了规定。福建军区根据《暂行条例》的规定，于 1953 年下半年在全省全面实行普遍民兵制。在农村和城市郊区逐步把 18 至 40 岁的男性公民编入民兵组织。至 1954 年，全省 6950 个乡（行政村）建立了民兵队部，59058 个自然村有了民兵，民兵总数发展至 822180 人，占全省人口的 6.14%，其中基干民兵 222182 人，占全省人口的 1.65%，达到了普遍民兵制的要求。1955 年 7 月，《中华人民共和国兵役法》颁布实行，志愿兵役制改为义务兵役制，民兵制度同预备役制合二为一，民兵与预备役人员合编。1956 年 9 月后，全省、县、区、乡逐级成立预备役登记机构，对一、二类预备役士兵和军官进行登记。年满 18 至 30 岁服一类

① 本节内容参考自《福建省志·军事志》，第 485—488、492—495、507—510 页。

预备役的退伍军人和18～25岁符合基干民兵条件服一类预备役人员，全部编入基干民兵。31～40岁服二类预备役的退伍军人，26～40岁服二类预备役和18～25岁不符合基干民兵条件者编为普通民兵。至1957年底，基本完成了民兵和预备役人员合编工作，全省共有民兵1442230人，其中履行预备役登记的复退军人641357人（干部57097人，战士584260人）。

1958年8月，中共中央政治局北戴河扩大会议通过《中共中央关于民兵问题的决定》，提出要以民兵组织的形式，实行全民皆兵。9月29日，毛泽东主席对新华社记者发表了要认真对付美帝国主义，要大办民兵师的谈话。福建全省迅速掀起大办民兵师的高潮。从农村到城市，从工厂企业到机关、学校，年满16～50岁（除地主、富农、反革命分子、坏分子、右派分子和残疾人员外）能拿起武器的男女公民，绝大多数都被吸收进民兵组织中，并以复员退伍军人为骨干，将16～30岁的政治可靠、身体健康的男女青年组成基干民兵。各地根据单位大小、民兵多少，按师、团、营、连、排、班的建制进行编组。民兵在万人以上的公社（单位）编师，不到万人的编团。一个民兵师里单独编一个基干团或若干个基干营，一个民兵团里编一个基干营或若干个基干连。至1958年底，全省民兵由1957年的1442230人增至5637792人；编成163个师、1452个团、6505个营，从组织上实现了全民皆兵。1959年上半年，结合整顿人民公社整顿民兵组织，全省民兵人数缩减至4067670人。1962年6月，毛泽东主席针对民兵工作存在的问题，发出“民兵工作要做到组织落实、政治落实、军事落实”的重要指示。福建省军区于当年12月召开民兵组织工作会议，要求各地以“三落实”为指针，以《暂行条例》为依据，认真进行组织整顿。经过整顿，纠正了大办民兵中只顾数量、忽视质量的倾向，动员超龄民兵出队，不符合条件的退出或将其清洗出民兵组织。本着民兵组织与劳动、工作、学习组织相适应又分开的原则，普遍采取公社和民兵在千人以上的厂矿、企业、学校编团，生产大队和民兵在千人以下的厂矿、企业、学校编营，生产队和车间编连（排）的办法；采取一个民兵团内编一个基干营，一个民兵营内编一个基干连，一个民兵连内编一个基干排，把普通民兵和基干民兵分别编组。武装基干民兵则从基干民兵中挑选，一个公社编一个连，重点地区一个公社编 2～3 个连。至 1965 年，全省民兵计 4338740 人，其中基干民兵 2004340 人（武装基干民兵 463120 人）；共编 31 个师 724 个团 5958 个营 20762 个连。

1981 年 5 月，中共福建省委、省人民政府、省军区发出《关于贯彻中央〔1981〕11 号文件精神，搞好民兵组织调整的意见》的通知，对全省民兵组织进行全面调整改革。一是缩小组建民兵的范围，取消了机关、学校、科研单位和城市一些人少、分散小单位的民兵组织。二是压缩了参加民兵的年龄。男性公民参加民兵由 16～45 岁，改为 18～35 岁，其中基干民兵为 18～28 岁。三是简化了民兵组织层次，即将原来的普通民兵、基干民兵、武装基干民兵三种组织改为普通民兵和基干民兵的两种组织。符合民兵条件的 28 岁以下的退伍军人、经过军事训练的民兵以及选定当年参加军事训练的人员，编为基干民兵，其余编为普通民兵。女性公民只编基干民兵，年龄与男性相同，并以县（市、区）为单位将其人数控制在基干民兵总数的 10% 以内。取消了县编民兵师、公社编民兵团的规定，县（市、区）建立民兵基干团，公社建立基干营（连）。调整和重建民兵高炮团、营和专业技术分队。四是按照征集兵员的政治、身体条件编组民兵。基干民兵优先保留经过训练的民兵和复退军人，减少了数量，提高了质量。五是扩大了基干民兵的分布面，把民兵组织调整和军事训练改革结合起来，平衡并减轻群众的负担。

### （二）海防民兵训练

根据海防斗争实践需要和民兵担负的任务要求，福建省军区有针对性地组织民兵开展军事训练，努力提高民兵的军事素质和海防斗争的本领。训练内容主要包括射击、投弹、利用地形地物和警戒勤务。海岛民兵以抗登陆、“反小股”袭扰为重点；沿海民兵根据军民联防作战预案进行训练和演习；内地民兵进行围歼空降武装特务、反暴乱训练。1964年，贯彻解放军总参谋部关于在民兵中开展神枪手活动和组织民兵参加全军比武的决定要求，全省民兵掀起一个训练高潮，涌现出一批作风硬、技术精的先进单位和神枪手、神炮手、技术能手。为了检阅训练成果，福建省军区于7月6日组织一次历时一个多月的民兵军事比武，比武内容包括步枪、轻机枪、60毫米和82毫米迫击炮射击，通信兵有线架设，侦察，攀登等23个项目。经过比武，选拔出122名“尖子”参加福州军区组织的军事比武。惠安县前垵大队女民兵陈素兰和男民兵陈细北被福州军区授予“特等射手”荣誉称号。

为了适应实战要求，福建前线部队不断派出干部战士，对民兵进行各项专业技术兵的训练。1958年炮击金门作战期间，陆军第二十八军、第三十一军和入闽参战炮兵部队，先后组织厦门、同安、晋江、南安、龙溪、海澄等一线支前参战民兵进行炮兵专业训练，少数经过部队带训后直接编入部队参加战斗，大部分（32924人）进行突击训练后配合部队作战，都起到了积极作用。1959年，一个陆军军带训包括地面炮兵、高射炮兵、通信兵、工程兵、军械兵、卫生兵、汽车修理兵在内的各种专业技术兵3456人，对配合部队作战起到了积极作用。从1957年开始，驻闽海军部队协助省体育部门在福州、厦门、闽侯、漳州等地创办航海俱乐部，进行以海军的航海、轮机、电工、信号、枪炮等“五项”为主，兼顾航海多项、舰船模型、水上摩托艇和潜水等专业训练，在民兵中培养专业技术人才。1962年至1966年，海军福建基地协助厦门航海学校和集美水产学校，在学生中培训海军水面舰艇专业技术兵4000人，经过培训的这些技术民兵均达到海军水兵二年兵或三年兵的水平。1960年，驻闽空军部队抽调官兵819名，动用高炮166门次、探照灯18部次、飞机10架次、雷达50部次、电台200部次，帮助福建各地训练专业技术民兵10006人，其中高炮4553人、雷达1343人、通信2566人、航空机务840人、防化178人、地勤保障526人。

从1952年起，全省每年冬季民兵普训，各县、区、乡分别组织民兵干部先学一步，统一军事动作，并学习民兵组织《暂行条例》和民兵建设方针。1958年以后，为了适应大办民兵师的要求，扩大民兵干部的训练面，县、社两级以分片定点、分期分批的方式，对民兵排以上干部、训练骨干和教练员进行射击、投弹，利用地形物等技术战术训练。1962年紧急战备后，着重对民兵干部进行组织指挥训练。1962年至1965年，全省三年共集训民兵干部15.2万多人。1973年后，贯彻解放军总参谋部民兵三年训练纲要，以干部为重点进行民兵训练，县（市）每年组织基干民兵连长进行教学法和组织指挥训练，3年共集训民兵连、营长23674人，占全省民兵连、营长总数的89.5%。1982年10月，福建省军区在罗源县召开基干民兵连、排长训练现场会，推动全省民兵干部训练进一步落实。

## 二、军民联防的体制机制

福建省全省有24个沿海县市，海岸线长、岛屿多。为了使漫长的海防线和众多岛屿得到有效防守，在新中国成立初期，沿海一线驻军就与当地地方党委和人民政府建立了军民联防委员会，实行军民联防。在地方党委和人民政府的统一领导下，集中党、政、军、警、民各方面的力量，组成以部队为骨干，以民兵为基础，军民一体、密切协同的海防体系。军民联防在打击国民党军和海匪的登陆、袭扰和破坏，抓捕内潜敌特和下海外逃分子等方面，发挥了重要作用。

1950年开始，沿海一线711个乡镇的民兵实行联防，建立了800多个民兵海防哨所，每天有1.09万多个民兵执勤。随后，在民兵自身联防的基础上发展到军民联防。在以部队为主防守的重要方向，民兵按建制编入部队序列；在以民兵为主防守的方向，军队与民兵挂钩，定期联系，遇有敌情，军队驰援并统一指挥作战。

1958年后，根据中共福建省委第四次海防会议，提出的“建立海上防线，改进陆地前沿防线，加强纵深防线”的海防斗争方针，全省军民认真总结多年军民联防的经验，建立健全了“四道防线”。第一道海上防线，以渔民民兵为基础，配合海军艇队、海上武工队和护航炮兵开展海上斗争。这道防线有渔民民兵9万多名，机帆船600多艘，木帆船2.6万条。第二道海岸防线，以守备部队为骨干，民兵为主体，群众为基础，严防海防一线乡村和岛屿。这道防线有数百个海防民兵哨所，每天有1万多名民兵执勤，每个哨所都由一个武装基干民兵连负责。第三道陆地防线，由民兵监视各类坏分子，加强以护桥、护路、护电线、护仓库和防特、防炮、防毒、防火、防盗为内容的安全保卫工作。第四道隐蔽斗争防线，以公安机关为主，专门机关和群众相结合，加强民兵侦察情报工作，及时打击敌特破坏行动。

四道防线的建立，在千里海防线上筑起了一道钢铁长城。民兵和群众在支援和参加打击国民党军窜扰和炮击金门作战中，发挥了重要作用。与此同时，民兵在打击坏分子的破坏活动，维护沿海一线社会治安，发挥了积极作用。1950年至1962年，前线民兵参加平息福建各地反革命武装暴乱29次。1961年至1963年，全省民兵配合公安机关侦破反革命案件124起，缴获各种武器900多件，子弹4万余发，手榴弹1000多枚。1950年至1983年，福建沿海军警民共捕（破）获下海外逃事件1284起，3191人。

## 第三节　民兵和群众支前参战

在几十年的海防斗争中，福建前线民兵和群众积极支前参战，在守卫巩固海防中发挥了重要作用。

### 一、支援和参加剿匪战斗

1949年8月至1953年底的剿匪行动中，福建全省民兵参加剿匪战斗10343次，其中配合部队作战5829次，单独作战4514次。民兵共歼灭匪16907人，占全省歼匪总数的23%。其中击毙1149人，活捉7454人，争取投诚自新8304人。缴获各种长短枪18871支，炮26门，轻重机枪32挺，以及大批弹药物资。民兵在支援和参加剿匪作战行动中，发挥了多方面的重要作用。

保家保村，保卫新生人民政权。1950年8月27日，涂伯鲁股匪100多人围攻尤溪县溪滨村，溪滨乡农会主席、民兵干部林旺高等4人掩护群众撤退后，在村中心的一个土堡内坚守一昼夜，凭2支步枪、4枚手榴弹和一堆砖块，击退土匪3次进攻，迫使土匪撤离该乡。之后，林旺高又带领民兵配合部队清剿土匪，迫使涂伯鲁股匪全部投降。战后，华东军区批准授予林旺高“福建军区民兵英雄”称号。

执行侦察向导任务。1950年春，尤溪县梅营乡民兵营长华德荣巧妙地潜入匪穴，摸清内情，引导部队直捣匪穴，勇猛杀敌。在1951年4月召开的福建军区民兵代表大会上作为“民兵模范”予以表彰。

配合解放军围歼股匪。清流县塘前乡民兵副队长张进斌多次带领民兵配合解放军追击围歼土匪，歼匪23人，俘虏在闽赣边猖狂一时的匪首齐德盛，华东军区批准授予“福建军区民兵模范”称号。泰宁弋口乡19名民兵，在配合解放军清剿“中国人民自由军闽赣边总指挥部”股匪的战斗中，单独出击，抓“舌头”，开展政治攻势，扩大战果，一夜之间连捉5匪，最后经顽强搏斗，生擒罪大恶极的匪中将司令严正。南靖县七区3000多名民兵和群众自带土枪、干粮，在全区布设岗哨，日夜巡逻，配合部队活捉匪首李开瑞。连城县民兵配合解放军，剿灭了以唐宗为首的顽匪，为当地群众清除了匪害。

宣传共产党和人民政府政策，分化瓦解土匪队伍。1950年9月至12月，闽侯专区组织发动民兵进村入户，对土匪及其家属进行剿匪、镇反政策宣传教育，做到晓之以理，动之以情，争取全区1082名土匪自首投诚。

配合部队进剿海匪。沿海一线的民兵，积极配合解放军进剿盘踞在一些小岛上的小股土匪，1951 年 7 月 4 日，霞浦 1000 多名民兵，分乘 75 条渔船，向盘踞在东安岛上的土匪发起进攻。经过激烈战斗，活捉土匪 13 名，解放了该岛。

## 二、支援和参加打击武装窜扰战斗

### （一）配合解放军打击海上中小股武装窜扰

1952 年 4 月 23 日，一艘载有 60 多名国民党海匪的汽艇闯入霞浦县松山海面渔场。松山乡一条民兵护渔船勇敢出击，同国民党海匪艇展开 2 小时激战，掩护数百条渔船安全撤离，12 名渔民兵全部壮烈牺牲。霞浦县沿海 4 个区组织了 4 个护渔大队，下辖 17 个中队 67 个小队，共有民兵 1283 人，积极配合解放军打击国民党军海上窜扰活动。据统计，仅 1954 年 1 月至 4 月，这 4 个护渔大队先后配合解放军同国民党海匪作战 32 次，保护几千条渔船海上安全生产。1959 年 2 月 2 日，国民党一艘炮艇窜入平潭渔场，12 时 18 分，国民党军炮艇向正在渔场作业的大陆渔船开炮。平潭县 2 艘由基干民兵组成的武装机帆船勇敢出海迎击，把国民党军炮艇引出渔场。13 时 27 分，解放军海军 3 艘护卫艇出击，经连续 3 次拦头打击，把国民党军炮艇击沉在平潭以东海区。1964 年 5 月 1 日，台湾情报局的 7 艘海狼艇由东引岛出航，企图袭击浮鹰岛至飞龙岛海面上的船只和泊于北礌岛的解放军护卫艇。连江县浦口公社蝉步大队 2 号机帆船与其遭遇，船上 18 名渔民和民兵勇敢机智地与其周旋，为解放军海军护卫艇组织战斗赢得了时间。解放军海军三都澳水警区 3 艘护卫艇一举击沉海狼 2 艘，另 2 艘护卫艇击伤并俘获 1 艘。1965 年 11 月 13 日，平潭县海上民兵营接到配合解放军崇武以东海战的任务后，立即出动莎号渔轮和 3 艘汽艇，2 艘驳船装运弹药，按时到达指定地点。11 月 14 日凌晨，崇武以东海战打响后，沿海一线民兵迅速向预定地点集结，随时准备投入战斗。接到战后捕俘的命令后，出海搜索的武装渔船迅速进入作战海域，对海面上的每一件漂浮物都进行仔细搜索，配合解放军海军打扫海战战场。

（二）配合解放军打击登陆的中小股武装窜扰

1950年7月10日，4名国民党武装特务在福清县高山沿海登陆，北宅村民兵发现后，立即展开追捕，将其全部歼灭。1952年10月5日，盘踞在浙江南麂岛的国民党军300余人，乘坐2艘军舰，在福鼎县南镇登陆。南镇民兵配合解放军一个排，与10倍于己的国民党军展开作战。民兵首先发现敌情，在石鼓山点起火把报警，并开枪射击，阻击国民党军登岸。国民党军以优势兵力抢滩登陆时，民兵先敌占领南镇北端突出部，打退了国民党军3次进攻，保证部队坚守的主阵地烟墩头的侧翼安全。国民党军集中兵力向主阵地进攻时，一名民兵班长冒着枪林弹雨冲向石鼓山，通知解放军的一个班撤回主阵地战斗。国民党军突破主阵地第一道堑壕时，民兵主动增援部队，击退国民党军进攻。南镇反登陆战斗，军民共歼灭国民党军29人，余匪逃窜下海，翻船溺毙9人。1953年9月14日，2名马祖国民党武装特务在连江县琅岐岛吉尾登陆，云龙乡民兵配合解放军迅速将其捉获。1955年12月19日，台湾国民党中委会二组训练班派遣武装特务4人，在连江县镜路村偷渡登陆，连江县兵役局调集正在受训的民兵和浦口等区民兵600余人，将其一网打尽。1963年10月20日晚，国民党“反共挺进军一四一支队”武装特务9人，在福清县新厝乡旗山脚登陆。福清县对敌斗争指挥部接到报告后，迅速调集3000多名民兵在沿海一线设立三道防线，新厝公社民兵迅速在海岸、港口、山隘设岗，封锁主要桥梁、路口，控制港口、船只，江阴公社民兵武装船在海面巡逻，防敌逃窜。莆田县人武部一边组织隔海相望的埭头公社民兵武装船协助封锁海面，一边组织陆界相邻的江口公社1000多民兵配合部队围歼。经军民协同作战，这股武装特务2人投诚，2人自杀，5人被俘。1963年10月24日，国民党“福建反共救国军独立第九纵队”武装特务5人，在莆田平海湾东张、胡厝海滩登陆后，隐蔽在附近鹭峰山山洞里待机而动。其中一人佯装上厕所，借机溜出向铁炉公社投诚。百叶大队民兵连长根据投诚分子提供的情况，速派2名民兵抢占山头、严密监视。随后，县和附近的平海、埭头、铁炉等公社出动民兵7300人，配合解放军包围鹭峰山，迫使其余4人缴械投降。1964年9月11日凌晨，国民党军特情室“建龙”小组武装特务3人，在罗源县碧里公社陶澳村黄澳海滩登陆，隐蔽在草丛中伺机潜入福州。陶澳村民兵清晨巡逻发现后，立即组织围捕，不到1个小时全部落网就擒。

（三）配合解放军打击内窜中小股武装窜扰

1951年9月4日，盘踞在莆田县平海湾乌丘屿上的国民党军“福建反共救国军”属下的“泉州纵队”和“永安纵队”370多人，在逃亡的原国民党仙游县警察局督察长“泉州纵队司令”陈令德和原国民党德化县县长、“永安纵队司令”陈伟彬的率领下，分两路分别从惠安县后龙港和东园登陆，于次日越过福厦公路西进，企图窜至戴云山一带，遂行“反攻大陆”先遣任务。惠安、晋江、南安、永春、德化等县近万名民兵，配合解放军，在预定地区布成一个“大口袋”。“泉州纵队”凭借实力，摆脱沿途民兵的阻击长驱直入；“永安纵队”化装成解放军，冒称“剿匪部队”，诱杀民兵和群众，一路狂奔。最终他们都钻进了前线军民布下的“大口袋”。6日和7日，这两支“纵队”分别在习义路、东山寨和七丘山、白洋山等地，被解放军和民兵包围。陈伟彬上岸不到3天，就在七丘山被击毙。其余溃散人员流窜到晋江县洪岩、河市一带的山林中负隅顽抗。因而我军改由集中追剿为分散驻剿，在战区村村设岗，路路放哨，布下天罗地网。小股零散的国民党武装特务分别在山林和村庄就擒被歼。一些特务假扮民兵押解俘虏企图蒙混逃脱，最终都被识破就擒。经过晋江地区军民20多日的围剿，窜入惠安晋江及周边地区的这两支“纵队”，除8人乘隙从海上逃跑外，其余全部就擒被歼。

1963年6月21日深夜11时许，国民党“反共挺进军第六一支队”武装特务10人，从台湾乘机帆船在诏安县凤山公社邱厝城至寮雅村之间海滩偷渡登陆。22日上午9时许，凤山公社西山大队民兵何碧水发现这帮形迹可疑的陌生人，立即向大队干部报告情况，大队干部迅速向公社党委书记黄英才报告。黄英才一边用电话向县指挥部报告，一边就近派出民兵跟踪。

22日中午时分，这帮武装特务窜到风吹岭。在诏安县委书记罗全贯和龙溪军分区参谋长李仲先的统一指挥下，桥东公社西浒大队民兵和凤山公社内凤大队民兵在凤山东南方向抢占有利地形，从而形成了第一个包围圈；从东山和广东方向赶来的解放军控制住凤山背面和丁寮水库西南方向，桥东西党和西潭、东湖、湖内的民兵分两路迂回到左右两侧，金星农场和上湖、梅州的民兵迅速封锁从丁寮水库到湖内、新安、青山一带的交叉路口，切断武装特务可能逃出山的去路，从而形成了第二个包围圈。22日下午3点38分，民兵配合解放军对被围困在风吹岭上的这股武装特务发起总攻。至下午4时10分，战斗胜利结束，仅用32分钟，10名武装特务即被全歼，其中击毙6人，活捉4人，并缴获2部电台和一批枪支等军用物品。

战后，龙溪军分区和中共诏安县委在诏安县召开庆功表彰大会，给参战的解放军公安部队以及支前参战的民兵和群众立功受奖。

1950年至1979年，福建前线民兵配合解放军歼灭台湾国民党军中小股武装特务24股91人，其中空降1股5人，从海上登陆23股86人。仅1963年6月和10月两个月，就在诏安、漳浦、福清、莆田全歼4股31人武装特务，有20个民兵连、排、班和129名民兵荣立战功。

### 三、支援和参加东山岛保卫战[①]

1953年7月16日至17日的东山岛保卫战，是福建前线军民合力打败美国支持的台湾国民党军窜犯大陆的一场最大规模最具影响的战斗。

① 本条内容参考自《雄镇海疆》，第116—162页。

中共福建省委、省人民政府，组织龙溪专署和东山县人民，全力以赴投入支前，为取得这场战斗的胜利提供了有力的保障。

7月16日晨，中共福建省委、省人民政府接到福建军区关于金门国民党军窜犯东山岛的情况通报后，立即对支前工作作出部署，并确定由副省长刘永生具体负责。7月16日午，正在诏安县检查支前工作的副省长刘永生，会同中共龙溪地委副书记洪椰子、专署副专员柯志达和秦秀峰，由诏安县官陂乡迅速赶到面对东山岛八尺门渡口的云霄陈岱乡，组织调集漳浦、云霄、诏安三个县的人力物力，抢渡进岛投入支前。16日下午，刘永生、洪椰子、柯志达登岛指挥支前工作。16日凌晨1时，中共东山县委书记张治宏、县长谷文昌根据福建军区的支前电令，立即对支援东山岛保卫战作出部署。全县各级党政机关干部、民兵组织，以及担架队、救护队、自卫队等支前队伍，迅速集结到位，积极有序地展开各项支前工作。

（一）围歼伞兵

7月16日6时20分，国民党军2个中队480名伞兵，陆续在后林乡的面前山、蚵壳山、观音山、双旗山、牛仔林山、杏山一带降落。驻后林乡的东山县三区区委书记张迪民、后林乡党支部书记林良国带领120名基干民兵，配合解放军水兵一连，对国民党军伞兵展开围歼。

国民党军伞兵一出现在空中，立即遭到早有准备的后林民兵的射杀，一个个成为“空中靶子”。一些伞兵一落地，就成了俘虏。陆续着陆的伞兵，分成三股：一股窜向建宅村；一股进犯后林乡；另一股逼向八尺门渡口，企图占领渡口，阻止解放军增援部队登岛。后林民兵兵分两路：一路坚守后林乡；一路冲向八尺门渡口，协助水兵一连坚守渡口码头。为了减轻八尺门渡口的压力，守村的民兵主动把伞兵引到村里。上午9时许，约2个排的伞兵向后林村发起进攻，后林民兵沉着应战，勇敢击退伞兵的轮番进攻。4名着陆在观音山上的伞兵，用一挺机枪封锁村前路口，乡党支部书记林良国，带领民兵林生根，冒着密集的子弹，隐蔽接近到离伞兵 100 米的地方阻击。从早晨 6 时至上午 9 时半许，后林民兵与国民党军伞兵展开了 3 个多小时的战斗，子弹打光了，有的枪出故障了。民兵们迅速地冲进家里，拿起锄头、斧头、镰刀、菜刀、山叉，继续与国民党军伞兵拼杀。村民林大富、民兵林卓生，用一把菜刀勇夺伞兵一挺美式两用机枪、2 箱子弹。复员军人林细跃架起机枪，农会主席林玉英帮助装填子弹，以猛烈的火力阻击冲向八尺门渡口的伞兵。

在后林民兵会同水兵一连围歼国民党军伞兵的同时，后林船工队冒着炮火起航，协同水兵一连的船队，往返运载增援部队进岛。船工林光鼻中弹牺牲。至中午 12 时，后林船工队终于把增援的二七二团先头营三营部队全部接运上岛。

东山岛保卫战，后林乡人民参与支前参战 1500 多人，击毙击伤国民党军伞兵数十人，缴获降落伞上百张、枪支 70 多支，以及其他弹药物资，为保证八尺门渡口的安全作出了重要贡献。战后，后林乡有 14 人被评为各等功臣，后林乡被评为“支前模范乡”，民兵连被评为“模范民兵连”，船工队被评为“模范船工队”。

（二）送水送饭

东山战斗打响后，东山县委县政府组织发动全县人民，全力为解放军守岛部队送水送饭，提供伙食保障，确保部队战斗力。

坑北乡坑内村位于公云山和牛犊山两个主阵地之间。战斗打响后，全村 124 户全部投入烧水做饭，青年村民负责把饭、水不断往阵地上送。妇女何天宝，宁愿自家少吃一两顿饭，也要把做饭的时间用来烧开水，一天就烧了 14 锅开水送往阵地。村妇女主任许亚坑，从白天到晚上，连续不断地为阵地上的战士送水，晚上天黑辨不清阵地的方向，她就顺着地上军用电话线走，把开水送到阵地。妇女黄连香，1950 年东山解放时丈夫被撤退的国民党军强抓去台湾，非常愤恨国民党。她把邻乡亲戚送的几斤大米全部下锅煮成饭，又烧了菜，冒着枪弹亲自送到解放军阵地，对战士们说：“大军吃饱饭，可以好好打仗，为我们报仇。”17 日白天，国民党军飞机飞临坑内村上空，投下 8 颗炸弹，炸毁了许多房子。村民们没有被国民党军的炸弹吓倒，坚持不断地向解放军阵地上送水送饭。坑内村的村民们还自发地组织一支 30 多人的担架队，把自家的门板拆下来做担架，利用送水送饭的机会，顺便把负伤的战士抬下来，送后方救治，还把一箱箱子弹送到解放军阵地。坑内村边公路上有一座石桥，16 日被国民党军炮火炸塌。17 日白天，10 多名村民用自家的木头和门板，经 2 个多钟头的抢修，把石桥重新修通，使解放军追击部队顺利通过。坑北乡妇女杨阿平，新中国成立后家里分到地，又买了牛，好日子才刚刚开始，国民党军又打回来了，她十分气愤。7 月 16 日，东山战斗打响后，她一直在家里烧水做饭，并亲自给阵地上的解放军战士送去。16 日下午 3 时许，杨阿平冒着穿梭的子弹，再次向公云山阵地送水。在离阵地不远处，一颗子弹打中了她的左腿，她忍着疼痛，继续向前行走了 10 多米，实在支持不住了，才轻轻地把两桶放下，保证水桶里的水不溢溅。这时，阵地上的战士跳出堑壕，把水接走。杨阿来拖着受伤的腿一拐一瘸走回村里。

（三）火线救护

按照东山县委、县政府的部署，全县几十支担架队，分布在解放军各个阵地，及时抢运伤员。

西埔担架队被安排在公云山负责救护。队员蔡元昌带领 3 名队员刚从别处救护伤员那回来，远远看到阵地上有战士负伤，迅速背起担架，冲上前去救护。这时，空中有国民党军飞机疯狂扫射，地面有密集的子弹和猛烈的炮火。蔡元昌与 3 名队员一会儿前进一会儿卧倒，硬是避开国民党军的强大火力，把这位负伤的战士抢运下来，送往后方。16 日昼间，在队长徐团合的带领下，西埔担架队的 36 位队员，一直以这种不怕牺牲的精神，来回抢运救护伤员。入夜后，担架队又担负起运送弹药的任务，把 100 多箱子弹和炮弹送到二连阵地。17 日，解放军展开反攻追击，担架队跟随部队运送弹药，救护伤员，直到战斗胜利结束。

湖南乡农民陈捷春，16日拂晓得知国民党军在东沈海滩登陆，立即跑往乡政府报告，发现干部已经转移，只留下一张担架床，他扛起担架床向村后走。这时，国民党军已占领东沈白石桥，用机枪封锁公路。陈捷春机智地卧倒，用脚板钩着担架床，一步一步爬过国民党军的封锁线，沿着田坎到马鞍村、港口村找乡村干部。在马鞍村，乡干部安排陈捷春与同乡村民林连成、陈泗明、陈春枝4个人，组成一个担架组，上山救护解放军伤员。当他们把一名负伤的战士抬到一座小山包时，国民党军的飞机在头上盘旋，还有几个飘落到这里的国民党军伞兵用机枪封锁了道路。陈捷春与3名队员把伤员抬到田坎下，连同他们自己一起隐蔽起来，然后从田坎下把伤员安全运送出去。17日，解放军与国民党军在石坛村展开激战，陈捷春带着担架组守在解放军阵地外围，把几名负伤的战士及时运送后方救治。16日至17日，陈捷春的担架组共运送伤员14名、烈士4名，还有一批子弹和食品。

（四）掩护战士

16日上午，几名负伤的解放军战士被送到石埔乡埔上村大祠堂临时救护。妇女刘杏与乡亲们一起，悉心照料负伤的战士。副班长陈良顺负伤后，浑身是血，刘杏为陈良顺擦血迹、换衣服、熬草药汤，尔后立即叫来民兵把陈良顺转移出村庄，送后方救治。刚送走陈良顺，又迎来受伤的通讯员郑来成和战士吴品火。这时，一群国民党兵冲进村里，刘杏请乡亲迅速把郑来成和吴品火抬到自己家里隐蔽起来。冲进村里的国民党兵一拨一拨挨家挨户搜查，郑来成和吴品火担心连累刘杏，手握手榴弹准备冲出去与国民党兵拼了，硬是被刘杏拦住。一拨国民党兵走了，刘杏把两名战士藏好，把家门关闭上锁，然后去隔壁邻居家观察动静。又一拨国民党兵来敲门，隔壁刘大妈上前应对说：“这家只有夫妻二人，丈夫去台湾没回来，老婆去云霄买农具，家里没人。”这样先后骗过四五拨国民党兵，保护了两名负伤战士的安全。战后，刘杏荣立东山保卫战一等功。

石坛村妇联委员沈赛英，带领一个妇女运输队为坚守石坛村的解放军战士送水，并把负伤的战士运回村里救护。当她们准备把 4 名负伤的战士转移出村时，一群国民党兵冲进村里，于是她们把伤员抬回村里隐蔽起来。几个国民党兵闯到沈赛英家，要她烧开水，她说没有草；后来又要她贴标语，她爽快答应，并立即贴了出来，把国民党兵哄走，保护了 4 名解放军伤员。

16 日晨，一位解放军战士在西埔镇与一群国民党兵遭遇。由于寡不敌众，这位战士紧急之下拐弯抹角翻墙跳进一居民家院子。16 岁的女孩方雪华听到门外有动静，正要出门探望，迎头撞见这位解放军战士，毫不犹豫地把他带进家里的一间柴火间，用杂草把他盖起来。国民党军一度占领了西埔镇，挨家挨户搜查个别散落的解放军战士。面对国民党兵刺刀与枪口的恫吓，方雪华总是摇头，“没看见”“不知道”，就这样哄走了国民党兵。17 日午后，解放军发起全面反击，占领西埔镇的国民党军溃逃，这位解放军战士脱险返回部队。战后，方雪华荣立东山保卫战一等功。

16 日晨，一度占领东沈村的国民党军在村里四处搜捕村干部和民兵。乡长和几个乡干部因为忙于安排支前，来不及转移，在妇女叶明花的帮助下，隐蔽在民兵队部隔壁的几间草房里。国民党军搜查到叶明花家门口，架起机枪，大声叫喊：“里面的人统统出来，不然就开枪。”叶明花带着 4 个孩子，沉着地走出来。“民兵呢？干部呢？快说，藏到哪里去？”国民党军端着刺刀威胁叶明花。“我是个寡妇，哪有心思管闲事，不知道什么民兵干部。”叶明花沉着应答。接着，国民党军指着“民兵队部”4 个字说：“这里是什么地方？你装不懂，不老实，枪毙了你！”叶明花仍然镇定地说：“我是个寡妇，几个孩子都管不过来，什么事我都不知道，别人在这里乱写乱画，我懂什么？”国民党军反复叫嚷：“民兵队部就在这里，你怎么不知道他们去哪里了？”叶明花始终咬定：“不知道！”气急的国民党军把叶明花拖到后山坡，把她带到一名被打死躺在山坡上的乡亲的面前，以死威逼叶明花说出干部和民兵，但叶明花还是三个字：不知道！国民党军见硬的不行就用软的，对叶明花说："乡亲，你别怕，国军要长久住在这里，只要你说出干部和民兵，马上给你家送几包大米。"叶明花说："我做田人自己会劳动，自己有米。"紧接着，叶明花也来软的，对着国民党军说："长官，我是一个寡妇，真不知道民兵干部去什么地方，我丈夫死了，儿子被你们抓到台湾去了，你们认识不认识他？"国民党军听叶明花说是国军军眷，又问不出什么来，也就把她放了。叶明花以她的勇敢和机智，保护了乡干部和民兵的安全。

（五）英勇少年

16 日上午，东山县铜陵镇一度被国民党军占领。16 岁女孩李艺君和同龄女孩林东秀，联络家住附近的不同学校、不同年龄、不同年级的谢紫卿、朱卿、陈介儿、陈素麟、陈添全、江丽端、黄铁民等中小学生，书写张贴标语口号，勇敢展开战地宣传鼓动。

16 日早晨，李艺君与往常一样，吃过早饭背起书包，去东山县初级中学上课。走到半路，突然看到街巷里的人慌张奔跑，并且边跑边喊："国民党来了，国民党来了！"整个铜陵镇气氛紧张。她立即跑回家中，寻思着怎么办。刘胡兰的英雄事迹给了她很大的启发，令她萌生了尽自己所能，与卷土重来的国民党军展开斗争的念头。于是李艺君跑到隔壁找到黄铁民同学，商量他们自己能做什么。两人一致认为：书写张贴标语口号，鼓励全县人员与来犯的国民党军斗争。"东山人民团结起来，消灭残余蒋匪帮！""中国共产党万岁！""毛主席万岁！""解放军万岁！"一批标语口号很快写好。李艺君让黄铁民和他的弟弟在门口望风，她独自一人抱着标语冲上街巷，迅速贴到墙上，这样往返几趟，一批写好的标语全部被贴了出去。之后，李艺君带着黄铁民，找到了由林东秀召集的陈介儿、陈素麟、谢紫卿、朱卿、江丽端等同学，两拨同学会合在一起，继续书写张贴标语口号，直到战斗胜利结束。战后，李艺君、林东秀等同学被人们誉为"东山保卫战八少年"。

17日上午11时，解放军追击逃窜国民党军至白埕村。10岁男孩林成发与小朋友林镇福在一段屋角拐弯处遇到一个溃逃的国民党兵，那国民党兵肩背3支枪，身旁堆放4颗迫击炮弹，胆怯地卧在蒲姜丛底下。林成发勇敢地冲到离这个败兵六七步的地方卧倒，高喊："不许动！缴枪！"败兵听见身后喊声，甩掉身上背的冲锋枪和卡宾枪，手握一支驳壳枪夺路而逃。林成发和林镇福背着冲锋和卡宾枪迅速跑回村报告解放军，解放军很快就把这个败兵抓住。战后，林成发荣立二等功。

（六）全省驰援

按照福建省支前指挥部和龙溪专署支前指挥部的部署要求，龙溪地区动员调集民兵7384人，担架1958副，担架队员8817人，船只555只，船工1826人，汽车238辆，以及大批粮食、柴火，迅速投入支援东山战斗。

漳浦县成立支前委员会，内设供应、民工、交通3个组，并以旧镇为支前重点，设立支前站，由县委副书记袁玉酉负责指挥。全县紧急调集船只，组织担架队，并组织民兵护桥、护路、护渡口、护通信线路。旧镇渡口的船工夜以继日，来回运送二七二团等增援部队。四区区委还果断地把旧镇、杜浔公路上来往的30多辆汽车集中起来，以最快速度把二七二团先头部队运送到八尺门渡口对岸的云霄陈岱。四区第一批20副担架，最先到达东山岛，把第一批伤员运回临时野战医院救治；腾出2所学校，供部队设立临时野战医院，并抽调20名医生护士，16名老师和24名中学生，参与伤员救护工作；在漳浦通往东山公路沿途设立开水站和做饭点，为过往部队和担架队提供用水、用饭；调集41900斤大米，661包面粉和6000斤柴草，送往东山。

云霄县在陈岱乡设立支前办事处，协调各项支前工作，确保各类支前人员和各种支前物资及时有序地从陈岱运抵东山。全县调集1233副担架、7399名民工、831名民兵、109只船、650名船工，35万斤大米、1078包面粉、15万斤柴草，支援东山战斗。全县近百名医护人员，分赴各临时野战医院，参与救护伤员。

诏安县调集250名民兵、1035副担架、5385名担架队员、288条船、1101名船工、1700名民工、13辆汽车和52名医护人员，参与支前。县委组织部副部长林洪友担任担架大队长，率先带领近千名担架队员和200副担架赶到云霄陈岱，冒着密集炮火跟随从汕头驰援的四十一军一二二师三六五团抢渡进岛，为该团提供战场救护保障。

东山战斗胜利结束后，为了保证战后恢复，福建省和龙溪专署继续做好以下几个方面的工作：(1) 从诏安、云霄、漳浦、漳州等县市继续向东山调进37万斤大米，保证部队和居民的粮食供应；(2) 由省卫生厅和厦门派出医疗手术组，并从龙溪专区医院和部分县医院抽调一批医护人员配合，进入东山岛为群众医伤；(3) 龙溪专署组织一个由银行、粮食局、供销社、交通局等部门组成的财经工作队，解决东山及全区部队粮食、副食品供应和恢复交通；(4) 龙溪专署及各县进一步健全由财政、粮食、供销、交通运输部门和军分区、县人武部组成的支前办公室，做好平战结合的支前工作。

### 四、支援和参加炮击金门作战①

在持续20年的炮击金门作战中，中共福建省委、省人民政府举全省之力，特别是地处炮击作战一线的厦门、晋江两地党委、政府和广大人民群众，全力以赴支前参战，为赢得炮击作战的胜利作出了重要贡献，

---

① 本条内容参考自福建省委党史研究室：《福建海防斗争史学术研讨会论文集》，2015年，第77—80页。中共厦门市委党史研究室编《厦门民兵与英雄小八路》，中共党史出版社，2006年，第1—378页。王添成编著《“英雄小八路”的光辉历程》，福建教育出版社，2001年，第7—59页。中共厦门市翔安区委宣传部编《英雄三岛精神》，2015年，第65—106页。洪群、叶荣宗、刘志峰，政协晋江市委员会编《围头：“八二三”炮战纪事》，2013年，第92—398页。

显示了人民战争的强大威力。

（一）全省动员支援炮击作战

1958 年 7 月，中央军委关于炮击金门作战行动确定后，中共福建省委、省人民政府迅速行动，部署成立省和各专区、县支前指挥部，党政一把手担任总指挥和第一副总指挥，一名政府副职领导担任常务副总指挥。健全充实各级支前办公室，负责支前工作的组织协调。各职能部门分别组成民兵武装、交通运输、粮油储备、战备材料供应、医疗救护、社会治安、疏散安置等专门工作机构，负责各项支前工作任务的具体组织实施。7 月 25 日，省支前指挥部副总指挥、副省长率省支前指挥部抵达厦门，靠前指挥协调各项支前任务的落实。

全省各市、专区和县，重点是处在战区的厦门市和晋江专区，迅速组织训练基干民兵和支前民工，明确支前参战任务；组织训练战地救护队伍，安排定点救治伤员院所，准备急救药包，动员组织献血人员；筹集和运载粮油副食品、麻袋、担架和石材等战备物资。1958 年至 1960 年炮击金门战斗中，全省共动员民工 48.5 万人次，支援构筑工事 56 万个劳动日，水陆运输各种作战物资 36 万吨。炮击作战准备期间，晋江县卫生局抽调医护人员组成战地救护医疗队，对全县救护队员进行救护技术培训，发动全县各医院赶制急救包，组织义务献血队伍，增加县医院和金井、石狮等几个前沿卫生院外科手术床位。县商业局和粮食局组织 100 多人的采购人员，分赴全国 18 个县（市）采购大米、面粉、生油、鸡蛋、木柴等部队给养，并在金井、石狮开设 12 个地下仓储点，确保就地就近供应。青阳空军机场抢修机库 3 天内急需 3500 立方碎石，县支前办协调发动全县男女老少齐动手，昼夜不停地用手工敲打加工，按时超额完成任务。经过紧张有序的组织动员，至 8 月中旬，晋江全县组织基干民兵 2132 人、民工 3330 人、各类抢修人员 18508 人，救护医疗人员 804 人；筹集大米 504 万斤、面粉 67 万斤、杂粮 2 万斤、食油 11.4 万斤、花生米 3.2 万斤、生猪 1.8 万头、鸡鸭 1.2 万只、鲜蛋 5.3 万斤、柴禾 5.5

万担、木炭1500担、石头2500立方、木头11000多立方、竹竿3500枝、麻袋16500条、担架1037副、机动车1341辆、非机动车4588辆、木船214只，为支援前线作了充分准备。厦门市、同安县、南安县等一线地区的民兵队伍和物资储备等各项支前准备工作都及时到位。

炮击作战准备的七八月间，闽南地区连遭几场台风暴雨袭击，许多道路和桥梁被洪水冲毁，影响参战部队开进集结。各级支前指挥部组织民兵、民工和广大人民群众，昼夜不停抢修抢通。仅晋江县就组织民工15000人，调集各类机械300台，突击奋战一昼夜，修复抢通全县境内水毁路基851米、路面9830米、大小桥梁25座、涵洞6处。在交通要道双沟桥的左右两侧，赶造门桥（方舟桥）和浮桥各一座，形成三桥并行，确保畅通。与此同时，全县动用6000多个劳动日，新修战备公路15条共76.2公里。

### （二）英雄的厦门前线与英雄小八路①

厦门岛与金门岛隔海相望，前沿滩岸相距5海里，处在炮击作战前线的中心位置。解放军炮击作战前线指挥部和一个重要炮群设在厦门岛面向金门一侧的前沿地带。金门国民党军数十万发炮弹落在这里，厦门大学、何厝小学、禾山中学等学校都先后遭到炮击，造成人员伤亡。在何厝村，至今保留着被金门国民党军炮弹炸塌的何厝小学原校址“万顺楼”遗址，见证这场炮战的残酷性和前线军民英勇顽强的战斗精神。

前沿一线的江头、何厝、钟宅、五通、高林、林边、岭兜、塔埔、前埔、黄厝、曾厝垵等乡村组成的厦门市郊区前线人民公社的全体民兵和社员群众，在中共厦门市委、郊委和公社党委的组织下，以高度的政治自觉和热情，全力以赴投入支前。几年间，全公社先后组织1500多名民兵，1700多人的运输担架队，1200多人的道路、桥梁、工事抢修队，500人

① 本目内容参考自《厦门民兵与英雄小八路》，第33—76、134—382页。《“英雄小八路”的光辉历程》，第2—45、84—186页。

的战地救护队，170 人的输血队，240 副担架，690 辆车辆支前参战。炮击作战打响后，前线公社的基干民兵，以连、排为单位，全部配属到厦门炮群的各个阵地，为解放军搬运炮弹，抢修工事。有的基干民兵直接组成炮兵连、炮兵排投入炮击战斗。救护队、担架队冒着猛烈的炮火冲上阵地，对伤员实施就地就近及时有效的救护。林边村留村支前的黄介兴、陈荣香等 23 名男女基干民兵，组成一个新的战斗集体直接参加炮击战斗，有一次连续打炮 4 小时，发射炮弹 300 多发，命中小金门国民党军的一个弹药库摧毁一个炮阵地。此外，还担负抢修工事和公路、搬运炮弹和农业生产的繁重任务。炮战开始不久后，他们连续 20 多个晚上到部队炮阵地帮助抢修工事。仅 1958 年下半年，先后为部队搬运木料、石料 700 多卡车，抢修工事几十处，搬运炮弹近万发，抢修战地公路数百米，还负责耕种全村 300 亩农田，出色完成支前和生产的各项任务，被誉为“林边二十三勇士”。高林村的林清海、林亚育等 11 名青年男民兵，组成“十一人突击班”，专门负责为部队找大石块构筑炮阵地。他们在规定的时间内，踏遍附近大大小小的山头和村庄，找来大批重 100 斤以上甚至重 300 至 400 斤的大石头，帮助解放军炮兵部队迅速垒起了一个个坚固的炮阵地。同时他们还主动帮助负责全村农业生产的“九秀班”妇女挑肥、犁地、播种、收割。塔埔村的黄保护、郑德勇等“十民兵”，长年配合部队站岗放哨和向金门投送宣传品。1958 年 8 月，第一次大规模打击后的一个夜晚，“十民兵”在前沿的一个地堡里执岗上哨。第二天黎明前，远处小金门海面漂浮一个小黑点，渐渐向厦门方向移动。黄保护、郑德勇带着另外 4 位民兵，驾船向小黑点冲去。船靠近小黑点 100 米处，发现这是一张小竹排上面躺着一个人。那人见大陆船靠近，划着竹排调头就逃，黄保护、郑德勇带着另外 4 位民兵驾船紧追不舍，将其逮住，押回厦门。经公安部门审讯，这是一名带着刺探厦门军事情报任务的金门国民党特务。1958 年 10 月 6 日起，炮击作战暂停 7 天，厦门炮群抓紧战斗间隙全面抢修加固阵地。何厝、岭兜、塔埔、湖边、高林、林边、东宅等周边各村民兵开上阵地，会同解放军战士连续奋战三昼夜，运送石头 600 多立方米、木头 200 多立方米、沙土 1000 多立方米，抢修加固炮掩体 20 处，为后续炮击作战作好充分准备。

何厝小学“前线少年支前活动大队”的何明全、何大年、何亚美（女）、黄友春、黄网友（女）、何锦治（女）、黄水发、郭胜源、林淑月、黄火旺、何佳汝（女）、何阿猪、何星赞 13 名同学，坚决要求留在村里，继续以“前线少年支前活动大队”的名义，参加支前活动。吴潮注老师留下来继续指导他们的活动，推举何明全为大队长、黄水发为副大队长、何佳汝为组织委员，并组成接线、修路、洗衣等若干个活动小组，既分工又合作，紧张有序地展开各项支前活动。一个风雨交加的夜晚，天黑路滑，一辆开往前沿阵地的解放军大卡车在何厝小学外的一个路段上打滑，最终撞停在学校围墙上。次日早上，少年支前活动大队的同学们发现后，立即扛起锄头、铁镐、铁锹，冒雨冲向军车滑撞的路段，挥锄扬镐，开沟、排水、填土，很快就把坑洼的路段修复，被卡军车得以脱困通过。刚修复的路段地基松软，加上雨水不停冲刷，后续过来的一辆货车又滑陷泥泞之中，车轮在泥坑里打转。十几位同学们蜂拥而上，硬是用稚嫩的肩膀和双手，协助司机把车子推出了泥坑。同学们紧接着取土填坑，把塌陷的路段再次修复。雨继续不停地下着，修复的路段被雨水反复冲毁。在老师的指导下，同学们展开第四轮抢修。何明全和黄水发，带领几名年纪大点的同学，从一处被炮弹炸塌的墙基上挖取条石，四至六名同学合力，一块一块地抬过来垫在塌陷的路基上，再铺上沙土，终于把这段几经雨水冲塌的道路完全修复。在何厝各条前沿道路上，经常出现这支少年支前大队小同学的身影，会同前线民兵抢修被雨水冲毁和被炮弹炸塌的路段，确保前沿道路的畅通。

少年支前大队的同学们来到通信兵之中学习接线技术，与通信兵一起查线接线。有一天，一个炮兵连指挥部与上级有线通信突然中断。连队电话兵小张迅速出去查线，刚跨出门口，电话铃又响起来，连队与上级的有线通信联络恢复，小张感到愕然。为了查明情况，排除隐患，小张顺着通往连队的电话线向远处巡查。在一处刚接好的电话线旁，小张遇到了何阿猪、何星赞和何大年 3 位小同学，他们手里分别拿着钳子和一段电线。他们向小张叔叔说明，刚才出来巡查电话线，发现这里出现断头，他们用平时学来的接线技术，把断头接上了，请小张检查接得是否“合格”。小张拾起这段刚接好的线头，捏了捏，扯了扯，肯定地说：“合格！谢谢你们。”何阿猪、何星赞、何大年是少年支前大队接线组的成员，坚持不间断巡查通往前沿阵地的电话线，发现线路断头或破损，立即处理解决，如果 3 个人处理解决不了，就请支前大队的同学们一起帮忙，或者直接报告解放军通信兵前来处理解决。一次炮战停歇的间隙，何大年、何阿猪、郭胜源沿着一条堑壕巡查电话线，在何厝村与塔埔村交界的一处十字路口，3 条埋沟穿过路面的线路被车轮压断，线头裸露。何阿猪迅速接好一条线。何大年接另一条线，突然手一阵酸麻，但此时线路正在通话，他便忍着酸麻不适，迅速把线路接好。郭胜源接第三条断线，但拉来拉去接不起来，电话线短了一截。怎么办？郭胜源留在原地看护现场，何大年、何阿猪快跑至附近香山解放军炮兵连阵地报告，连队通信兵携带电话机和一捆电话线迅速赶到现场，把断线接上。乡党委还把全村仅有的一部小学平时用的电话机交由少年支前活动大队值守，作为战时全村对上对外通信联络的值班电话。支前活动大队的同学们全天 24 小时轮班值守，确保各种情况和指令及时准确上传下达。

紧靠何厝村的虎仔山、香山等高地是解放军重要的炮阵地。何厝村及周边几个村的民兵经常上阵地帮助抢修工事、运送炮弹。少年支前活动大队的同学们主动加入抢修工事和运送炮弹的队伍。何明全、何锦治、郭胜源等几位年纪大个头高的同学负责挑土，何大年、何阿猪、何佳汝等几位年纪小个头矮的同学负责铲土装筐。一天下来许多同学手头磨出泡，肩膀磨破皮，都不叫苦不叫累，第二天接着干。有时天突然下起雨来，同学们坚持与民兵一起风里来雨里去，争分夺秒抢修，直到一批工事全部抢修完工。军车把炮弹运送到阵地，同学们闻讯赶来，与战士和民兵一道，把炮弹一箱箱卸下来，再一箱箱抬到阵地。战士和民兵一人扛一箱，小同学们二至四人抬一箱，直到一批炮弹全部送到阵地为止。炮击作战期间，无论白天还是黑夜，无论晴天还是雨天，少年支前活动大队的同学们只要得知有紧急搬运炮弹任务，都自告奋勇参加，为炮击作战的胜利作出力所能及的贡献。

炮击作战期间，何厝乃至厦门全岛前沿一线，实行严格的军事管制，军事目标、重要基础设施、交通要道、前沿村庄和海岸线，都设立岗哨。少年支前活动大队的同学们勇敢地扛起枪，在村庄及周边路口、海岸线，与民兵并肩站岗放哨，配合民兵检查过往陌生人，守护民兵队部、小学校舍等本村重要目标，维护全村治安秩序，协查捕捉可疑人员及敌特分子。由于作战训练紧张，使战士积压了不少需要换洗的衣服。少年支前活动大队的同学们主动开展为战士洗衣服活动。他们先从女同学做起，男同学逐步加入，形成合力，持之以恒。战士们担心累着孩子，把脏衣服藏起来，不让同学们洗。同学们就利用战斗间隙及部队休息日，进入营区与战士们开展文化娱乐活动，借机从战士的床底、空炮弹箱里翻出待洗衣服，硬是抢出去洗涤。洗衣服需要肥皂，同学们就用勤工俭学积累下来的钱购买肥皂，竭力把衣服上的脏迹清洗干净。开始大家都不太会洗衣服，女同学就手把手地教，抓住衣领、袖口、背部等部位洗，提高效率。成批换洗的衣服量大，同学们就把衣服抱到村外的一个清水池塘洗，在池塘里一洗就是一整天，手脚泡在水里都浮肿了，但没有一个人叫苦叫累。为了把洗过的衣服尽快晾晒干送回战士手里，同学们在学校走廊拉绳子，把清洗好的衣服挂在绳子上晾晒，校园成了一个大晾衣场。

在炮声隆隆、硝烟弥漫的炮击作战前沿，少年支前活动大队的同学们一边勇敢地开展支前活动，一边抓紧可利用的时间坚持学习功课。他们把前沿碉堡、坑道、防空防炮洞当教室，以炮弹箱、石头、砖块当桌椅，利用经常防空防炮的时间，请吴潮注老师按照不同年级不同课程分别授课，并认真做作业。这样的“战地课堂”，一直坚持到1958年底炮击作战转入“打打停停”阶段，群众和学生逐渐返村返校才结束，前后历时一个学期，少年支前活动大队的同学们没有因为留守支前耽误功课，反而还能继续跟上新学期的功课。何厝小学“前线少年支前活动大队”的13位同学英勇支前的事迹，通过军内外各级各类报纸电台宣传报道，迅速引起厦门地区各级党政军领导和社会各界的关注与关心。1958年9月10日，共青团厦门市委副书记王绥带队来到何厝小学慰问少年支前大队的13位同学，并把一面绣着“英雄的小八路”的奖旗赠送给他们，并宣读了共青团厦门市委授予何明全等13位少先队员“优秀队员”荣誉称号的决定。从此“英雄小八路”的称号和事迹在全国范围广泛传播，引起党和国家领导人及全国各界关注关心。1958年10月，著名作家田汉率全国文艺家代表团慰问福建前线军民，在何厝前沿阵地亲切看望“英雄小八路”的同学们。1959年3月，少年英雄刘胡兰的母亲胡文秀来厦门慰问前线军民，亲切看望“英雄小八路”的同学们。1960年10月，时任国家副主席董必武视察厦门前线，亲切会见“英雄小八路”代表郭胜源、何佳汝等同学。1960年5月，上海戏剧学院创排话剧《英雄小八路》，于同年“六一”儿童节在福州公演。1960年10月，上海天马电影制片厂创作拍摄电影故事片《英雄小八路》。周郁辉作词、寄明作曲的影片主题歌《我们是共产主义接班人》，随着电影在全国播映而深入人心。1978年10月，共青团中央十届一中全会通过决议，将《我们是共产主义接班人》作为中国少年先锋队队歌。

何厝村青年妇女何惠琴，把不满周岁的女儿交给母亲带着疏散转移去内地，自己留在村里支前。在何惠琴的带动下，同村的何秀琴、何雪珍、何董治、何素华、何金针、何仙锦、何琼玲、何网腰、何网池9位女青年都坚持留在村里，组成“前沿十姐妹”，在炮火硝烟中积极勇敢开展各项支前活动。她们走进军营，找出战士换下待洗的衣服，一件一件洗干净叠好送回战士手中。战士们担心增加十姐妹支前负担，常常把要换洗的衣服藏起来。她们找到连队指导员们，请求指导员动员战士把要换洗的衣服写好名字放在一起，便于她们统一收洗送回。一些战士坚持自己洗衣服，十姐妹就隐蔽在水井附近一片小树林里，等到战士们端着衣服出来，冲上去硬是把战士手中的衣服抢过来洗。无论白天黑夜，只要听到村子附近炮阵地的汽笛声，十姐妹就知道这是运炮弹的卡车到了。她们一齐冲向阵地，与战士和男民兵一道，抢卸抢搬炮弹。炮阵地要抢修加固，十姐妹与男民兵一起扛木头、抬石头，日夜不停奋战在抢修阵地上。

有一次，她们连续奋战三昼夜，把一批急需的石头抬上阵地，保证炮阵地的按时抢修完成。她们冒着炮火，为阵地上的战士送水送饭。她们有时把生地瓜挑上阵地，就地烧煮地瓜汤，把汤一碗一碗送到战士手里。她们与男民兵一道站岗放哨，维护全村治安和前沿安全。在解放军的支持帮助下，十姐妹单独成立一个炮兵班，积极展开训练备战。村里群众向内地疏散转移后，全村 30 头存栏生猪全部交由十姐妹负责饲养。有一次，何荣治和何仙锦在猪舍上饲料，一发炮弹呼啸而来，她们就地卧倒，安然无恙，爬起来继续上饲料；又一发炮弹呼啸而来，她们再一次卧倒，就近躲进一个防炮洞。炮弹爆炸过后，她们冲出防炮洞，把被惊吓逃散的猪群赶回猪舍，尔后沿着交通壕返回住处。岭兜村青年妇女陈玉桂、陈玉燕、陈玉敏、陈玉玲、陈玉娟、陈玉慧、陈玉梅、陈玉琴、陈玉花、陈玉兰，说服家人并征得村领导同意，坚持留在村里开展为解放军战士洗衣服、往阵地上送水送饭、组织战地救护、抢修阵地工事和战区道路等支前活动，并负责养猪、种地等农业生产任务。

有一段时间，厦门地区阴雨连绵，整日在野外作业的战士身上的衣服湿了换，换了湿，无法晾干，最后干脆穿着湿衣服训练施工。陈玉桂等 10 位姑娘在村里挨家挨户借了 120 多件男人衣服，让阵地上的一个连队战士临时着便衣作业。小姑娘陈玉花在一次抢修工事中运石料不慎砸伤了左脚面，她坚持和姐妹们天天一起泡在溪流里为战士洗衣服，结果伤口感染化脓，连队卫生员为她做了手术，伤口一愈合就下水继续为战士洗衣服。有一天上午，10 位姑娘正在离一处炮阵地不远的一条溪流为战士洗衣服，突然对岸一串炮弹呼啸而来，阵地上的战士边喊“卧倒”，边冲向溪流，迅速把姑娘们从硝烟和尘土中拉上阵地。第二天，姑娘像往常一样，继续来到这条溪流洗衣服。在炮击作战最紧张的头半年，10 位姑娘共为战士洗衣服 12000 多件。有一天，陈玉桂挑着 2 桶水往阵地上送，一路上遇到多发炮弹袭击，她利用地形时而卧倒时而跃起，好不容易把 2 桶水送到阵地，但一路躲炮摇晃溢出不少，实际送到的水所剩无几，无法满足战士解渴的需求。陈玉桂回来后，领着姐妹们商量，决定以后每次送水至少要 2 人 4 桶，这样即使途中遇到炮袭溢出一些，但最后还能保证有较多的水送到战士手中。

在紧张激烈的炮击作战期间，10 位姑娘像穿涛擦浪的矫捷海燕，在炮火下不停地穿梭往返阵地，为战士们送去一桶桶清甜的水。一个风雨交加的夜晚，连续奋战四昼夜抢收花生的 10 位姑娘睡得正甜。半夜时分，村党支部书记紧急通知：抢修一段被溪水冲塌的公路，保证解放军的炮车队尽快通过。姑娘们冒雨迅速赶到水毁路段，与男民兵一道挑土运石，一直坚持到第二天傍晚把水毁路段修好，解放军炮车队顺利通过。1958 年 9 月 17 日凌晨 4 时许，岭兜村及邻近的解放军炮阵地遭金门国民党军的炮击。10 位姑娘一边组织留村群众防炮，一边积极展开战地救护。阵地上有 2 名解放军战士被深埋在土层里，陈玉桂和陈玉燕按照连队卫生员的指点，丢开锄头，用手扒土，把 2 名战士迅速救了出来。目睹 10 位姑娘勇敢的支前行动，解放军干部战士都称她们为“穆桂英班”。

塔埔村的林沙央、吴明珠、方越、黄莲莲、傅富治、陈环治、何向 7 位年过半百的大娘，谢绝村领导的关怀安排，坚决要求留在村里，为解放军战士换洗缝补衣服。一天夜里，大娘们正在为战士缝衣服，突然发现碎布没有了。林沙央拿起自己孙子的一条裤子，毫不犹豫地就撕下来用，布还不够，就把儿子、儿媳妇的衣服裤子也撕下来用，后来，家里积下来一批没有袖子的衣服和没有裤筒的裤子。有一天，阵地上的战士们正在修工事，突然下起雨来。林沙央想到战士们一定淋到雨了，而她们帮助洗的衣服还没晾干，便赶紧拿起儿子的4件衣服，径直送到阵地上，此举深深感动了战士们。湖边村的林金治、林招治、杨琼英、林莲治、林素云、林扁治、林亚文、林美琴、林等治、钟亚珠、林玉珍、刘采鸾、林秀凤、林美英、王亚玉、林雪全、林美女、林秋琴、林勤治、林翠语、林宝美、周招治共22名青年妇女组成的女民兵排，一直战斗在炮击作战的阵地上。她们与男民兵一道，冒着炮火抢修工事、搬运炮弹，还要在炮火下抢收抢种生产队的番薯、花生和各种蔬菜，出色完成支前、生产的各项任务，受到前线公社党委表彰，授予她们“花木兰排”的光荣称号。何厝村“前沿十姐妹”、岭兜村“穆桂英班”、塔埔村“七大娘”和湖边村“花木兰排”等前线妇女志愿组织和女民兵执着勇敢的支前行动，获得前线各级党政军领导、部队广大指战员和社会各界的广泛赞誉。

炮击作战期间，厦门前线社会各界全力以赴，确保部队作战和生活所需物资的供应，并尽可能把服务站点前移，方便对部队的供给，百货公司把许多供应点直接设在前沿营区，昼夜不停提供服务。营销员林小秋负责把一个供应点设在最前沿的一幢营房里。他把床铺搭在防炮洞里，与战士同吃同住，一天24小时服务，战士随到随买。供应点门店屋顶多次遭零星炮击，林小秋坚持不撤离，毫不动摇地做好火线服务保障。送货员林勇和曾友昌，冒着不时飞来的炮弹，不断穿梭往返在百货仓库通往前沿充满硝烟的路上，把部队干部战士需要的各种生活用品，源源不断送到供应点。郊区粮食分局把供应站开设到前沿一线驻军较集中的各个村庄，保证对部队及时足量的粮食供应。粮店营业员黄妈信主动向郊区分局和江头中心粮店领导请缨，在高林粮店附设军供站，获得同意。黄妈信领着本店另一位营业员小陈，并得到附近部队的帮助，迅速建成了储粮仓库，大米、面粉、高粱、食油等粮油不断入库。为了避免炮击造成粮食损失，黄妈信采取化整为零的办法，把大批已入库的粮食部分分散存储在几家民房和几处防炮洞里。有时粮库遭炮击，黄妈信动员组织高林村农民一起帮忙尽快修复。为了方便部队购粮，黄妈信简化了许多手续，并且把发票、支票、表报、提单等材料全套装进公文包里，随地办公，快速提粮。一个阵地上的炊事班急等大米下锅，一时又找不到运米的车，给养员急忙来到粮店找黄妈信商量，黄妈信向村里农民借了一架牛车，亲自把大米送到阵地上。位于前线后坑村的米粉厂，在炮火中坚持生产，并且把月产量由 2.3 万斤提高到 3 万斤，不断满足部队的生活需求。

厦门前线人民在炮击金门作战中勇敢支前的行动受到全国上下普遍关注和赞誉。朱德、董必武、彭德怀、陈毅、罗荣桓、徐向前、聂荣臻等先后视察厦门前线的党、国家和人民军队领导，对厦门前线人民拥军支前给予充分肯定和赞扬。董必武亲切看望了“英雄小八路”。全国 20 多个省、市、自治区和国家机关慰问团 50 多个各类文艺团体，先后慰问了包括江头、何厝、高林、岭兜、五通等厦门郊区前线公社各乡村在内的前线军民，分别亲切看望了“英雄小八路”“前沿十姐妹”“塔埔七大娘”“林边二十三勇士”等支前英雄模范集体和个人。《人民日报》、新华社、中央人民广播电台、《解放军报》等中央媒体对厦门前线人民支前的事迹作了大量宣传报道。

（三）英雄三岛[①]

大嶝、小嶝、角屿三岛位于厦金海峡北侧，与大金门岛隔海相望。大嶝距大金门北岸西段突出部古宁头 4000 米，小嶝距大金门北岸东段突出部马山 3000 米，角屿与大金门马山平潮滩头相距约 2800 米、退潮

① 本目内容参考自《厦门民兵与英雄小八路》，第 1—32、77—93、119—128、154—159 页。《英雄三岛精神》，第 65—106 页。

滩头相距1800米。大嶝岛15平方公里，小嶝岛0.6平方公里，角屿岛0.19平方公里，三岛总面积15.79平方公里。1915年，民国福建省政府划大、小金门和大嶝、小嶝、角屿三岛设金门县，归泉州署管辖。1937年10月26日，日军攻陷金门岛，金门县政府迁至大嶝岛，1945年10月抗战胜利后迁回金门，大嶝岛上至今保留着当年金门县政府旧址，被定为省级文物保护单位。新中国成立初期，三岛归晋江专区南安县管辖。1971年3月划归晋江专区同安县管辖，1973年9月随同安县由晋江专区划归厦门市管辖至今。炮击金门作战中，三岛是重要前沿阵地。在各级党委、政府的组织领导下，三岛人民为炮击作战作出重要贡献。

大嶝岛是三岛中的主岛，是解放军的重要炮阵地，集中打击大金门北岸一线国民党军。大嶝乡（公社）领导和民兵、群众团结一心，日夜奋战在支前一线。炮击作战发起之前，全岛男女老少齐动员，顶着狂风暴雨，突击两昼夜，抢修环岛战备公路6.5公里，确保参战部队人员、火炮、弹药按时集结到位。战斗打响后，200多名武装基干民兵，按照连、排、班成建制配属解放军炮兵部队作战，日夜不停地抢修工事，搬送炮弹，战地救护。

妇女群众特别是青年妇女，巾帼不让须眉，奋力投入各项力所能及的支前工作。双沪村许丽柑、洪秀霞、许含笑、许秀乖、许春香、郑换花7位青年妇女，成立女子炮班，直接参加炮击作战。她们努力克服文化程度低的障碍，刻苦训练掌握炮兵射击技术。第一次参加实战，共发射炮弹41发，全部命中3个覆盖目标区，其中2发直接命中金门国民党军的一个物资仓库。战后，她们认真总结经验，射击技术不断提高，持续参加实战。后来，她们陆续成家，生儿育女，但都没有离开炮班，且坚持训练战斗。炮长许丽柑分别为3个儿子起名：炮生、炮群、炮团。她们20多年如一日，参加炮击作战的全过程。据统计，20年间，这个女子炮班先后参加实战3600次，发射炮弹18000发，为炮击作战作出突出贡献。

青年妇女副乡长张韭菜，带领一支由阳塘村 20 多名青年妇女组成的突击队，哪里需要冲向哪里，完成各项支前工作任务。一个大雨滂沱的夜晚，已经连续三天三夜没有合眼的张韭菜，领着进岛部队一个连队的司务长找好安营的房子。得知突击队还在阵地上与男民兵一起抢运石头抢修工事时，她顾不上休息，直奔阵地与大家一起备战，直到天亮前才回家。紧接着她又组织突击队支援一个进岛炮兵连把车炮推出一段泥泞的道路，为后续部队的开进疏通了道路。有一天，张韭菜带着突击队的两位姐妹往阵地上送水。经过一片番薯地时，一串炮弹“嘶嘶”飞来，她们迅速放下水桶就地卧倒。炮弹在她们身旁不远处爆炸，三位姐妹安然无恙。张韭菜挑的一只水桶被弹片击穿一个洞，桶里的水直往外涌。她爬起来毫不犹豫地从自己身上的花布衫撕下一大块衣角，塞住漏洞，把一担水送上阵地。一天下午，张韭菜带着突击队的姐妹从阵地上搜集到 8 大麻袋的战士的待洗衣服和擦炮布，抬到水井边搓洗。擦枪炮的油渍怎么搓洗都无法涤净。于是她们来到村头一座旧庙，砌起灶台，架上大锅，烧开滚烫的水，把沾满油渍的擦炮布放进大锅里一块一块烫洗，一直忙到下半夜，终于把这批沾满油渍的擦炮布洗涤干净。在持续的炮击作战中，这支突击队始终以高昂的斗志和顽强的拼搏精神，出色完成了抢通道路、抢运物资、抢修工事、抢送炮弹、送水送饭、为战士洗衣服等各项急难险重的支前工作任务，被人们赞誉为“妇女铁甲突击队”。大嶝全岛上下齐心协力，一切为了前线，一切支援前线。

小嶝岛是解放军炮兵的一个重要前哨阵地，火力直指大金门北岸东段马山一线国民党军防御工事和设施，被金门国民党军视为“眼中钉”“肉中刺”，先后遭到国民党军 2 万余发炮弹无差别打击，民房基本被摧毁，地表炸成松土，树木全部烧焦。在艰苦的海防斗争实践中锻炼成长起来的青年妇女乡长洪秀枞和乡党支部书记兼民兵营长洪顺利，带领民兵和留岛群众，长期坚持以防炮洞为依托，展开持久的支前行动。部队修筑工事，从岛外船运来大量石头、木头，他们组织民兵，昼夜不停抢运，还发动民兵广泛收集被炸房屋的基石和木板，补充修建工事所需的材料，支援部队迅速筑起完备的炮兵阵地。炮击作战发起后，基干民兵连对连、排对排、班对班配属到解放军炮兵阵地，搬送炮弹抢修工事、抢救伤员。老民兵周枋与儿子周谋荣分别带领一支民兵小分队配属解放军战斗，父子相互支持配合，出色完成抢送炮弹、抢修工事等各项战斗任务。周谋荣带领的青年民兵突击小分队每天往返于码头与阵地之间，抢送抢运大批炮弹与物资，最多的一天往阵地上扛 640 箱炮弹，还把伤员及时抢救下来。在一次战斗中，周枋被炮弹片击中光荣牺牲，周谋荣化悲痛为力量，坚持战斗在炮阵地上。

1958 年 10 月 3 日，洪秀枞带领一批民兵进入前沿无名高地阵地配合解放军的一个炮兵连战斗。金门国民党军以一轮又一轮的强火力对无名高地阵地实施疯狂的报复打击。为了保护民兵的安全，连队指导员请洪秀枞带着民兵撤出阵地隐蔽。洪秀枞和民兵坚持不下阵地，始终与战士们并肩战斗。激战中，一处炮掩体被国民党军击中，解放军炮兵连王副指导员和民兵周枋、邱洋仁、洪天雨、邱永利光荣牺牲。

小嶝岛民兵没有在国民党军的炮弹面前退缩，他们以牺牲的烈士为榜样，坚持配合解放军炮兵胜利完成一次又一次的战斗任务。由郑玉兰、洪珍、曾辛、邱专、李粟、张梅碟、邱荣、许秀霞 8 名青年妇女组成的“八姐妹包扎组”，炮战打响后直接进驻部队开设的救护所，密切配合部队卫生所开展战地救护，在炮火下抢救出数十名伤员。由洪荣昌、洪荣久、洪顺钦和 6 名青年妇女挑水工组成的小嶝运水船，冒着金门国民党军的炮火袭击和飞机轰炸，十几年如一日，不屈不挠地航行在小嶝至角屿的海上交通线上，把淡水及各种给养源源不断地送到角屿解放军守备连。由洪顺利带队的民兵海上巡逻战斗小分队，会同解放军在海面和前沿滩岸俘获多股金门国民党武装特务，多次成功配合解放军侦察兵执行越海“捉舌头”、搬炸弹、取地图、察地形等侦察行动。由洪秀枞任组长的对敌宣传组，利用空酒瓶、空玻璃瓶、空竹筒从海面“漂”和风筝从空中“飘”的办法，把大量宣传单、宣传品送到金门岛，配合地面炮兵的军事打击，开展“心战”宣传。整个小嶝岛成为炮击金门作战中一座坚强的前哨战斗堡垒。

角屿是一个距大金门岛仅3000米的前沿无居民小岛。岛上驻有解放军一个守备连和一个对金门有线广播组，成为解放军炮击金门作战和开展海防斗争的一个前哨阵地。金门国民党军不断以密集的炮火，对这个弹丸小岛实施持续的地毯式打击，并且不断派遣小股武装特务袭扰，千方百计拔除这把“插在心窝”的尖刀。大嶝、小嶝人民把角屿作为三岛整体的一个重要组成部分，在给养等方面给予驻岛解放军守备连和广播组充分的保障。小嶝渔民运水船，冒着国民党军炮火的追踪打击，数年如一日，源源不断把生活用水等各种给养送上角屿。解放军守备连和广播组的官兵身处小岛，心系祖国和人民，坚持以苦为荣、以苦为乐，不怕牺牲勇敢战斗。守备连的官兵在国民党军经常性近距离的炮火袭击下站岗执勤，及时准确地掌握对面国民党军兵力部署、阵地构成、武器装备更换等情况，为炮击作战和海防斗争提供一线的真实情况。广播组的官兵长期住在狭窄潮湿的地堡中，坚持在炮火下抵近广播，把国防部、外交部、解放军福建前线部队指挥机关关于炮击金门作战的一系列重要文告和大量大陆亲友的信件、喊话及时地传向对岸，密切配合各个阶段的军事、政治和外交斗争。

在持续20多年的炮击金门作战中，大嶝、小嶝、角屿三岛军民努力践行“艰苦奋斗，甘于奉献、不怕牺牲”的革命精神，军爱民、民拥军，同呼吸、共命运、心连心，形成一种强大的向心力和凝聚力，为支援炮击作战作出突出贡献。这里先后涌现出大嶝岛民兵营、小嶝岛民兵营、双沪女子炮班、阳塘妇女铁甲突击队、小嶝岛渔民运水船、小嶝岛八姐妹包扎组等全国、全省先进模范民兵集体和群众支前组织，涌现出洪秀枞、洪顺利、张韭菜、周谋荣、洪秀德等全国民兵英雄模范人物。民兵周枋、邱洋仁、洪天雨、邱永利在战斗中光荣牺牲，被追认为革命烈士。

大嶝、小嶝、角屿被人们誉为“英雄三岛”，得到前线各级党政军领导机关的充分肯定。人民日报社、新华社、中央人民广播电台、解放军报社等中央媒体，以及福建日报社、福建人民广播电台、厦门日报社、厦门人民广播电台等地方媒体作了大量的宣传报道。

（四）英雄的围头[①]

围头及围头半岛位于大金门岛以东，与大金门岛东海岸相距5.2海里。整个半岛包括晋江县金井乡的围头、湖厝、塘东、晋井、南江、石兜、大石、寮头等15个村。总面积约10平方公里，其中围头村3平方公里。半岛东侧为金沙湾，西侧为围头湾。围头村处于半岛最前端，也称围头角，是两岸对峙的前沿。1949年10月19日，即厦门解放的第三天，围头就遭到国民党军飞机投下的12枚重磅炸弹的轰炸，造成27人伤亡，数十幢民房被毁。之后，围头半岛地区屡遭金门国民党军的炮击、枪击和海上袭击劫持。中共晋江县委1961年12月18日的一份海防斗争工作总结揭示：1949年10月至1961年12月，围头半岛地区先后遭受金门国民党军17次282人的小股武装袭扰和百余次的轰炸、炮击，死伤渔民87人，被海上抓捕、抢劫渔船、商船55批495人，给围头半岛地区人民造成严重灾难。

1958年8月23日开始，解放军炮击金门作战在围头的东侧一线和西侧一线，分别构设陆军炮兵阵地和海军岸炮阵地，重点打击大金门料罗湾的国民党军海军舰艇及其他海上目标，封锁金门的海上运输线。解放军炮兵指战员以英勇顽强的战斗意志和精确的战术技术，出色完成各项战斗任务，给料罗湾一线国民党军以沉重打击，但也遭到金门国民党军的猛烈反击。据不完全统计，在整个炮击作战期间，仅围头村就先后遭到金门国民党军5万多发炮弹的打击，全村的民房基本被摧毁，解放军炮兵不断有指战员伤亡。特别是西线的海岸炮阵地，对大金门料罗湾

① 本目内容参考自《围头“八二三”炮战纪事》，第92—376页。

构成直接威胁，遭金门国民党军炮火惨烈反击，因此涌现出被誉为“共产主义战士”的海岸炮兵战士安业民等一批解放军炮兵英雄。

中共晋江县委和县人民政府，组织动员全县人民尤其是金井、围头的民兵和群众，全力以赴支援围头前线解放军炮兵作战。炮击作战发起之前，金井全乡迅速动员组织起参战民兵 6 个连 615 人，担架队 233 副担架 1503 人，救护队 22 组 249 人，海上救援队渔船 21 只 126 人，通信队 60 人，陆地救援队 36 组 402 人，战时民工队 1615 人，洗衣组 1162 人，补衣组 862 人。围头、塘东等前沿 15 个村 2001 户家庭 9167 人，按照统一组织安排转移后方 8103 人，1154 名民兵和强劳力留村支前生产，与邻村的民兵和支前民工共 6219 人，组成战斗、运输、抢修、救护、通信、炊事等队伍，编入解放军炮兵战斗序列，与部队指战员并肩作战。8 月 23 日下午 5 时，驻围头海军岸炮部队指挥所召开紧急会议。驻围头村的金井乡党委副书记黄礼准、县海防部干部王远章、金井乡公安员吴明月、围头村党支部书记蔡远芳、村民兵队长洪祖堤应邀参加会议。海岸炮一五〇连副指导员魏超传达炮击金门前线指挥部命令，并进行战斗动员，对地方民兵和群众支前提出要求：（1）围头武装基干民兵连立即进入东线战区，整装待命；（2）普通民兵立即组织支前运输队，配合西线部队作战。10 分钟的紧急会议结束后，黄礼准等立即赶回村民兵队部进行具体部署，成立以黄礼准为领导的围头前线指挥所，并作了明确分工：洪祖堤带领武装基干民兵连进入东线坑道待命；民兵副指导员（后任围头村首任大队长）洪孝子带领 20 多名运输队进入西线海岸炮阵地待命；民兵副队长吴伯谅、村妇女主任陈淑泉，负责女民兵后勤组，担负东、西二线阵地的救护、伙食、饮水、物资供给；吴明月带领围头治保会人员留守，负责战时社会治安、掩护普通群众转移撤退，并协调东西二线的人员调配、通信联络。与此同时，金井全乡各支前队伍迅速开赴围头前线。8 月 23 日下午 5 时 30 分，炮击金门作战打响，围头前线支前民兵和群众组织立即进入阵地，配合解放军作战。

按照战前的预判和部署，围头村武装基干民兵连大部分进入东线阵地，为陆军炮兵搬运炮弹。经过一天的战斗，发现主要战斗集中在西线海军岸炮阵地，东线基干民兵连除了保留两条抢救船外，人员都转移到西线，加强对海军岸炮阵地的支援力量，为解放军搬运炮弹、抢修工事、抢救伤员等等。开始是两人抬一箱 2 发炮弹，重 180 斤。后为了加快搬运速度，后来干脆一人扛一箱。16 岁的小个子民兵洪建财，自身体重只有 80 多斤，本来一次扛一发炮弹就很吃力，后来他看大家都是一人一次扛一箱 2 发炮弹，也鼓起勇气扛起 2 发炮弹往阵地上跑。炮击作战半个月里，所有进入阵地的围头武装基干民兵与解放军干部战士同吃同住同战斗。打炮的时候为部队扛炮弹，不打炮的时候与部队一起抢修工事，并且主动兼做战地救护，第一时间把伤亡的干部战士从阵地上抬下来，交给救护队和担架队。安业民被烧成重伤后，小个子民兵洪建财第一个冲上去，与几个战士一起把他从炮位上扶下来，交给救护队和担架队。

围头村妇女主任陈淑泉，带领洪秀燕、洪秀治、吴碧琼、洪美红、吴秋红等 10 位女民兵组成救护队，于 8 月 23 日炮击开始当天进入西线海岸炮阵地救护。第二天，晋江三中救护队进入西线阵地接替救护任务。陈淑泉救护队改做送水送饭等后勤保障。她们二话不说，拿起扁担，挑起水桶，每天穿梭在炮火中为部队送水。除了为部队干部战士送开水之外，还要为冷却炮管送大量冷水，每个炮位和每一门炮附近都有一个水坑，一个水坑可以装几十担水。陈淑泉带大家冒着炮火往阵地上送水，平均每天要为阵地上送开水 500 担，冷水 2000 担，确保解放军干部战士渴了有水喝、每个炮位和每门炮的水坑随时储满水。有一次陈淑泉和吴秋红往阵地上送开水，过交通壕时跌倒，几桶滚烫的开水倒在她俩的脚面上，烫起大水泡。她们忍着疼痛，坚持赶回村里重新挑上两担开水送上阵地。与此同时，她们还要负责为大批支前民工做饭。这 10 位女民兵的家人都转移到后方，家里上有老下有小，有几位女民兵的孩子都还不满周岁，她们毅然让孩子断奶，全身心投入支前。晋江三中 28 名男女学生组成的救护队，8 月 23 日当夜赶到围头，8 月 24 日进入西线海岸炮阵地展开救护。队员蔡玉霜同学被安排在安业民所在的海岸炮一五〇连负责救护。

有一天晚上，蔡玉霜在掩蔽部护理一名腰部受伤并昏迷的战士。这名战士醒来时，听到指挥员下达射击口令，不顾伤口的疼痛，冲出掩蔽部，奔上炮位，连续射出几发炮弹后，又被战友们送回掩蔽部。这天晚上，蔡玉霜静静地守候在这名受伤战士的身边，为他换药，喂他吃药，直到第二天由担架队送到后方医院。解放军战士英勇顽强的战斗精神深深感动了蔡玉霜，她冒着纷飞的炮火，先后为安业民等一批受伤的干部战士实施适时的包扎救护，付出了辛勤的劳动，作出了突出贡献。队员蔡元桂同学，有一回正在给一个负伤的战士包扎，一发金门国民党军的炮弹在附近爆炸，解放军弹药库附近着火了，火苗迅速向弹药库蔓延。蔡元桂敏捷地抱起一件棉袄，浸泡了水，朝火烟猛扑过去，很快就把大火扑灭，保住了弹药库的安全，自己的手和脚却被烧伤，脚上烧起了一片大水泡。他坚持不下火线，继续为负伤的战士包扎救护。

晋江三中救护队的同学们在围头炮阵地上连续奋战 10 多天。打炮了，他们与战士和支前民兵一起搬炮弹；有伤员就做急救包扎，扶下火线交给担架队送往后方；此外，他们还与战士、民兵、民工一起扛木头、抬石头；男同学利用战斗间隙为战士理发、女同学利用战斗间隙为炮兵战士洗衣服，成为解放军炮阵地上一支全职的支前生力军。围头村大队长洪孝子，果断决定推迟婚期，自告奋勇担任担架队队长，带领全队人员冒着金门国民党军的炮火，出生入死从火线上抬下近百名伤亡的解放军干部战士，一直到 1961 年炮击作战转入新阶段后才把婚事办了。晋江三中也组织了一支担架队，与围头村的担架队密切配合，尽心尽力抬救解放军伤员。8 月 23 日夜，晋江三中担架队队长许仲谋带领 12 名同学，负责从围头把安业民等 3 名严重烧伤的伤员抬往后方医院救治。没走多远，安业民烧伤的背部被担架的粗麻绳摩擦得疼痛不已。许仲谋和另外两名同学把上衣和外裤脱下来，垫在安业民的背上，使烧伤背部不再被担架的粗麻绳摩擦。走到半路，安业民昏迷了，许仲谋组织同学用背心到附近一条清溪流汲水拧滴入安业民的口中。这时，正好有一位往后方转移的妇女背着小孩，一手提一个包袱，一手拎一个热水瓶，与担架队相遇。许仲谋向这位妇女要了水，往安业民嘴里灌了几杯，终于使安业民苏醒过来，安全送到后方救护所。战斗打响 3 天后，开始边打边抢修掩蔽工事。白天打炮，晚上施工。白天的炮阵地，晚上成了大工地。拉材料的军车一到，战士、民兵、民工、救护队、担架队、后勤保障等人员一起上，扛木头、抬石头、搬水泥、挑沙土。经过军民合力突击抢修，围头炮兵阵地迅速构筑起较完备的掩蔽工事。

晋江县金井乡 1959 年的一份支前工作总结统计：1958 年 8 月 23 日至 1959 年 3 月 15 日，全乡共为部队提供石块石板 13800 多立方。1958 年 9 月 4 日，部队急需 1200 立方石块，乡党委发动全乡男女老少连夜筹集，不到 4 小时就超额提供 1500 立方石块。坑口村群众冲过金门国民党军炮火封锁线，上山挖石头，许多村民把自家的石埕、石墙拆了，为修筑前线炮兵阵地工事提供石料。有的侨眷把准备盖新房子用的石料捐出来，支援修筑前线炮兵阵地。乡建筑社成了一支抢修工事的突击队，哪里需要上哪里，随调随到，按时保质保量完成抢修任务。1958 年 8 月 23 日至 1959 年 3 月 15 日，全乡共计调动建筑工人和民工 27681 人（次），投入工日 140175 个，挖搬石头 20000 多立方，搬运木头 28300 多根，突击修成紧急战备公路 11 条 37 公里，挖掘防炮坑道 4520 米，各种工事 146 个，地下弹药库 12 个，为炮击作战提供强有力的保障。

金井乡供销商店接到战备动员后，立即组织 20 多人，跑了全国 18 个省及大中城市，采购部队需要的食品，同时控制战备物资对社会市场的供应，确保支前的需要。参战部队急需 1000 条棉被，商店组织动员 100 多名职工突击加工一昼夜，按时保质保量完成任务。炮击作战开始后，供销商店专门设立支前物资供应站，简化供应手续，甚至直接送货上门，有的在防炮洞设门市部，有的在掩蔽处设小市场。金井粮站专门设立军人粮店，并且冒着金门国民党军的炮火，在前沿湖厝村挖建一个地下粮库，便于对前线部队的粮食供应。金井乡党委组织全乡各村在台风暴雨过后抢种各类应时蔬菜，每天早上把 3000 多斤蔬菜送上阵地炊事班。1958 年 8 月 23 日至 1959 年 1 月 15 日，金井全乡共计向围头前线部队供应猪肉 93539 斤，牛肉 6725 斤，海产品 188600 斤，蔬菜 645000 斤，蛋品 6062 斤，鸡鸭 741 只，大米 1236190 斤，面粉 156770 斤，花生油 47790 斤，花生米 15926 斤，大豆 39990 斤，杉木 311 立方米，柴禾 1732100 斤，麻袋 21226 条，麻绳 3000 条，簸箕 1560 担，铁 2250 斤，以及其他食品、副食品等战备物资，基本满足部队需要。

处在最前线的围头村在炮火下组织生产自救，把留村的男女壮劳力组织起来，管理全村的农作物和数百头跑散的家猪，既满足本村支前民兵和支前民工的生活需要，也安排部分食品供应前线部队。女民兵谢逸方和谢燕燕，配合前线部队设立的战地广播站，用闽南话和普通话进行双语播音，宣传部队的战绩和战士的英雄事迹，支前民兵和民工的好人好事，报纸上的重要消息，全国各地寄来的慰问信等等，还有俩人独唱或合唱革命歌曲，鼓舞部队和支前民兵、民工的士气，活跃战地气氛。1953 年，晋江军分区在围头设立对台宣传站，组织围头民兵和群众通过放风筝和放竹筒，向金门“空飘”“海漂”宣传品。1958 年炮击作战期间，女民兵吴碧霞担任宣传站站长，带领围头民兵和群众冒着猛烈的炮火，向金门“空飘”“海漂”国防部部长彭德怀元帅《告台湾同胞书》和国民党军官兵在大陆亲属的信函等内容的传单。炮击作战最激烈的半年内，围头共有 144 人参与“空飘”“海漂”活动，放出传单 23 万份，90% 以上送到了金门岛上。

炮击金门作战进入打打停停和打宣传弹阶段后，围头前线民兵和群众展开常态化的支前和海防斗争活动。1961 年，围头在民兵营的基础上组建“围头民兵哨所”，编制武装基干民兵 10 人，配备武器、观察器材、通信工具等，属于一类海防民兵哨所，执行巡逻查滩、站岗放哨、执勤警戒、观察瞭望、防上防下、维护治安等任务，带领民兵支前参战和配合驻军平时的各类军事行动。1961 年至 1979 年，围头民兵哨所会同民兵营出色完成了反小股、防外逃等战斗任务，抓获企图外逃人员 53 人、武装特务 37 人。1980 年之后，根据新时期海防斗争的新情况新特点，围头民兵哨所与时俱进、卓有成效地开展工作，先后被南京军区、福建省军区分别评为“海防先进民兵哨所”和“防内潜外逃先进单位标兵”。

1963 年秋，围头基干民兵连组建了一个“安业民炮班”，在解放军海岸炮兵安业民炮班跟班训练。进行过实弹试射，准确命中目标。完成实弹试射后，主要执行打宣传弹战斗任务，无论是白天黑夜还是刮风下雨，每当围头广山上战斗警报“海军钟”敲响，安业民炮班的民兵立即放下手上的农活或家务活，从全村各个角落迅速奔向炮位，展开战斗。1964 年 9 月的一天，安业民的父母亲在厦门参加安业民烈士迁墓安葬仪式后来到围头，看望安业民烈士生前所在部队指战员和围头民兵“安业民炮班”，给全体围头前线民兵以极大的激励和鞭策，促进围头前线民兵更加积极努力地开展拥军支前活动。根据海防一线斗争任务的需要，围头组织发动民兵和全村群众积极参加射击投弹，“空飘”“海漂”、站岗执勤等海防斗争活动，努力实行“全民皆兵”。全村有 10 多对男女青年民兵在支前参战中建立友谊、产生爱情、结为夫妻。有的家庭“全家皆兵”。20 世纪 60 年代，民兵连指导员洪我洲一家 8 口人，除 2 岁的儿子外，50 岁的母亲、2 个弟弟、2 个妹妹和他们夫妻俩共 7 个人，全部参加步枪射击训练，并且都练出了一手好枪法。有一次村武装基干民兵连组织实弹射击，一家 7 口人同时上阵，7 支步枪 7 个家人一溜排开，枪响靶中，报靶员一一举起小红旗报成绩，博得全场鼓掌叫好。大妹洪玉婵是步枪特等射手，二妹洪玉环还参加围头民兵安业民炮班。后来，玉婵和玉环采纳晋江军分区一位参谋的建议，分别改名为爱武和奇志。

围头民兵和群众在炮击金门作战中英勇支前参战的行动，得到军队和地方各级领导机关的充分肯定和高度赞扬。炮击作战中，围头民兵共有12人荣立二等功，55人荣立三等功，144人受到各级表彰。先后有洪孝子、洪祖堤、洪建财、蔡玉霜、陈淑泉、吴秋红、吴秋树、蔡远芳、蔡佰忍等9位同志出席全国民兵代表大会，分别受到毛泽东、朱德、周恩来、彭德怀等中央领导的亲切接见。著名作家刘白羽深入围头采访创作了《美丽的围头》《金井初夜》《火光照红海洋》等一批反映围头民兵和群众在炮击金门作战中英勇支前参战题材的优秀文学作品。1960年，由围头民兵自编自演的报道剧《英雄的前线民兵》由福建省选送晋京演出，朱德等中央领导出席观看并亲切接见了剧组的全体同志。全国政协原副主席、原福州军区司令员杨成武上将1991年视察围头，并题词：英雄的围头。

## 第四节　平战结合的海防交通建设①

福建多山面海，交通条件差，交通基础设施薄弱。新中国成立后，中共福建省委、省人民政府根据中共中央、中央军委对福建工作的总体要求，从经济建设和海防建设的全局出发，统筹规划全省交通建设，不断完善平战结合的陆海空交通网。

### 一、公路建设

从1949年10月开始，为了配合人民解放军进军福建解放福建和海防斗争。福建着力规划修建由闽西、闽北通往福州、厦门及江西、浙江，以及连接闽东、闽中、闽南沿海一线的公路交通网。

1950年6月，改建崇安分水关至南平、建瓯经福州至厦门的两段公路，采取边测量、边施工、边通车的方式推进。1950年10月，自建阳

① 本节内容参考自《福建海防斗争史学术研讨会论文集》，第1—9页。

经浦城至浙江江山，自海澄嵩屿经龙溪、龙岩、长汀至江西瑞金的两条通往省外公路修复通车。1950年5月，连接闽浙两省的重要海防公路国道104线福州至福鼎分水关段全线测量设计，1954年建成福州至罗源97公里，1955年12月建成罗源至福鼎分水关段，打通闽东沿海至浙东沿海的重要通道。1953年建成福清真武殿至大丘全长63.31公里的东部沿海南北纵线，把海防交通线推进到与平潭岛隔海相望的大丘前沿。1954年建成云霄双山经东山八尺门码头至东山旧城关码头全长32.54公里首条大陆联系东山岛的海防交通干线。1955年6月至1959年，建成福州北门经连江飞石、黄岐半岛至北茭海军基地全长119.85公里的海防交通线。1955年建成衔接国道104线宁德飞鸾至礁头10.8公里的闽东沿海交通线，把闽东沿海的海防交通点推进至三都澳对岸。1955年开始修建连贯福建南北腹地的政和、安溪至永泰嵩口线，至1966年全线贯通。1955年开始修建连贯闽西腹地将乐新路口至闽南厦门集美的海防线，至1966年全线贯通。1957年开始采取分段施工、边建边通行的办法，修建闽清五峰桥至莆田秀屿沿海交通线。此外，新建和改扩建的福州至宁化五里亭线、福州至永定的三层岭线、将乐盖洋至武平万安线、建宁至连城文亨线、永安岭头至南靖和溪线、仙游郊尾至平和松柏关线、莆田涵江至仙游沧溪线、寿宁枫树洋至福安湖塘坂线、福鼎沙埕至霞浦闾峡线、浦城花桥至崇安线、政和暗桥至建瓯线、泉州后渚至永安茅坪线、晋江围头至武平禾仓坑线、宁德下塘至建宁甘家隘线、霞浦小古镇至浦城线等连贯福建东西南北的公路交通网，于新中国成立10周年前后先后建成通车。

1962年后，为了适应东南沿海紧急战备及之后长期战备的需要，福建全省进一步加快平战结合的公路网建设，至1976年底，全省公路通车里程从60年代初的945公里迅速增加到35752公里。在这期间，注重加大战备公路桥梁的修建。1971年9月，福州乌龙江大桥建成通车。至1978年，全省新建改建大中型桥梁779座，其中大桥142座，大大改善战备公路交通条件。与此同时，全省注重加强战备运输队伍建设，不断增强战备运输能力。1963 年 7 月，交通部设立半军事化车队“华东区汽车运输局第一大队”，驻扎闽北建阳，大队下设 4 个中队，配备解放牌载重货车 200 辆，干部、职工 850 多人。全省可供战备需要的客运货运车辆大幅增加。

## 二、铁路建设

1949 年 10 月，陈嘉庚作为中央人民政府的一名重要成员，提出修建福建铁路的建议，并得到毛泽东主席的认同。1950 年 10 月，中国人民志愿军赴朝作战，中央军委和毛泽东主席对华东军区提出务必确保厦门的福建海防部署。1952 年，政务院研究制定新中国第一个五年发展计划，统筹经济建设和国防建设全局，确定修建从鹰潭经资溪、邵武、南平、永安、漳平至厦门的鹰厦铁路。1955 年 2 月，刚从朝鲜班师回国的人民解放军铁道兵 7 个师，由副司令员郭维诚、刘克率领，开进鹰厦铁路沿线各主要路段，在闽赣两省 10 万民工的配合下，展开修建鹰厦铁路建设大会战。

穿越闽赣交界的武夷山脉和闽南与闽北的分水岭戴云山脉，是修建鹰厦铁路最关键且最艰巨的工程地段。铁道兵部队发扬朝鲜战场上修筑炸不烂的“钢铁运输线”的一往无前的精神，逢山凿洞，遇水架桥，昼夜不断奋战在赣东、闽北、闽西的崇山峻岭之中。长达 1600 米的武夷山大禾山隧道，山体大都是硬质花岗岩，是整个鹰厦铁路工程的“硬骨头”。铁道兵部队从南北两端开凿对掘，尔后又在山腰上打出一口 217 米深的斜井，再由井底向南北两端开挖，加快施工进度。施工部队还开动脑筋搞技术革新，开掘进度由日进 1.7 米提高到 5.8 米，甚至出现日进 19.5 米的最高纪录，比原计划提前 5 个月凿通这条武夷山“心脏”隧道。

穿过武夷山之后，铁路线在富屯溪、沙溪等河谷和山岭之间盘旋，以 22% 坡度爬上戴云山顶峰。峰岭南北群峰连绵，奇岩突兀，在 40 公里长的距离内需要开凿13条隧道，架设7座大中型桥梁，打通123处涵洞，填挖869万多立方的土石方。面对这样一种地形复杂、工地密集、工程量浩大的情况，施工部队采取大爆破的方法，部队指战员和民工每天三班倒日夜不停施工。在数十公里长的作业现场，凿岩机钻岩的哒哒声，响彻整个山谷。入夜后，灯光如昼，整个施工现场好似一座不夜之城。

铁路线推进至漳州角美。如何从厦门岛外进入厦门岛内，原先设计方案是从南山经灌口绕道同安霞店，然后沿杏林湾东侧延伸到集美再跨海堤至厦门。陈嘉庚认为绕杏林湾不妥，建议从角美经灌口向东至杏林，修一条杏林至集美的海堤后再跨集美至高崎海堤进入厦门。苏联专家认为，修建不透水海堤需要钢板桩，这种钢材供应和投资都难以解决，修海堤不可取，否定了陈嘉庚的建议。针对苏联专家提出的理由，陈嘉庚给陈云副总理写信，说明就近采石筑堤的可行性。后来，叶飞陪王震视察厦门海堤，汇报了陈嘉庚修筑杏集海堤的建议。王震赞赏陈嘉庚的建议，召集苏联专家和技术人员共同分析比较两种方案的利弊，最终说服苏联专家采纳陈嘉庚的建议，并把修建厦门海堤的全部人员和设备转移过来修建杏集海堤。

经过10万军民一年半的艰苦奋战，至1956年12月9日，穿越武夷山脉和戴云山脉47条隧道、1658处涵洞、159座大中小桥梁，跨越杏林至集美和集美至厦门高崎两条共6公里的海堤，全长697.72公里的鹰厦铁路全线胜利建成。1957年4月12日全线通车。

1956年3月，连接鹰厦铁路的南平外洋至福州的全长194公里的铁路动工兴建，1959年12月1日全线建成通车。1958年，连接鹰厦铁路的漳平经龙岩至永定坎市全长98公里的漳龙坎铁路动工兴建，1961年全线建成通车。

### 三、海堤建设

福建全省沿海岛屿众多，形成一道天然的海防屏障。新中国成立后，为了确保沿海岛屿特别是厦门、东山等重要岛屿的海防安全，并推动海岛经济社会发展，中共福建省委、省政府积极争取中共中央和中央军委的支持，会同驻闽人民解放军，采取修筑海堤的办法，架起海岛与大陆的交通。

（一）厦门海堤[①]

1950 年 9 月，陈嘉庚先生从新加坡回到故乡集美定居，向时任厦门市市长梁灵光建议，仿效新加坡与马来西亚修筑海堤的办法，在集美与厦门高崎的海域之间修建一条海堤，把厦门岛与大陆连接起来。1951 年 4 月上旬，华东军区陈毅司令员在第十兵团兼福建军区叶飞司令员陪同下，视察厦门前线，梁灵光向陈毅提出修建厦门海堤的建议。不久后，陈毅在中共中央政治局的一次会议上汇报东南海防战备工作情况时，提出修建厦门海堤，得到毛泽东的同意。1952 年底，陈毅在中共中央的一次会议上再次提到修建厦门海堤，毛泽东明确指出：厦门海堤早修为好，钱交给你，由你陈毅负责。叶飞电话通知梁灵光从厦门赶赴南京找陈毅领受任务。陈毅对梁灵光说："项目中央批准了，钱也有了，1300 万包干，事情由你们去做，做好了我给你们庆贺，做坏了大家各打五十大板。"在这期间，根据中共中央有关会议精神和毛泽东的意见，政务院于 1953 年 8 月作出《关于修建厦门市高集海堤工程的决定》，并批准了《厦门高集海堤计划任务书》；交通部提出《关于厦门高集海堤工程初步设计及审核意见》；苏联专家沙士可夫提出《对于厦门市高崎集美海堤工程的设计与施工上的建议》。中共福建省委和省人民政府多次召开专题会议，研究厦门市高集海堤建设。省里设立高集海堤工程建设委员会，已调任省工业厅厅长兼省财委副主任梁灵光任工程建设委员会主任，厦门市市长张维兹、副市长冯大勋任工程委员会委员，负责海堤工程的具体

① 本目内容参考自中共厦门市委党史研究室编《移山填海——厦门海堤建设述略》，中共党史出版社，2008 年，第 1—372 页。

组织指挥；同时设立高集海堤工程管理局，掌握工程建设日常具体工作，叶飞负总责。

1953 年 6 月 17 日，厦门市高集海堤工程指挥部成立，海堤工程正式动工修建。至 1953 年底，完成勘测、钻探、绘图、整理资料、试验性施工、技术、设计等工程准备工作。1954 年 1 月，海堤工程全面施工。综合考虑地质、水文、材料、劳力、技术和防空防炮等方面的因素，决定充分利用当地丰富的花岗岩资源，抛石筑堤。一万余名石匠、民工、技术人员和行政干部参加海堤工程建设。

采石场集中分布在环厦门港南北岸的厦门、龙溪两地沿海的殿前、寨上、神山、湖里、东渡、梧村、厦港、鳌冠、打石坑等大小几十座山头上。晋江地区从惠安等县挑选 4000 多石匠参加开山采石，龙溪地区派出专职干部到海澄打石坑和海沧东屿村大平山（当时海沧归龙溪县管辖）两个大采石场，就地组织石匠开山采石。1954 年春节临近，根据工程进度要求，指挥部决定春节不放假。数千名石匠因为春节不能回家过年发愁。晋江和龙溪两个地区派出干部深入石匠家庭，挨家挨户慰问，得到亲属的理解和支持。1955 年初，工程急需 5000 多立方块石，指挥部决定在湖里南山石场进行一次大爆破，危及附近驻军一座弹药库。驻军首长亲临现场，组织 60 辆卡车，把仓库里的所有弹药搬运至安全地带，待大爆破完成后，把 60 辆满弹药的卡车开回仓库卸车重新存放。在高崎至集美海面上，每天有三四百艘船只来回穿梭运送石材。

在一道宽 3 公里的海峡间抛石筑堤，这在中国修堤史上尚属首创，面临着许多需要探索的技术问题和施工操作问题。专家、技术人员和工人集思广益，群策群力，逐个加以解决，确保海堤工程科学、务实、高效、保质、安全推进。首先碰到的技术问题是海堤护坡的承受力问题。厦门海湾风大浪急，遇上台风季节，海潮的冲击力就更大。海堤外层护坡需要多大的石块？怎么砌法？原先设计为用每块 3～5 吨的大石块砌护坡。这么大这么重的石块，从开采到海上运输、抛卸，人力施工很难做到，而且成本很高。总工程师殷孝友带领技术人员进行技术攻关。他们拜老石匠为师，参观吸取闽南一带古代和现代一批护堤护坡的砌作方法，创造性地提出“条石插砌护坡”的方法，即把一定规格的条石，像一束筷子一样插在一起，提高承受风浪冲击的能力。用这种方法，采石工人把石块打成条石，重量不超过半吨就可以，经苏联专家鉴定可行。采用这个方法筑堤，既节省了大量人力和财力，也不需要大型起重机械，又保证海堤工程抗击风浪的安全稳固性，后来被编入中华人民共和国行业标准的《防波堤设计与施工规范》。海堤正在紧张施工中，国防部副部长粟裕大将来厦门视察。他听取了海堤工程情况汇报后，提出一条意见：应在海堤的深水处留一条航道，便于军用民用船只通过。经刘洛舟工程师等专家和技术人员研究，认为这个意见可行，决定用沉箱竖起两个9米高的桥墩，用钢筋混凝土铺上桥面，形成“堤中桥”。搅拌工人连续工作1万多个小时，浇出两个5层楼高的沉箱。采用国际首创的“水下爆夯”方法，夯实沉箱基础，并用钢轨整平基础。天津打捞公司工人用“绞索拉运法”，把每个重530余吨的沉箱拉出船坞，平衡安放在夯实整平的基础上，造出“堤中桥”。堵口合龙是海堤工程最后一道难关。500米宽的合龙口，海潮以每秒8米的速度汹涌咆哮而过，原先停船抛石的办法行不通了。专家、技术人家和船工一起想出了一个“行船抛笼”的办法，即用竹笼装上石头，然后把装满石头的竹笼吊挂在船舷两边的木桩上，船驶到合龙口，拉开吊挂笼子的活结，在船随波浪左右倾斜时，顺势抛入合龙口。经过数百艘船有序进退和船工勇敢老练的操作，仅用一个小时，就让500米的堵口顺利合龙。

在海堤工程施工过程中，不断遭到金门国民党军飞机轰炸。人民解放军福建前线部队派出高射炮兵，分别部署在高崎和集美两个地域，打击来犯的国民党军飞机，迫使国民党军飞机不敢低飞海堤上空。高炮部队还向海堤建设者们传授防空方法，尽量避免和减少遭国民党军飞机轰炸造成的伤亡。尽管军民携手加强防空，还是时有发生国民党军飞机轰炸造成伤亡事件。1955 年 1 月 19 日下午，海澄县的一艘机轮“颖海轮”载着 100 多名石匠回家过年。下午 3 时许，船驶至海门港湾，遭国民党军飞机轰炸、扫射，造成 76 人伤亡。在整个海堤工程建设过程中，先后有 150 余人在国民党军飞机轰炸、扫射中遇难。海堤建设者们以不怕牺牲的勇敢精神，在国民党军的空中炮火下抢修海堤。

经过两年零三个月的艰苦奋斗，至 1955 年 10 月 3 日，厦门海堤建成通车。海堤全长 2212 米，堤顶宽 19 米，采用石材 75 万立方米，可行驶火车、汽车和行人，为鹰厦铁路进入厦门岛创造先决条件，把厦门岛与大陆连接起来。1960 年秋，朱德委员长视察厦门，为海堤纪念碑题写“移山填海”四个字的碑题。

（二）东山八尺门海堤

东山岛是福建省第二大岛，与大陆交通联系依靠八尺门渡口。1953 年 7 月的东山岛保卫战，由于受限于渡口交通、迟滞了增援部队投入战斗。同时，因为交通不便，制约了东山岛的经济和社会发展。1960 年，福建省政府组织修建云霄陈岱至东山岛八尺门渡口的海堤，海堤全长 620 米，堤高最深处 16.6 米，堤宽 13.6 米，把东山岛与大陆连接起来。

## 四、航道和港口建设

1951 年至 1955 年，闽江干流航道进行大规模整治，南平县至水口镇全长 100 公里的洪水位险滩全部炸除，并开凿出 300 多米新航道，吃水深 1.7 米的汽船可以通行，实现了南平后方基地对福州、闽东海防的水运军运。九龙江、汀江、晋江等流域的水上运输能力也相应得到加强，拓展了闽西、闽北后方对闽南海防的水上保障能力。

与此同时，海上航道和港口建设迅速兴起。1950 年至 1979 年，三都、福州、莆田、泉州、厦门先后新建扩建起军、商、渔并存共用的现代港口。1970 年至 1974 年，建成福州港马尾深水港区。1970 年至 1979 年，建成三都澳深水港区。1973 年厦门港确定了“以商港为主，商、军、渔并存”

的港口建设目标，改变了以军港为主的性质，推动厦门港向现代港迈进的步伐。1976年，厦门东渡港区动工兴建万吨级深水泊位及配套设施。

## 五、机场建设

为了夺取福建前线制空权，从1954年开始，福建开始机场建设。至1958年，先后建成福州、漳州、福清龙田、连城文亨、晋江青阳和惠安等机场。

# 第二章
# 拥政爱民[①]

在长期的海防斗争中，人民解放军福建前线部队始终牢记人民军队的宗旨，继承和发扬人民军队既是战斗队又是工作队和生产队的优良传统，紧紧围绕福建建设发展大局，坚持不懈地开展各项拥政爱民活动，为推动福建的经济、政治、文化、社会和生态建设，把福建建设成为富饶、文明、美丽的家园作出重要贡献。

## 第一节　帮助地方建立巩固人民政权

福建解放初期，国民党残余武装和潜伏特务与恶霸地主、反动会道门互相勾结，组成几百股总数达数万人的土匪武装，分布在全省各地。他们破坏生产，扰乱社会治安，严重威胁人民生命财产的安全，也严重影响基层人民政权的建设和巩固。福建军区在派出大批野战军与地方武装在人民群众的配合下，开展大规模剿匪斗争的同时，根据中央军委和中共福建省委的指示，组织工作队随剿匪部队进驻各地，帮助地方党委发动群众，建立区、乡政权。1950 年初，从部队抽调 3000 人，组成多支工作队，分赴各地发动群众进行反霸减租斗争，协助建立区乡政权、农会和民兵组织。11 月底，又从部队抽调 9200 多名干部战士组成强大的工作队，在地方党委统一领导下，进行土地改革、剿匪和镇压反革命

① 本章内容参考自《福建省志·军事志》，第 400—413 页。

的工作，并继续帮助地方建立和巩固基层政权。至1951年上半年，股匪基本上被肃清，土改、镇反取得大胜利，地方基层政权得以建立并得到巩固。至1951年底，前线部队共帮助福建全省建立起区公所395个，乡政府6000多个，发展农民协会会员122万多人。根据剿匪任务和建立、巩固地方政权的需要，驻军大力协助地方加强地方武装和民兵队伍建设。福建军区从野战军抽调27个建制连和800多名干部充实和加强地方武装，并进行组织上清理整顿。此外，还分期分批轮训地方武装干部，对地方武装部队进行阶级教育和革命传统教育。同时，在剿匪和帮助建立地方政权的斗争中，培养和锻炼地方部队，从而加强了组织纪律性，改善了官兵关系、军民关系，使之成为一支有战斗力的武装力量。到1952年，全省地方武装发展到6万多人，民兵发展到19.3万多人。他们接替主力部队担负起巩固后方，肃清散匪的任务，为巩固人民民主专政和新生的人民政权作出了贡献。

## 第二节　支援社会主义经济建设

### 一、参加交通建设

1949年7月，解放军第二十四军奉命修建浙江江山至福州、江西上饶至福州两条战备公路。7月15日动工，9月完工，共修筑公路420公里。这两条公路的修建，不仅有重要的军事价值，对于闽北和整个福建的经济建设也都有重大的作用。

1954年7月23日，铁道兵奉中央军委命令，抢建鹰（潭）厦（门）铁路。1955年2月21日正式动工，先后投入6个师又1个团的兵力，和闽赣13万民工共同奋战，于1956年12月29日建成，1957年4月12日全线正式通车。

与修建鹰厦铁路的同时，铁道兵第十师自1955年5月起负责修建福（州）温（州）公路宁德至温州段，尔后又投入修建外（洋）福（州）铁路。

铁道兵第三师于1958年入闽修建漳（平）龙（岩）铁路。

1957年4月，福州军区将退役的价值100万元的56条船只、85台机器、8只舢板、2条汽轮渡船和1个浮动码头，分别赠送给省交通厅和厦门市，支援地方发展交通运输事业。从1957年至1960年间，全区部队投入近100万个劳动日，帮助修筑国家公路和乡村公路3763公里。此外，协助邮电部门架设农村通信线路845公里。1969年6月至1970年7月，福州军区独立舟桥营和1个守备师船运大队共1100人，参加修建闽江大桥。1970年4月至1971年9月，福州军区福建生产建设兵团第四师十二团与军区独立舟桥营共2100人，独立负责援建并建成乌龙江大桥。

1977年4月5日，经国务院、中央军委批准，成立由福州军区副司令员朱绍清等12人组成打捞“阿波丸”号沉船工程领导小组，在福州军区统一领导下，由海军、交通部、上海救捞局组织实施打捞工程。“阿波丸”是日本邮船会的一艘万吨级客货轮，二战期间，被日本政府征用专门航行于日本至东南亚之间运送救济物资和人员。1945年2月17日，“阿波丸”装载有美国、英国、加拿大红十字会和国际红十字会总部送给当时盟国战俘和侨民的2000吨救济物资，从日本门司港起航，经高雄、香港、西贡、新加坡，抵达雅加达军港卸货。3月24日“阿波丸”驶回新加坡，装满回国的日本人和各种物资，3月28日起航返回日本。1945年4月1日夜，在台湾海峡的福建平潭牛山岛以东海域，因浓雾笼罩及未按照协定亮起船灯和特别照明，被美国海军“皇后鱼”号潜艇发射的鱼雷击沉，除1名厨师被救起外，其余2008人和所有货物全部葬身海底。战后30多年来，国际社会对“阿波丸”的传说很多，盛传船上载有大量贵金属等贵重物品，是一艘“财宝船”。美国、日本以及英国、西德（德意志联邦）、法国等先后提出与我国合作打捞“阿波丸”沉船。考虑到维护我国领海主权，海防设施机密和国际政治、经济、外交的影响，1977年3月26日，国务院和中央军委批准决定，由交通部和海军共同组织技术人员和船只设备自主打捞，福州军区负责统一指挥。交通部从上海、广州、烟台3个救捞局调集潜水员148名、打捞工程船2艘、辅助船7艘，海军从南海、东海、北海3个舰队调集潜水员132名，打捞工程舰2艘、辅助船7艘，组成一支强大的联合打捞队伍展开打捞作业。福州军区调集一批作战飞机、舰艇进行空中和海面的巡逻掩护，岸上部署高炮部队，形成一个海陆空立体掩护体系的封锁作业海域。经过4年军民联合打捞作业，至1980年9月打捞起船首止，先后共打捞起各种货物5418吨，没有发现贵重物品，彻底揭开了“阿波丸”之谜。同时，在政治上，维护了我国主权，振了国威、军威，将打捞起来的船上人员遗骨、遗物移交日本，促进了中日友好关系。在经济上，获得了5418吨国际惯例和法定的物资，仅2872吨锡锭，按当时国际牌价可值4000万美元；在深海打捞技术和能力上，实战锻炼和培养了一支深水打捞队伍，海军和交通部的600名潜水员，经常在57米至66米深的水下作业，总数达136004人次，6138小时，这在我国潜水史上是空前的；在军事上，摸索了台湾海峡水文气象规律和国民党军活动特点，并结合掩护任务训练部队，提高了部队的战术技术水平和指挥机关的组织指挥能力。

1985年2月，陆军第二十九军八十五师奉命援建福州市区至马尾开发区一级公路下院至上坂5.7公里长路段（包括3138米长的鼓山隧道）工程，要求两年半完成。师长董万瑞、师政委贺家弼带着一支既缺少技术人员和先进设备，又无施工经验的步兵部队开上工地，搭建简易工棚安营扎寨，凭借风钻、钢钎、铁锤、铁锹、竹杠、小推车等劳动工具作业。下半年，部队精简整编，原来一个师的任务全部落在步兵二五三团身上，完成期限不变。全团官兵团结一致，奋力拼搏。风钻机一个班次要打三四十个炮眼；排碴连队的战士每人每天平均要搬20多吨的石块装车外运。工兵科长出身的团长丁金锁，哪里危险冲向哪里，带着技术员和安全员日夜巡视在施工现场，排除和避免了一次次重大险情，确保施工总体安全顺利进行。

由师工兵营营长调任师计划科副科长后又提任二五三团副团长的侯开健，是这支队伍中最懂工程技术的大忙人，施工一开始就住在工棚，废寝忘食精心组织指导施工，虽然家住福州近在咫尺，但连续三个春节都在工地度过。工兵营地爆连连长赵义龙，带着参加对越自卫反击战受伤腰椎的伤痛，扛起风钻机每天和战士们一起打风钻，带领全连出色完成了工程大量的爆破任务。四连指导员贺志勇在一次施工中被拖拉机皮带绞断两个指头，忍着疼痛坚持继续组织施工。新战士姚友身单力薄但不甘落后，搬石头挑碎碴样样抢在前，开进工地不久，父亲不幸去世，他忍着丧父的悲痛，每天默默奋战在工地。有一天他的右脚不慎被水泥柱子砸到造成骨折，住院手术安了两根钢钉，一个星期后就要求出院回到工地，帮助炊事班烧水做饭和养猪。19 岁的战士李再强，上完白天班，吃过晚饭又自动来到工地，和夜班的战士们一起突击排运石碴，突然，一块巨石落下，李再强猛地撞开并肩扒碴的战友，自己却被巨石压住，光荣牺牲。18 岁的战士刘长华，在洞中连续干了两个班，正当他拼力搬运最后几块碎石时，被洞顶落下一块巨石砸到，光荣牺牲。经过两年半 900 个日日夜夜奋战，至 1987 年 7 月 26 日，3138 米的鼓山隧道打通了，5.7 公里的福州马尾一级公路建成通车了。中央军委给二五三团记集体一等功，福州市人民政府在隧道口为施工部队树碑铭文，并为战士建造塑像，以作永久纪念。

**二、兴修水利**

1957 年 11 月 14 日，福州军区领率机关、直属队和第二十八军八十四师 1 个营的指战员，参加修建福州“八一”水库的劳动，到 1958 年 4 月 16 日，共投入劳动日 9.5 万多个，挖运土石 10.5 万多立方；派出汽车 69 台，行驶 12.7 万多公里，运输土石和建筑材料 23 万多立方。水库建成后，保证 7500 亩农田旱涝保收。1959 年 2 月，第三十一军派出步兵第二七四团等部队支援厦门坂头水库建设，并承担坂头至厦门 8

公里艰难地段渠道的开挖任务，共投入劳动日 6 万多个，挖运土石方 6.4 万立方，为解决厦门市民生产生活用水作出了贡献。1959 年 3 月，福州军区派出炮兵第十三、第十七团 2000 多人参加修建惠安县惠女水库，历时 3 个月，投入劳动日 7 万多个，出动汽车 6600 多台次，运输物资 2.2 万多吨，确保惠女水库按时高质建成通水。1959 年 4 月，第二十八军派出步兵第二四四、第二四五团 1300 多人，支援莆田东圳水库建设，突击奋战 27 天，挖运土石方 9.5 万多立方，确保水库按时高质建成通水。1959 年，福州军区全区部队支援地方农田水利基本建设 161 万个劳动日，派出汽车 7.27 万多台次，参加新建和续建水利工程 410 项。

1960 年至 1980 年的 20 年间，福建前线部队又重点支援地方修建一批大中型水利工程。1971 年，中央批准福建省兴建九龙江北溪引水工程并列入国家基本建设项目，从根本上解决厦门长期缺少淡水的问题，推动厦门经济社会发展。1972 年 4 月，引水工程左干渠厦门境内部分地段破土动工。1975 年 12 月，引水工程龙海县境内右干渠、中干渠和主体工程北港桥闸动工。1976 年 1 月，驻漳州步兵九十一师派出 300 多名指战员，开上北港桥闸工地，承担艰巨的堵江围堰任务。战士们配合船工，驾着 170 多只木船，顶着湍急的九龙江水，把石头一船船抛下水中。堤堰推进到 60 米宽的合龙口，数百名部队官兵跳下冰冷湍急的水流，在 60 米宽的合龙口筑起 4 道人墙，挡住汹涌的急流，确保合龙口胜利合龙。经过军民携手奋战 4 个月，至 1976 年 4 月，一座全长 293 米的北港主体桥闸建成。1978 年底，全长 200 米的南港桥闸建成。1979 年 7 月，引水工程进入全线开凿引向厦门岛的 51 公里长的左干渠总会战。福州军区杨成武司令员和朱绍清、龙飞虎副司令，先后来到工地视察了解情况，筹划派部队支援引水工程左干渠的总会战。1979 年 10 月，左干渠工程推进到吴宅和田边这两个地质复杂的地段。福州军区党委迅速作出决定，派出第三十一军步兵二七二团、二七九团和军区工兵一团等部队共计 3700 余人，携各种施工机械 101 台，车辆 35 台从福州、漳州、将乐、南安、同安等地赶到工地，与龙海县人民一道，打一场引水工程左干渠总会战。现场总指挥第三十一军副军长王保田，每天都跟班作业十几个小时，有时通宵在工地上。负责吴宅暗涵施工的步兵二七二团，在团政委张阿墙的带领下，以暗涵进口处为突破口，顽强巧妙地克服烂泥、流沙和塌方给施工造成的困难，高质量完成了这段暗涵的施工任务。负责挖掘吴宅山包任务的工兵一团，采取“左推右拉，梯次开掘”的作业方法，仅用了 24 天时间，就削平了这座共计 113000 多立方米的土包。步兵二七二团二营炮连连长桂家田，接到部队援建九龙江北溪引水工程任务，毅然决定推迟已经安排好的婚期，带领全连日夜奋战在吴宅暗涵进口处的工地上，为全团战胜烂泥、流沙和塌方摸索提供了切实可行的经验。即将退伍的老战士刘显亭，谢绝连队照顾留守，坚决要求上工地，为引水工程出力作贡献。来到工地不久，家里连续发来几封“母病速回”的电报，他却把电报悄悄往口袋一塞，不声不响每天照常上工地，直到工程全部结束。据工地政工组的统计，在所有参加施工的数千名干部战士中，有 105 人推迟假期，23 人推迟婚期，78 人探家提前归队，36 人养病提前出院。

1980 年春节来临了。大年三十这一天，当远近城镇乡村传出千家万户辞旧迎新爆竹声的时候，北溪引水工程工地上仍然是机器轰鸣，人头攒动，人声鼎沸，一派繁忙劳动景象。数千名部队官兵以“一天也不能耽误”的高度责任感，坚持节日劳动。入夜后，各个连队官兵在工地上与民工举行军民联欢活动，参加北溪引水工程会战的解放军官兵与民工手挽手、肩并肩，以欢乐的歌声，迎来 80 年代的第一个春天。经过 5 个月的艰辛施工，至 1980 年 3 月，北溪引水工程左干渠全线贯通。在这 5 个月的施工中，部队共投入劳动日 49.9 万多个，机械消耗摩托小时 2.93 万个，各种车辆行驶 16.39 万多公里，挖填土石 68.8 万多立方米，砌暗涵 762 米，扩建总干渠 1200 米，在全线施工中起了关键性作用。1980 年 5 月 1 日，九龙江北溪引水工程全线贯通正式通水。从此，一江清水向东流，充沛的九龙江水源源不断注入厦门岛，从根本上解决了厦门缺水问题。

### 三、植树造林

1960 年 2 月，驻闽部队响应中共中央和福建省委关于大办农业的号召，到高山安营扎寨，风餐露宿，投入 15.3 万多个劳动日，开荒造林 1.16 万亩，植树 383 万株。7 月，守备七十四团各营、连，分别与南日岛的生产大队、生产队挂钩，共同开展建设海岛的活动。仅上半年，部队即以 8383 个劳动日，协助群众建花园、花圃 120 个，栽种各种果树 5900 株。1979 年全国人大颁布《森林法》后，1980～1984 年驻闽部队共投入劳动日 45.4 万个，植树 973.85 万株，成片造林 1.6219 万亩；参加公路植树 117 公里，计 12.5 万株；参加福州鼓山风景区绿化，植树 19.8 万株。1965～1989 年，驻闽空军帮助福建省飞播造林 2475 架次，约 4800 小时，完成造林面积 1266 万亩，有效面积 1140 万亩，其中成功面积 746 万亩。

### 四、参加工业建设

1958 年，驻福建部队抽调近 11 个团的兵力，参加全省各地修建工厂、矿山、盐场等，出动汽车 55939 台次，以及大批马车、船只，帮助运输各类物资 24 万多吨。捐献人民币 48 万多元，支援地方办工业。7 月，步兵第二四六团开赴三明，支援钢铁厂建设。他们同地方干部、技术人员和民工一道艰苦创业，为福建建设第一座钢铁厂出力。1959 年 3 月，三明钢铁厂第一期工程完成，按期投入生产。为保证钢铁厂的矿石供应，炮兵部队抽调 40 台汽车，支援潘洛铁矿运输 6 个月。1960 年，部队派出 9000 多名指战员，调动 123 台机械，参加地方 17 座厂、矿的新建和扩建工程，挖煤 1.3 万多吨。同时，出动汽车 11.4 万多台次，为地方运送钢铁、煤、粮食等物资 276 万吨。广大官兵的辛勤劳动，为福建工业建设和克服当时的经济困难，作出了应有的贡献。

福州军区工兵团、7427 工厂参加了省重点工程晋江地区青阳糖厂的建设。后勤汽车部队每年派出数十台汽车帮助运输糖蔗，支援各主要糖厂生产。军区舟桥团派部分干部战士、技术人员，携带工程机械支援华安水电站的建设，经过三年与地方人员一道奋战，至 1980 年，发电厂第一、二、三台机组提前投产发电。据不完全统计，1958 年至 1960 年和 1972 年至 1985 年两个时期，驻闽空军先后派出运 -5 飞机 9 架，支援省地质矿产局航空找矿，作业飞行 1401 架次，3373 小时，完成工作量 55 万测线公里，测量面积 27 万多平方公里，发现航磁异常 680 处，放射性异常 4 处，为迅速探明福建省的矿产资源提供了资料。福州军区空军独立运输大队运 -5 飞机机长邵明星，飞行员张永祥在执行航测任务时，由于天气突然变化，飞机撞山失事，以身殉职。参加飞机探矿任务的飞行人员没有被困难和危险吓退，前仆后继，团结战斗，出色完成航测探矿任务。省地质矿产局给独立运输大队赠送一面“军民同浇四化花”的锦旗。

## 第三节　抢险救灾

每当福建人民遭受自然灾害或人为的灾害时，驻闽解放军配合地方政府和人民群众奋力抢救，使灾害造成的损失减到最低程度，并积极帮助群众重建家园，恢复生产，安排好生活。据不完全统计，从 1952 年到 1984 年，参加重大抢险救灾 305 起，出动部队 19 万多人次，汽车 4500 多台次，抢救群众 5 万多人，抢运粮食、化肥、食盐等重要物资 21.7 万多吨，向受灾群众捐赠大米 64.5 万多公斤，衣物 33220 件，以及部分现金等等。

### 一、抗洪救灾

1952 年 7 月下旬，福建遭遇大水灾，闽江、鳌江、长溪三条江河两岸许多村庄被淹，有59个县市受灾。福建军区立即发出《抗洪救灾紧急指示》，军区机关、福州警备部队及步兵第八十二师官兵共5800多人，立即投入抗洪救灾的战斗，抢救遇险群众。福建军区高炮营一连战士，从深水中救出群众24人。第十兵团工兵团指战员，除积极参加抢救工作外，还自动组织流动巡查组，看护群众的家具和衣物，冒雨涉水为灾民送饭，并做慰问工作。八十二师从深水中救出灾民340多人和大批物资，师文化教员竺培国因体弱劳累过度，在救灾中光荣牺牲。灾后，部队又帮助群众抢收早稻6100亩，捐赠大米10万多公斤、人民币4.5万元，以及大批其他物资，帮助群众克服困难。

1968年6月中旬，闽江上游和福州地区连降暴雨，出现历史上罕见的洪灾。驻闽江沿岸的部队全力投入抗洪斗争。6月17日，福州大桥中洲地区被淹，福州警备区指战员奋勇抢救遇险群众，抢运出大批物资。福建省军区机关和直属分队出动1200余人，在福州仓山地区抢运大米6.5万公斤、盐200吨、糖160包、化肥3000吨，抢修和加固防洪堤6.5公里，抢救群众200多人及大量财产。18日黄昏，江水涌进南平市区，南平印刷厂成百吨高级纸张将被淹没，当地驻军挑选26名干部战士组成突击队，冒着生命危险将纸转移到安全地点。19日上午，洪水淹进闽清县城，福州军区舟桥营和当地群众一道救灾，使400多立方米枕木、杂木免受损失。

1973年4月，闽南地区暴雨成灾，仅晋江地区就被淹农田32340亩，冲垮堤坝1172处。陆军部队派出指战员3400多人参加抗洪救灾，并调出大批物资支援灾区群众。其中守备三师无偿支援稻谷1.25万多公斤，衣服420件。6月21日至25日，福建一些地区又遭洪灾，驻闽陆军、福建省军区和福州军区炮兵部队，派出1.3万多人，汽车254台次，船只45条，抢救遇难群众2065人，船44条，各种物资1400余吨，抢修水渠堤坝3300多米，支援群众稻谷26.7万多公斤、大米2.15万公斤、衣服32800件。

1977年5月中旬，特大洪水使闽侯县甘蔗镇防洪堤决口50多米，1万多群众被洪水围困，外（洋）福（州）铁路路基被冲垮长41.5米、深9米，路轨完全悬空，行车中断。福州军区政委李志民等亲赴第一线指挥，组织舟桥团、通信团、高炮六四七团和省军区独立团等单位3000多人抢救抢修。指战员们日夜突击，填石块3069立方米，很快使铁路恢复通车；打捞和转运粮食1.5万公斤、化肥100余吨；帮助被洪水围困的群众全部脱险。

1984年五六月间，闽江上游连降暴雨，山洪暴发。闽江水位超过警戒线2～5米，冲毁房屋2000多间，淹没农作物近10万亩。福州军区出动部队2978人，汽车164台次，救出遇难群众1091人，抢运各种物资近100吨。

## 二、抗风救灾

1956年9月中旬，福安、晋江地区及闽侯县受强台风和暴雨袭击。许多房屋倒塌、农田被淹。驻闽陆军部队出动3.5万人，汽车269台、船只67艘，奔赴灾区抢险救灾，并捐赠一批款、物给灾民。

1957年9月15日，闽南地区受到12级强台风袭击，东山、漳浦、海澄县一带损失严重。当地驻军全力以赴，抢救遇险渔船68条，抢运食盐3.5万公斤及其他物资，价值10万多元。1958年7月中旬，闽南地区又遭强台风和暴雨袭击。驻军出动30329人、汽车201台、各种舟船57艘，救出灾民1639人，抢收庄稼3.8万多亩，加固、修补水库35座，保护了人民群众的生命财产安全，减少了损失。

1959年八九月间，闽南沿海地区连遭3次强台风袭击，其中第3号特大强台风给国家和人民群众的生命财产造成巨大损失。驻闽部队出动官兵4万人次、1000余辆汽车和汽艇，调拨大批抗灾救灾物资，投入抗灾抢险第一线。灾后，部队又协助地方恢复生产。

1969年9月20日，11号台风袭击了泉州湾地区，海啸和暴雨严重威胁着人民群众的生命财产安全。第二十九军和守备第八师等部队派出1000多人抢险救灾，转移群众9470多人、船只600多条，抢修海堤11处，抢运出粮食、化肥、食盐等物资20多吨。

1981年9月22日，龙溪地区遭受16号台风袭击，暴雨成灾。南靖、漳浦、龙海等县一些村镇被淹。福州军区副司令员朱耀华率领机关干部连夜赶往漳州，组织陆海空军进行抢救。先后派出干部战士和医务人员1万多人、各种车辆790台、直升机和运-5飞机各5架，以及部分舟桥器材和通信器材。救出被洪水围困的群众5000多人，抢运出各种物资120吨；空投食品1.15万多公斤；抢修大堤和公路填土石3.5万立方米，投放沙、土、石袋1.3万多包；救治伤病员3000多人；捐赠大米50万多公斤，以及部分服装和急需药品等。10月初，闽南驻军又派出2512人，分别到龙海、南靖县抢修堤岸和公路，完成土石方14.27万立方米，帮助群众恢复生产、重建家园。1982年1月，中央军委通令表彰在这次救灾中作出突出贡献的驻龙溪地区部队和军区空军独立运输大队。

### 三、灭火救灾

1971年3月25日下午，清流县郊区山林失火，威胁着大片松林安全。福州军区通信总站通信连立即赶到现场救火。战士张江只身冲下70多度的陡坡，切断了将要蹿上山梁的火路，当大火扑灭后，人们发现张江仰面倒在一棵青松下。这位年仅18岁的战士，为保护国家森林献出了年轻的生命。当地群众为了纪念他，将这座山改名为“张江山”。

1974年8月11日，永安雨伞鞭炮社发生火灾，当地驻军和群众一起参加灭火战斗。福州军区总医院、103医院、363医院和附近的一个陆军师都及时派出医护人员，抢救伤员。1975年春节期间，惠安县造船厂108号渔轮失火，船上有7吨多柴油，随时都有爆炸的危险，危及附近十几条船的安全。福州军区守备第九团一营奔赴现场，军民团结战斗，扑灭了大火，避免了几百万元财产的损失。

1980年12月29日，福州市台江区江滨路民房发生重大火灾。省军区司令员丛德滋、政委孟乐天等亲自带领机关、直属队700多人赶赴现场，奋战10多个小时，抢救出的物资财产价值数十万元。

1982年3月9日，福鼎县制药厂发生严重爆炸事故，伤亡多人。守备部队、军区总医院以及海、空军派出人员、飞机参加了抢救工作。

## 四、抗敌救灾

1954年7月，大嶝、小嶝岛遭到国民党军的炮击。福建军区水兵师二团派出50多名指战员和医务人员渡海前往抢救受伤的渔民。该团还捐献近1000元救济死难者家属。

1955年1月20日下午，12架国民党军飞机窜入福州市上空轰炸，死伤居民300余人，烧毁房屋4000多间。福建军区领导叶飞、刘培善等亲自组织指挥部队对空射击，抢险救灾。工兵分队爆破房屋，切断火路，军民共同努力很快将大火扑灭。部队又捐款6527元，棉被、衣服、鞋子等1000余件，帮助灾民克服困难。27日，军区机关和部队160多人，组成4个慰问队，携带大米、粉干2500多公斤，以及部分猪肉等物品，慰问了台江、小桥一带灾民。

## 五、抗雹救灾

1976年4月17日晚，福州市及周围部分县受到冰雹和暴雨袭击。市区受灾尤为严重，许多房屋的瓦片被砸坏，大部分仓库漏水，仅大米、地瓜干就被淋湿2万多吨，不少街道被瓦砾堵塞。福州军区机关和部队出动2.1万多人次，汽车3000多台次，协助地方清理了堆积在街道上的大量瓦砾和污物。步兵第二五五团、炮兵第六四七团和军区防化营等单位派出806人，从被损坏的粮库中抢运出粮食423万余公斤，抢修仓库屋顶4.2万多平方米。

### 六、防治虫害

1960年6月至7月，驻龙田、福州机场空军运－5飞机对莆田涵江、江口、黄石等地区进行空中撒药灭虫，出动飞机54架次，灭虫面积5.4万亩。1979～1989年，驻闽空军出动运－5飞机32架次，撒药防治森林虫害，飞行2266架次、1608小时，防治面积达364万亩。

### 七、舍己救人

1967年5月23日，步兵九十一师二七三团三连排长魏忠义，在龙海县带领九龙江河道疏浚工程处民兵营进行野外手榴弹实弹投掷训练。实弹投掷过程中，民兵承官大掷弹失手，把已经拉开导火索的手榴弹丢在掩体右侧1.7米处。承官大一时慌张，跳出掩体往左边山坡上跑，全身暴露在手榴弹爆炸有效的杀伤圈内。魏忠义迅速从掩体跃出，猛转身伸手，把承官大按倒在地，用自己的身体掩护住他。手榴弹瞬间爆炸，承官大安然无恙。魏忠义被弹片击中后脑、颈部和背部，经连续58小时抢救，终因伤势过重抢救无效，于5月25日光荣牺牲。龙海县举行3万多军民参加的追悼大会，并征得亲属的同意，把魏忠义烈士遗体安葬在龙海县城石码镇附近的紫云山上，建成魏忠义烈士陵园。陆军第三十一军追记魏忠义烈士一等功臣，福州军区授予魏忠义“支左爱民模范”光荣称号，并在全区部队开展学习魏忠义活动。

## 第四节　群众纪律

驻闽解放军为加强军政、军民团结，除了积极支援地方建设，为群众做好事外，还经常对部队进行群众纪律教育和群众纪律检查。部队各级领导，经常走访当地政府和有关单位，倾听群众意见，检查部队执行群众纪律的情况，发现问题及时纠正，并对违反群众纪律事件进行严肃处理。

## 一、严守三大纪律八项注意

1949 年 10 月 14 日，第十兵团司令部、政治部发布命令，要求广大指战员自觉执行《三大纪律八项注意》《约法八章》《入城守则十二条》。明确规定进入城市后，严禁破坏企业、机关和公共财产；坚决执行党对华侨外侨的政策；严禁抢购市场物资，以便更好地团结各界人民。1950 年春节期间，各部队普遍进行了拥政爱民教育，纠正违反群众纪律的现象，对损害群众利益的行为作了道歉和赔偿。1952 年 11—12 月，第二十八、第三十一军为整顿部队的群众纪律，增强爱民观念，分别进行了群众纪律大检查。对向群众借物情况作了清理，两个单位共赔偿 2.5 万元，纠正了违纪现象，密切了军民关系。此后，每逢八一建军节和春节都普遍开展拥政爱民教育，检查部队执行纪律情况，基本上形成一项制度。

在 1958 年炮击金门战斗和 1962 年紧急战备中，福建前线各部队都十分珍惜民力，保护群众的利益，巩固和发展军政军民团结。1963 年 7 月，福州军区政治部将炮兵六一一团与驻地生产队在抗旱中因争水发生冲突，野战第十医院与厦门市邮电局因争地发生殴打两起事件通报全区部队，要求各单位从中接受教训，广泛进行人民军队性质、宗旨和三大纪律八项注意的教育，号召全体指战员坚决与一切违法乱纪行为作斗争。1974 年 7 月，军区及时通报批评两个连队与驻地群众打架的事件并作了严肃处理。在八一建军节前后，各部队依照军区政治部指示，再次进行了建军宗旨和三大纪律八项注意的教育，开展群众纪律大检查，防止类似事件的再次发生。1980 年 7 月，福州军区党委、福建省委联合发出《关于加强军民结的通知》，要求各级党政机关和部队进一步学习贯彻中共中央〔1979〕94 号文件关于发扬拥军优属、拥政爱民光荣传统的指示，深入开展“双拥”教育，通过走访、座谈等形式，协商解决存在的问题，消除隔阂，进一步改善军政、军民关系。地方和军队分别对《拥军优属公约》《拥政爱民公约》执行情况进行普查，对发现的新问题作了妥善的解决。

## 二、认真执行土地征用政策

20 世纪 50 年代初期，驻闽部队针对福建人多地少的实际，认真遵守《国家建设征用土地办法》和中央军委军事训练部关于军事训练用地的规定，十分重视土地使用问题，维护人民群众利益。部队在选择战术演习场、射击场、操练场和建设军营时，尽量利用海滩、荒山、山谷和其他空地。第二十八军步兵第二四五团的训练场，全部是利用荒山建成的，铁道兵在修鹰厦和外福铁路路基时，尽量少用耕地，仅铁道兵第五师就节约良田 54 亩。炮兵第三师在修建营房时，大部分利用山坡、丘陵地，而征用的田地仅占营房用地的 7.6%。1956 年 9 月，福州军区司令部、政治部联合发出《关于检查国防建设中浪费用地和今后国防建设中节约用地》的指示，全区各部队都组织专门力量对国防建设中用地的情况作了检查，至年底全区部队退还给地方政府和群众的土地达 9680 亩。1957 年 2 月，军区所属单位又分别对训练场地、国防工事进行了普查，再次退还给地方政府和群众土地 1369 亩。1970 年 12 月下旬，福州军区政治部在处理征用土地问题时，纠正了部分单位考虑部队需要多，关心群众利益少，滥用、浪费土地的现象，驻闽部队 24 个单位当年申请征用土地 231.8 亩，经派人实地勘察，只批准征用 123.8 亩。1981 年驻闽空军还解决了漳州机场场界的纠纷。漳州机场是于 20 世纪 50 年代利用旧机场扩建的，由于历史原因，使用土地的档案资料不全，军民之间一直有些纠纷。为查清场界，解决矛盾，在地方党委和政府支持下，驻闽空军派出工作组走南访北，找知情人了解当时土地使用情况，查阅军内外档案资料 1000 多份，经过一年多的艰苦工作，终于弄清了场界，按政策处理了土地纠纷。

## 三、爱护森林

1954年5月，中央军委及总参谋部、总政治部就指示部队要加强爱护森林的教育，福建驻军多数单位都能认真贯彻执行，但也有个别单位要求不严。第二十八军步兵二五〇团八连擅自上山伐树，违反当地封山育林规定。为此，福州军区政治部于1965年1月发出通报，要求各部队把保护森林的情况作为群众纪律的主要内容来检查，并规定今后部队如上山砍柴事先应征得当地政府同意，以不损害群众利益为原则。1974年，驻闽部队对执行国家林业政策的情况进行了普查，仍发现有的单位和个人程度不同地存在一些问题。有的不按计划指标，多砍多伐；有的通过私人关系，非法购买木材做家具；有的假公济私，乘机为自己购木材；个别单位甚至倒卖木材，从中牟利等，造成不良影响。为此，不少单位再次组织学习了《中华人民共和国森林法》和上级有关保护森林的指示，以及本地区有关规定，进行了《三大纪律八项注意》和解放军光荣传统的教育，提高了广大干部的思想觉悟和执行林业政策的自觉性。铁道兵第五十四团于国庆节前后派出11个群众纪律检查组，以检查部队执行林业政策为重点，深入社队、伐木场、林场等单位征求意见，有的将私自购买的木材退还给公社，有的将木材按原价归公。

## 四、清退民房

1949年，大批解放军部队进军福建后，在短时间内无法解决营房，只好暂时借住民房，军民之间（特别是在侨区）时有矛盾发生。1956年10月，福州军区政治部发出通知，要求各单位对部队进行侨务政策的教育，对部队与侨属之间的关系进行一次检查，并对借用侨眷房屋及家具问题作出具体规定。要求军队借用华侨房屋一定要付租金，并订立合同；租房不得擅自改建，损坏的要修复或赔偿；借用家具应办好手续，要保持室内清洁和环境卫生，尊重房主的风俗习惯等。1957年4月，福州军区后勤部和福建省人民委员会经过协商，制定了军队借用民房付租办法。从当月起，军队借用的民房全部付给了租金，过去租金偏低的做了相应调整，应该修理的部队负责修，有的还付给一定的补偿费。总计支出人民币 10 万元。一年多时间部队还主动挤让出民房 27713 间，退还给当地政府和群众，使租用的民房比上年减少 42%。在“文化大革命”期间，因组建新的部队和部分部队调防，一时无法解决营房问题，驻军占（借）地方党政机关、学校、企事业单位的房屋数量增加。“文化大革命”后期，地方党政机关和企事业单位恢复，学校复课，新的矛盾又突出起来。1972 年 8 月和 12 月，福州军区两次召开会议，着重研究解决清退部队占用地方机关和群众住房等问题。要求各单位抓紧落实已确定退还和与地方对换的房屋。到 1975 年 6 月，共退还地方房屋 340388 平方米，为占（借）用地方房屋总面积的65%。至80年代初，基本退清了占用的房屋。

为落实华侨政策，做好被占华侨房产的清退工作，1979 年 8 月，福州军区副司令员龙飞虎亲自带领工作组，协同地方政府在厦门进行为期 10 天的专题调查，提出了清退华侨房产的具体意见。厦门高崎机场附近有三栋房屋，在解放厦门时是接管国民党军队的，并已列为军产。后查证确系华侨房产，决定退还。尽管当时部队搬迁确有困难，但还是很快地将其退还原主。

## 五、保护学校和文物古迹

20 世纪 50 年代初期，福建军区政治部依据上级指示，颁发了《关于保护文物古迹几项规定的通知》。要求各单位在建筑工程或开山挖土中，如发现古墓、古文化遗址及古建筑等，必须按照保护文物法令执行，不得任意挖掘或拆毁；在地下发现古铜器、陶器、化石等文化标本时，应移交当地人民政府负责保管。

民族英雄林则徐的陵墓坐落在福州市金狮山下，福州军区专门指定了一个连队负责日常保护管理。有 3 名领导干部参加地方“林则徐墓文物保护小组”。1981 年 3 月，福州军区司令部派出 20 多名指战员，在市文物管理委员会的指导下，用近一个月的时间对陵墓进行了较大规模的修缮。部队在墓地修筑了环形石头护墙、花台，栽下铁树和松柏。林则徐的后代来祭祖时，看到陵墓保护得这样好，感动地说：“多亏解放军的保护，林公英灵该笑慰九泉了。我们全家感谢解放军！”

莆田县广化寺建于南朝，距今 1400 多年，在国内外负有盛名。以广化寺为祖寺的 49 个寺遍布东南亚各国。“文化大革命”期间，莆田军分区经地方政府同意借用该寺作为教导队、独立营住房，使用期间严加保护无损。1979 年 12 月，军分区收到地方政府和宗教部门来信后，立即退还，深得政府和宗教界人士赞扬。

# 第三章
# 心系前线

福建前线的海防斗争，关系着新中国的安全、主权和领土完整，关系全国社会主义建设全局。党、国家和军队领导时刻关心福建前线，全国人民时刻关心福建前线。1949 至 1979 年 30 年间，党、国家和军队的领导不断来福建前线视察，关心前线军民的生产生活，指导海防斗争；全国各地和社会各界纷纷来到前线，慰问前线军民；文学、电影、戏曲、音乐等门类的艺术家，长年不断地来前线采风创作，讴歌前线军民的英雄事迹和海防斗争精神。

## 第一节　领导关心视察前线[①]

1950 年秋，华东军区司令员陈毅视察厦门前线，研究部署中国人民志愿军入朝作战后的福建海防斗争，落实毛泽东提出的“确保厦门”的作战措施，同时与厦门市市长梁灵光和回国定居的陈嘉庚讨论修建厦门海堤事宜。1951 年 3 月，陈毅再次视察福建前线，在福州向中共福建省委、福建军区高级干部会议作了《目前形势和今后任务》的报告，肯定福建解放两年来的工作成绩，对抗美援朝、土地改革、镇压反革命、城市工作、整党建党、统一战线、整风和保卫国防、加紧剿匪、加强部队军事

① 本节内容参见《当代中国》人民解放军分卷，福州军区编写组编《福州军区大事记（1949—1984）》，1985 年，第 1—184 页。

训练等作了重要指示；同陈嘉庚讨论了福建、厦门的经济建设和海防建设，交换了修筑厦门海堤和鹰厦铁路的意见。1954 年 10 月 17 日，厦门解放 5 周年的纪念日，厦门革命烈士纪念碑暨厦门革命烈士陵园落成，陈毅为纪念碑题写了“先烈雄风永镇海疆”的碑文。1965 年 11 月 20 日，陈毅元帅视察海军福建基地所在地宁德三都岛，参加崇武以东海战总结表彰大会，表彰参战有功人员，并对加强海防斗争作了指示。

1955 年 9 月，国防部部长彭德怀元帅、副部长黄克诚大将视察福建前线，了解海防战备工作，研究再战金门问题和确定设防方针。先后在莆田、厦门分别接见了第二十八军、第三十一军师以上干部并讲话。

1957 年 4 月，总政治部主任谭政大将视察福建前线，给福州地区驻军和第二十八军、第三十一军干部作报告，阐释毛泽东《关于正确处理人民内部矛盾问题》的讲话精神，就军队内部正确处理官兵关系问题作了指示。1957 年 7 月，人民解放军副总参谋长陈赓大将和军委防空军副司令员成钧中将视察福建前线，检查指导防空作战和备战设防工作，先后到东山、厦门、围头、三都澳等地勘察，并给部队干部作了报告。

1958 年 3 月 20 日至 4 月 6 日，总政治部副主任萧华上将视察福建前线工作，先后到第二十八军、第三十一军，并给驻福州、厦门、漳州地区的部队干部作了报告。4 月 3 日，在厦门给中央军委写了题为《福建沿海情况与加强对敌斗争问题的意见》的报告。4 月 6 日，在漳州对福州军区工作作了指示。1958 年 10 月 25 日至 11 月 1 日，总政治部在厦门召开对敌宣传工作现场会议。到会的有沿海各大军区和海军、空军联络部门的干部。中共中央宣传部、福建省委宣传部、福州军区前方指挥部均派代表出席会议。会议学习和讨论了中央对敌斗争的方针政策，拟定了对敌斗争的基本口号和内容，研究了今后进一步开展工作的问题。

1959 年 1 月 22 日至 2 月 1 日，总参谋部在厦门召开战备训练现场会议。军委各总部、各军事院校及有关大军区、各军参加。会议研究了金门、马祖的敌情和地形；观看了由陆军第九十三师第二七九团等部队实施的一个加强步兵团在海、空协同下对敌筑垒岛屿登陆进攻的实弹战术演习，听取各部队的汇报，检查和交流了战备训练经验。这次会议，对战备训练有很大促进作用，也推进了对各军兵种联合渡海登陆作战的军事研究工作。副总参谋长张宗逊上将作了会议总结。

1960 年 1 月，国家副主席董必武视察厦门前线，为陆军第三十一军军人俱乐部题写“荷戈顾曲”四个字。董必武的题字至今仍然悬挂在原第三十一军、现厦门警备区俱乐部正大门上方。

1960 年秋，朱德元帅视察福建前线，并为厦门海堤纪念碑题写了“移山填海”的碑题。1961 年 1 月，朱德元帅再次视察福建前线，并接见了参加中共福州军区委员会二届三次全体会议的全体同志。

1961 年 2 月，贺龙、罗荣桓元帅视察福建前线，作了一系列重要指示：一是必须加强对台宣传工作；二是领导要彻底转变过来，学会两手抓，一手抓部队，一手抓民兵，军区要拿出百分之五十至六十的力量搞民兵工作。罗荣桓元帅指示“要有两套办法，一套是对野战军的，一套是对省军区的”，同时还指出，必须认真执行毛主席大兴调查研究之风的指示，深入基层抓落实。17 日，罗荣桓元帅视察了陆军第三十一军，对加强基层思想工作作了重要指示。19 日，贺龙、罗荣桓视察了陆军第九十一师，接见了全师营以上干部，并合影留念。22 日、25 日，贺龙、罗荣桓元帅先后视察了江西省军区和南昌步兵学校，并和南昌步校全体干部学员合影留念。视察期间，罗荣桓元帅专门就对台宣传工作作了指示，重点是对福建前线广播电台的工作作了指示，要求尽快改变发射功率小、技术力量弱，宣传内容软弱无力、宣传态势被动的局面，变宣传守势为宣传攻势。根据罗荣桓元帅的指示要求，经中央广播事业局、福州军区和福建省有关部门的共同努力，福建前线广播电台由一个小电台扩大增强到有一个台本部，下属 4 个分台和 6 个对台广播干扰台的大电台。1961 年 3 月，聂荣臻元帅视察福建前线。在听取福州军区副司令员张翼翔中将汇报后，就部队的传统教育、军事训练、行政管理和民兵、兵役工作作了重要指示。18日，聂荣臻元帅视察了步兵第二七一团（济南第二团），和干部战士交谈合影，并为该团题词：加强训练，提高警惕，随时准备打击敌人。1961年11月22日，国防部部长林彪元帅视察福建前线。先后视察了厦门岛的阵地工事和陆军第九十一师步兵二七一团、步兵二七二团，分别为步兵二七一团和二七二团四连题词。

1963年2月，总参谋长罗瑞卿大将、副总参谋长杨成武上将、杨得志上将、杨勇上将视察福建前线，在福州组织召开全军岛屿工作会议。会议期间，罗瑞卿、杨成武、杨得志、杨勇赴平潭岛等地勘察地形，检查指导海防战备工作。同年6月，罗瑞卿受国务院总理、中央军委副主席周恩来的委派，来福建检查指导海防斗争工作，参加福州军区在福州、厦门两地召开的反敌小股袭扰座谈会，就总结吸取前埔、镇海反小股战斗教训，加强海防斗争作出指示，提出要求。同年3月22日，罗瑞卿视察三都澳，指示要求海军福建基地领导机关由厦门迁到三都澳，11月6日，海军福建基地在三都澳对所在部队实施指挥，三都澳水警区迁到厦门，改称厦门水警区。

1964年3月30日至4月25日，总参谋部、总政治部在福州召开沿海渔民对敌斗争会议。福州军区、中共福建省委、福建省军区分管民兵工作的领导同志参加了会议，会议研究和制订了《关于加强沿海地区民兵战备工作的若干问题》和《关于沿海地区民兵建设的若干问题》两个文件。会后，福建省委召开第七次海防会议进行传达贯彻。福建省委书记伍洪祥和福州军区副司令员皮定均中将等在会上讲话。

1965年2月15日至3月12日，副总参谋长张宗逊上将带领工作组10余人视察福建前线。2月19日至3月8日，在第二十八军八十二师二四四团、二四五团调查研究。3月9日，在第八十二师营以上干部会议上讲话。4月1日，工作组将在福州军区调查情况向中央军委、总参谋部写了报告。

1970年11月，叶剑英元帅视察厦门前线，对陆军第三十一军工作作了指示。

## 第二节　全国人民慰问前线[1]

福建海防前线的斗争，牵动着全国人民的心。特别是炮击金门作战期间，全国各地和社会各界纷纷派出慰问团，发来慰问电和慰问信，寄来慰问品，开设慰问广播节目，慰问福建前线军民，充分展示了全国人民团结一心、反对美国干涉中国内政、守卫东南海防、推动祖国统一的坚定决心和坚强意志。

### 一、慰问团

1958 年 8 月 23 日，人民解放军福建前线部队炮击金门战斗打响。在解放军猛烈的炮火声中，金门国民党军大量地面工事被摧毁，躲进了坑道；护航的美国军舰逃之夭夭；国民党军舰艇被击沉、飞机被击落。前线部队战斗英雄安业民、杜凤瑞、王邦德、胡德安、175 鱼雷艇和厦门前线英雄三岛、英雄小八路、前沿十姐妹等拥军支前的英雄事迹，在全国人民中广泛传颂。所有这些都极大地激发了全国人民的爱国拥军热情。大规模打击告一段落后，全国各地和社会各界迅速派出慰问团来福建前线慰问。

1958 年 10 月 17 日，由田汉任团长、梅兰芳、吕骥、田间任副团长的全国文艺界福建前线慰问团抵达福州，开始对福建前线军民的慰问活动。慰问团主要成员有：孙福田、张雷、魏金枝、陈残云、陈笑雨、马思聪、刘兆江、李焕文、瞿希贤、李波、郑律成、张文纲、马玉涛、秦怡、蒋兆和、管田友、艾中信、米谷、古一舟、戴爱莲、王玉敏、肖盛萱、

---

① 本节内容参见《厦门日报》1958—1965 年相关新闻报道，详见主要参考文献《厦门日报》新闻稿参考篇目。

何金海、董鹤春、陶纯、李润杰、马季、赵世忠、韩德福、刘淑贞等一批著名的文学、音乐、戏剧、舞蹈、电影、美术、曲艺艺术家。10月18日，慰问团在福州举行慰问大会。田汉在大会上向人民解放军福建前线陆海空部队和福建人民致慰问词，著名电影演员秦怡在大会上宣读中国文联等10个文艺团体致福建前线陆海空部队将士的慰问信，福建前线部队首长致答谢词。会后进行慰问演出。梅兰芳演出京剧名段《宇宙锋》，马思聪、戴爱莲、李波、秦怡、李和曾、赵文奎等分别表演了小提琴、舞蹈、京剧、歌曲等精彩节目。

10月24日，慰问团来到厦门前线。10月25日，慰问团在厦门工人文化宫举行慰问大会。10月26日，慰问团集体慰问人民海军鱼雷快艇部队，尔后分成4个小组，分别由田汉、梅兰芳、吕骥、田间带队，深入前沿阵地进行慰问和创作活动。在鱼雷快艇部队，慰问团认真听取了关于8月24日和9月1日两次海战情况报告，乘坐了鱼雷快艇，看望了快艇部队战斗英雄王发家、杨烈章、董福财、李茂勤，诗人马铁丁即兴当场赋诗，画家蒋兆和、艾中信、米谷和古一舟当场为快艇出航和快艇部队英雄人物作画。在炮兵部队，慰问团与干部战士联欢、座谈，作家田间与功臣班班长李庆龙亲切交谈，详细了解战斗经过和英雄事迹。著名京剧表演艺术家梅兰芳、著名小提琴演奏家马思聪和著名女歌唱家李家，在炮阵地上为部队官兵表演精彩文艺节目。著名音乐家、《社会主义好》曲作者李焕之在炮阵地上与战士们一起尽情欢唱这首深受全国人民喜爱的经典歌曲。在厦门郊区前线人民公社，慰问团举行慰问大会，亲切慰问了“英雄小八路”“前沿十姐妹”“十八好汉”“二十三勇士”“五姑娘”“母子英雄”等拥军支前英雄群体和英模人物；音乐家郑律成、李焕之、刘兆江、李波登台齐唱现场创作的《战斗的乡村，英雄的人民》《小八路》《歌颂何厝乡》等歌曲；田汉、田间和慰问团成员分别同各个英雄群体合影留念并赠送锦旗，深入何厝村和林边村走访了解这两个村拥军支前和生产生活情况。在厦门大学，慰问团在遭国民党军炮击的建南大礼堂举行慰问大会，亲切慰问在炮火中坚持教学和科研的厦大全体师生员工，王亚南校长致词答谢。马玉涛演唱了由李焕之、马铁丁创作的赞颂厦大师生在国民党军炮火中坚持教学科研斗争精神的歌曲《你是文化战线的花》，马思聪、李波、李和曾、赵文奎表演小提琴演奏、赞颂厦大师生的歌曲和京剧名段。慰问活动结束后，田汉率慰问团成员参观了厦大“鲁迅纪念馆”。全国文艺界慰问团先后在福州、泉州、漳州和厦门等地进行为时一个月的慰问活动，深入地面炮兵、水面舰艇、歼击航空兵等作战部队和前沿村庄、工厂学校，召开数十场规模不等的慰问大会和走访慰问座谈会，进行大小近百场慰问演出，看望数十名战斗英雄和拥军支前模范，并创作出300多件讴歌前线军民英勇斗争精神的文学、音乐、美术、曲艺作品。

1958年至1965年的8年间，先后有北京、上海、河北、黑龙江、吉林、辽宁、山东、江苏、浙江、安徽、江西、广东、广西、湖南、湖北、河南、山西、陕西、新疆、宁夏、云南、四川等20多个省市自治区，以及文化部、中央侨委、全国侨联、中国文联、全国妇联等中央、国家机关和人民团体，派出慰问团来到福建前线开展慰问活动。先后有中央歌舞团、新疆维吾尔族民间歌舞团、广西壮族民间歌舞团、延边朝鲜族民间歌舞团、解放军总政治部歌舞团、解放军海军政治部歌舞团、解放军空军政治部歌舞团、中央乐团、北京人民艺术剧院、中央广播合唱团、天津曲艺团、河北京昆剧团、河南豫剧院、山东吕剧团、山西梆子剧团、浙江越剧团、安徽黄梅戏剧团、江西采茶戏剧团、广东粤剧团、武汉汉剧团、长沙湘剧团，武汉杂技团、沈阳杂技团、上海杂技团等近百个各类专业文艺表演团体来到福建前线慰问演出。各地各界慰问团和各文艺表演团体，充分运用各具特色的资源和方法方式，开展丰富多彩、生动感人的慰问活动。

受中央侨委主任何香凝和全国侨联主席陈嘉庚先生的委托，中央侨委副主任兼全国侨联副主席方方和中央侨委副主任兼全国侨联副主席黄长水，先后于1958年11月16日和12月28日，分别率印度尼西亚、马来亚、新加坡、菲律宾、泰国、缅甸、柬埔寨、越南等国归侨、侨眷和侨生代表组成的慰问团，来到福建进行慰问活动。方方和黄长水在慰问词中一致赞扬前线解放军指战员在炮击金门作战中的英勇行为和爱国精神，代表1200多万海外华侨和1000多万归侨侨眷，向前线陆海空军指战员致敬。表示要努力发扬爱国主义精神，大力支持前线军民抗击美国的侵略行径和国民党蒋介石集团对新中国破坏活动的斗争，维护世界和平和国家安宁，早日解放台湾，实现祖国统一。来自北京、天津、上海、南京、杭州、广东、福建等地的归侨侨生，为前线军民表演了数十个东南亚各国风情的歌舞节目，向前线各部队、各医院和疗养院送去来自全国各地及东南亚各国特产的慰问品。1959年1月8日，归侨侨眷慰问团部分成员带着慰问信和慰问品来到漳州解放军九四医院，慰问英雄炮手胡德安等伤员，悉心聆听了胡德安英勇战斗事迹的介绍，向胡德安表示崇高的敬意，祝愿胡德安早日康复，并同胡德安合影留念。数天之后，胡德安把一个来自朝鲜的慰问苹果转送给归侨侨眷慰问团，以表达他对归侨侨眷亲人的感激之情。

1958年2月28日，东北慰问团第一分团来到在炮击金门作战中英勇牺牲的王邦德等烈士墓献花植树，表达对烈士的祭奠，并听取炮击金门作战中英勇牺牲的烈士事迹报告，深受感动和教育。1958年12月22日，湖南省人民委员会副秘书长孟信甫率湖南文艺界慰问团来到福建前线慰问。慰问团从福州、莆田、泉州、厦门由北向南一路慰问下来。1959年1月18日夜，慰问团的民间歌舞小组在夜色中乘坐小船来到大嶝、小嶝、角屿慰问，三岛军民满腔热情欢迎。在短短的4天慰问演出活动中，演出小组走遍三岛驻军营地、炮兵阵地和前沿村庄的各个角落，为前沿军民演出19场，还为战士缝补衣服40多件，洗衣服4大桶，上炮阵地与战士一起挑土抬石修工事，参加生产队抢收番薯劳动，动手与海边渔民一起挖海蛎子。舞蹈演员薛法堂和唐菊英，登上小嶝岛，与民兵一起向金门国民党军放出 4 只“空飘”宣传品的风筝。民歌手方一君和蒋慧鸣，登上角屿岛的有线广播室，用话筒对金门国民党军清唱引人思乡的花鼓戏等湖南民歌。

1959 年 2 月 23 日至 3 月 26 日，山西省慰问团在福建前线开展为期一个多月的慰问活动。随团参加慰问活动的刘胡兰母亲胡文秀，先后来到炮兵某部三等功臣连阵地，登上海军某快艇大队，了解部队战斗情况，深切关心询问每位战士的战斗、工作和生活，亲手为战士缝补衣服，炒菜做饭，亲切看望了“英雄小八路”“前沿十姐妹”“刘胡兰排”“穆桂英班”“五姑娘”等勇敢支前参战的妇女、少年英雄集体，并同她们进行倾心交谈。会见了海军战士吴才良烈士的母亲杨卓媛和地下斗争周景茂烈士的母亲，交谈革命烈士母亲的荣誉和责任。在福州、厦门等地分别为战士、学生和妇女作了 31 场专场报告，勉励大家努力学习、积极工作、勇敢战斗，守好海防，建设国家。

1960 年 11 月 20 日至 30 日，河北省慰问团在福建前线进行为期 10 天的慰问活动。慰问团成员、全国建设社会主义新农村先进分子邢燕子，在厦门为 7000 多名部队官兵和社会各界青年作“听党的话，热爱农业劳动、发奋图强、建设家乡”的事迹报告，还深入厦门前线各公社、生产队了解农业生产情况，深入高山海岛了解部队基层连队农副业生产，激励前线军民发扬“南泥湾精神”，又打仗又生产，建设好社会主义新中国。

1958 年 10 月 4 日，首都文艺界慰问团和福建省慰问团一起来到前线空军某机场，慰问参战的歼击航空兵官兵。部队官兵像过节一样热情迎接慰问团的到来。慰问团认真聆听了飞行大队长张创虎和副大队长燕廷武介绍他们多次与国民党军飞机空战的经过，重点介绍了飞行员刘维敏一举击落国民党军的两架 F-86 战斗机的英雄事迹，观看了该航空兵师副师长、抗美援朝作战空军一级战斗英雄刘玉堤恢复技术飞行后的飞行演示。相声演员筱立本、山东快书演员高元钧等艺术界的名人名家进行精彩的慰问演出。高元钧还与刘玉堤一起回顾 1952 年赴朝鲜前线慰问时相见的情景，一致表示，在当时那么困难和艰苦的条件下，志愿军都能够打败武器装备先进的美军及联合国军，现在人民解放军也一定能够打败美国支持的国民党军，解放台湾，统一祖国。

## 二、慰问电和慰问信

全国各地和社会各界在组织慰问团来到福建前线开展慰问活动的同时，纷纷发来慰问电和慰问信，强烈谴责美国干涉中国内政和退踞台湾的国民党蒋介石集团倚美干扰破坏新中国建设的罪行，支持人民解放军福建前线部队对国民党军的惩罚性炮击，慰问在炮击与反窜扰斗争中英勇作战的前线军民，表达解放台湾统一祖国的坚强决心。

1958 年 9 月 6 日，厦门第三中学和厦门大学先后遭金门国民党军炮击，造成校舍严重破坏，厦门大学化学系四年级学生谢坚固身受重伤。9 月 10 日，中央华侨事务委员会主任何香凝给厦门大学发来电报，强烈谴责金门国民党军的暴行。电文指出：得悉美国支持的金门国民党军继炮击厦门第三中学后，又于 9 日上午炮击厦门大学，致使校舍遭受严重破坏，化学系四年级学生谢坚固负伤，全体华侨、归侨、侨眷和归国华侨学生，对国民党军犯下的滔天罪行表示万分愤慨，决心以实际行动支援福建前线人民解放军，对国民党军以严重惩罚，特向你们及受伤的同学表示深切的慰问。与此同时，华东师范大学等 40 所大专院校联名给厦门大学发来电报，谴责美蒋勾结暴行，一致表示要以实际行动支援解放台、澎、金、马；印度尼西亚拉旺中华总会、印度尼西亚若望中华总会、缅甸仰光集美校友会给厦门大学发来电函，谴责金门国民党军的暴行，表示以实际行动加强海外华侨大团结运动，与台湾国民党蒋介石集团进行持久的斗争，支援人民解放军解放台湾。

炮击金门作战行动展开后，大量慰问电和慰问信发到前线各部队。仅前线部队某师就收到来自全国各地的慰问信 9000 多封。写信的有工人、农民、学生、机关干部、商店售货员、街道妇女、少先队员。来信热烈祝贺前线部队取得炮击金门作战取得的重大战果，表示以实际行动支援前线部队炮击金门、解放台湾。1958 年 12 月 2 日，第二次全国青年社会主义积极分子大会给福建前线部队发来致敬慰问电，电文指出：当我们聚集在祖国首都，向党中央和毛主席汇报工作的时候，我们的心一直在想念着你们，是你们战斗在海防最前线，保卫祖国的社会主义建设；你们的炮打得好，打击了美帝国主义侵略的阴谋，揭穿了美帝国主义纸老虎的真面目，鼓舞了中国和全世界人民的反帝斗争；台湾是我们祖国的神圣领土，我们要以实际行动来支援你们，早日解放台澎金马，实现祖国统一。1958 年 12 月 16 日，全国妇女建设社会主义积极分子代表会议给人民解放军致敬电，电文指出：当前，海防前线部队正在狠狠惩罚美国支持的金门国民党军，把套在美帝国主义脖子上的绞索越拉越紧，你们的英勇行动，代表了我们广大妇女的意志，我们广大妇女是热爱和平的，坚决反对美帝国主义侵略者的横行霸道，坚持一面劳动生产，一面练兵习武，为解放台湾、澎湖、金门、马祖，捍卫祖国领土主权的完整，实现祖国的完全统一，为维护世界和平而斗争。

各地的慰问电慰问信，还发到了前线人民手中。1958 年 8 月至 12 月，厦门郊区前线公社及所辖的何厝、五通、江头等乡村先后收到近万封来自全国各地的慰问电函。现在厦门何厝“英雄小八路”纪念馆里还保存着当年来自全国各地的 958 件慰问信函，还有大量慰问信函发到《福建日报》《厦门日报》等新闻单位编辑部，表达全国人民对前线人民的问候和支援前线的决心。河北徐水县高林乡人民公社第五民兵连的来信写道：“美帝国主义妄想掠夺我们革命的胜利果实，我们是绝不容许的，我们要在生产上鼓足干劲力争上游，出色完成深刨麦地的任务，以秋后大丰收的实际行动，支援厦门前线人民。”北京地质勘探学院王树倜来信表示：全院 5000 多名师生走上山野，寻找铁矿资源，多炼钢铁，支援前线。山西太原工学院厦门籍学生陈清东、柯碧琦等同学在来信中写道：决不容忍美帝国主义阻挠我们解放台湾，我们决心认真学习，掌握本领，支援家乡人民坚守海防，捍卫祖国领土主权完整的斗争。

## 三、慰问品

为了表达对福建前线军民的慰问，全国各地和社会各界源源不断地向前线军民寄送各种慰问品。1959年春节前夕，福州军区政治部收到从邮局寄来的一批慰问品，其中有一箱从北京寄来的苹果。经了解，这是1958年11月，朝鲜民主主义人民共和国首相金日成访问中国时，带来的一批苹果。国务院机关事务管理局把这批礼品分给各个部门，其中一份送给邮电部，邮电部机关的同志不舍得吃，把其中一份送给在石景山钢铁公司参加义务劳动的同志。参加义务劳动的同志收到这份礼品，十分感激，经过商量，觉得钢铁工人贡献大，就转送给石景山钢铁公司的工人。工人们觉得这份礼物情深义重，也舍不得吃，决定转送给正在浴血奋战的福建前线部队官兵。福州军区政治部收到这份礼物后，决定分别送给炮兵和海军、空军作战部队，以及正在医院养伤的战斗英雄。1958年除夕，5粒苹果送到前线某空军部队，空军部队的同志经过商量，决定送给驻地工人和农民。驻地工人和农民收到这份特殊的礼物，感激不已，决定还是送给参战的空军战士，于是5粒苹果又被送回空军部队。在前线某空军机场，身着作战服的飞行员接过这份礼物，神情激奋，最终还是把这份礼物送给驻地一个获得粮食大面积丰收的人民公社。公社收下这份礼物，把它陈列在展示农业丰收的"红旗馆"里，激励全体社员鼓足干劲，夺取更大的丰收。送给炮兵和海军的苹果，也几经辗转，从部队到地方、从地方又回部队，接续传递着全国人民对前线军民的关心爱戴和前线军民的鱼水深情。

## 四、慰问广播节目

为了传达全国人民对前线军民的热情慰问，厦门人民广播电台在各地人民广播电台的协助下，于1959年春节期间，开设"全国人民向厦门前线军民慰问节目”。播音时间每天12时至13时，重播19时至20时。慰问广播内容包括各地领导同志、工人、农民、学生、各条战线先进模范人物、社会各界知名人士的慰问讲话，以及民族优秀传统文化和特色的戏曲、音乐等文艺节目两大部分。2月17日至3月10日开播近一个月，先后就有北京、上海、河北、内蒙古、河南、山东、山西、江西、宁夏、云南等省、自治区、直辖市领导，以及志愿军特等功臣李家发的父亲李继成、全国劳动模范吕鸿宾和孙树林、包头钢铁厂工人石连柱、上海钢铁厂工人钟大明、抚顺煤矿工人庞观祥、创小麦高产农民王家炳共44位领导同志和各条战线的先进模范人物发表广播慰问讲话。还有梅兰芳、周信芳、常香玉、李波、侯宝林等著名戏剧、曲艺、歌唱家作慰问广播演唱表演；京剧、评剧、越剧、吕剧、晋剧、粤剧、琼剧、赣剧、秦腔、黄梅戏、采茶戏、河南梆子等多个地方戏剧上慰问广播节目，丰富了前线军民的文化生活，鼓舞了前线军民坚持勇敢斗争的士气。

## 第三节　文艺作品讴歌前线

福建海防前线的斗争，深深吸引着全国文艺界的目光，激发他们的创作热情。几十年来，一批反映福建海防斗争题材的文艺精品力作在全国产生广泛而深远影响，激励一代又一代中华儿女为保卫和建设社会主义新中国而努力奋斗。

### 一、电影作品[①]

1. 纪录片《海防民兵》

1955年夏，解放军八一电影制片厂导演张加毅率摄制组来到厦门，深入距金门岛2000米的小嶝岛实地，拍摄小嶝岛民兵营长洪顺利、小

① 本条内容参见《厦门与中国电影》，第226—252页。

嶝乡副乡长洪秀松带领男女民兵，配合部队站岗放哨、越海侦察，向金门岛“海漂”宣传品、抗击当面国民党军小股袭扰、帮助部队修筑工事、坚持劳武结合发展农业生产的真实感人事迹，成为新中国成立后第一部全面介绍海防民兵的电影纪录片。影片在全国放映后，产生强烈反响。

2. 纪录片《移山填海》

1955 年夏，解放军八一电影制片厂导演张加毅领衔完成《海防民兵》纪录片的拍摄任务后，紧接着又接受领衔拍摄福建前线军民修建鹰厦铁路纪录片的任务。整个摄制组分成两个摄制小组，一个小组负责从闽北到厦门岛外 700 公里铁路线建设的拍摄，一个小组负责修建高崎集美海堤和杏林集美海堤的拍摄。海堤摄制组深入采石场，用镜头真实记录下采石工人和抬石女工的艰苦劳动；派出专用摄影船，近距离记录抛石船工迎着风浪操船抛石的惊险场面；在杏集海堤进入 200 米决口抛石决战的时候，张加毅率摄制组登船拍摄。根据海堤建设者的提议，把原定片名《鹰厦铁路》改为《移山填海》。影片播映后，获得了全国观众的一致好评。1957 年 2 月，国家文化部选送《移山填海》参加在捷克举行的国际电影节展映，获得国际电影界人士的一致赞赏。世界著名纪录片导演伊文思曾用《移山填海》在法国巴黎举行电影招待会，获得了与会人士的高度评价。

3. 故事片《激战前夜》

1957 年，解放军八一电影片厂以解放军福建前线部队抗击国民党军登陆窜扰为历史背景，由王冰、冯毅夫执导，王军、张荣杰、向增编剧，王润身、袁霞主演，拍摄出故事片《激战前夜》。影片叙述了解放军福建前线部队，发现台湾国民党军勾结美国企图窜犯海防重地——海门岛，并有一个潜伏在大陆的国民党特务组织配合这次军事行动。解放军侦察科长在海防民兵的协助下破获了这个特务组织，并将计就计设下一个圈套，最后将这个潜伏的国民党特务组织一网打尽，彻底粉碎了台湾国民党军登陆窜犯的图谋，表现了海防斗争中隐蔽战线的重要性和复杂性。

4. 故事片《海鹰》

1959 年，解放军八一电影制片厂根据东海舰队鱼雷快艇 175 号艇在 1958 年 8 月 24 日海战中的英雄事迹和感人故事，由严寄洲执导，陆柱国等编剧，王心刚、王晓棠主演，拍摄出故事片《海鹰》，生动展现了人民海军在守卫东南海疆斗争中的英雄形象和军民团结战斗的伟大力量，成为新中国成立初期海防斗争题材影片的经典之作。

5. 故事片《英雄岛》

1959 年，解放军八一电影制片厂在纪录片《海防民兵》的基础上，以小嶝岛和洪秀枞为原型，由冯毅夫、史文帜执导，陆柱国编剧，杨静、陶玉玲、梁志鹏主演，拍摄出故事片《英雄岛》，艺术地展现时任小嶝乡长、民兵营教导员洪秀枞，会同民兵营长洪顺利，带领小嶝人民，配合守岛解放军部队，英勇抗击金门国民党军的炮击和小股武装袭扰、防奸防特、创造性地运用风筝和竹筒向金门“空飘”“海漂”宣传品，坚持劳武结合发展农业生产的英雄事迹，在全国人民心中树立起东南海防斗争中一座英雄岛和一位女民兵英雄的光辉形象。

6. 故事片《无名岛》

1959 年，北京电影制片厂根据解放军海军在福建沿海击沉国民党海军“大成号”登陆舰的真实历史事件，由谢铁骊执导，赵忠、方辉、李孟尧等主演，拍摄出故事片《无名岛》。影片着重叙述被击沉的国民党海军登陆舰舰长等一伙人仓皇逃窜到一座无名岛上等待救援，解放军海军一位指导员带领一批战士和当地渔民追击逃窜到无名岛上国民党军，与其斗勇斗智，最终将国民党军败兵一网打尽的故事。表现了海防斗争的残酷性、复杂性和人民解放军指战员在海防斗争中的勇敢机智。

7. 故事片《英雄小八路》

1959 年，厦门何厝小学 13 位“英雄小八路”小学毕业后，升入厦门禾山中学读初中。禾山中学少先队总辅导员、语文老师王添成带领他们继续开展支前活动，并结合教学实践请他们以作文的形式把支前的故事写出来。王添成根据 3 位同学提供的作文资料，编写了《英雄小八路》话剧本。1960 年 5 月，上海戏剧学院陈耕老师带领 6 名学生到厦门采访“英雄小八路”，实地察看他们战斗生活的前沿阵地，在王添成话剧本的基础上，编写出全新的话剧《英雄小八路》剧本，由上海戏剧学院学生排练后于当年“六一”儿童节在福州公演，引起了热烈反响。为了让更多的青少年学习“英雄小八路”精神，同时向中国共产党成立 40 周年献礼，中共上海市委决定把“英雄小八路”搬上银幕，由上海天马电影制片厂负责拍摄制作。1960 年 9 月，上海天马电影制片厂办公室主任、编剧周郁辉和导演高衡一行来到厦门深入体验生活，采访收集相关资料，编写修改剧本。1960 年 10 月 20 日，电影故事片《英雄小八路》在厦门开拍。1961 年 1 月，《英雄小八路》拍摄制作完成，随后在全国热映。影片着力表现“英雄小八路”坚持留在最前线，在炮火中开展站岗放哨、搬送炮弹、抢修工事、接电话线、为解放军战士洗衣服等支前活动和坚持学习功课的英勇行为，树立起一个具有鲜明时代特征和地域特色的少年英雄群体形象，展示出新中国少年儿童热爱祖国、热爱人民、不怕困难、不怕敌人、顽强学习、坚决斗争的时代精神风貌。影片主题歌《我们是共产主义接班人》成为中国少年先锋队队歌。

## 二、音乐作品

### 1. 交响乐《英雄海岛》

1958 年 10 月，著名音乐家李焕之作为全国文艺界福建前线慰问团的成员来到福建，回到他阔别了 20 多年的故乡厦门。厦门的变化令他感叹不已，同时唤起他对故乡深情的回忆。尤其是厦门人民在党中央领导下军民团结守卫海防、移山填海建设家园的英雄事迹，使他深为震撼、深受感染，激发出他的创作欲望和艺术灵感。在从厦门返回北京的列车上，李焕之就开始以表现厦门人民守卫海防建设家园英雄事迹为主题的交响乐的酝酿和构思。经过一年时间的精心打磨，1959 年 10 月，李焕之创作的交响乐《英雄海岛》作为向中华人民共和国国庆十周年的献礼的大型音乐作品，由著名指挥家李德伦指挥、中央乐团交响乐队演奏，在人民大会堂举行了隆重专场首演。整部交响乐由《大海的呼唤》《骏马与少年》《梅花情操》和《赞歌》四个乐章组成，融入现代音乐和闽南民间音乐元素，表现了厦门海防前线的英勇斗争精神，获得业界和听众的广泛赞誉。首场演出之后，李焕之又作了认真修改。1962 年，由李焕之亲自主持排练并指挥，又与中央乐团连续合作演出了 3 场，中央人民广播电台作了专场介绍，并播放演出实况录音。1983 年 6 月，李焕之为筹备第二届“海峡之声”音乐会再次回到厦门。受鼓浪屿日光岩上“天风海涛”4 个摩崖石刻大字的启发，李焕之把交响乐《英雄海岛》更名为《天风海涛》。

2. 歌曲《我们是共产主义接班人》

英雄小八路的事迹传播开来后，得到全国上下和社会各界普遍赞扬和关心关注。1958 年底，曾在延安鲁迅艺术学院担任教员、工作生活在上海的作曲家寄明（原名吴亚贞），随全国文艺界慰问团来到厦门何厝，深入采访了英雄小八路事迹，深受感染和触动，决心创作一首她酝酿已久的、旨在激励新中国少年儿童热爱祖国奋发向上的儿童歌曲。她边采访，边构思，短短数天，就完成了歌曲旋律的初稿，回上海后反复认真修改。1960 年 10 月，上海天马电影制片厂组织拍摄电影故事片《英雄小八路》。天马电影厂办公室主任、词作家周郁辉为寄明创作的儿童歌曲旋律填词，起名《我们是共产主义接班人》，并把这首儿童歌曲作为电影故事片《英雄小八路》的主题歌。从此，儿童歌曲《我们是共产主义接班人》随着电影故事片《英雄小八路》的播映在全国传唱起来。1978 年 10 月 27 日，中国共产主义青年团十届一中全会把《我们是共产主义接班人》确定为中国少年先锋队队歌。

3. 歌曲《鼓浪屿之波》

1981 年秋，福建省音乐家协会组织表现海峡两岸亲情、促进祖国统一题材的“海峡之声”音乐创作活动。国内一批著名的词曲专家应邀来到福州，和福建的词曲作者一起从福州出发。他们一路采风，经过平潭、崇武两地的台湾渔民接待站后，到达厦门，住进鼓浪屿干部休养所。一天傍晚，福建省音协主席章绍同、秘书长朱光与一批词曲作者在鼓浪屿的小路上散步，词作家张藜先生说他特别喜欢为现成的旋律填词，作曲家钟立民先生说，他来鼓浪屿已酿作出一部旋律，自己觉得特别好。当晚，两位词曲作者就完成了词曲合成，第二天向大家作了展示，大家一致觉得很好。词作者张红曙对词提出几点修改意见，张藜表示认可，并共同署名作词。1982 年春，在北京民族文化宫举办“海峡之声”专场音乐会，《鼓浪屿之波》由著名高音歌唱家李光羲首唱，后来又经著名女高音歌唱家张暴默多次在音乐会上演唱。从此，《鼓浪屿之波》在全国传唱开来。2009 年，中央宣传部、中央文明办、国家文化部、中国文联等 10 个中央和国家部门，把《鼓浪屿之波》作为庆祝新中国成立 60 周年 100 首优秀爱国歌曲向全国推荐，在全国范围广泛传唱。

4. 交响乐《安岐随想》

1949 年 10 月 24 日，解放军第二十八军指挥 3 个一梯团共 9000 多人发起渡海登陆金门作战失利，3800 多名干部战士壮烈牺牲在金门岛上，其中大多数掩埋在大金门岛安岐村的荒坡上。2015 年清明节，厦门市山东南下干部历史研究会会长黄笑影率研究会一行踏上金门岛，来到安岐村祭奠这批山东籍解放军英烈。他们被解放军指战员为了中国人民解放事业、实现祖国统一而英勇献身的崇高精神所感动。于是邀约中央音乐学院博士谢鹏创作一部交响乐作品，来表现和宣扬解放军指战员的这种崇高的革命精神。谢鹏前往实地采风体验并精心创作打磨，创作出交响乐《安岐随想》，于 2017 年 10 月 12 日在厦门市社会各界纪念漳厦金战役 68 周年音乐会上由厦门歌舞剧院交响乐团首演。整部交响乐分为《序》《鏖战》《日记》《永生》4 个乐章，并穿插朗诵和闽南语童声合唱，生动表现了人民解放军指战员为完成解放全中国、实现祖国统一的历史使命而英勇献身的崇高精神，在听众中引起热烈反响。之后又先后在陆军第七十三集团军军部、厦门大学、集美大学等军营、高校演出。根据听众的反映和建议，作曲家对总谱进行了几次调整和修改。2020年底，交响乐《安岐随想》入选中华人民共和国文化和旅游部庆祝中国共产党成立100周年舞台艺术精品创作“百年百项”作品。2021年4月16日，应国家大剧院邀请，参加以庆祝中国共产党成立100周年为主题的“第七届中国交响乐之春”演出。《解放军报》《音乐周报》刊发专家评论文章，对《安岐随想》的思想性、艺术性和观赏性给予充分的肯定。

### 三、文学作品

福建海防斗争的火热生活，吸引全国文学工作者和新闻工作者不断前来采风写作，创作出一批反映前线军民斗争生活的优秀文学作品和新闻作品。其中较有影响的作品有：著名诗人郭小川的长诗《厦门风姿》，著名作家刘白羽的中短篇报告文学《万炮震金门》《英雄岛》《美丽的围头》《头顶青天足踏海洋的人们》，著名作家杨朔的短篇报告文学《海天苍苍》，著名作家王愿坚的中篇报告文学《东山岛》，新华社记者卢如春、丁山、张俊涛、李伯良的长篇通讯《海边青松》（安业民），新华社记者阎吾的长篇通讯《踏平怒海万顷涛》（175鱼雷艇），《解放军报》记者姚远方的中篇报告文学《前线的一个人民公社》（厦门郊区前线公社），作家苏茹的中篇报告文学《英雄小八路》，作家叶峰的中篇报告文学《前沿十姐妹》，作家范蓬的中篇报告文学《不朽的共产主义战士王邦德》，作家周挺南的中篇报告文学《海岛女儿洪秀枞》，著名军旅作家朱苏进的中篇小说《惩罚》（炮击金门），军旅作家邱兰生的中篇小说《越海侦察》等。

# ·主要参考文献·

## 一、参考书目

1.《当代中国》丛书编辑部编辑：《当代中国军队的军事工作》，中国社会科学出版社，1989年。

2.福建省地方志编纂委员会编：《福建省志·军事志》，新华出版社，1995年。

3.叶飞：《叶飞回忆录》，解放军出版社，2014年。

4.张正隆：《战将——韩先楚传》，解放军出版社，2000年。

5.福建省新四军研究会编：《皮定均一生》，中央文献出版社，2014年。

6.徐焰：《金门之战》，辽宁人民出版社，2011年。

7.王洪光：《绝战——追思金门战役》，江苏教育出版社，2013年。

8.萧鸿鸣、萧南溪、萧江：《金门战役纪事本末》，中国青年出版社，2016年。

9.吴海盐编著：《雄镇海疆——东山保卫战纪实》，中国文史出版社，2011年。

10.刘洪涛：《大陆对台广播史研究》，华艺出版社，2015年。

11.中共福建省委、福建省人民政府、福建军区编：《闽海情深》，解放军出版社，1990年。

12.《东海凯歌》，福建人民出版社，1959年。

13. 中共厦门市委党史研究室编：《漳厦战役》，中央文献出版社，1994年。

14. 中共厦门市委宣传部、厦门市社会科学界联合会编：《口述历史：亲历厦门解放》，厦门大学出版社，2009年。

15. 中共厦门市委宣传部编：《新中国五十年的厦门》，鹭江出版社，1999年。

16. 中共厦门市委党史研究室编：《厦门民兵与英雄小八路》，中共党史出版社，2006年。

17. 中共厦门市委党史研究室编：《移山填海——厦门海堤建设述略》，中共党史出版社，2008年。

18.《移山填海话当年》编委会编：《移山填海话当年——厦门海堤建设回顾》，鹭江出版社，2003年。

19. 王添成编著：《"英雄小八路"的光辉历程》，福建教育出版社，2001年。

20. 闽粤赣边区党史编审领导小组：《中共闽粤赣边区史》，中共党史出版社，1999年。

21. 华士友编：《传记文学选》，漓江出版社，1983年。

22. 徐晓望主编：《福建通史》，福建人民出版社，2006年。

23. 林祥瑞、刘祖陛编著：《福建简史》，国际华文出版社，2004年。

24.《当代中国的福建》编辑委员会编：《当代中国的福建》，当代中国出版社，2009年。

## 二、《厦门日报》新闻稿参考篇目

1.《各地函电慰问三中师生》，1958年9月9日2版。

2.《各地派慰问团来厦》，1958年9月11日1版。

3.《中央侨委何香凝主任电慰厦大》，1958年9月12日1版。

4.《北京、上海等大专学校纷纷来电慰问厦大》,1958 年 9 月 12 日 1 版。

5.《全国各地纷纷来电慰问厦大师生员工》，1958 年 9 月 13 日 3 版。

6.《各地妇联代表团来厦慰问》，1958 年 9 月 14 日 1 版。

7.《大批热情慰问信雪片飞来》，1958 年 9 月 15 日 1 版。

8.《钱俊瑞副部长慰问前沿炮兵》，1958 年 9 月 17 日 1 版。

9.《厦大收到慰问函电五千余件》，1958 年 9 月 26 日 3 版。

10.《首都文艺演出慰问团来厦》，1958 年 9 月 28 日。

11.《海外华侨痛斥美蒋暴行 纷纷函电慰问前线军民》，1958 年 10 月 7 日 2 版。

12.《向前线三军战士们致敬》（周巍峙），1958 年 10 月 11 日 3 版。

13.《敬礼！英雄的鱼雷快艇——慰问团活动见闻之一》，1958 年 10 月 11 日 3 版。

14.《田汉梅兰芳率慰问团来福建》，1958 年 10 月 16 日 1 版。

15.《田汉等向厦门前线军民献旗 梅兰芳等表演精彩节目》，1958 年 10 月 29 日 1 版。

16.《中国文联等十个团体致前线三军将士的慰问信》，1958 年 1 月 29 日 1 版。

17.《全国各地 11 个慰问演出团先后来厦》,1958 年 11 月 10 日 1 版。

18.《广东人民慰问团抵本市》，1958 年 11 月 11 日 1 版。

19.《中央侨委 全国侨联在本市举行慰问大会》，1958 年 11 月 17 日 1 版。

20.《上海歌舞团辛苦下厂演出》，1958 年 11 月 20 日 2 版。

21.《浙江越剧一团 南京越剧团来前线慰问演出》，1958 年 11 月 21 日 2 版。

22.《江西人民慰问团到福州慰问前线军民》,1958 年 11 月 30 日 1 版。

23.《全国青年积极分子大会向福建前线部队致敬电》，1958 年 12 月 3 日 1 版。

24.《中侨委全国侨联慰问团抵厦》，1958 年 12 月 28 日 1 版。
25.《湖南慰问团慰问前线军民》，1959 年 1 月 12 日 1 版。
26.《东北三省慰问团慰问前线军民》，1959 年 1 月 21 日 1 版。
27.《全国人民向厦门前线军民慰问广播节目》，1959 年 2 月 18 日 3 版。
28.《上海人民向福建前线军民广播慰问讲话》，1959 年 2 月 19 日 3 版。
29.《山西省人民慰问团慰问前线军民》，1959 年 2 月 26 日 1 版。
30.《宁夏回族自治区人民慰问前线广播节目》，1959 年 3 月 7 日 1 版。
31.《云南人民慰问厦门前线广播节目》，1959 年 3 月 8 日 1 版。
32.《刘妈妈在厦门前线》，1959 年 3 月 11 日 3 版。
33.《湖北人民慰问前线军民》，1959 年 4 月 10 日 1 版。
34.《湖北慰问团海岛慰问片断》，1959 年 4 月 18 日 3 版。
35.《新疆慰问团慰问前线军民》，1959 年 5 月 9 日 1 版。
36.《中央广播电台说唱团来厦门前线慰问》，1959 年 6 月 5 日 1 版。
37.《地质文工团来厦慰问》，1959 年 8 月 2 日 1 版。
38.《陕西慰问团慰问本市军民》，1959 年 12 月 17 日 1 版。
39.《上海人民沪剧团慰问福建前线军民》，1959 年 12 月 25 日 1 版。
40.《山东慰问团慰问前线军民》，1960 年 3 月 3 日 1 版。
40.《海岛探亲人》，1960 年 3 月 13 日 3 版。
42.《安徽慰问团慰问前线军民》，1960 年 3 月 15 日 1 版。
43.《江苏人民向前线军民问候》，1960 年 5 月 30 日 1 版。
44.《广州乐团慰问前线军民》，1960 年 7 月 2 日 1 版。
45.《河北慰问团慰问前线军民》，1960 年 11 月 20 日 1 版。
46.《戎妈妈在厦门前线》，1960 年 11 月 26 日 3 版。
47.《北京人民艺术剧院慰问前线军民》，1960 年 12 月 19 日 1 版。
48.《广西歌舞剧团慰问前线军民》，1961 年 4 月 16 日 1 版。
49.《上海杂技团慰问前线军民》，1961 年 12 月 2 日 1 版。
50.《杭州越剧团慰问前线军民》，1961 年 12 月 30 日 1 版。

51.《沈阳杂技团慰问前线军民》，1962 年 3 月 24 日 1 版。
52.《中央广播合唱团慰问前线军民》，1962 年 4 月 26 日 1 版。
53.《铁路文工团慰问前线军民》，1963 年 4 月 18 日 2 版。
54.《河南安阳豫剧团来厦慰问前线军民》，1969 年 4 月 1 日 1 版。

# ·后 记·

在编纂《福建海防前线三十年（1949—1979）》的过程中，得到福建省、厦门市及全省有关部门、单位和社会各界的大力支持和帮助。中共厦门市委党史和地方志研究室、厦门市退役军人事务局、厦门日报社、厦门市图书馆、厦门市翔安区委宣传部、厦门市思明区何厝小学及英雄小八路纪念馆、政协晋江市委员会等部门和单位，提供了大量珍贵的历史资料。中共厦门市委党史和地方志研究室、厦门市退役军人事务局，分别协助联系中共福建省委党史研究和地方志编纂办公室、全省各地党史和地方志研究室及驻闽相关部队，提供各地、各部队相关历史资料。

许多相关军史与战例研究专家、相关部队政治工作机关和一批相关的同志，提供了珍贵的历史资料。皮国涌和皮卫平同志提供了他们父亲的回忆录专辑《皮定均一生》，漳州市原旅游局副局长吴海盐同志提供了研究东山岛保卫战专著《雄镇海疆》。本书还择用了原南京军区副司令员王洪光中将专著《绝战——追思金门战役》、军史专家徐焰少将专著《金门之战》和刘洪涛博士的《大陆对台广播史研究》中部分重要史实资料。驻厦门第七十三集团军政治工作部、驻晋江和长乐海防部队政治工作部、驻厦门海军舰艇部队政治工作部、驻南昌空军航空兵部队政治工作部，分别提供了相关定向约稿资料。曾碧心、苏世明、林玉泉、曹俊生、郑宗群、郑茂生、刘声东、杨名炎、洪纯吉、文国清、许开水、陈圣发、谢四方、魏志坚等部队转业干部和老战友，联系或直接提供了相关部队的历史资料与新闻报道文稿。“英雄小八路”的何明全、何佳汝等队员，在何厝村“八二三”炮战纪念遗址和“英雄小八路”纪念馆，向我们详细介绍了当年他们勇敢参加支前活动的总体情况和感人事迹。被誉为“战地小老虎”、荣立二等功、晋京参加全国第一届民兵代表大会并受到毛泽东主席等党和国家领导人接见的晋江围头村民兵洪建财，在围头村炮击金门作战指挥部遗址和安业民烈士的战斗炮位上，向我们详细介绍了当年海岸炮兵英勇作战和围头村民兵勇敢支前参战的情况，以及他本人在炮火中协助部队战士把被严重烧伤的安业民同志从炮位上抬下来送往后方医院抢救的全过程。本研究会成员负责一部分资料搜集整理并完成全部书稿录入工作。

福建省军区政治工作局、中共福建省委党史研究和地方志编纂办公室、中共福建省委台湾工作办公室和福建省政府退役军人事务厅，组织相关专家对书稿进行认真审读，在对书稿给予基本肯定的同时，提出许多宝贵的修改意见，确保书稿引用史料的真实性、权威性和叙述的准确性、规范性。福建省军区政治工作局指定的92岁高龄的军队离休干部、《福建省志·军事志》和《福建省海防志》主编、审读专家姜天裁同志，认真通读了书稿，提出系统、客观、专业的指导性意见，并直接在书稿上逐篇逐章逐节修改，为保证书稿的整体质量起到了重要的把关作用。

在此，我们一并表示衷心感谢。

编　者

2024年8月